Mosaik

Gert Lindner

Werken

und künstlerisches Gestalten

Mosaik Verlag

Sämtliche Abbildungen und Layout:
Gert Lindner, Reinbek
Umschlagfotos: Gert Lindner, Eva Pelz
Umschlaggestaltung: Petra Dorkenwald
Redaktion: Dr. Ernö Zeltner

Völlig neu bearbeitete Ausgabe 1989
Die erste Ausgabe erschien 1963
unter dem Titel »Freude am Werken«
und erreichte in mehreren Überarbeitungen
insgesamt 40 Auflagen

Der Mosaik Verlag ist ein Unternehmen
der Verlagsgruppe Bertelsmann

Satz: Filmsatz Schröter GmbH, München
Reproduktionen: Artilitho, Trento
Druck und Bindung: Mohndruck
Graphische Betriebe GmbH, Gütersloh
Printed in Germany · ISBN 3-576-10088-1

Inhalt

Vorwort

Vom ersten Bundespräsidenten, Prof. Theodor Heuß, wird erzählt, daß er anläßlich eines Griechenlandbesuchs auf der Akropolis sein Skizzenbuch herauszog und den damaligen König von Griechenland bat, ihn doch einmal zehn Minuten in Ruhe skizzieren zu lassen.

»Die Aktivierung der Phantasie und des Vorstellungsvermögens erhält ihre große Bedeutung vor allem im Hinblick auf einengendes, passives Konsumverhalten, dem die Befriedigung eigener Bedürfnisse durch Gestalten und Erkennen, durch Agieren, Spielen und Experimentieren entgegenzusetzen ist.«
(G. Kaiser)

»Spiel, Hobby und Do-it-yourself, soweit sie nicht bereits wieder zum Schema geworden sind, eröffnen die Chance für Kreativität zu kleinen Preisen. Auch wenn nicht zu erwarten ist, daß sie geeignet sind, den von der Arbeitswelt ausgehenden Zwang zur Konformität zu kompensieren oder gar zum Ort der Selbstverwirklichung des Menschen zu werden, bieten sie zusätzlich Möglichkeiten zur Ausbildung kreativen Verhaltens.«
(K.-H. Flechsig)

Entfaltung der eigenen Aktivität

Jeder Mensch hat das Bedürfnis, seine Persönlichkeit zu entfalten. Das äußert sich in seiner beruflichen Arbeit, seiner Lust am Sprechen, Lesen, Musizieren, Tanzen, aber auch im künstlerischen Umgang mit verschiedenen Materialien. Doch in der Arbeitswelt von heute ist es um die Entwicklung individueller Fähigkeiten schlecht bestellt. Anpassungsfähigkeit ist gefragt. Die Jugendlichen, die auf den Lehrstellenmarkt oder in die Universitäten und Hochschulen drängen, haben es sich abgewöhnt, ihren Neigungen, geschweige denn einer inneren »Berufung« nachzuhängen. Man nimmt, was sich bietet und vertraut dabei auf seine psychische Flexibilität. Ideenreichtum und Phantasie können sogar störend sein, wenn es darum geht, am Fließband oder Schraubstock präzise Auftragsarbeit zu leisten. Und selbst bei den Tätigkeiten, die man mit weißem Kragen verrichten kann und bei denen man sich die Hände nicht schmutzig macht, also an der Schreibmaschine, am Bildschirm, im Umgang mit dem Computer wird den meisten nicht Kreativität, sondern Akkord abverlangt. In der modernen Gesellschaft mit ihrer Arbeitsteilung und dem damit verbundenen Zwang zur Konformität dient Arbeit den meisten nicht zur persönlichen Erfüllung, sondern ist eine Notwendigkeit zum Zweck, den Lebensunterhalt zu verdienen.

Bleibt also die Freizeit! – Bei vielen wird sie nahezu vollständig von den Massenmedien ausgefüllt, also ausschließlich passiv genutzt. Wer – sozusagen zur Erholung – das ganze Wochenende und die Feierabende vor dem Fernsehapparat verbringt und sich je nach Programmangebot auf seichte Weise zerstreuen oder von Sensationen aufputschen läßt, der braucht sich nicht zu wundern, wenn er am Wochenanfang unzufrieden und mit dem Gefühl innerer Leere wieder an seinen Arbeitsplatz zurückkehrt. Bei rezeptivem Grundverhalten verkümmert allmählich die Urteilskraft, und daraus erwächst Unsicherheit. Wir merken das an vielen kleinen, alltäglichen Dingen, etwa wenn wir uns beim Einkauf eines Kleidungsstücks allein auf den Rat des Verkäufers verlassen (und dabei entsprechend manipuliert werden) oder wenn wir auch da, wo wir eigene Entscheidungen treffen könnten, zuerst schauen, »wie andere es machen«, wenn wir auf die falschen Versprechungen der Werbung hereinfallen und am Ende etwas kaufen, weil es die Freundin, der Chef, der Nachbar auch schon haben.

Wissen, das auf Erfahrung beruht, brauchbare Beurteilungsmaßstäbe und Lebenstüchtigkeit sind nur durch bewußte Entfaltung unserer Fähigkeiten, durch Entscheidungsfreude und Aktivität zu gewinnen. Die vermehrte Freizeit bietet dafür eine Vielzahl von Möglichkeiten. Gelingt es uns, unsere Freizeitgestaltung mit unseren ganz persönlichen Wünschen und Fähigkeiten in Einklang zu bringen, können wir uns auf ganz neue Weise selbst verwirklichen und finden unter Umständen sogar neue Mittel und Wege für die Lösung von Problemen, die sich schon lange wie ein Berg vor uns aufgetürmt haben.

Im Bereich des »manuell«, also mit den Händen, Machbaren kommen wir ohne eine gute Vorkenntnis im Umgang mit Materialien und Werkzeug nicht aus. Bestimmte Gestaltungsprinzipien müssen bekannt sein und beachtet werden. Auch Kreativität braucht einen gesicherten Grundstock an Mitteln und Fertigkeiten. Man muß die Sprache kennen, mit deren Hilfe man sich ausdrücken möchte, auch wenn man etwas nur für den Hausgebrauch schafft.
An dieser Stelle setzt mein Buch an, das sich nicht auf marktgängige Hobbythemen beschränkt, sondern mit seinen Vorschlägen – zumindest in den Bereichen, die darin Platz gefunden haben – eben nicht nur Anregungen für den kreativen Umgang mit vielen verschiedenen Materialien, sondern zugleich eine zuverlässige Werklehre bietet. Die hier vorgeschlagenen Arbeiten verlangen demjenigen, der sich an ihnen versuchen möchte, außer Phantasie und Kreativität auch Geduld, Geschick und manuelle Fähigkeiten ab.

Auch das Genie bedarf des Handwerks!

Kreativität – was ist das und wie erwirbt man sie?
Das Wort »kreativ« bedeutet eigentlich schöpferisch, kann aber auch mit phantasievoll, originell, produktiv oder sogar genial übersetzt werden. Eigentlich ist es alles zusammen. Dahinter verbirgt sich der Wunsch nach aktiver Gestaltung des eigenen Lebens und der Dinge, mit denen man umgeht – im Gegensatz zum bloßen Konformverhalten, das im Nachmachen besteht.
Ratschläge zur Entwicklung der eigenen Kreativität:

»Kreativität ist nicht ex nihilo voraussetzbar, aber erlernbar!«
(R. Pfennig)

»Gemeint ist nichts weiter als die fortgesetzte Fähigkeit, Neues, nämlich sowohl Abweichendes wie Unberechenbares zu schaffen.«
(H. v. Hentig)

1. Zeigen Sie die Bereitschaft, eine konventionelle Sicht der Dinge zugunsten einer neuen Erkenntnis aufzugeben.
2. Lernen Sie, sich auch über Selbstverständliches zu wundern.
3. Bemühen Sie sich, für ein Problem möglichst viele, auch entlegene, Lösungen zu suchen und entscheiden Sie sich erst für eine, nachdem Sie alle anderen genau bedacht haben.
4. Geben Sie sich Mühe, Vorurteile abzubauen und treffen Sie keine vorschnellen Entscheidungen. Entwickeln Sie Selbstsicherheit. Nutzen Sie Ihre technischen und gestalterischen Möglichkeiten. Zeigen Sie vor allem Mut, Ihre Ideen auch vor Ihrer Umwelt zu vertreten.
5. Versuchen Sie, einer Sache, mit der Sie zu tun haben, etwas abzugewinnen. Prestigegewinn oder materieller Wert sollten keineswegs im Vordergrund stehen. Kreatives Verhalten muß weitgehend zweckfrei sein; dann spielt es auch keine Rolle für Sie, ob eine Form in Gold oder in Eisendraht ausgeführt wird.

Die Technik der schöpferischen Arbeit
Je mehr Gedanken man sich zur Lösung eines Problems macht, desto größer die Chance, daß sich darunter auch ein paar brauchbare Ideen befinden. »Brainstorming« nennt ihr Erfinder Osborn diese Methode. Für dieses kreative Nachdenken braucht man eine entspannte Atmosphäre, ein leeres Blatt Papier und einen Stift. Man kann in Büchern, Zeitschriften, einschlägigen Prospekten blättern und sich von ihnen anregen lassen, soweit sie in irgendeiner Beziehung zu dem Problem stehen, für das man nach Lösungen sucht. Dann schreibt man alles auf, was einem spontan einfällt. Ein Gedanke wird den anderen nach sich ziehen, auch die »wildesten« werden festgehalten, ohne daß man sie

gleich kritisch bewertet. Die Kreativität – soviel weiß man heute – hängt vom freien, spielerischen Funktionieren der Vorgänge im Vorbewußten, also unterhalb der Bewußtseinsschwelle, ab. Es geht also darum, mit seinen Gedanken spielend in diesen Bereich vorzudringen und eine Kettenreaktion freier Assoziationen auszulösen. Brauchbares kann später aussortiert werden. Man kann diesen Assoziationsvorgang durch weitere Fragen unterstützen, die in unserem Fall etwa so lauten könnten: Wie kann ich den Gegenstand, um den es mir hier geht, noch verwenden? – Was ist so ähnlich, was kann ich kopieren? – Was kann ich verändern (Farbe, Form, Größe)? – Was kann ich vergrößern, verkleinern, verringern (anderes Material, anderes Verfahren, Platz, Zweck usw.)? – Kann ich etwas austauschen, umkehren? – Kann ich Einheiten, Ideen (auch Teilideen aus anderen Vorschlägen) kombinieren?
Das vorliegende Buch will Anstöße, Anregungen geben. Das darin beispielhaft Dargestellte soll zeigen, wie man etwas auch, aber grundsätzlich auch anders machen kann.

Bei einer »Ideen-Konferenz« sitzen einige Leute um einen Tisch und erörtern ein Problem. Nun sagt jeder, was ihm gerade einfällt. Keiner darf Urteile fällen oder Kritik üben. Ein Stenograph protokolliert jeden Gedanken. Diese Ideensammlung ist dann das Rohmaterial für spätere Entscheidungen. In dieser Form wird »brainstorming« heute je nach Problemlage von nahezu allen großen Wirtschaftsunternehmen der Welt praktiziert.

»Kann ich Brainstorming anwenden in jenen 90% meiner Zeit, die ich allein arbeite? – Die Antwort ist ein uneingeschränktes Ja.«
(Ch. H. Clark)

Diese Fragen können Sie natürlich auch zur Veränderung aller Vorschläge in diesem Buch verwenden.

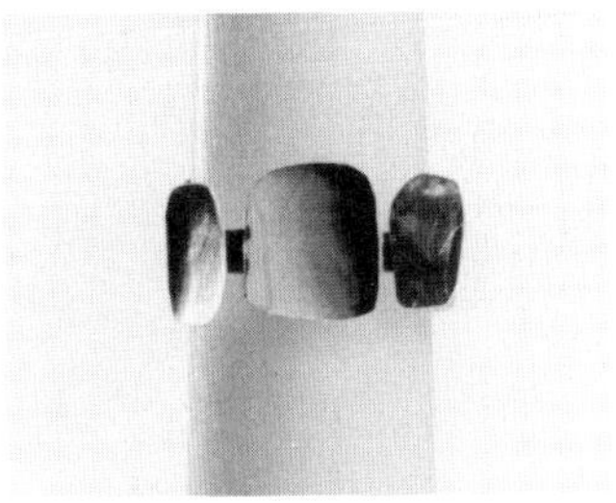

Zwei Ergebnisse kreativen Denkens. – Links: Basisvorstellung »Ring am Finger«. Was kann ich verändern? Die Umsetzung in ein anderes Material (gedrückte Metallfolie, s.. S. 282) und einen anderen Anwendungsbereich ergab den festlichen Tischkerzendekor. – Unten: Basisvorstellung »Schneebälle«. Andere Anwendung und gedankliche Verknüpfung (Assoziation) mit dem sommerlichen Blütenstrauch (»Schneeball«).

Links: Ein Kind »erfindet« den Zirkel. Das Mädchen hat den gegabelten Ast zunächst lange Zeit hinter sich hergezogen und dabei eine doppelte Kratzspur auf dem Weg hinterlassen. Plötzlich hält es inne, betrachtet Spur und Ast und versucht – diesmal aber im Stand – noch einmal mit dem gefundenen »Gerät« zu zeichnen. Es entsteht – ein Kreis!

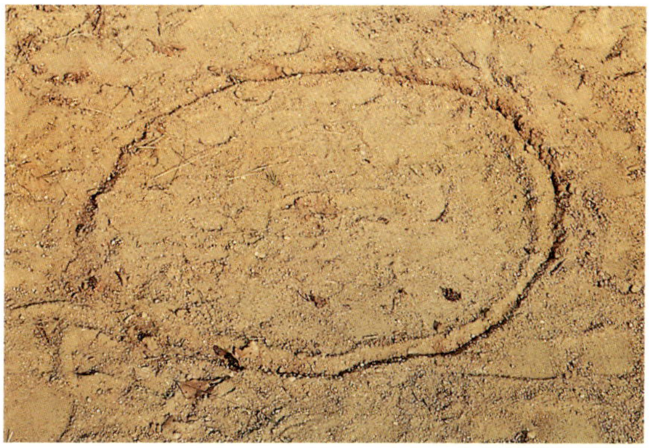

Rechts: Selbstsicherheit und die Bereitschaft, Konflikte zu ertragen, sind wesentliche Voraussetzungen für kreatives Verhalten. Abweichungen vom Konformverhalten erzeugen leicht Spannungen mit Andersdenkenden und werden von Leuten mit geringer psychischer Freiheit als störend oder bedrohend empfunden. – Die junge Dame, die hier an einem großen Tafelbild arbeitet, auf dem »nichts weiter« zu sehen ist, als zwei schwungvoll gekurvte, grüne Flächenumrisse, fragt nicht, was die Besucher später dazu sagen werden, wenn die Arbeit einmal an der Wand hängt. Jede kreative Idee ist neu und ungewöhnlich. Sie löst beim Betrachter Überraschung aus. Das widerum setzt voraus, daß der Betrachter die gedanklichen Zusammenhänge kennt, aus denen die neue Idee geboren ist. Das Verstehen kreativer Gedanken hängt also letztlich davon ab, ob der Betrachter auch die nötigen Voraussetzungen dazu hat – d. h. ebenso flexibel ist –, um das Ganze nachvollziehen zu können.

Elemente der Formgebung

Punkt und Linie

Elemente sind Grundbestandteile, Möglichkeiten zum Anfangen. Der Komponist hat seine Tonleiter, Taktzeichen und Notenschlüssel, der Maler die Farbenvielfalt der Palette. Wir arbeiten mit Linien, Flächen, Körpern – mit Hilfe von Erfahrungen, die sich bei wacher Beobachtung unseres Tuns von selbst einstellen.

Punkthafte und lineare Elemente

Der Punkt wird »gesetzt«, die Linie »gezogen«. Der Punkt kennzeichnet das Ruhende, eine Linie die Bewegung. Wir sprechen von punkthafter »Einstellung«, von Linien-»Verlauf« und Linien-»Schwingung«. Der *Punkt* fixiert unser Auge. Er zwingt den Blick, auf einer Stelle zu verharren. Er hat signalhaften Charakter. Wo sich mehrere Punkte nebeneinander finden, können wir von einem zum anderen »springen«, mit dem Auge einen weiteren Bereich »abtasten«. Die *Linie* ist Spur und kann als solche »verfolgt« werden. Wir wandern dabei gleichsam den Weg ab, den ein anderer vor uns gelegt hat. Dabei erfahren wir, ob es sich um eine gerade, eine gewinkelte oder gekurvte Linie handelt und – rückschließend auf unser Körperempfinden – auch etwas über die Natur dessen, der die Spur hinterlassen hat. Das wird in Bezeichnungen wie »sanft« oder »steil ansteigend«, »abfallend«, »Schwung« und »Kurve« deutlich. Die Kurve ist ein von uns nachvollziehbarer Bewegungsablauf. Wir können sie »nehmen« – im Unterschied zum Schlenker, der uns »aus der Bahn wirft«.

Rechts: »Drahtplastik« – Das Formelement des Drahtes ist die körperhafte Linie, die im Unterschied zur flächengebundenen Spur, wie sie z. B. der Bleistift auf dem Papier hinterläßt, auch frei in den Raum hinausschwingen kann. Solange noch das aus einem Stück Draht gebogene Gebilde auf einer flächigen Unterlage aufliegt, könnte es nachgezeichnet werden. Sobald es aber mit seinen linearen Partien die horizontale Lage verläßt, sich aufrichtet, die Richtung wechselt, gewinnt es räumlichen Charakter. Es entsteht eine Art Plastik, die nun nicht als fester, flächenumschlossener Körper, sondern räumlich aufgelöst, als ein Spiel »fließender Linien« erscheint.

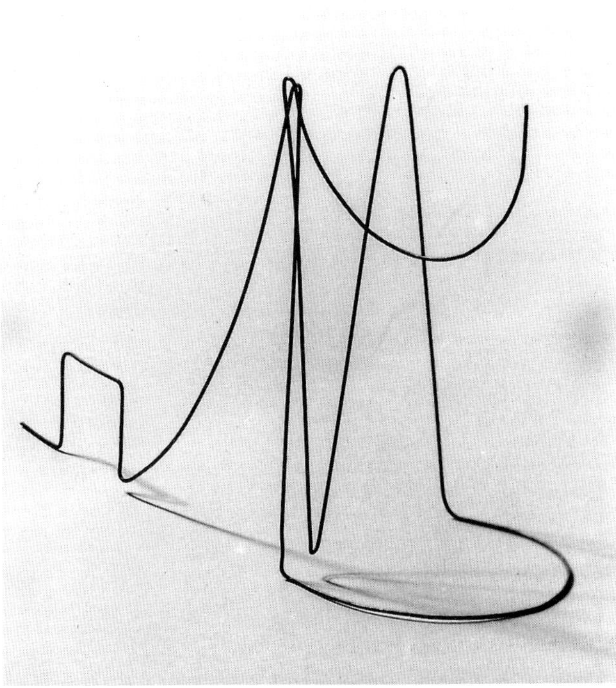

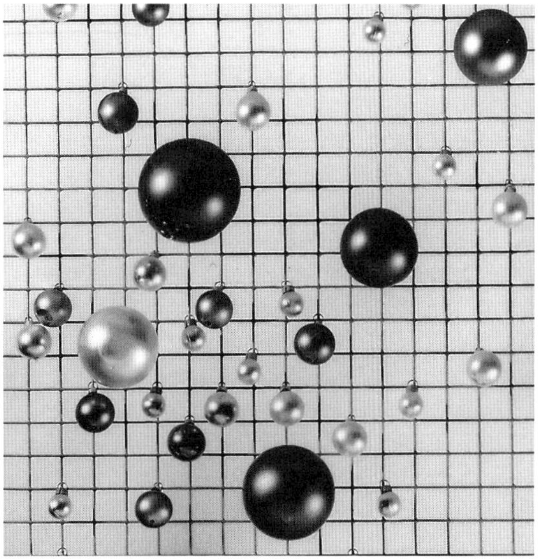

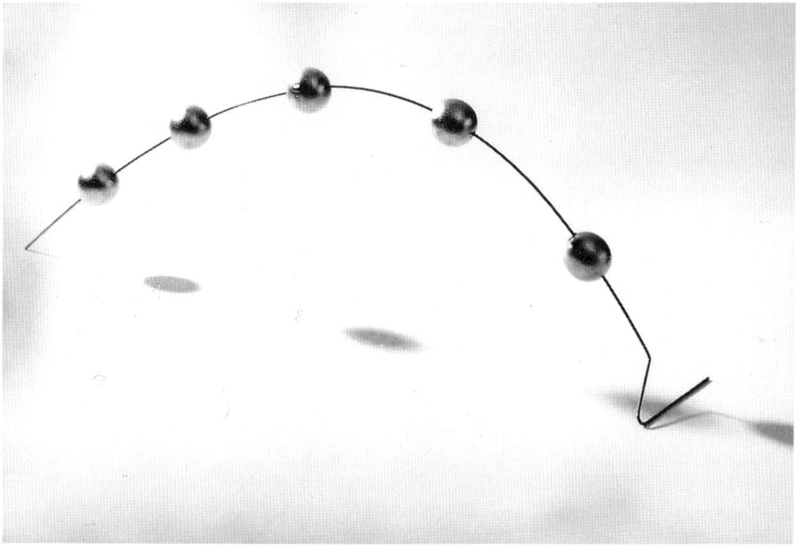

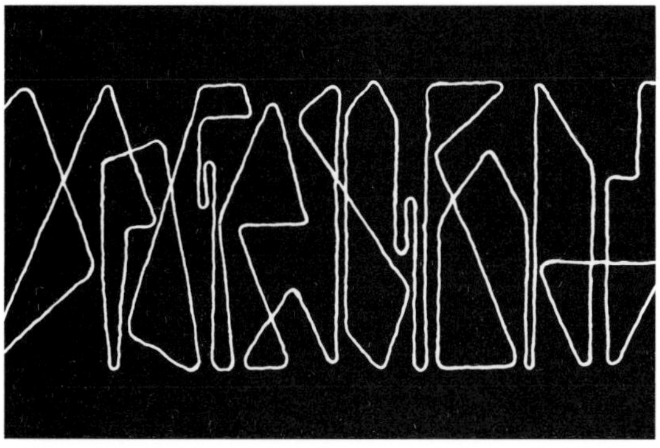

Oben: Auch bei einer zufälligen Punktanhäufung neigen wir dazu, zwischen den nächstliegenden Punkten lineare Bezüge zu schaffen. Eine solche Zusammenfassung ließ einst die Sternbilder entstehen. Die gleiche Tendenz des Sehens sorgt dafür, daß wir in Reihe liegende Punkte zur Linie zusammenschließen. – Darunter: Punkt und Linie in zeichenhafter Anordnung. – Links: Linearer Verlauf oder »Schrift«? – das ist hier die Frage.

Linien können allein verlaufen (z. B. als Umriß, Profil, blickführende Spur in der Fläche), aber auch zu mehreren nebeneinander. In der Parallelität zweier Linien erscheint Gemeinsames, Begleitendes. Zwei gerade verlaufende Linien können eine schwingende Linie in ihre Mitte nehmen, wobei den Randparallelen weiterhin die Führungsrolle zukommt, deren Strenge aber durch den schweifenden Charakter der Wellenlinie gemildert wird. Der spannungsfreie Kontrast zwischen Richtungsbestimmtheit und Schweifung wird um so stärker, je weniger der richtungsbestimmende Teil in Erscheinung tritt und je heftiger und üppiger die Krümmungen der Begleitlinie werden (siehe das Mäanderband in der Skizze – unten).

Optisch-informelle Wahrnehmungen und körperliche Empfindungen bestimmen also unser Erlebnis von Punkten und Linienzügen. Das erlaubt Rückschlüsse auf die eigene Gestaltungstätigkeit. Wir dürfen unser Körpergefühl mitsprechen lassen, die Hand als den Registrator einer tieferen körperlich-seelischen Schwingung erkennen, Anstoßmomente und Beschleunigungen *durch körperliches Nachempfinden* kontrollieren und in ihrer inneren Bewegtheit zum Ausdruck bringen. »Kleckse« und »Schlenkerlinien« entstehen, wenn wir durch andere Bindungen innerlich »gehemmt« sind, »nicht aus uns herauskommen«, durch äußere Antriebe »angestrengt« arbeiten. In einer gut geführten Kurve drückt sich ein seelischer Gleichklang aus. Sie könnte einen Mathematiker tagelang beanspruchen. Der Künstler zeichnet sie aus dem Handgelenk.

Charakteristik des Linearen

Ein Geschoß steigt schnell und steil in den Himmel empor, neigt sich mit abnehmender Fluggeschwindigkeit in seiner Bahn und fällt wieder zur Erde. Es zeichnet so die Linienform einer Parabel. Eine unterbrochene Linie ist durch das Absetzen der Bewegung charakterisiert. Zickzackverläufe zwingen den Blick, in kurzen Abständen hart und unverbindlich die Richtung zu wechseln. Noch stärker drückt sich das Gewaltsam-Plötzliche im ungleichmäßigen Zucken des Blitzes aus. Eine wellenförmig schwingende Bahn hat fließenden Charakter. Der mit gleichmäßiger Krümmung von einem Punkt nach außen oder innen führende Weg kennzeichnet die Spirale. Gekurvte Linien haben immer eine besondere Dynamik, selbst dann, wenn sie sich wie in der geschlossenen Kreis-

Links: a) Einfache Reihung (Reihung mit Intervall); – b) Reihung mit Wechsel; – c) Flächenreihungen mit Intervall und Wechsel.
Daneben: Mehrstimmige Reihungen als ornamentale Bandmuster; – d) linear; – e) linear und »fleckhaft«.
Unten: Reihung mit Überkreuzung – hier als »Textur« (so nennt man das Bild eines strukturellen Gefüges, das durch ein bestimmtes Werkverfahren entsteht).

Ein Punkt wird im allgemeinen als »kleinste grafische oder malerische Einheit« definiert. Das sagt jedoch nichts über das Maß seiner Ausdehnung, die je nach Absicht und Ausführung im Material unterschiedlich sein kann. Auch die Grenze zum Flächenhaften ist fließend (zumal schon der kleinste Punkt im Prinzip eine Fläche darstellt). In diesem Bild dominiert der Signalcharakter des »roten Punktes« in einem weihnachtlichen Umfeld. Daß es sich um ein rotes Haushaltstablett handelt, ist praktisch uninteressant. Wir beobachten, wie der Gegenstand seinen Objektcharakter verliert, indem er sich zum Zeichen wandelt.

bahn mit Anfang und Ende zusammenschließen. Im Kreis kommt die richtungsweisende Energie der Bewegung zur Ruhe, wobei der Charakter des Spurhaften erhalten bleibt.
Der *Punkt* wirkt immer und an jeder Stelle »blickfixierend«. Punktwirkung hat jedes richtungslose Zentrum, jeder Schnittpunkt von Linien, jeder Scheitelpunkt, in dem eine Bewegung zum Stillstand kommt und umdreht.

Elementare Ordnungen
Die einfachste Ordnung ist die rhythmische Wiederkehr der ständig gleichen Formeinheit, wie wir sie z. B. in der Perlenschnur, aber auch in jedem Streifenmuster vor Augen haben. Wir bezeichnen die ständige Wiederkehr des gleichen Formelements als »Reihung«, den Zwischenraum (die Pause) als »Intervall«. Die Reihung kann sich aus »linearen« (blickführenden) oder »fleckhaften« (blickfixierenden) Elementen zusammensetzen, »einstimmig« oder »mehrstimmig« verlaufen. Die »Reihung mit Intervall« findet ihre Bereicherung und Abwandlung in der »Reihung mit Wechsel«, im Kontrast von Bewegung und Gegenbewe-

Der koordinierende Charakter in gleicher Richtung verlaufender Linien ermöglicht es, die Form eines Werkstücks optisch zu heben oder – in gewissen Grenzen – zu verändern. Formbegleitung ist z. B. durch eine Randintarsie in einem an sich neutralen Kastendeckel möglich. Eine Rillenspur, die sich an einer optischen »Reizstelle« rund um einen Gefäßkörper zieht, hebt diese Zone besonders hervor. An einem bauchigen Gefäß von oben nach unten laufende Streifen mindern den Eindruck der Bauchigkeit. Eine hohe Tür wirkt optisch durch eine den Längsrand begleitende Griffleiste noch höher, durch Querfugung jedoch kürzer und breiter. So können wir, indem wir durch einen linearen Verlauf den Blick in eine bestimmte Richtung lenken, Schweres leichter, Gedrungenes schlanker, Langes kürzer oder Kurzes länger erscheinen lassen.

gung, Hell und Dunkel, Positiv und Negativ. In der Parallelität zweier Linien erscheint Gemeinsames, Begleitendes. Eine dritte Möglichkeit, die »Reihung mit Überkreuzung«, ergibt sich unschwer als Synthese. Darin ist der Gegensatz zweier Richtungen verknüpft und ausgeglichen. Der Ausdruck ist der statischer Ruhe (während die durch den Kontrastwechsel aufgebaute Reihe ständig weiterschwingt). Beim Flechten entsteht z. B. ein solcherart abstraktes Gittermuster.

Muster oder Ornament?

In diesen drei Grundordnungen der »Musterbildung« werden Möglichkeiten sichtbar, die Form eines Gegenstandes zu betonen, zu gliedern, zu verändern – oder auch nur einfach schmückend zu bedekken. Wir sprechen von »werkhaften« Musterungen, wenn diese wie beim Flechten oder Weben ursprünglich aus einer bestimmten Technik hervorgehen. Andernfalls handelt es sich um Muster mit bildnerischer Funktion, ihrem geometrischen Sinn nach um »Ornamente«.

Der traditionelle Begriff »Ornament« bezeichnet bildnerische Äußerungen, die zum Gegenstand, den sie »verzieren«, ein organisches Verhältnis haben. Fehlt dieses organische Verhältnis (indem sie nur der »schmückenden Bedeckung« dienen), so nennen wir sie »Muster«. Die Unterscheidung von Ornament und Muster ist ein Wertproblem, eine Frage des sensiblen Empfindens.

»Ornament« ist darüber hinaus auch ein Sammelbegriff, der Formen der Natur sowie funktionelle und künstlerische Formen umfaßt, welche mathematisch gesehen die Symmetriestruktur gemeinsam haben. Sie können so vielgestaltig sein, daß sie im künstlerischen Sinn »Selbstwert« bekommen. Ihre Bindung an das Ganze der Werkform muß dabei nicht verlorengehen. Ihr praktischer Wert zeigt sich in ihrer Anwendung.

Links: Von einem »funktionalen Zweck« des Musters sprechen wir z. B. auch, wenn die Form oder Farbe als Signal (links) oder Tarnungsmittel (gegenüberliegende Seite, oben) wirken soll. Bandartige Aneinanderreihungen entstehen überall, wo eine Einzelform in einer einzigen Richtung wiederholt wird.

Oben: Formen, die wir in der Natur wahrnehmen, drük-ken Ordnungen aus, und zu ordnen und zu gliedern ver-suchen wir bei allem, was wir machen.

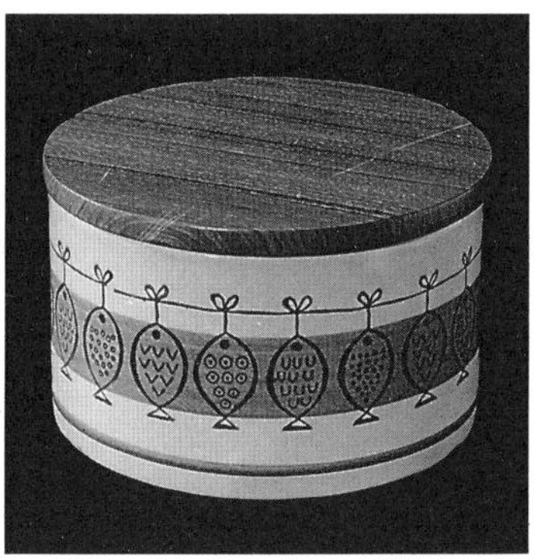

Viele Stoffe, die wir verarbeiten, ergeben von selbst eine Gliede-rung. So ist es praktisch nicht möglich, Perlen auf eine Schnur zu reihen, ohne daß eine »Kette« entsteht. Die gleiche Reihung kehrt als ornamentales Band (oben) an der Gefäßwand wieder.
Rechts: Strukturelle Muster ent-stehen in guter handwerklicher Arbeit.

Fläche

Der primäre Wert der Fläche liegt in ihrer umreißbaren Form, aber auch in ihrer Eignung als »Zeichenträger« – zum Signalisieren von Form, Farbe, Zeichnung, Bild, Schrift und des ganzen Umfelds dessen, was an struktureller Eigenart des Materials (Farbe und Zeichnung in Holz, Metall, Stein u. dgl.) oder als herstellungsbedingte Textur (Flechtwerk, Gewebe) sichtbar wird.

Alles was zweidimensional in Erscheinung tritt – ist Fläche

Der Eindruck von Fläche entsteht durch die Ausdehnung des Punktes zum »Fleck«, dem der gleiche »blickfixierende« Charakter wie dem Punkt zukommt, aber auch durch bestimmte Dichtlagen (Punkte, Tupfen, Linien), beispielsweise bei engem Linienverlauf in gleicher Richtung im »Band«, bei der Überkreuzung von Linien im Netz, Gitter, Geflecht, am konsequentesten im Gewebe, in dem der Linienverlauf der Gewebefäden vor dem Flächenhaften des Stoffes kaum mehr in Erscheinung tritt.

Die Fläche ist im bildnerischen Sinn »zweidimensional«, hat Länge und Breite, gleichgültig ob sie als Feld innerhalb einer linearen Umrandung gesehen wird, in der sie real gar nicht existiert (z. B. der mit dem Bleistift gezogene Kreis auf einem Blatt Papier), oder als Farbfleck. Als Fläche empfinden wir auch noch ein mit der Schere umschnittenes Stück Metallfolie oder ein Stück Styropor, dessen eigentliche Dreidimensionalität dabei ignoriert wird.

Primäre Flächenformen sind: *Quadrat, Kreis* und *gleichseitiges Dreieck* (ohne Betonung der Grundlinie) – sekundäre: *Rechteck, Ellipse, Dreieck mit ungleicher Seitenlänge*. Primäre Flächenformen sind im Hinblick auf ihre Ausdehnung richtungslos, sekundäre gerichtet. Eine Flächenform mit bestimmter überschaubarer Gestalt bezeichnen wir als »Figur«. *Figur* als flächenhaftes Zeichen kann sowohl ein »ganzgestaltiger« Umriß sein (Mensch, Tier, Baum, Stern oder auch ein beliebiger abstrakter Umriß), als auch der Teil eines figürlichen Zusammenhangs, soweit er als erfaßbare Gestalt in Erscheinung tritt (Blüte, Blatt, Hand u. dgl.).

In praktischer Hinsicht ist die Fläche als linear umrissener Farbfleck (Zeichen, Symbol), als tragender Grund für eine zeichenhafte Gestaltung und auch als eine Art »Wand« (Oberfläche von Körpern) von Bedeutung.

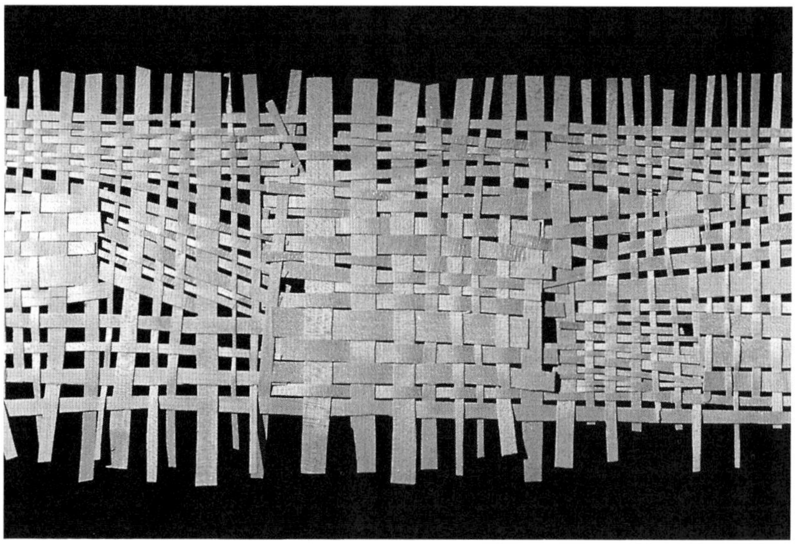

Links: Linienverläufe in gleicher Richtung und in dichten Kreuzlagen erwecken den Eindruck von Fläche. Je dichter die Gitterung, um so stärker ist die Flächenwirkung.
Aus dem urtümlichen Gitterflechten (Schutzzaun, Hauswand) sind das Korbflechten und Weben hervorgegangen. Die Besonderheit solcher Verfahren ist, daß hier die Fläche sowohl formal als auch real in Erscheinung tritt, eine Übereinstimmung des technischen Vorgangs mit dem Erscheinungsbild des Ergebnisses entsteht.

Die Fläche als verfügbarer Grund, um darauf ein bildnerisches Geschehen in Gang zu setzen bzw. ein wichtiges Ereignis zu dokumentieren, Botschaften oder Gedanken zu fixieren, ist eines der erregendsten Phänomene, für deren Zeitlosigkeit jahrhundertealte Zeugnisse sprechen (siehe unten: Runenstein in Jelling, Dänemark). Auch wir entziehen uns nur schwer der Aufforderung, die von der leeren Fläche ausgeht, oder wenden uns dieser aktiv zu. Oben: Bemalte Holztafel und Applikation (Ausschnitt). Rechts: Geschmückte Tonplatte (Kinderarbeit).

Unten: Ein Leuchtschirm aus flächigen Pergaminzuschnitten, die hintereinandergeschichtet im durchfallenden Licht mit unterschiedlicher Dichte farbig aufleuchten.

Konstruktive Unterteilungen

Es ist nicht jedermanns Sache, beispielsweise die genaue Unterteilung einer Kreisfläche mit Hilfe seines Augenmaßes (immerhin eines Maßes!) aus dem Handgelenk zu zeichnen. Wir können auch nicht jedes Material so oft falten, daß sich schon in den Knifflinien eine brauchbare Unterteilung abzeichnet (Beispiel Glückwunschbrief). In den meisten Fällen wird man ohne Zirkel und Winkelmaß nicht auskommen. Die nachfolgenden Skizzen zeigen Wege zur konstruktiven Entwicklung ornamentaler Ordnungen aus dem Umfassungskreis und dem Quadrat. Die sich ergebenden Lösungen haben einen hohen Schmuckwert. Sie können auch noch farbig erweitert werden.

»Rasante« Muster (s. Abb. S. 21 – rechts außen)

Gemeint sind auch Musterungen, die unseren Sehgewohnheiten zuwiderlaufen, sozusagen unser gewohntes Sehen »aus der Bahn werfen«. Unseren Sehgewohnheiten entspricht z. B. das Abtasten einer Fläche von links nach rechts oder diagonal von oben nach unten. Wie beim Lesen beginnt das Auge die Betrachtung einer Bildfläche in der linken oberen Ecke. Es wird aber auch durch extreme Linienführungen gelenkt. Diese Führung kann mitunter so stark werden, daß sich der Betrachter von der Gewalt einer solchen Lineatur »übermannt« fühlt, was ihm nicht zuletzt als Folge innerer Spannungen eine seelische Unruhe verursacht. Man muß also wissen, wo solcherart Ornamentik angebracht werden kann. Als Seiten- und Deckeldekor eines quadratischen Holzkästchens zum Beispiel ist so etwas denkbar.

Unten: Kreise im Kreis. – Durch Mittelpunktverschiebung am geteilten Durchmesser entsteht der »Zweipaß« (a) – durch Betonung der beiden entgegengesetzten Kreishälften im Wechsel das im Taoismus beheimatete Yin-Yang-Symbol (Meditationszeichen), in dem die gegenpolige Bewegung und Wechselwirkung von Tag und Nacht, Ebbe und Flut, männlich – weiblich zum Ausdruck kommt. – Aus drei Zirkelschlägen im Umfassungskreis entsteht der »Dreipaß« (b), aus vier Zirkelschlägen der »Vierpaß« (c), Maßwerkfiguren, die wir aus der Spätromanik und Gotik kennen. Die letzte Abbildung (d) zeigt eine Lösung, die sich beim spielerischen Unterteilen des Kreises ergibt.

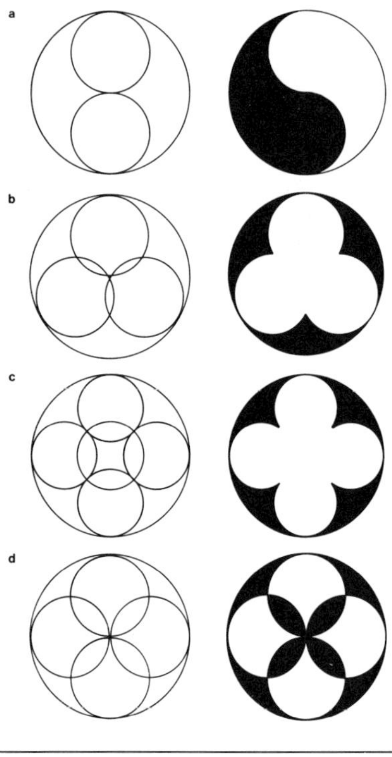

Links: »Yin-Yang« kann vieles bedeuten, Einatmen – Ausatmen, Himmel – Erde, Feuer – Wasser usw.
Unten: »Kratzputz« (Sgraffito-)Ornament an einem Vierländer Bauernhaus (Hamburger Landgebiet).

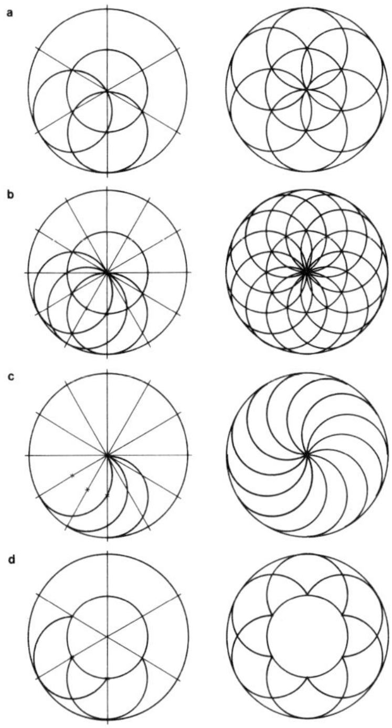

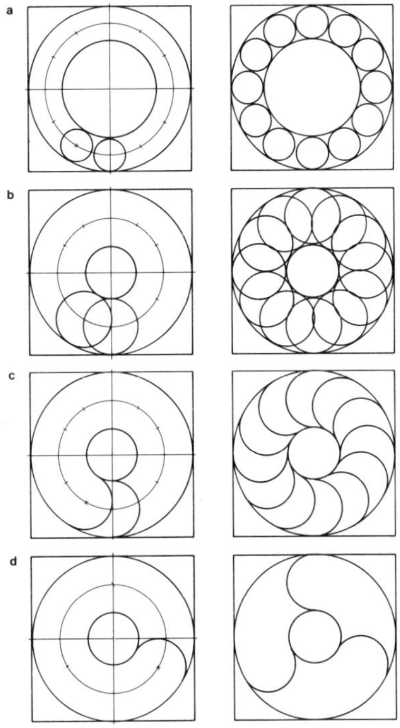

Oben links: Weitere Entwicklungen der zentralorientierten Kreisteilung mit ornamentalem Charakter.
Daneben: Reihungen und Überschneidungen im Kreisband.
Oben rechts: Es ist wichtig zu wissen, daß auch solche »wild schwingenden« Musterungen konstruktiven Gesetzmäßigkeiten und damit einer inneren Ordnung unterliegen. Sie ergeben sich als überraschende Ausschnitte aus einer geschlossenen Komposition.

Unten: Die Konstruktion von Flächenornamenten aus dem diagonal überlagerten Quadratraster.

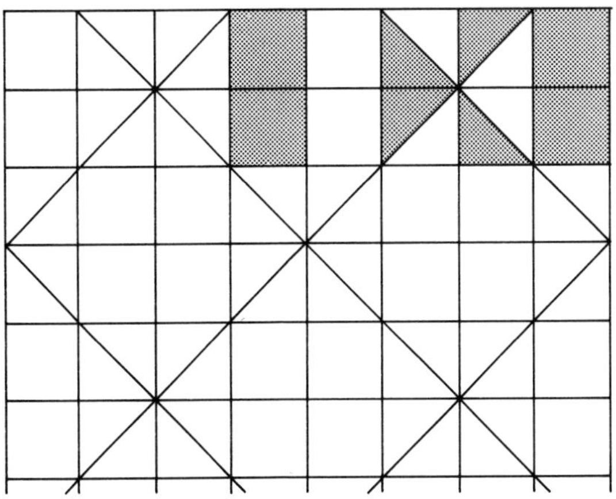

Oben: Zwei verschiedene mit Lineal und Zirkel entwickelte Flächenornamente, denen der Quadratraster zugrunde liegt.

Raster

Kontinuität, die den Betrachter eine Arbeit als Teil einer in Formen geordneten Welt erkennen läßt, ist eine grundlegende Voraussetzung jeder Art bildnerischer Konzeption. Die Bedeutung der Vorherrschaft bestimmter Elemente steht außer Frage. Wo sich aber die Einzelheiten immer wieder mit anderen treffen, entsteht die Notwendigkeit der Unterwerfung unter ein Ordnungsprinzip und mithin eines strukturierenden Netzwerks, in dem jedem Element Platz und Größe zugewiesen wird.
Die einfachste Art eines solchermaßen regulierenden Liniensystems ist der Quadratraster, d. i. die gleichmäßige Felderung einer Fläche durch sich rechtwinklig schneidende Linien. Der Raster wirkt insofern als Ordnungsmaß, als betonte Punkte der gestalteten Form mit den »Knüpfpunkten« des Liniennetzes zusammenfallen. Quadrat- und Rechteckraster ergeben starre, leicht überschaubare Ordnungen, die vom rechten Winkel bestimmt werden. Es können aber auch andere geometrische Reihen zur Rasterung dienen. Ein Raster aus sich im Winkel von 120° kreuzenden Linien ergibt Sechsecke – ein Anordnungssystem, das es erlaubt, den gesamten Raum mit geringster Abweichung von der Kreisform auszufüllen. Ein Raster mit 60°-Schnittwinkeln hat den Vorteil, daß er Dreiecke bildet. Dem horizontal-vertikalen Rahmenwerk des Quadratrasters, dem die Diagonale fehlt, kann auch ein diagonal angelegter Teilungsraster übergelegt werden. Wie so etwas aussieht und zu welchen Ergebnissen es führen kann, ist den Abbildungen auf Seite 21 (unten) zu entnehmen. Rastermaße spielen auch in der Technik eine Rolle.

In unseren Wohnungen kommt es leicht zum Überhang einer einzigen Farbrichtung und dadurch zu Gefühlsspannungen, die wiederum durch ausgleichende Farbeffekte gelöst werden können. Der grüne Fußbodenbelag verlangt seinen Ausgleich nach Rot, die gelbe Tischdecke oder das rotbraune Mobiliar nach Grün. Innenarchitekten wissen das und bringen daher, um einen harmonischen Ausgleich zu erzielen, Farbergänzungen (Kontrasteffekte) gern in Form einfarbiger Vorhänge, Flächenanstriche oder einfarbig gestalteter Bildwerke an die Wand. Ein Vorschlag: Greifen Sie selbst zum Pinsel! Sie brauchen 19 mm starke Spanholzplatten (nicht zu klein!), einfache Plakat- oder Acryl-Dispersionsfarben und Borstenpinsel. Die Platten sollten vor dem Einfärben weiß grundiert werden (um die Leuchtkraft der Farbe zu erhöhen!). – Weißanstrich mit verdünnter Plakat- oder Binderfarbe genügt. Gründlich trocknen lassen! Malen Sie nun auf diese Fläche, was Ihre Mittel erlauben und was Ihnen gefällt. Lassen Sie sich dabei ruhig von einfachen Flächen- und Farbwirkungen überraschen, so wie sie auf der nebenstehenden Seite abgebildet sind. Bedenken Sie, daß zum Fixieren gegenständlicher Formen sehr viel Übung nötig ist, während einfache Flächen- und Farbkombinationen dem gewünschten Zweck vollkommen genügen.

Das Quadrat ist der Inbegriff einfachster, fundamentaler geometrischer Gesetzmäßigkeit, die reinste Darstellung der Vertikal-Horizontal-Beziehung in der Fläche. Alle übrigen Rechteckformen stellen praktisch nur eine Lockerung seines Gesetzes im Sinne der Ausweitung nach der Höhe und Breite dar. Aber auch die quadratische Form selbst hat Reizstellen: Zweiteilung, Viertelung, Diagonale und Gegendiagonale bringen das statische Konzept zu signalhaftem Schwingen.
Unten: Spanplatten 50 × 50 cm, Acryl-Dispersionsfarben. Die rasterartige Hängung ist unverzichtbarer Bestandteil einer solchen Konzeption.

Raum und Körper

Die Grundformen der Körper (Kugel, Quader, Würfel, Pyramide) fielen dem Menschen schon immer auf, wo er sie in der Natur vorfand, z. B. in den Formen der Früchte oder der mineralischen Kristalle. Ihre Regelmäßigkeit, die den Eindruck von Ordnung vermittelt, ließ ihn schon früh ein verborgenes Ordnungsprinzip in der Natur ahnen. Sie hat ihn zum Nachdenken und Nachbilden angeregt. Entsprechendes gilt auch für regellose Formen, vom Wasser rundgeschliffene Steine, Wurzelgebilde u. dgl. Sie regen unsere Phantasie an, wir können etwas aus ihnen herauslesen oder in sie hineindenken. Ein Körper, der sich von seiner mittleren Schnittfläche aus nach beiden Seiten gleichmäßig aufbaut, ist »symmetrisch«, aber auch die »asymmetrische« Form bekommt Spannung nur durch eine geordnete Verteilung ihrer Formmassen.

Der Körper ist dreidimensional

Der Begriff des Körpers ist von dem des Raumes nicht zu trennen. Der Raum der Geometrie ist begrenzt, vorstellbar etwa als »Hohlraum« oder als »Negativform eines Körpers« und meßbar im Verhältnis der drei im rechten Winkel aufeinanderstoßenden Dimensionen Höhe, Breite (Länge) und Tiefe.

Der Eindruck dreidimensionaler Räumlichkeit kann zeichnerisch (auf einer zweidimensionalen Fläche) nur durch besondere Kunstgriffe (perspektivische Linienführung u. dgl., siehe auch das Kreisornament auf Seite 21 oben) erzeugt werden. In der Architektur und in der plastischen Kunst erfolgt die Wiedergabe eines Körpers oder Objekts realistisch, d. h., der Raumwirklichkeit entsprechend. Die Fläche wird hier zur »Oberfläche«, zum Mantel. Der Körper selbst hat eine »Licht-« und eine »Schattenseite«. Er muß ins »rechte Licht« gerückt werden. Wer schon einmal einen plastischen Körper zu fotografieren versucht hat, weiß, welche Bedeutung der Lichtführung zukommt.

Formcharakter des Plastischen

Wir unterscheiden die aus einem weichen, bildsamen Material (Ton, Wachs, Plastilin u. ä.) in einem aufbauenden Verfahren »modellierte« *Plastik* von der aus hartem Material (Holz, Stein u. ä.) geschlagenen *Skulptur* (von lat. sculpere = schnitzen, ausmeißeln). Arbeitstechnisch gehören beide Verfahren, sowohl das »additive« (Hinzufügen von Substanz) als auch das »subtraktive« (Wegnehmen von Substanz) in den Gesamtbereich des »Plastischen«.

Unten: Architektur als »Plastik«. Kein Bauwerk aus dem 20. Jahrhundert hat solches Aufsehen erregt wie Le Corbusiers 1955 vollendete Wallfahrtskirche in Ronchamp/Vogesen.

»Als ich diese Kapelle baute, wollte ich einen Ort der Stille, des Gebets, des Friedens und der inneren Freude schaffen ... Alle haben dieses schwierige Werk ausgeführt, das stark in seinen Mitteln und dennoch feinnervig ist, das belebt wird von einer totalen Mathematik, der Schöpferin des unfaßbaren Raums«. (Le Corbusier)

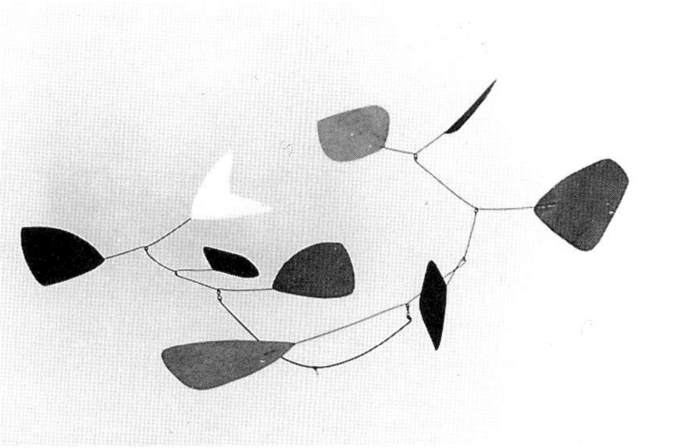

Oben: Bewegliche Plastik (Mobile) – durch die Ausladungen des Drahtes und der schrägen Metallscheiben wird Raum suggeriert. Durch die Bewegung verändern sich fortwährend die Beziehungen der Teile zueinander und zum Raum.
Unten: Durchdringungskörper (Spielplastik).

Rechts: Zur Unterscheidung von Skulptur (oben, Porenbeton) und Plastik (darunter, gemagerter Modellierton).

Rechts: Obwohl das flächige Papier kein eigentlich plastischer Werkstoff ist, lassen sich mit Hilfe seiner Flächeneigenschaften doch Gebilde schaffen, die dem Eindruck von Plastiken entsprechen. Papier kann man schneiden, knicken, biegen, rollen, verspannen (kräuseln) und auf verschiedene Weisen verformen. Die Figuren aus weißem Zeichenpapier sind »Hohlkörper« (sie bestehen praktisch nur aus der Oberfläche) und haben den Charakter des Gebauten (Bauplastik). Daß sie, um optisch wirksam zu werden, einer gezielten Beleuchtung bedürfen, macht ihren besonderen Reiz aus. – Arbeit eines 14jährigen Jungen.

Körperlichkeit erscheint uns in der Kugel harmonisch gerundet. Wandeln wir sie ab, indem wir weite Wölbungsstrecken dehnen oder mit Vertiefungen versehen, dann wirkt die Form ungleich massiver, plumper. Manche Gebilde, aber auch manche Werkstoffe verlangen eine solche betont verkörperlichende Bearbeitung, weil sie von Natur aus schwer, in ihrer Materialstruktur »amorph« (ohne Wuchs und Richtung) sind.
Die Auflösung des Körperlichen bis in sein inneres Beziehungssystem wiederum hat Künstler dazu geführt, ähnliche Wirkungen mit Draht, Blech, Metallstäben u. ä. zu erzielen und Gebilde herzustellen, die gleichsam leere Räume umschreiben. Der amerikanische Bildhauer Alexander Calder nennt seine strukturell stabilen Blechkonstruktionen »Stabiles« und die bewegten Bildwerke (als freie, teils von der Konstruktion, teils vom Zufall bestimmte Formspiele) »Mobiles«.

Unten: Die fünf Platonischen Körper – Tetraeder, Würfel, Oktaeder, Ikosaeder, Dodekaeder.

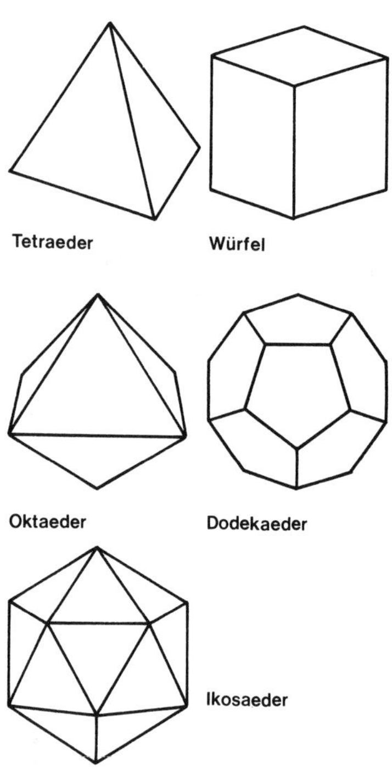

In diesen »körperbildenden« Tätigkeiten herrschen andere Gesetze als etwa beim Zeichnen und Malen. Neben das Auge, das schon in den Flächenkünsten dirigierend und korrigierend wirkt, tritt jetzt als weiteres formbestimmendes »Werkzeug« die Hand, die den Körper und seine Stofflichkeit abtastend und prüfend »begreift«.
Die ursprünglichste Werkweise des Plastischen ist das Arbeiten aus dem »Block«. Noch heute stellen wir uns den Bildner hauptsächlich als Bild-»Hauer« vor, der die Figur aus dem umgebenden Material herausschlägt. Die Wölbung hinterläßt beim Betrachter den Eindruck geschlossener Körperlichkeit. Jede Höhlung hingegen entkörperlicht, d. h., sie schafft Raum. Das kann bis zum Durchbruch bzw. so weit getrieben werden, daß von der ganzen Körpernatur eines Gegenstandes nur noch die Konturen oder ein Gerüst von Achsen übrigbleiben.

Reguläre Raumfiguren

Gemeint sind die fünf regelmäßigen oder »Platonischen Körper«. Jeder dieser Körper hat als Außenflächen regelmäßige Vielecke mit gleichen Kanten und Flächenwinkeln. Auch alle Körperecken sind gleich (in jeder Ecke stoßen gleich viele Flächen mit gleicher Neigung zusammen). Wie schon ihr Name andeutet, wurden die Eigenschaften dieser Körper von Plato und seinen Schülern eingehend untersucht. Die Bezeichnungen (aus dem Griechischen) geben die Zahl der Außenflächen an: Das *Tetraeder* hat 4, das *Oktaeder* 8, das *Ikosaeder* 20 gleichseitige Dreiecke, der *Würfel* 6 rechtwinklig aufeinanderstehende Quadrate, das *Dodekaeder* 12 reguläre Fünfecke.

Zu den maßgebenden Grundlagen freier und zweckgebundener Gestaltung gehört die Erkundung und Durchdringung von Raumverhältnissen.
Unten: Würfelkonstruktion aus Winkelschienen (Zeichenpapier). Die Unterteilung erfolgte nach »Modulor«-Maßen (siehe S. 30).

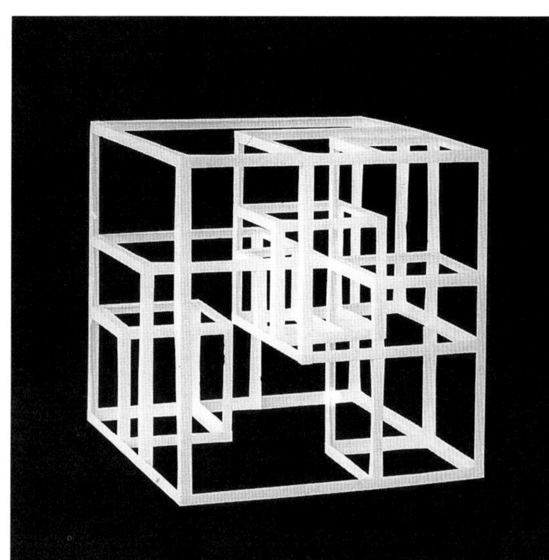

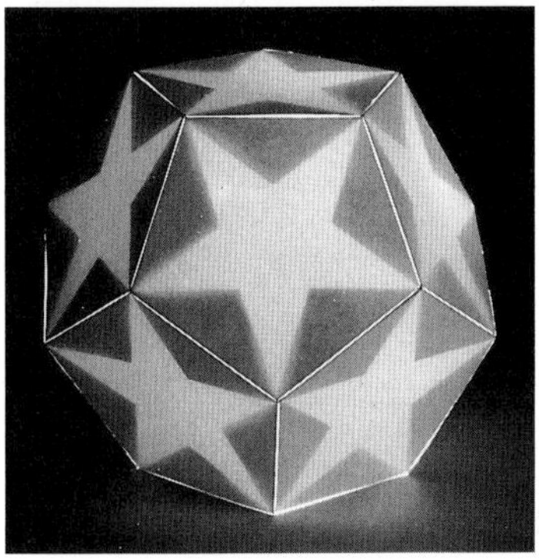

Oben links: Sternförmige Unruhe aus weißen Kunststoff-Trinkhalmen. Den Kern bildet ein aus geteilten Halmen gebundener Zwanzigflächner (Ikosaeder).
Oben rechts: Raumstern aus weißem Zeichenpapier. Zwölf fünfkantige Pyramidenstrahlen bilden mit ihren Grundflächen ein Dodekaeder.
Links: Weihnachtliches Schauzeichen in Form eines Dodekaeders (Beleuchtung durch eine Minisockellampe mit geringer Leistung).
Unten: Zentralsymmetrisch angeordneter Raumkörper (weihnachtliche Unruhe) – bestehend aus einem System von Beziehungspunkten und Verbindungslinien.

Unten: Fachwerkkuppel (Tragwerkkonstruktion), – zugleich ein geodätisches Strukturmodell. Struktur = innere Gliederung im Aufbau eines Gefüges. Geodätische Linien sind kürzeste Verbindungen zwischen jeweils zwei Punkten einer Fläche. – Streichhölzer, Alleskleber, Montage über einer Ballform (»Lehre«).

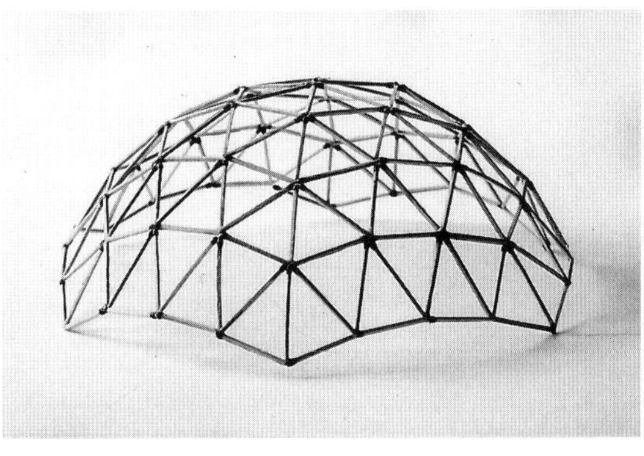

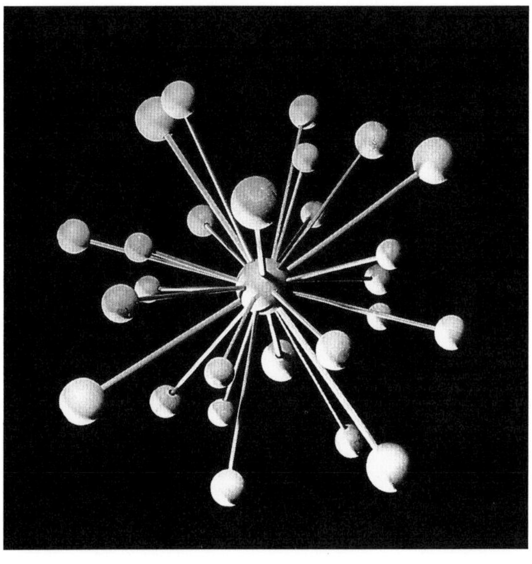

Maßordnungen

Metrisches System

Goldener Schnitt

»Unter den stetigen Proportionen existiert eine einzige ausgezeichnete Art, die göttliche Proportion, wobei von den drei Größen die zwei kleineren zusammen die Größere ergeben, oder wo ein Ganzes so in zwei Teile zerlegt wird, daß zwischen den Teilen und dem Ganzen eine stetige Proportion besteht. Eine Eigentümlichkeit dieser Proportion besteht darin, daß aus dem größeren Teil und dem Ganzen wieder eine gleiche Proportion gebildet werden kann; was vorher der größere Teil war, wird dabei der kleinere; was vorher das Ganze war, wird der größere Teil, und die Summe beider spielt nun die Rolle des Ganzen. Das geht unendlich weiter, immer bleibt die göttliche Proportion bestehen. Ich glaube nun, daß diese geometrische Proportion dem Schöpfer als Idee gedient hat, als er die Erzeugung von Ähnlichem aus Ähnlichem, die auch immerfort weitergeht, eingeführt hat.« (Johannes Kepler, 1571–1630, über »De divina proportione«, die »Göttliche Teilung« = der Goldene Schnitt.)

Das metrische Dezimalsystem

Wir rechnen heute (eigentl. seit 1795, Beschluß durch die franz. Nationalversammlung) nach dem metrischen Dezimalsystem (1 m = der 40millionste Teil des Erdumfangs), während man früher nur annähernd gültige Beziehungen aus dem natürlichen Bereich (z. B. 1 Elle = 7 Handbreit = 28 Finger) miteinander verknüpfte. Elle und Fuß waren, obwohl relativ, zumindest »menschliche Maße«. Der Ausgangspunkt des metrischen Dezimalsystems ist eine »abstrakte Ziffer«.

Messung zergliedert jedes Muster und muß deshalb mit Umsicht gehandhabt werden, wenn sie zur Analyse der räumlichen Struktur eines Ganzen dienen soll. Mit Zahlen kann man »abstrakt« umgehen, ohne den Gegenstand berücksichtigen zu müssen, auf den sie angewendet werden. Die Gefahr liegt darin, daß wir durch »arithmetische Beziehungen« die aus dem Blick verlorenen »visuellen Beziehungen« zu ersetzen suchen.

Der Goldene Schnitt

Eine der grundlegenden visuellen Erfahrungen ist die von »richtig« und »falsch«. Wir empfinden z. B. die Unterteilung einer Geraden, einer rechtwinkeligen Oberfläche oder eines Körpers nicht nur so, wie sie ist, sondern auch so, wie sie sein soll oder nicht sein soll. Die Form eines Hauses, eines Schranks oder Bücherregals mag uns zufriedenstellen (»richtig« erscheinen) oder durch Kürzen oder Verlängern eine Verbesserung erfordern. Das »Gefühl für Proportion« ist in unserer Wahrnehmungserfahrung enthalten. Als seine Wurzel darf eine »Gleichgewichtigkeit des optischen Musters« angenommen werden, die die physiologischen Kräfte lenkt, die sich beim Sehen im Gehirn auswirken.

Im bildnerischen Schaffen wird seit der Antike ein Zahlenverhältnis angewendet, das schon Plato wegen seines hohen ästhetischen Wertes die »Goldene Teilung« genannt hat, bekannt als der »Goldene Schnitt«. Eine Strecke wird so in zwei ungleich große Abschnitte geteilt, daß sich der kleinere zum größeren verhält wie dieser zur ganzen Strecke (z. B. 5 : 8 wie 8 : 13). Die Abbildung auf der gegenüberliegenden Seite zeigt die Konstruktion dieses Schnitts. Es genügt, das Grundprinzip zu kennen, nach dem von einem bestimmten Anfangswert aus alle folgenden Glieder durch Addition der beiden vorausgegangenen

Links: Die Nautilus-Schale (als Beispiel einer proportionalen Ordnung, die wir in der Natur vorfinden) weist die Symmetrie einer logarithmischen Spirale auf. Das Wachstum dieser Spirale beruht nun nicht etwa darauf, daß das Tier »logarithmisch rechnen« kann, sondern weil seine Wachstumsrate physikalischen Gesetzen gehorcht, die eine solche Spirale schaffen (Anwachsen eines Betrags mit einer Rate proportional zur eigenen Größe – vergleichbar dem Anwachsen des Kapitals durch Zins und Zinseszins).

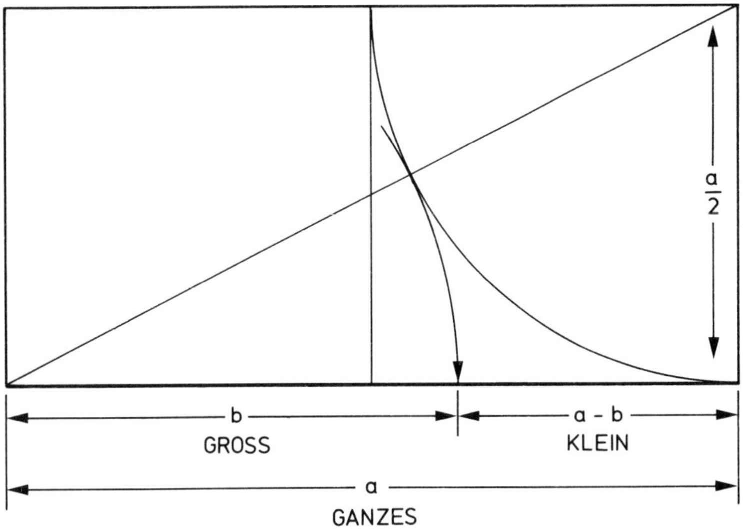

Verhältnis 1 : 1,618.... (Goldener Schnitt)

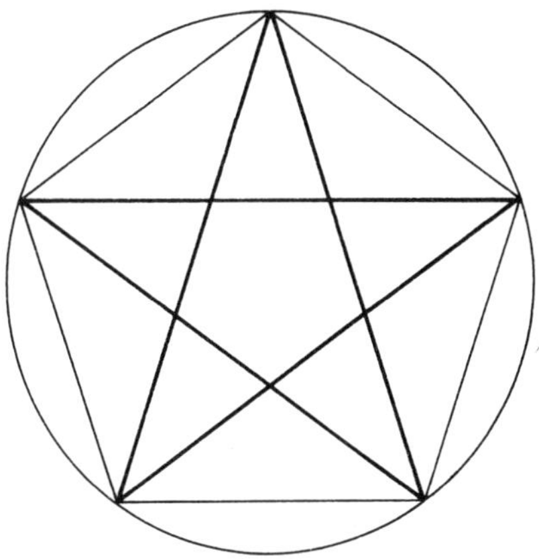

Oben: Konstruktion des Goldenen Schnitts.
Links: Die proportionalen Verhältnisse im gleichseitigen Fünfeck (Pentagramm) haben schon die mittelalterlichen Mystiker zu allerhand philosophischen Mutmaßungen über deren weltschöpferischen Hintergrund bewogen, weil sie die Verhältnisse des Goldenen Schnitts (der sich auch in den Sprossungsverhältnissen der Natur wiederfindet) anschaulich wiedergibt. – In das Pentagramm kann man durch Verbinden jeweils zweier gegenüberliegender Ecken eine Sternfigur einzeichnen. Durch Zirkelschläge entwickelt sich daraus eine logarithmische Spirale.

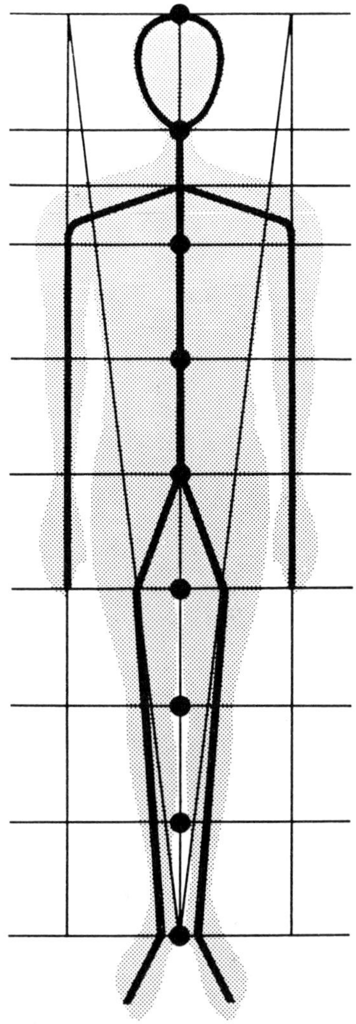

Oben: Proportionsschema für eine menschliche Figur. Die Punkte markieren die Achtelteilung, die dunkle Linie kennzeichnet eine Strichfigur.

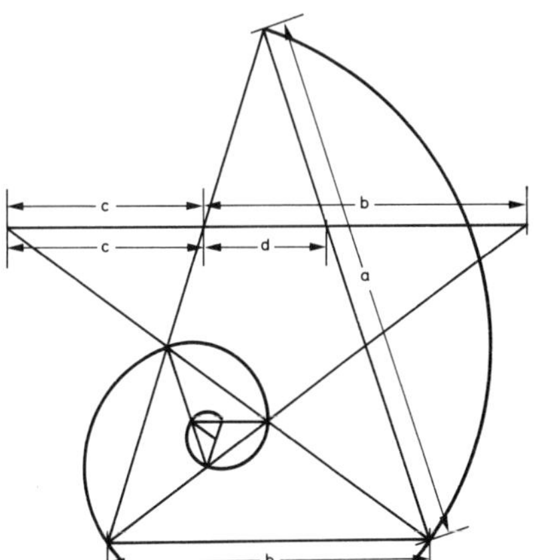

Auch Albrecht Dürer ging, alle individuellen Abweichungen außer acht lassend, von der Vorstellung aus, daß der menschliche Körper nach den Verhältnissen eines idealen Schnitts (De divina proportione) gebaut ist. Vereinfacht wird ein Gesamtstreckenwert von acht gleichen Teilen angenommen (siehe oben rechts). Diese Teilung bewahrt davor, falsch proportionierte menschliche Figuren darzustellen.
Die volle Figurenhöhe (acht Achtel) unterteilt sich wie folgt: Standlinie bis halber Unterschenkel – Knie – Oberschenkelmitte (= Ende der am Körper herabhängenden Hand) – Rumpfanfang – Nabel – Brustmitte – Kinn – Scheitel. Die Strecke zwischen den beiden Brustmarkierungen beträgt ein Achtel. Für die Länge der Hand darf etwas weniger als eine Achtelstrecke angenommen werden. Für die Länge der Füße gilt die Kopfhöhe.
An der Lage des Nabels im Schnittpunkt der Teilstrecken 3 und 5 erkennen wir wiederum das Teilverhältnis nach dem Goldenen Schnitt.

Corbusiers »Modulor«

»Eine Idee braucht lange, bis sie geboren wird, lange, um sich zu offenbaren, lange, um sich in der zusammenfassenden Form des Gemäldes zu dokumentieren. Sie wird ohne Fesseln geboren, ohne regulierendes Liniennetz, ohne Modulor. Es kommt aber der Augenblick, wo man das Werk ausführt, das Bild macht. Um es zu machen, braucht man eine Leinwand oder eine Tafel, man muß die Zeichnung anlegen, muß nach seinen Farben greifen und sie mit dem Pinsel ausbreiten. Wer mag, kann das regulierende Liniennetz finden, das Klarheit in die Ordnung seines Bildes bringt (es verhindert die Ungenauigkeiten und weist auf die guten Gelegenheiten hin). Er kann auch seine Modulortabelle nehmen und mit dem Meter in der Hand gewisse wichtige Punkte seiner Komposition mit Modulormaßen in Übereinstimmung bringen, kann modulorische Flächen bestimmen ... Durch dies alles wird er seinem Bild Haltung geben, ihm Sicherheit schaffen« (Le Corbusier).

... eine Maßordnung, die »das Schlechte schwierig und das Gute leicht macht« (Albert Einstein).

entstehen: 0–1–1–2–3–5–8–13–21–34–55–89–144–233 und so weiter. Versucht man, das Verhältnis zweier jeweils benachbarter Glieder dieser Reihe zu ermitteln, so zeigt sich, daß es in Zahlen nur näherungsweise zu fassen ist. Die errechneten Werte pendeln stets um einen Mittelwert mit einer Abweichung, die mit zunehmender Größe der Glieder immer kleiner wird, ohne jemals 0 zu erreichen. Der Verhältniswert des Goldenen Schnitts ist in den unteren Gliedern 1,6, in den oberen 1,61805 ... (irrationale Zahl). Der Goldene Schnitt kann in der Konstruktion des regelmäßigen Fünfecks und in den daraus ableitbaren Figuren anschaulich dargestellt werden (siehe die vorhergehende Seite), was schon im Mittelalter zu allerhand mystischen Überlegungen veranlaßt hat.

Le Corbusiers »Modulor«

Der französische Architekt, Bildhauer und Maler Le Corbusier (1887–1965) hat in den 50er Jahren menschliche Maße in der Beziehung des Goldenen Schnitts zum Prinzip eines Maßordnungssystems zu machen versucht, das er »Modulor« (von lat. modul = Verhältnismaß) nannte und an Stelle des metrischen (Dezimal-)Systems als Meßwerkzeug für die Gestaltung einer auf den Menschen bezogenen Umwelt einführen wollte. Die von ihm erstellte Tabelle liefert drei Ausgangswerte (113 = Nabelhöhe, 183 = Kopfhöhe, 226 = Höhe des erhobenen Armes) entsprechend dem Raum, den ein 183 cm großer Mensch einnimmt. Aus der Anwendung des Goldenen Schnitts auf das Maß 113 ergibt sich die »Rote Reihe«: 4–6–10–16–27–43–70–113–183 usw., aus der Anwendung auf das Maß 226 die »Blaue Reihe«: 3–5–8–13–20–33–53–86–140–226 usw.

Le Corbusier betrachtete den Modulor als »ein Arbeitswerkzeug, eine Tonleiter der Maße, mit der man komponieren kann«. Geht man davon aus, daß diese dazu dienen sollte, Verhältnisse innerhalb jeder Art von Gestaltung zu harmonisieren (das »harmonische Werk« zu schaffen), dann kann der Modulor als eine Anwendungsform des Goldenen Schnitts noch immer Bedeutung haben. Le Corbusier hat damit Wohngebäude und Mobiliar proportioniert, Zeitschriften-Layouts gestaltet usw. (siehe »Spiel der Füllungen« gegenüberliegende Seite).

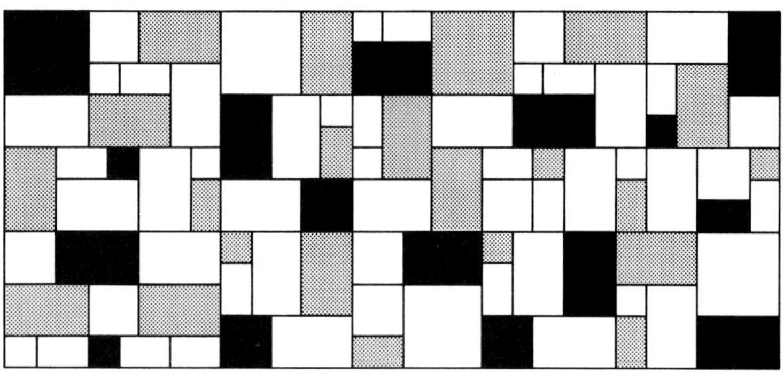

Links: Eine Flächengliederung, die nach den Regeln des Goldenen Schnitts (Modulor) proportioniert worden ist. Siehe auch die gegenüberliegende Seite – (»Spiel der Füllungen«).

Oben: Fassadengliederung der Unité d'Habitation in Marseille (Le Corbusier – Proportionen nach Modulormaßen).

Unten Mitte: Um einen ersten Zugang zu bekommen, unterteile man einen quadratischen Papierzuschnitt nach Modulormaßen (siehe Mitte links) und schneide die einzelnen Teilflächen entlang der Trennlinien aus. – Le Corbusier nannte solche Versuche, die er in seinen Büros anstellen ließ, um die vielseitige Anwendbarkeit des Modulors zu testen, »Spiel der Füllungen«. – »Gruppieren wir diese so verschiedenen Elemente, so ergeben sich vielfältige Kombinationen. Sowohl die zuerst gefundenen wie die späteren sind ausgezeichnet, denn alle sind aus harmonischen Einzelteilen entstanden. Einfallsreichtum und Geschmack werden daraus nach Belieben schöpfen und die Gruppierungen vornehmen können, die jedes Gefühl, jede Laune und alle rein rationellen Bedürfnisse zu befriedigen vermögen.«

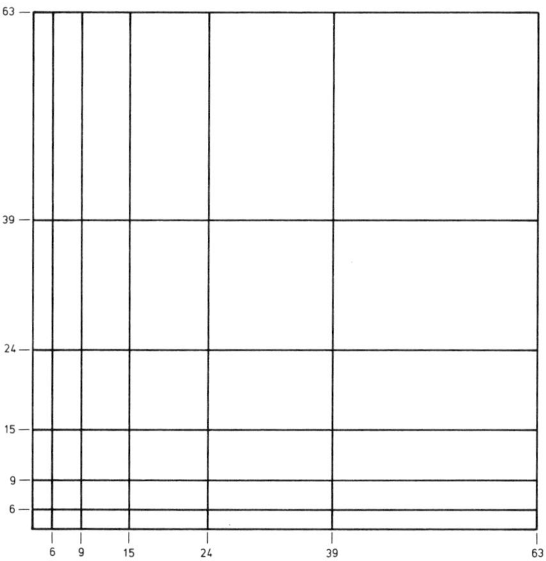

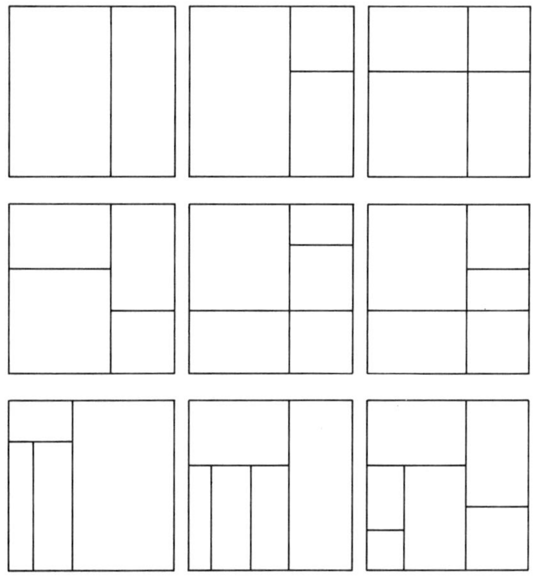

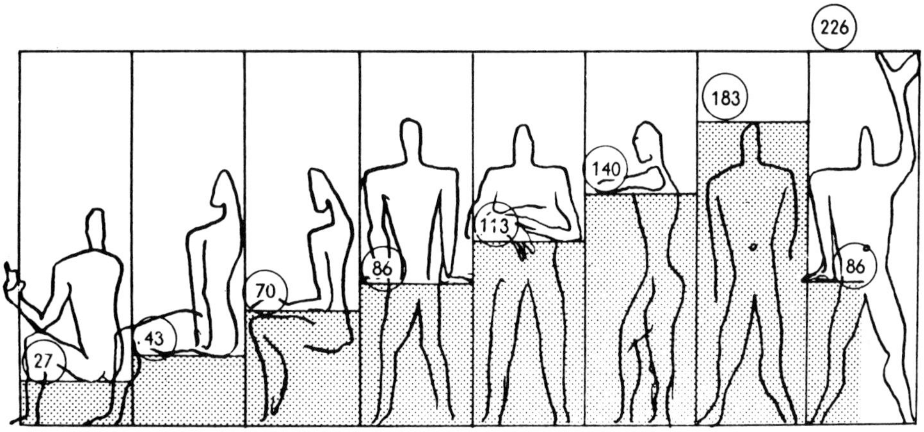

Rechts: Alle Gebrauchsmaße im Möbelbau müssen vom menschlichen Körper ausgehen. Rechts: Ein Vorschlag Le Corbusiers nach Modulormaßen.

Symmetrien

Wo immer wir Ordnung, Schönheit und Vollkommenheit zu begreifen oder neu zu schaffen suchen, ist Symmetrie ein leitendes Prinzip unserer Überlegungen. Das Wort bedeutet zunächst Ebenmaß. Diesem allgemeinen Begriff treten speziellere und exaktere gegenüber. – »Die mathematischen Gesetze, welche die Natur beherrschen, sind der Ursprung der Symmetrie in der Natur; ihr Ursprung in der Kunst ist die intuitive Erfassung der Idee im Geist des schöpferischen Künstlers« (Hermann Weyl, Symmetrie).

Verschiedene Arten von Symmetrie

Das Wort »Symmetrie« (griech.) bedeutet zunächst nur Ebenmäßigkeit, Gleichförmigkeit eines flächigen oder räumlichen Gebildes, regelmäßige Zuordnung einzelner Teile zueinander. Umgangssprachlich wird der Begriff meist auf die *bilaterale* oder *Spiegelsymmetrie* eingeschränkt.

Symmetrische Ordnungen verteilen ihre formalen Schwerpunkte gleichmäßig an Achsen. »Spiegelbildliche« *(spiegelsymmetrische)* Anordnungen entstehen entlang einer einzigen Symmetrieachse. Stoßen mehrere Achsen aufeinander und schneiden sich diese in gleichen Winkeln, so haben sie im Schnittpunkt ein Zentrum. Man spricht daher von einer *zentralsymmetrischen* Anordnung. *Zentralsymmetrie* bezieht sich in der Regel auf den Mittelpunkt einer Kreisform, z. B. auf die Nabe eines Rades mit Speichen oder die Mitte eines Kreisornaments. *Translative Symmetrie* entsteht durch mehrfache Verschiebung einer Figur um die gleiche Strecke. Auf dieser Symmetrieform bauen alle in ihrer Dimension »fortschreitenden« Muster auf – Bandornamente, Spuren von Autoreifen, Rollsiegelabdrücke, Wildfährten.

Von *rotationssymmetrischer* Anordnung spricht man, wenn ein Formelement durch Drehung um 360° um eine imaginäre Mitte herum wieder mit sich selbst in Deckung gebracht wird. – Bei der Verwendung symmetrischer Prinzipien ist zu beachten, daß symmetrische Wiederholung einer Form etwas Quantitatives enthält, das Wesen künstlerischer Gestaltung aber im Qualitativen liegt.

Links: Der einfache Doppelschnitt entlang einer Faltkante (Faltschnitt) führt von vornherein zu »spiegelsymmetrischen« Ergebnissen (gestalterisches Hilfsmittel).

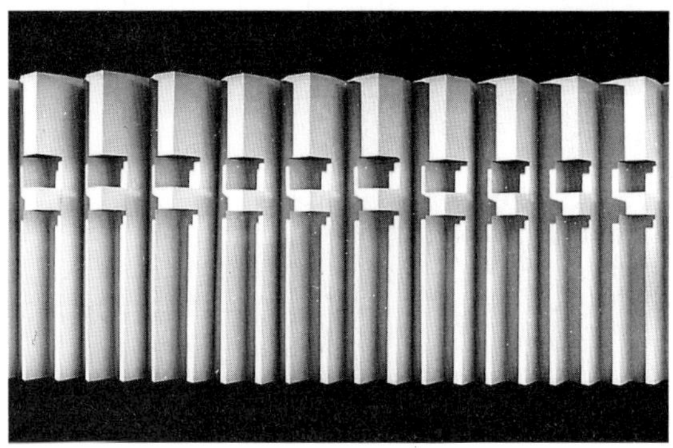

Rechts: Zwei Beispiele »translativer Symmetrie« mit in der Fläche (in mehreren Richtungen) und in der Reihe (in einer Richtung) »fortschreitender« Wiederholung des immer gleichen Formelements. Oben: Maschenform eines Drahtgitters; unten: Papierfaltung.

Zweimal »Zentralsymmetrie« – einmal in der Form einer gotischen Fenster-Rose (Westfassade des Straßburger Münsters), daneben eine ideelle Nachbildung als weihnachtlicher Faltstern.

Rechts: »Kontrastsymmetrie«. – Daneben: Die Umkehrung der Tonwerte (schwarz/weiß) in spiegelsymmetrischer Anlage.

Unten: »Rotationssymmetrie« – das einzelne Formelement kommt nach viermaligem Rotieren mit sich selbst zur Deckung.

Farben

Die Geschichte von dem Mann, der nach einem Bild sucht – »Egal von wem, Hauptsache rot!« – gilt nicht nur in Kunsthändlerkreisen. Jeder Mensch hat eine Vorliebe für bestimmte Farben, auch für helles Gelb, warmes Braun, zartes Grün oder Violett. Farben haben Eigenschaften, die unser Tun, unser Fühlen und Denken beeinflussen: Rot erhöht Puls, Blutdruck, Atemfrequenz. Gelb wirkt leicht und heiter, geistig anregend, wärmend. Brauntöne wärmen und dämpfen zugleich. Grün beruhigt. Beim Betrachten blauer Flächen tritt vegetative Beruhigung ein, der Körper wird auf Schonung und Erholung eingestellt. Weiß ist die Farbe der absoluten Reinheit, Sauberkeit und Ordnung. In der farbigen Gestaltung spielt Weiß eine tragende Rolle, um andere Farbgruppen voneinander zu lösen und aufhellend zu beleben. Auf eine Möglichkeit, den Überhang einer einzigen Farbrichtung in der Wohnung durch ausgleichende Farbeffekte zu beseitigen, wurde auf Seite 22 hingewiesen. Bekanntlich gibt es musikalische und unmusikalische Menschen. »Normalerweise« darf man ein durchschnittliches musikalisches Empfinden voraussetzen. Mit dem Farbempfinden scheint es ähnlich zu sein. Es gibt Menschen mit einem sensiblen, ausgebildeten Farbgeschmack und Leute ohne jegliches Empfinden für Farbe und Farbzusammenstellungen. Es ist anzunehmen, daß jeder Mensch mit »normalem Farbempfinden« in der Lage ist, seinen individuellen Farbgeschmack zu entfalten. Angesichts der Bedeutung, die die Farbe in unserem Leben hat, sollte das Wissen um die Grundgesetze der Farbenlehre selbstverständlicher Bestandteil unserer Allgemeinbildung sein. Das gilt auch für die Umweltverantwortung der Farbgestalter. Falsch angewendete Farben können zu Belästigungen führen, die mit denen von Geräuschen (Lärm), Gerüchen oder zu starker Beleuchtung vergleichbar sind.

Ordnung im farbigen Bereich

In der Regel ordnen wir die Farben nach ihrer *Farbrichtung.* Dabei gehen wir vom sechsteiligen Farbenkreis aus, der beim reinen Gelb beginnt und über Orange, Rot, Violett, Blau und Grün wieder zum Gelb zurückführt. Das ist das Spektrum, in das sich unter bestimmten Bedingungen das unserem Auge weiß erscheinende Licht der Sonne aufspaltet, wie wir es zum Beispiel sehr schön im Regenbogen beobachten können.

Eine Unterscheidung in der Farbrichtung kann auch durch den Gegensatz der Farbtemperaturen »warm« und »kalt« getroffen werden. Man denkt sich dabei die Farbe irgendwo in der Mitte angesiedelt zwischen dem hellen Gelbrot des Feuers und dem hellen Blaugrün des Eises. Die Farbtöne von Rotviolett bis Blaugrün bezeichnet man als »kalte«, von Gelbgrün bis Rotorange als »warme« Farben. Die einander im Farbenkreis jeweils an der Temperaturgrenze zwischen »warm« und »kalt« gegenüberliegenden Farben Reines Rot und Reines Grün betrachtet man als »neutral«.

Nun sind von jeder Farbe viele Nuancen möglich, die wir zu umschreiben versuchen mit Bezeichnungen wie »warmes« oder »kaltes Gelb«, »warmes« oder »kaltes Blau« und so weiter. Als Nuancen bezeichnet man auch die kleinen Unterschiede einer Farbe gegenüber den Nachbarn im Farbenkreis, die man dadurch erhält, indem man die sechs Grundfarben durch Vermischen einander annähert. Die Mannigfaltigkeit der auf diese Weise gewonnenen »Farbtöne« zwingt uns, auf Übereinstimmung zu achten. Rot kann sowohl Reinrot als auch Gelbrot oder Blaurot sein. Der Fremdanteil in diesen Nuancen (den sogenannten Tönungen) ist das Trennende, der Grundton kennzeichnet ihre Verwandtschaft.

Farben können sich ferner durch ihre unterschiedliche *Helligkeit* voneinander abheben. Gelb ist die hellste, Violett die dunkelste Farbe (Weiß und Schwarz sind »Nichtfarben«). Abgesehen davon kann jede Farbe in sich heller oder dunkler sein, ohne ihre Farbrichtung wesentlich zu verändern.

Zuletzt unterscheiden sich alle Farben noch durch ihre unterschiedliche *Farbenreinheit* beziehungsweise *-trübung.*

Farben sind *Kräfte*, die auf den Menschen wirken und Wohlbefinden oder Unlustgefühle, Aktivität oder Passivität erzeugen. Farbgebung in Betrieben, Büros oder Schulen kann Leistung steigern oder schwächen, in Kliniken die Gesundung des Patienten fördern. Der Einfluß der Farbe auf den Menschen geschieht unmittelbar durch Wirkkräfte (Impulse), die von den Farben selbst ausgehen, aber auch mittelbar durch die ihnen eigene physiologische Wirkung, Räume zu weiten oder zu verengen und somit über die Raumwirkung zu bedrücken oder zu befreien. Die stärkste Impulskraft hat Orange, es folgen Gelb, Rot, Gelbgrün und Purpur. Geringste Impulskraft haben Blau, Blaugrün und Violett. Warme Farben wirken aktiv, anregend, unter Umständen aufregend, kalte Farben passiv, beruhigend, verinnerlichend. Grün wirkt beruhigend, nervenentspannend. Jeder farbsensible Mensch hat ein differenziertes individuelles Verhältnis zu Farben. Die Farbgestaltung für den Lebensbereich einer einzelnen Person muß daher den »Persönlichkeitsfarben« des Betroffenen Rechnung tragen.

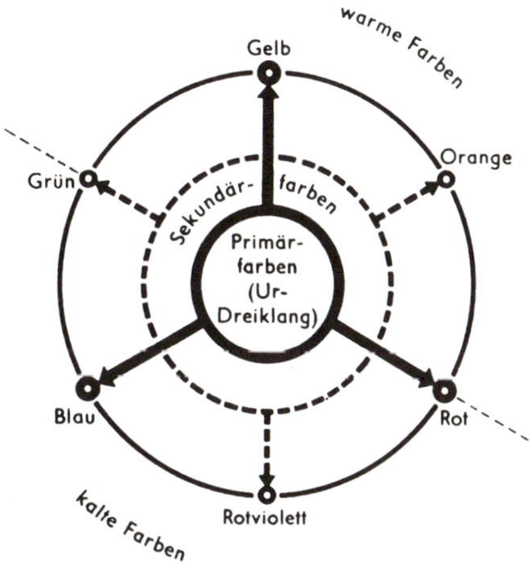

Oben: Der Farbenkreis. – Daneben ein modernes »Triptychon« (dreiteiliges Bild, bestehend aus dem Mittelbild und zwei Seitenflügeln), weißgrundierte Spanplatten, 50 × 50 cm, wurden mit Acryl-Dispersionsfarben bemalt (siehe auch Seite 22).
Rechts: Ton-in-Ton-Abstufungen in verschiedenen Farbrichtungen.
Unten: Zwei Beispiele zur Anwendung.

Schrift

Alle in unserem Kulturkreis gebräuchlichen Druck- und Schreibschriften gehen auf die altrömische Schrift zurück, die wir aus vielen in Stein gemeißelten Schriftdenkmälern kennen. Die Buchstaben setzen sich aus geometrischen Leitfiguren wie Quadrat, Dreieck, Kreis zusammen. Anfänglich waren sie von gleicher Strichstärke; erst später zeichneten sich die Buchstaben durch den Wechsel von dünnen und dicken Strichen aus, was auf den Flachpinsel zurückzuführen ist, mit dem die Buchstaben auf dem Stein vorgeschrieben wurden. Die römische Steinschrift ist uns noch heute wegen ihrer Schönheit und Eleganz Vorbild.

Unten: Zierbuchstabe.

Buchstaben müssen entworfen werden

In einem *Raster* des senkrecht viergeteilten und waagerecht halbierten Quadrats können die Buchstaben in jeder Größe und im richtigen Verhältnis entworfen werden. Die gegenüberliegende Seite zeigt, wie das gemeint ist. Das W entsteht aus zwei aneinandergeschobenen und verengten V-Zeichen. Der Rundbogen des P reicht unter die Mitte. Auch bei einigen anderen Buchstaben ist eine Verlegung der waagerechten mittleren Linien aus der geometrischen Quadratmitte in die sogenannte »optische Mitte« vorzunehmen. So werden die mittleren Horizontalen bei B, E, F, H knapp über die geometrische Mitte gelegt; der Buchstabe erhält dadurch eine gewisse optische Stabilität, weil nun das Unterteil schwerer wirkt als das Oberteil. Sinngemäß pendeln auch bei R, K, Y und X die mittleren Ansätze der Verzweigung um die quadratische Mittellinie. Bei genauerem Hinsehen erkennt man auch, daß alle vollrundbogigen (aus dem Kreis oder der Ellipse entwickelten) Großbuchstaben (C, G, O, Q) die horizontalen Begrenzungen der quadratischen Leitfigur um ein geringes Maß überschreiten. Man begegnet auf diese Weise einer optischen Täuschung, die diese Buchstaben im Wortbild oft als »zu klein« erscheinen läßt. Wer sich die Entwurfsarbeit etwas erleichtern möchte, verwende als Grundraster kariertes Schreibpapier. Für größere Buchstaben können auch mehrere Quadrate in einer Teilung zusammengefaßt werden.

Es läßt sich nun nicht vermeiden, daß durch die starke Gliederung der Zeichen beim Zusammenfügen der einzelnen Buchstaben zu Wörtern immer auch Teile des Schreibgrundes unbedeckt bleiben, wodurch Kontraste entstehen, die richtig gesetzt werden müssen. Man nennt das *»optisch richtige Spationierung«.* Die parallelen Senkrechten von H und N zum Beispiel brauchen mehr Distanz, weil sie sonst »kleben«. Buchstaben, die sich aus Schräglagen ergeben (A, V), müssen enger aneinandergestellt werden und so weiter. Zu empfehlen ist in jedem Fall die Herstellung originalgroßer Buchstabenschablonen, die man auf der zu beschriftenden Stelle so lange hin- und herschieben kann, bis sich die optische Gleichmäßigkeit des Wortbilds eingestellt hat. *Anreibebuchstaben* erleichtern den Schriftgebrauch wesentlich!

abcdefghijklmnopqrsſtuvwxyz
ABCDEFGHIJKLMNOPQ
RSTUVWXYZ
1234567890 æøß &?!£$(.,;:)

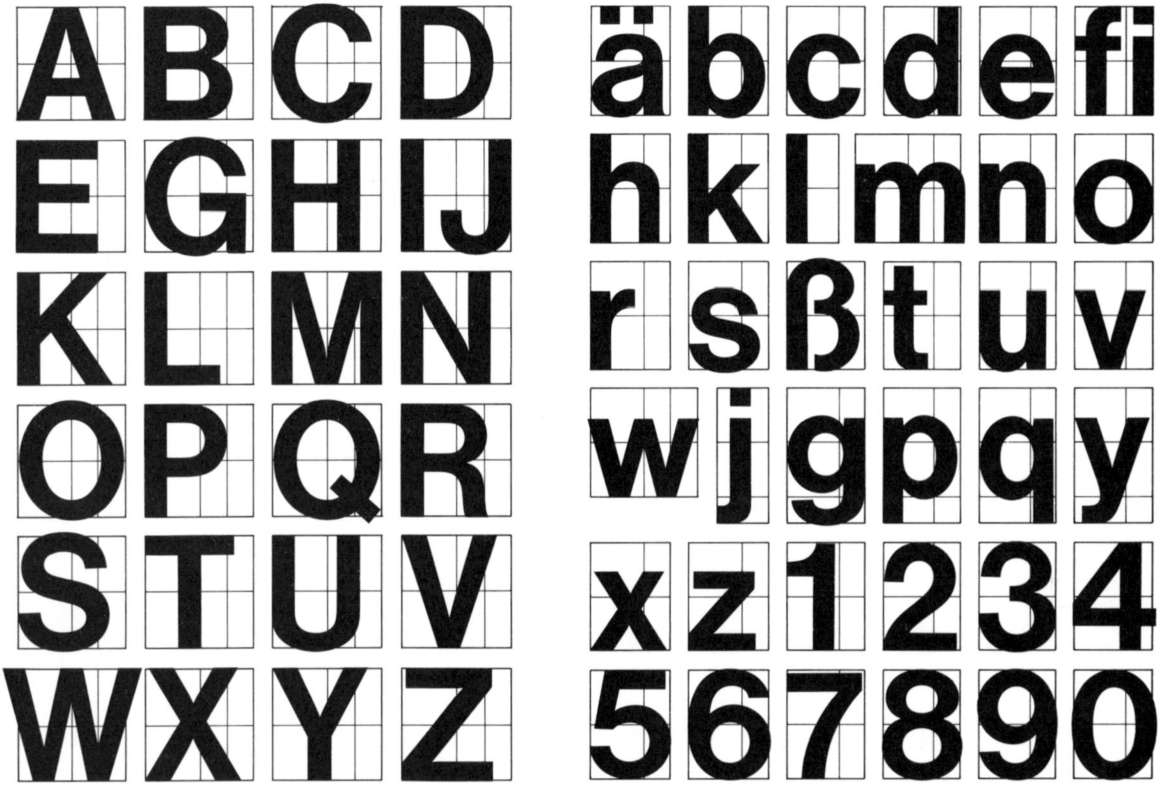

Oben: Vorschläge zum Entwerfen der Buchstaben und Ziffern (Helvetica) im quadratischen Leitraster.

Gegenüberliegende Seite, unten: Fraktur, alphabetische Schriftvorlage.

Unten: Optisch richtige Spationierung.

Oben: Beispiel für eine gezeichnete Antiqua.

Werken mit Holz

Werkstoff Holz

Natur und Charakter

Etwa ein Drittel der festen Erdoberfläche wird heute von Wäldern bedeckt. Diese verteilen sich im wesentlichen auf zwei riesige Waldgürtel: den borealen Nadelwaldgürtel auf der nördlichen Halbkugel (31%) und den tropischen Laubwaldgürtel in der Äquatorgegend (54%). Der sich nach Naturkatastrophen oder menschlichen Eingriffen nur langsam regenerierende boreale Nadelwaldgürtel ist arm an Arten. Sein Bild wird hauptsächlich von Fichten, Kiefern, Lärchen, Tannen bestimmt. Nur wenige frostharte Laubbäume wie Birken, Weiden, Espen behaupten sich gegen die klimatischen Unbilden der harten Winter im Norden. Die tropischen

Natur und Charakter des Holzes

Jede Holzart hat ein *Gefüge von Zellen*, das schon im jungen Baumsprößling angelegt ist. Dieses Zellengefüge kann sehr unterschiedlich sein. Schon die äußerlich wahrnehmbaren Unterschiede zwischen Nadel- und Laubhölzern bilden ein wesentliches Gruppierungsmerkmal. Die voneinander abweichenden Stamm- und Kronenformen lassen sich im Holzaufbau wiederfinden. So sind die Zellen der *Nadelhölzer* (Fichte, Tanne, Kiefer, Lärche) lang und faserig. Sie haben überwiegend die Gestalt von Röhren. Da der Zellenverband außerdem locker ist, läßt sich Nadelholz leichter spalten. Bedingt gilt das für Lärchenholz (wegen der vielen Äste), eine Ausnahme macht die Eibe. Die *Laubhölzer* sind artenreicher. Ihr Holzaufbau wird erst durch spezialisiertere Zellengefüge möglich. Es gibt darunter ausgesprochene »Weichhölzer«, »mittelharte« und »harte Hölzer«.

Wichtige Merkmale des Holzes wie *Porigkeit, Dichte, Farbe, Zeichnung* u.a. lassen sich an den Schnittflächen erkennen. *Festigkeit, Härte, Elastizität, Spaltbarkeit* u.dgl. erschließen sich erst im Gebrauch. Wir stellen diese Qualitäten fest, indem wir prüfen, wie sich das Holz auf eine bestimmte Beanspruchung hin verhält, ob man es gut schneiden kann, ob es beim Schnitt gegen die Faser aufreißt, ob es Witterungseinflüssen standhält usw.

Drei Schritte sind nötig, um eine räumlich richtige Vorstellung von Aufbau und Gefüge einer bestimmten Holzart zu erhalten: quer durch

Links und unten: Stammquerschnitte – Tanne und Pflaume. Die Jahresringe sind in beiden Schnitten mehr oder weniger deutlich zu erkennen. Man sieht, daß im Gegensatz zur Pflaume (unten) die Tanne kein auffallend dunkler gefärbtes »Kernholz« bildet, man spricht in diesem Fall von »Reifholz«. Die Tanne ist ein »Reifholzbaum«, die Pflaume ein »Kernholzbaum«.

Oben: Holz ist ein organischer Baustoff der Pflanze. Nur in Vegetationsgebieten mit ausgeprägten Jahreszeiten (wie bei uns) läßt der Holzkörper in seiner Schnittfläche konzentrische Zonen erkennen. Diese entsprechen den Jahresringen, – den im Langholz mehr oder weniger geraden Linien (siehe oben links: Kiefer). In tropischen Hölzern weisen farblich abgesetzte, aber nie so gleichmäßig und eng liegende Zonen auf Perioden stärkeren Holzzuwachses hin. Im allgemeinen sind aber tropische Hölzer den anderen Lebensbedingungen entsprechend gleichmäßiger strukturiert und gefärbt. Die Abbildungen oben Mitte und rechts zeigen Schnittflächen von Balsaholz (von der Ostseite der Anden, Ecuador) und einer dunkel gefärbten Mahagoniversion unbekannter Herkunft (»Mahagoni« ist kein eindeutiger Artbegriff, sondern eine zusammenfassende Bezeichnung für tropische Edelholzarten mit vergleichbaren Eigenschaften und ähnlicher Färbung). In den beiden Abbildungen sind angeschnittene Leitgefäße als feine Rißlinien erkennbar.

Rechts: Bei vielen Holzarten kann man deutlich eine dunkel gefärbte Mitte von einer hellen Randzone unterscheiden. Man nennt den dunklen Teil Kernholz, den hellen Ring Splintholz. Nur das Splintholz nimmt noch an der Wasserversorgung des Baumes teil. Im Kernholz sind die Leitungen durch Harz und Thyllen verstopft. Thyllen (von griech. thyllis = Beutel) sind »Füllzellen«, die durch bläschenartige Ausstülpungen ihrer Zellwände in benachbarte Gefäßräume hineinwachsen und diese verstopfen. Das so verfestigte und durch Einlagerungen von Holzfarbstoffen oft auch dunkel gefärbte Kernholz hat im Stamm Stützfunktion.

Wälder haben hingegen einen völlig anderen Aufbau, einen intensiveren Umsatz von Stoffen und Energie und eine verschwenderische Artenfülle. Allein im Amazonas-Orinokobecken zählt man 3000 verschiedene Baumarten.
Wälder sind wichtig zur Erneuerung des Sauerstoffgehalts in der Luft, zur Ergänzung der immer knapper werdenden Grundwasservorräte und als Rohstofflieferanten. Seit der »landwirtschaftlichen Revolution«, die schon in der Steinzeit ihren Anfang nahm, geht die Waldfläche der Erde ständig zurück. In Mitteleuropa ist der seit der Wiederaufforstungswelle im 19. Jahrhundert stabil gewesene Zustand im Kippen (Waldsterben). In Teilen der borealen Nadelwaldzone und in den tropischen Urwäldern geht die Waldvernichtung durch unverantwortlichen Raubbau unverändert weiter.
Holz ist ein natürliches Material. Auch wir umgeben uns gern mit hölzernem Mobiliar und Gerät, weil wir in diesen den Strukturen des Gewachsenen nachspüren können. Unser Wissen um die vielseitige Verwendbarkeit von Holz ist alt und mit den Erfahrungen, die der Mensch bei der Bearbeitung gemacht hat, gewachsen. Daß Holz zugleich ein von Natur aus edles Material ist, das vielfach nur seiner Qualität entsprechend zur Geltung gebracht werden muß, um optisch erfreulich zu wirken, wird leider nicht immer beachtet. Man sollte sich hüten, die Klarheit einer durch den Schnitt erzeugten oder bearbeiteten Oberfläche ohne zwingenden Grund durch täuschende Überzüge, Verfärbungen, Lackaufträge usw. zu verderben.
Jedes Holz hat seine eigene Struktur, Farbe und charakteristische Eigentümlichkeit. So weisen die heimischen Nadelhölzer oft sehr schöne Zeichnungen auf. Lärchenholz hat einen warmen, rötlichen Naturton. Die schlichte Schönheit des Birnbaumholzes kann auch von ausländischen Hölzern nur schwer übertroffen werden. Es gibt leichte und schwere, weiche und harte, leicht- und schwerspaltige Hölzer, deren Eigenart und Brauchbarkeit behutsam zu erkunden und zu erfahren sind.

den Stamm der *Hirn-* oder *Querschnitt*, in Längsrichtung durch die Mitte des Stammes der *Radial-* oder *Längsschnitt* – und parallel zur Stammachse, aber seitlich durch eine Sehne der Kreisscheibe führend, der *Tangential-* oder *Sehnenschnitt*.

Wir betrachten den Stamm in seinem Querschnitt
Der Holzaufbau aller in den gemäßigten Klimazonen vorkommenden Holzarten folgt dem Rhythmus der Vegetationsperioden. Die Rinde dient als Schutz gegen Krankheiten. Das Wachstum des Baumes vollzieht sich in einer nur unter dem Mikroskop erkennbaren Zellschicht, dem *Kambium* (Zellbildungsgewebe), das sich zwischen Rinde und Holzkörper befindet und diesen wie ein dünner Mantel umschließt. Hier beginnt der Baum zu wachsen, wenn im Frühjahr der Saft aufsteigt. An die um diese Zeit gebildeten *weitporigen* Leitzellen werden mit fortschreitender Jahreszeit *engporigere* Zellen angelegt. Im Herbst kommt der Holzzuwachs zum Erliegen. Die Zuwachszonen des Früh- und Spätholzes bilden zusammen je einen *Jahresring*.
Am Stammquerschnitt (siehe Abb. S. 38) sind von außen nach innen die Rinde, das Holz mit seinen Jahresringen und die im Zentrum liegende »Markröhre« zu erkennen. Bei vielen Holzarten kann man auch deutlich eine mittlere, dunkelgefärbte Zone in einer hellen, schmalen Randzone unterscheiden. Man nennt den inneren, festeren, in seinen Zellwänden verhärteten und durch Holzfarbstoffe und andere Einlagerungen dunkelgefärbten Bereich *Kernholz*. Es ist das ältere und – wie man sagt – »ausgereifte« Holz, das zugleich die beständigsten und daher wertvollsten Holzmassen enthält. Im Stamm hat es Stützfunktion (es trägt zur Festigkeit des hohen Baumes bei).
Nach außen wird das Kernholz von dem helleren, meist schmalen Splintholzring umschlossen. Das *Splintholz* ist noch weitgehend am Wachstum des Baumes beteiligt, indem es ihn mit seinem weitverzweigten Leitungssystem aus nebeneinandergereihten Zellen und Gefäßbündeln mit Wasser und den darin gelösten Nährsalzen des Bodens versorgt. Obwohl Splintholz noch nicht die Festigkeit des Kernholzes haben kann, darf es nicht als minderwertiges Holz betrachtet werden.
Nach ihrer Befähigung zur Kernholzbildung spricht man von *Kernholzbäumen*, wenn sich im Stammquerschnitt das Holz der beiden in ihrer Festigkeit und Dichte unterschiedlichen Wachstumszonen auch farblich unterscheidet, das ist z. B. bei Akazie, Apfel, Eibe, Eiche, Esche, Kiefer, Kirsche, Lärche, Pappel, Pflaume, Walnuß, Weide der Fall. Die sogenannten *Reifholzbäume* (Birne, Fichte, Linde, Rotbuche, Tanne) bilden zwar auch Kern- und Splintholz, aber ohne oder nur mit geringfügiger farblicher Unterscheidung (siehe Abb. S. 38). Manche Baumarten – *Splintholzbäume* (Ahorn, Birke, Buchsbaum, Erle, Espe u. a.) – können kein Kernholz bilden. Sie haben ein gleichmäßiges Gefüge ohne Zonenunterschied in Farbe, Härte und Feuchtigkeit.

Das radiale Schnittbild
Im Radialschnitt, der in der Längsrichtung des Stammes durch die Markröhre führt, erscheinen die Jahresringe als annähernd parallel nebeneinanderliegende Streifen. Angeschnittene Gefäße (z. B. bei

grobporigen Laubhölzern) werden als feine »Nadelrisse« sichtbar. Bei einigen Holzarten lassen sich in der Querrichtung, entweder strahlenförmig vom Mark ausgehend oder an beliebiger Stelle beginnend und bis an die Rinde reichend, helle, seidig glänzende Linien, die sogenannten *Markstrahlen,* erkennen. Es sind dies Speicherzellen, die der Versorgung des Holzes in radialer Richtung und zur Speicherung von Nährstoffen dienen. Im Eichenholz heben sie sich als kleine glänzende Flecken (»Spiegel«) hervor.

Der Tangentialschnitt

Was man gemeinhin als *Fladerung* bezeichnet, wird im Tangential- oder Sehnenschnitt deutlich. Da sich die im Stammquerschnitt als Jahresringe erkennbaren Wachstumszonen zur Baumspitze hin kegelförmig zusammenschließen (gleichsam übereinandergeschobene Hohlkegel bilden), werden diese Verbände in schrägen Ebenen angeschnitten. Früh- und Spätholzlagen erscheinen in der Fläche als mehr oder minder breite Felder (siehe Abb. S. 43). Die Fladerung ist besonders gut an furnierten Möbelflächen zu erkennen.

harte Hölzer	mittelhart: Birke, Lärche, Kirsche, Walnuß hart: Apfel, Birne, Eiche, Esche, Rotbuche, Rüster (Ulme), Robinie, Vogelbeere sehr hart: Ahorn, Buchsbaum, Pflaume, Weißbuche	dicht und fein strukturierter Zellverband	gute Schnitz- und Gründelhölzer, Geräteholz, das der Verwitterung standhält
weiche Hölzer	Erle, Linde, Pappel, Roßkastanie, Fichte und Tanne	grobes, lockeres, manchmal schwammiges Zellengefüge	unterschiedliche Verwendbarkeit
spaltbare Hölzer	Erle, Fichte, Kiefer, Lärche, Linde, Roßkastanie, Tanne	lockerer Querverband, spaltbar im senkrechten Faserverlauf	für Laienarbeiten, gut zum Bauen und Konstruieren
schwere Hölzer	Apfel, Birne, Buchsbaum, Eibe, Eiche, Esche, Pflaume, Rot- und Weißbuche, Walnuß	dickwandige Zellen mit dichtem Zellengefüge	geeignet zum Bauen, Schnitzen und Gründeln (Schalen schnitzen)
leichte Hölzer	Erle, Fichte, Linde, Pappel, Tanne	dünnwandige Zellen mit lockerem Zellengefüge	
feste Hölzer	Apfel, Birne, Eiche, Esche, Platane, Rüster (Ulme), Weißbuche	dicht und eng strukturiert	widerstandsfähig gegen Druck, Zug und Drehung
zähe Hölzer	Birke, Buche, Eibe, Esche, Rüster (Ulme), Weide	langfaserig	biegsam
brüchige Hölzer	Erle, Pappel, Pflaume	kurzfaserig	
elastische Hölzer	Eibe, Esche, Rüster (Ulme), Tanne	langfaserig	biegsam, schnellen nach der Entspannung wieder in ihre alte Lage zurück

Daß die Jahresringe über das Alter und die Lebensbedingungen eines Baumes Auskunft geben, wußte schon Leonardo da Vinci (1452–1519): »Die Ringe der Zweige zeigen die Zahl der Jahre und welche feuchter und welche trockener waren, je nach ihrer größeren oder geringeren Breite.« – Feuchter Boden und nasse Sommer zeitigen längere Wachstumsperioden und lockereren Holzaufbau, die Jahresringe liegen dann weiter auseinander und schließen mehr weitporiges, d. h., weicheres Holz ein. Holz von trockenen Standorten ist wesentlich feiner, die Jahresringe liegen dichter und haben geringere Breite. Man bezeichnet eine auf nassem Grund gewachsene Kiefer als »grobjährig«, eine aus trokkener Sandgegend als »feinjährig«, wobei es einleuchtet, daß engporiges Holz mit schwachem Frühwuchs (erkenntlich daran, daß die dunklen Spätholzringe dichter liegen) auch mehr Masse im Gefüge hat und somit von Natur aus fester und schwerer sein muß.
Fein- und Grobporigkeit sind aber nicht nur Qualitätsmerkmale bei ein und derselben Holzart. Es gibt Baumarten, die schon aufgrund ihrer natürlichen Anlage langsam oder schnell wachsen und dabei feineres oder grobporiges Holz bilden. Eichen und Eiben zum Beispiel wachsen sehr langsam und können erst nach etwa 150 Jahren nutzbringend geschlagen werden. Der Zellverband ihres Holzes ist fein strukturiert und dicht. Schnellwüchsige Pappeln können hingegen schon nach 20 oder 30 Jahren »erwachsen« dastehen, dafür haben sie dann einen sehr lockeren Holzaufbau.

Materialeigenschaften

Holz hat ein paar Eigenschaften, die sich aus seiner Natur ergeben und beachtet werden müssen. Indem es »arbeitet«, zeigt es noch Spuren einer strukturellen Veränderlichkeit, die dem Tischler unerwünscht sind. Dieses Arbeiten beruht darauf, daß die Holzzellen nach wie vor auf ihre Umgebung reagieren, in trockener Luft ihre Feuchtigkeit abgeben, bei großer Luftfeuchtigkeit entsprechend viel aufnehmen. Die Folge ist ein abwechselndes Schrumpfen und Ausdehnen des Holzvolumens je nach Witterung und Temperatur. Das Arbeiten des Holzes muß auch bei seiner Lagerung bedacht werden. Am zweckmäßigsten bewahrt man Holz in einem Raum mit geringen Temperaturschwankungen und Feuchtigkeitsunterschieden auf. Einseitige Sonnenbestrahlung oder Heizungswärme sind gefährlich. Die Luft soll von allen Seiten Zugang haben.

Holz »arbeitet«

Frisch gefälltes Holz enthält bis zu 60% Wasser. Beim Trocknen gibt es so lange Feuchtigkeit an die umgebende Luft ab, bis es seinen Feuchtigkeitsgehalt dem der Luft angeglichen hat. Es strebt sozusagen nach einem Gleichgewicht mit der umgebenden Luftfeuchte. Bei fortgesetzter Wasserabgabe (und Unterschreiten einer Schwelle, die der Fachmann »Fasersättigungspunkt« nennt), verkleinern sich auch die Zellzwischenräume, was zur Folge hat, daß das Holz schrumpft. Wir sagen: das Holz *schwindet.* Bringt man es wieder in eine feuchtere Umgebung (oder steckt man ein Stück Holz, das lange in der Sonne gelegen hat, in Wasser), so nimmt es wieder Feuchtigkeit auf. Die Zellzwischenräume weiten sich wieder – das Holz *quillt.*

Schwinden und Quellen wirkt sich jedoch nicht in allen Holzlagen gleichmäßig aus. Der Schwund ist im jüngeren Holz, dessen Zellen von Natur aus mehr Feuchtigkeit als die älteren Holzschichten enthält (zumal es noch an der Wasserversorgung des Baumes teilnimmt), weitaus größer als im Mittelholz. Ein Stamm, der ungeschützt in der Sonne trocknet, reißt entlang seines Mantels und an der Schnittkante radial auf (siehe die Abbildungen S. 38).

Zu Bohlen und Brettern aufgeschnittenes Holz reißt nicht so leicht. Es ist jedoch zu beobachten, daß sich bei trocknendem Schnittholz der Splint vom Kern »absetzt«, oder daß sich ein Brett jeweils nach der Seite hin »wirft« (krümmt), die früher der Rinde zugekehrt war (siehe Abb. unten). Auch diese Vorgänge werden daraus verständlich, daß sich auf der stammäußeren Seite des Brettes jüngeres Holz mit einem naturgemäß

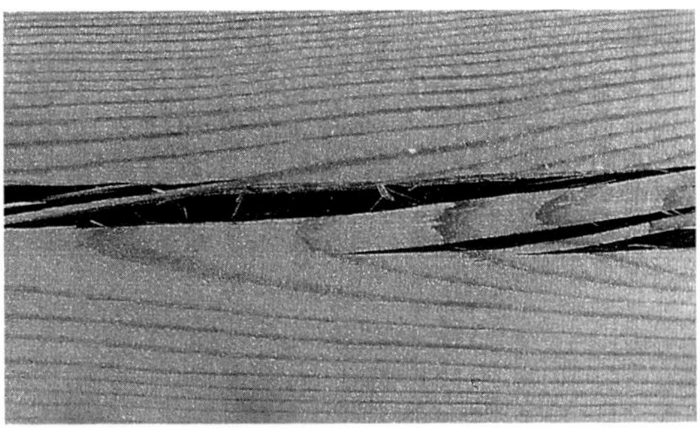

Links: Auch zu Bohlen und Brettern aufgeschnittenes Holz reißt, wenn es ungünstig gelagert wird oder große Umstellungen hinsichtlich der Luftfeuchtigkeit (unbeheiztes Holzlager – geheizter Bastelraum mit trockener Heizungsluft) erleiden muß. Darunter: Bretter werfen sich immer in entgegengesetzter Richtung zu den Jahresringen.

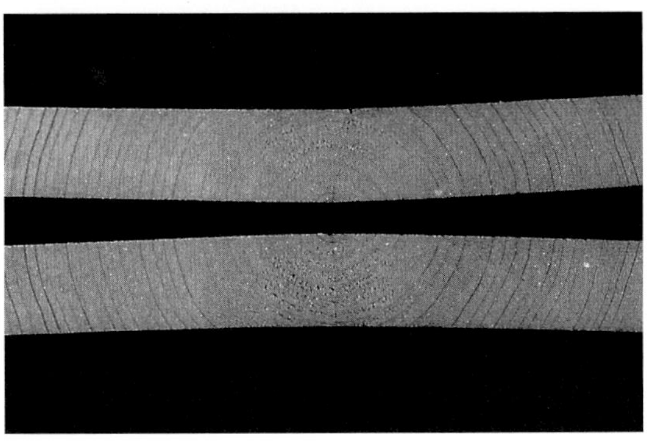

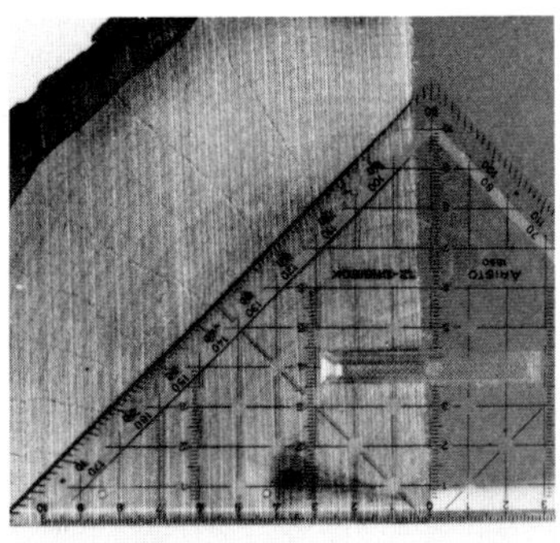

Links: Das »Absetzen« (Schwundwinkel), – der Schwund des Holzes ist größer in den Splintholzlagen, – Kiefer.

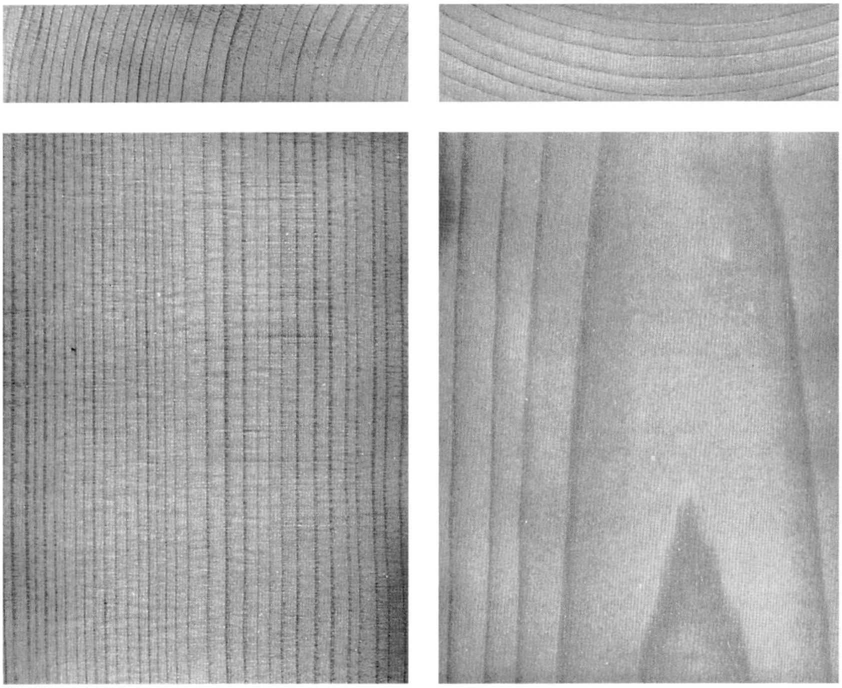

Rechts: Das Mittelbrett (Kiefer) hat auf der Hirnholzseite (Schnittkante – oben) mehr oder weniger »stehende« Jahresringe und auf der Langholzseite gerade Linien. Das Seitenbrett (rechts außen) hat im Hirnholz »liegende« Jahresringe. Die Langholzseite ist gefladert.

Unten: Zur Unterscheidung von Hirnholz und Langholz.

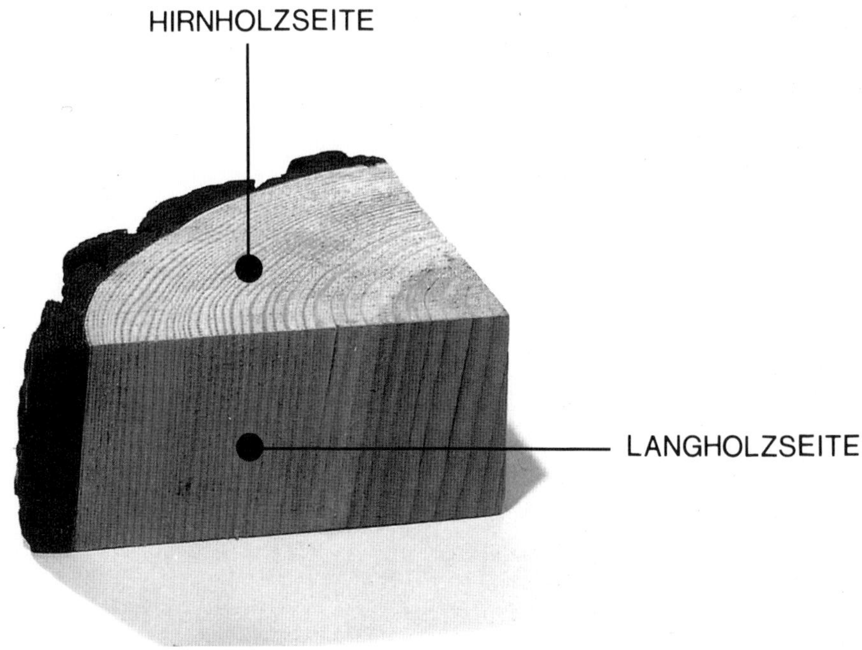

höheren Schrumpfungsgrad als auf der stamminneren Seite befindet. Die Tischler wissen das und bezeichnen die schon hohle oder voraussichtlich hohl werdende Seite eines Brettes als »linke«, die gewölbte als »rechte« Seite.

Schnittholz

Wer Holz kauft, nehme sich die Freiheit und suche sich im Lager selbst das entsprechende Stück aus. Jeder Händler ist gelegentlich bestrebt, auch seine weniger gute Ware mit loszuwerden. Drehwüchsig (korkenzieherartig) gewachsenes Holz oder solches mit Frost- und Kernrissen ist zurückzuweisen. Ästiges Holz muß billiger als astfreies abgegeben werden. Kleinere Aststellen müssen natürlich in Kauf genommen werden, also versuche man, aus dem vorhandenen Angebot ein möglichst sauberes Stück herauszufinden. Es gibt auch »überständiges« Holz, das von überalterten Bäumen stammt und auffallend kurzbrüchig ist. Ausgesprochene Holzkrankheiten sind die »Braun- oder Weißfäule« (durch Pilze hervorgerufen), »Roststreifigkeit«, »Rot- oder Nagelhärte« (in Fichtenholz). Man erkennt krankes Holz vielfach schon an seiner unnatürlichen Schwere. Oft ist es widernatürlich verfärbt, hat Streifen und Flecken. Es klingt dumpf, wenn man mit dem Knöchel dagegenpocht, oder es ist so weich, daß man es schon mit dem Fingernagel eindrücken kann. Holzeinkauf ist auch Vertrauenssache!

Schnittholz

Beim Aufschneiden des Stammes ergeben sich *Mittel-* und *Seitenbretter.* Das mittelste Brett, durch welches das Mark läuft, heißt »Herzbrett«. Nur dieses hat zwei linke Seiten. Sonst muß man auf die Unterscheidung von linker und rechter Seite achten, die beim Zusammenleimen oder Nageln von Brettern wichtig ist. Herz- und Mittelbretter »stehen« besser, d. h., sie werfen sich beim Trocknen nicht so sehr, verlieren aber nach der Rindenkante zu etwas an Stärke (siehe Skizze). Die *Langholzseite* entspricht der Wuchsrichtung des Stammes, im *Hirnholz* werden die Holzfasern wie bei einem Stammdurchschnitt quer durchschnitten.

Man erkennt die frühere Seitenlage eines Brettes im Stamm und Stand der Jahresringe an der Hirnschnittkante (siehe die Abbildungen auf der vorhergehenden Seite). Mittelbretter haben »stehende« Jahresringe, d. h., die Ringe stehen an der Hirnkante ungefähr im rechten Winkel zur Schnittfläche. Das Langholz hat ein »ruhiges« Bild. Seitenbretter haben »liegende« Jahresringe. Die »Fladerung« (siehe S. 41) wird um so bewegter, je weiter sich die Schnittlage von der Mitte des Stamms entfernt.

Die *Einschnittstärken* der handelsüblichen Nadelholzbretter betragen ½, ¾ und 1 Zoll, also 12, 18 und 24 mm. Die Breiten liegen zwischen 10 und 30 cm. Allseitig gehobeltes Brettholz wird in verschiedenen Abmessungen angeboten.

Leisten und Rundholzstäbe

In allen größeren Städten gibt es Fachgeschäfte, in denen man *Leistenholz* in verschiedenen Profilen und bis zu 2 m (und mehr) Länge gut einkaufen kann. Selbstherstellung mit Säge und Hobel ist mühsam und

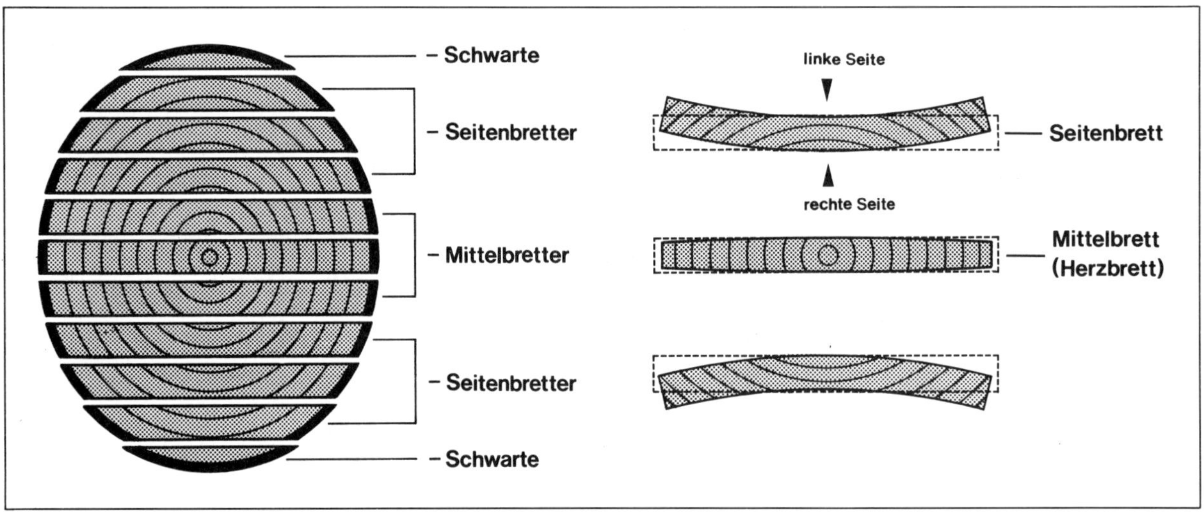

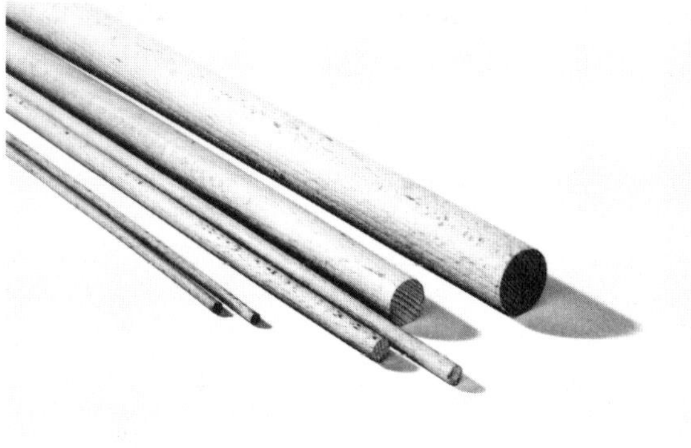

Oben: Handelsübliche Schnittholzformen, – Brettholz, Hobelleisten, Dübelrundholz, Querholzscheiben. Diese kreisrunden Holzscheiben (Kiefer) gibt es in verschiedenen Durchmessern. Der Tischler braucht sie zum Ausflikken ästiger Stellen im Brett. Der Heimwerker verwendet sie als Radscheiben beim Spielzeugbasteln!

Unten: Handelsübliche Leistenprofile. – Obere Reihe: Quadrat, Kreis, Rechteck, Dreieck. Untere Reihe: Winkelkante, Bilderrahmen, Viertelrund, Hohlkehle.

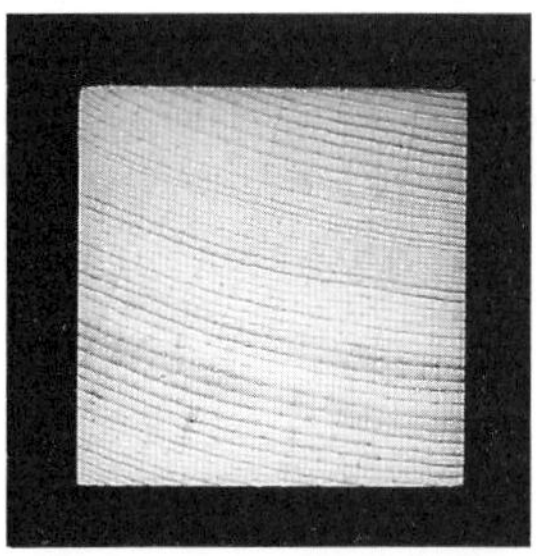
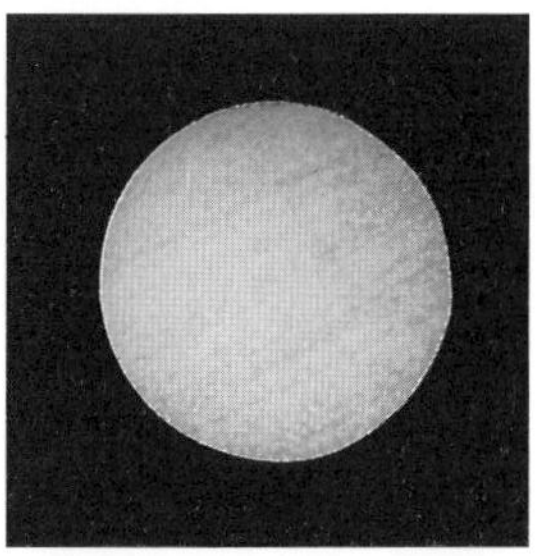
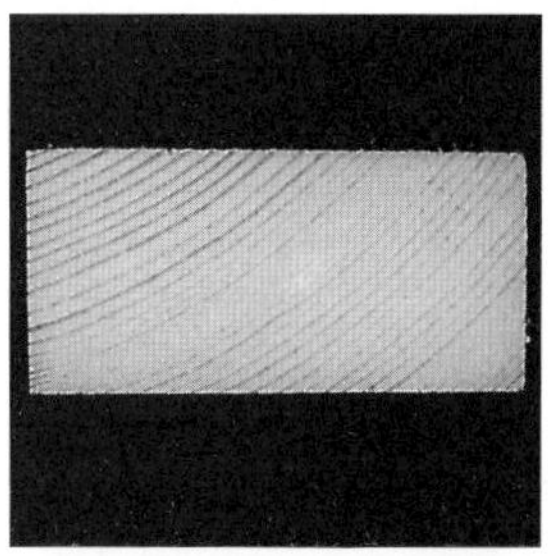
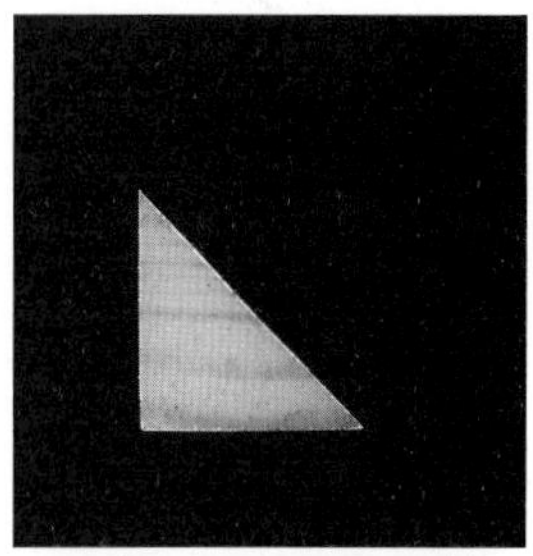

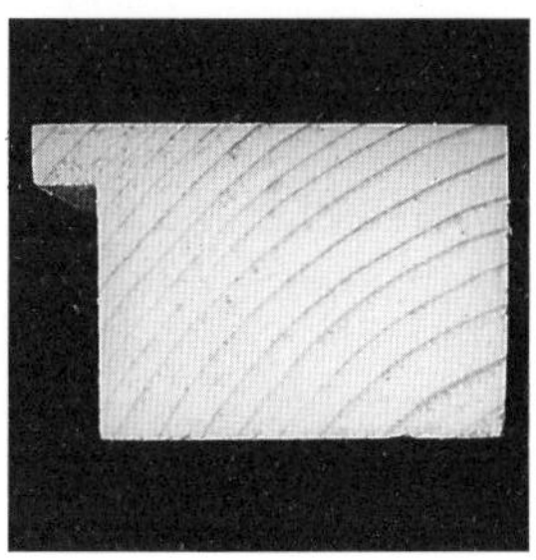
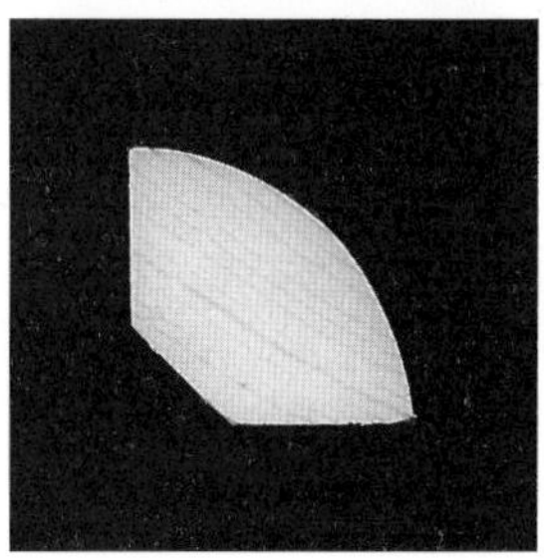
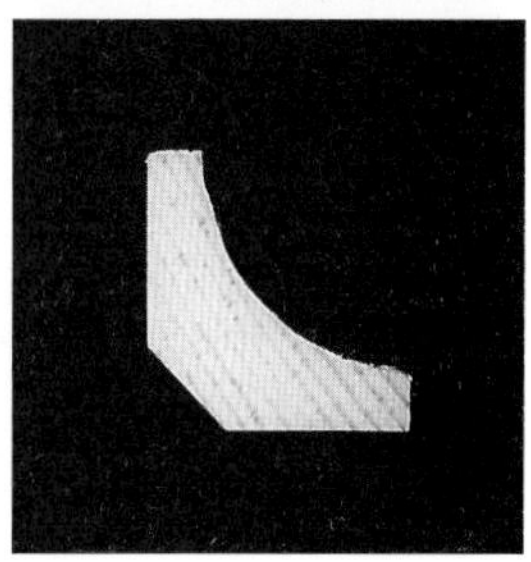

Furniere wurden früher mit der Handsäge und nur in schmalen Streifen geschnitten. Man brauchte sie hauptsächlich als Einlegematerial beim Intarsieren. Heute werden die Furniere maschinell gesägt, geschnitten oder geschält. Sägefurniere werden nur in Stärken über 3 mm hergestellt. Sie sind am wertvollsten, weil beim Sägen ihr Fasergefüge ungebrochen bleibt. Leider geht durch den an sich schon zeitraubenden Sägeschnitt viel gutes Holz verloren, was sich auch auf den Preis auswirkt. Messerfurniere werden durch eine hobelartige Vorrichtung gleichfalls in ebener Bahn vom Stammholz abgehoben. Beim Schälfurnier dreht sich das Stammstück in ganzer Breite gegen ein Messer, wobei sich das Holz zu einem langen Furnierband aufschält. Die Zeichnung der Säge- und Messerfurniere gleicht der massiver Bretter, die in gleicher Lage aus dem Stamm geschnitten werden. Die Zeichnung der Schälfurniere ist bewegter. Durch das Abschälen des Furniers von dem sich drehenden Holz entstehen außerdem regelmäßig wiederkehrende Oberflächenmuster.

Das schönste Holz, das wir wegen seiner besonderen Farbigkeit und Zeichnung zum Schnitzen und Schalenausheben dringend benötigen, ist in der Holzhandlung sündhaft teuer, während es andernorts oft schon um den Preis des Wegholens zu bekommen ist. Gemeint sind die stärkeren Ast- und Stammstücke geputzter oder ausgejäteter Obstbäume (Pflaume, Birne, Kirsche, Apfel), gefällter Straßenbäume (Ahorn, Linde, Esche), von Bäumen auf Baugrundstücken, die aus irgendeinem Grunde herausgenommen wurden usw.
Die Trockenzeit dieses noch nassen Holzes können wir abkürzen, wenn wir die aufgespaltenen Kloben und Aststücke auf einem Hängeboden im Heizungskeller oder in einem anderen trockenen Raum lagern. Als Regulator dienen Sägespäne, mit denen wir die Stücke vorsorglich in Kisten verpakken. Ein solches Bett ist luftig genug, um die Wärme hindurchzulassen. Andererseits geben die Späne die aus dem Holz austretende Feuchtigkeit nur langsam nach außen ab.

kostspielig, weil man die aufgewendete Zeit und den Verschnitt mitberechnen muß. Im Fachgeschäft kauft man auch *Rundholzstäbe (Dübelrundholz)* ab 3 mm Durchmesser in 1-m-Längen.

Furniere

Furniere sind dünne Blätter aus wertvollem Holz, die in der Regel über ein »Blindholz« geleimt werden und so dem Werkstück das Aussehen eines durch und durch edlen Holzes geben sollen.
Diese Art der Holzveredlung mag den wahrheitsliebenden Menschen befremden, ganz abzulehnen ist sie nicht. Wir haben uns seit langem daran gewöhnt, in unseren Wohnungen Möbel in Nußbaum oder Eiche stehen zu haben, während es sich tatsächlich nur um dünn verkleidete Gerippe aus einem billigen Plattenmaterial handelt. Die Verwendung massiven Holzes ist heute im großräumigen Möbelbau eine Beschaffungs- und Preisfrage. Außerdem erlaubt die Verwendung des Furniers Oberflächeneffekte, die mit massivem Holz nicht möglich sind. Reichste Möglichkeiten eröffnen sich in der Intarsienarbeit.

Sperrholz und Tischlerplatten

Sperrholz ist kein ausgesprochenes »Schönmaterial«. Bei der Herstellung werden drei oder mehrere billige Furnierschichten (meist Buche) so übereinandergeleimt, daß sich ihre Faserrichtungen kreuzen. Die Kraft des Leims verhindert, daß diese dünnen Holzschichten zu arbeiten beginnen. Sie sind, wie die technische Bezeichnung dafür lautet, »abgesperrt«. Darin liegt auch der Sinn des Sperrholzes, daß es seinem Gefüge nach ein »totes« Holz ist, obwohl es die Oberflächenzeichnung einer lebenden Holzart trägt. Sein Vorzug liegt darin, daß man es in jeder Richtung und in großer Breite verarbeiten kann, ohne die natürliche Struktur des Holzes beachten zu müssen.
Tischlerplatten (je nach Fabrikat in den Stärken 8, 10, 13, 16, 19, 22 bis 40 mm) unterscheiden sich vom Sperrholz durch eine stärkere Blindholzeinlage, die ebenfalls in gekreuzter Faserrichtung mit Deckfurnieren überleimt, also »gesperrt« ist. Sie sind wesentlich leichter als die aus zerspantem Abfallholz mit einem Zusatz von Bindemitteln und unter großer Hitze gepreßten *Spanplatten*, die man ebenfalls wie jedes normale Brett sägen, stemmen, bohren, furnieren, leimen und streichen kann. Plattenmaterial ist für den Heimwerker ein idealer Holzwerkstoff für großflächige Verarbeitung.

Lagerung

Schnittholz sollte nach dem Einkauf *gestapelt* werden. Die Durchlüftung des Stapels geschieht durch zwischengelegte Stapelleisten. Der *Lagerraum* sollte gleichmäßig trocken sein. Direkte Heizungsluft oder Ofennähe sind gefährlich, weil frische Bretter sich werfen oder reißen. Waagerecht lagernde Bretter oder Leisten dürfen nicht durchhängen. Sie trocknen sonst krumm und werden nie wieder gerade! Brettstücke, die sich nur wenig geworfen haben, legt man zur Korrektur eine Zeitlang mit der Hohlseite nach unten. Holz will atmen, braucht frische Luft. Grau angelaufenes, schimmeliges Holz läßt auf mangelhafte Lüftung im Lagerraum schließen. Bei Sperrholz lösen sich die Leimschichten.

Einheimische Hölzer

Holzart	Farbe und Zeichnung	Gefüge	Härte	Schwund
Ahorn (Feld-, Berg-, Spitzahorn)	Splintholzbaum; bis in die Mitte gleichfarbig – rötlichgelb, gelblichweiß	fein, dicht	mäßig hart	wenig
Apfel (auch Holzapfel)	Splint rötlichweiß, Kern hellrotbraun, ungleichmäßig (auch kräftiger) gezeichnet	fein, dicht	hart	ziemlich stark
Birke	Splintholz, jung weiß, später gelblich	langfaserig, dicht	mittelhart	ziemlich stark
Birne	Splint- und Reifholz rötlichbraun, Zeichnung wenig hervortretend	fein, dicht	mäßig hart	ziemlich stark
Buche (Rotbuche)	Splint weiß, altes Kernholz braun mit rötlichem Anflug, Zeichnung wenig hervortretend, Spiegel	fein, dicht	hart	ziemlich stark
Eibe (Taxus)	Splint schmal, weiß oder gelblich, Kern bräunlichrot mit Adern und Schattierungen	gleichmäßig, dicht	hart	fast gar nicht
Eiche (Stiel-, Sommer-, Stein-, Wintereiche)	Splint weiß, Kern bräunlich, feine Zeichnung, Spiegel	fein, dicht	hart	mäßig
Erle (Schwarzerle)	Splintholzbaum, gelbbraun bis rötlichbraun, gleichmäßig gezeichnet	grob, locker	weich	mäßig
Esche	Splintholz weiß, Kern bräunlich, mit grober Zeichnung	grob bis fein	hart	mäßig
Espe (Aspe, Zitterpappel)	Splintholzbaum, weiß oder gelblichweiß, manchmal bräunlich	grob, fest	weich	mäßig
Fichte	Splintholz, gelblichweiß bis rötlichweiß	langfaserig, locker	weich	mäßig
Kiefer (Föhre)	Splint gelblich oder rötlichweiß, Kern rotbraun, stärker gezeichnet als Fichte	fein bis grob, langfaserig	weich	wenig
Kirsche	Splint rötlichweiß, Kern rotgelb oder rotbraun, stark gezeichnet	fein dicht	hart	stark
Lärche	Splint gelblichweiß, Kern gelbrot bis rotbraun, grob gezeichnet	fein, langfaserig	weich	sehr wenig
Linde	Splint weiß, Reifholz mit rötlichem Anflug, Zeichnung wenig hervortretend	dicht, locker	sehr weich	mäßig
Pappel	Splint weiß, gelblichweiß oder gelb, Kern gelbbraun bis braun, geflammt	grob, locker	sehr weich	ziemlich stark
Pflaume	Splint gelb- bis rötlichweiß, Kern rötlichbraun-violett, geflammt	fein, dicht	hart	mäßig
Platane	bis in die Mitte des Holzes gleichmäßig braun	fein dicht	hart	stark
Roßkastanie	weiß, schön gezeichnet (geflammt)	grob, locker	weich	mäßig
Tanne	Splintholzbaum, gelb bis rötlichweiß, nicht so hell und gleichmäßig gefärbt wie die Fichte	langfaserig, locker	weich	sehr wenig
Ulme (Feldulme, Rüster, Flatterulme)	Splint weiß oder gelblich, Kern fleischrot bis braun	grob, fest, porig	hart	sehr wenig
Walnuß	Splint grauweiß, Kern hell- bis dunkelbraun, oft stark gezeichnet (geflammt)	fein, dicht	mittelhart	sehr stark
Weißbuche (Stein-, Hainbuche)	Splintholzbaum, gelbweiß, später grauweiß, Zeichnung tritt nur wenig hervor	fein, dicht	sehr hart	sehr stark

Ausländische Hölzer

Holzart	Farbe und Zeichnung	Gefüge	Härte	Schwund
Ebenholz (schwarzes)	Splint weiß, Kern schwarz	fest, dicht	sehr hart	sehr stark
Mahagoni	gelb- bis rötlichbraun, dunkelt nach, fein gezeichnet, geflammt, gefleckt	fest, dicht	hart	sehr wenig
Olive	Splint gelbgrün, Kern gelbbraun	sehr dicht	sehr hart	wenig
Palisander	schokoladenbraun mit violettem Anflug, schwarze Adern und Bänder	sehr dicht	sehr hart	fast nicht
Pockholz (Guajakholz)	Splint gelb, Kern dunkelschwarzgrün, schwarzblau, schwarzbraun	fest, dicht	sehr hart	mäßig
Rosenholz	Splint gelblich, Kern hell- bis dunkelrot	dicht, streifig	sehr hart	mäßig
Sandelholz	weiß bis gelblich	sehr dicht	sehr hart	wenig
Teakholz	hellbraun, dunkelt nach, fein gezeichnet	fest, dicht	hart	sehr wenig

Holz spalten

Mit Spaltholz bauen

Holzspalten ist eine erste technische Leistung des Menschen. Die Kenntnis, daß sich jedes Holz in Richtung zur Mitte, in der die Speicherzellen quer zu den Jahresringen hin strahlig angeordnet sind, am besten spalten läßt, kann man sich nur bei der Arbeit aneignen. Erstaunlich ist auch die Festigkeit, die selbst dünne Späne noch haben, weil sie aus vielen Gefäßbündeln und Fasern zusammengesetzt sind. Mit solchen Spalthölzern können schon Kinder im Grundschulalter gut »bauen«. Entscheidend ist, daß sie sowohl die Herstellung der Materialformen als auch deren Verbindung miteinander selbständig machen dürfen. Die Einzelteile können mit Alleskleber, Kontaktkleber oder dünnen Nägeln verbunden werden.

Eine erste technische Leistung des Menschen

Holz setzt der Bearbeitung Widerstand entgegen. Darin offenbart es seine stofflichen Wesenszüge. Am Holzkörper wurden schon früh die Wirkungen des *Keils* erprobt. Die modernen Formen der *Axt* und des *Messers* sind aus diesen Erfahrungen hervorgegangen.

Ohne Zweifel gehört das Aufspalten runder Hölzer zu den ersten Bearbeitungstechniken. Es stellt gewissermaßen die Fortsetzung des natürlichen Prozesses dar, der den Stamm trocknen und reißen läßt (siehe Abb. S. 38). Vermutlich führte die Beobachtung dieses Vorgangs zu der Überzeugung, daß sich über diese natürlichen »Spalt«-Öffnungen der materiale Widerstand am ehesten überwinden läßt. Noch um das Jahr 1000 n. Chr. wurden in Haithabu bei Schleswig radial aus dem Stamm herausgespaltene Eichenholzplanken und -bohlen zum Schiff- und Hausbau verwendet. Die erworbene Fähigkeit, von aufgespaltenen Stammstücken mit spitz aufeinandergestellten »Spiegelschnitten« dünne Bretter abzulösen, führte auch zur hölzernen Dachbedeckung. Die Bezeichnung Schindel (von lat. scindare = schlitzen, spalten) bedeutet ursprünglich »gespaltenes Holzstück« oder »Holzspan« und weist auf die handwerklichen Vorgänge des Spaltens hin. Beim Ausheben eines Brunnenschachts auf der Saalburg, einem zum Limes gehörenden Römerkastell im Taunus, fand man auch ein *Schindelmesser* mit langgezogener einschneidiger Klinge. Es wurde mit dem Schlegel von der Hirnseite aus radial in den Klotz getrieben. Durch abwechselndes Auf- und Niederdrücken der Klinge wurde die Vorspaltung des Holzes erleichtert. Das Scheitespalten war früher die letzte Arbeit, die altersschwache Leute dem Haushalt noch abnehmen konnten. Es war gleichzeitig die erste, die schon die Kinder lernten. Kenntnisse über die Spaltbarkeit der Holzarten und deren materialer Festigkeit kann sich ein Kind nur im Tun aneignen.

Bis an die Schwelle der Gegenwart sind Axt und Messer die beherrschenden Werkzeuge für das erste Eindringen in das Gefüge des Holzes. Die aus Erfahrung gewonnenen Kenntnisse führten nicht etwa zu einem anderen Arbeitsprinzip, sondern zur immer feineren Durchbildung der Werkzeuge.

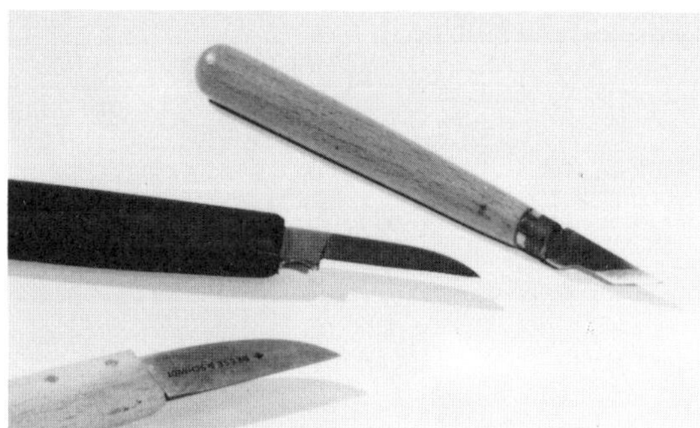

Links: Olaf spaltet das Holz mit dem Messer. Er handhabt das Werkzeug so, wie die alten Römer das »Schindelmesser«. Das abzuspaltende Holz wird hochkant gestellt, die keilförmige Schneide dringt von der Hirnkante aus in das Holz ein und sprengt den Faserverband auseinander. Am besten eignen sich Brettabfälle aus Fichte, Tanne, Kiefer (Nadelholz). In den abgespaltenen Spänen tritt die »Gerichtetheit« des Holzes vor Augen.

Die Abbildungen links und rechts zeigen Arbeitsergebnisse mit stoffschlüssiger und kraftschlüssiger Verbindung. »Stoffschlüssig« = Kleber, Leim; »kraftschlüssig« = Nägel. Die technischen »Kniffe« zur Anwendung der Verbindungsmittel und die Reihenfolge des Vorgehens entdecken die Kinder selbst.

Umgang mit Sägen

Merke dazu die folgenden Begriffe:
Ablängen: Leisten, Bretter usw. quer zur Holzfaser auf Länge schneiden.
Trennen: Leisten, Bretter usw. in der Wuchsrichtung des Holzes auf Breite schneiden.
Absetzen: Abschneiden eines Reststücks, z. B. wenn man an einem Werkholz eine glatte Endkante haben will.
Ausschneiden: Bogige oder eckige Teile aus einer zusammenhängenden Holzfläche herausschneiden (z. B. mit einer Laubsäge).

Die Stoßrichtung der Zähne ist immer auch die Arbeitsrichtung der Säge!

Zahnstellung, Zahngröße, Schränkung

Sieht man sich einmal eine gebräuchliche *Einhandsäge* (Fuchsschwanz, Feinsäge oder Gestellsäge) genau an, so wird man feststellen, daß alle Zähne *nach einer Seite gerichtet* sind. Man nennt das »auf Stoß stehen«. Die Zähne der Säge stehen entweder »stark« oder »schwach auf Stoß«. Ihre Vorderkanten sind scharf. Man hält die Säge also immer so, daß die Zahnspitzen bei jedem Schub nach vorn unter die Holzfaser greifen und diese aufreißen können. Die Brustkanten der Zähne (im Unterschied zu den stumpfen Zahnrücken) schneiden dann die Späne seitlich ab. Nur *Zweihandsägen* (Bügelsägen zum Brennholzschneiden usw.) haben beidseitig geschärfte Zähne und gleichschenkelige Zahnstellung (Dreieckzähne, Wolfszähne). Mit diesen Sägen kann man »auf Stoß« und »auf Zug« arbeiten.
Ferner kann die Zahnung einer Säge »grob« oder »fein« sein. Manche Handsägen (für lange und schnelle Schnitte) haben eine grobe, stark auf Stoß stehende Zahnung. Da diese das Holz stark angreift, ist der *Schnitt* entsprechend »rauh«. Andere Sägen haben eine feine und schwach auf Stoß stehende Zahnung. Mit diesen arbeitet es sich langsam, ihr Schnitt ist entsprechend »fein«.
Die Zähne der Säge stehen wechselseitig nach rechts und links ein wenig aus der Zahnlinie herausgebogen. Man nennt das *Schränkung.* Eine Säge muß geschränkt sein, damit ihr Schnitt beim Sägen breiter wird als das Blatt dick ist. Wären die Sägen nicht geschränkt, dann könnten die aus dem Holz gerissenen und seitlich abgeschnittenen Sägespäne nicht aus dem Einschnitt heraustransportiert werden. Sie würden sich darin festsetzen und das Blatt einklemmen. Schnellschneidende Sägen mit grober Zahnung werden stärker geschränkt. Eine Folge der Schränkung ist auch die *Schnittbreite* des Sägeblattes im Holz, was beim Ansetzen der Säge am Markierungsstrich zu beachten ist.

Rechts: Säge mit groben und stark auf Stoß stehenden Zähnen (für schnelleren Schnitt).
Darunter: Säge mit feinen und schwach auf Stoß stehenden Zähnen (für feinen Schnitt, Feinsäge).

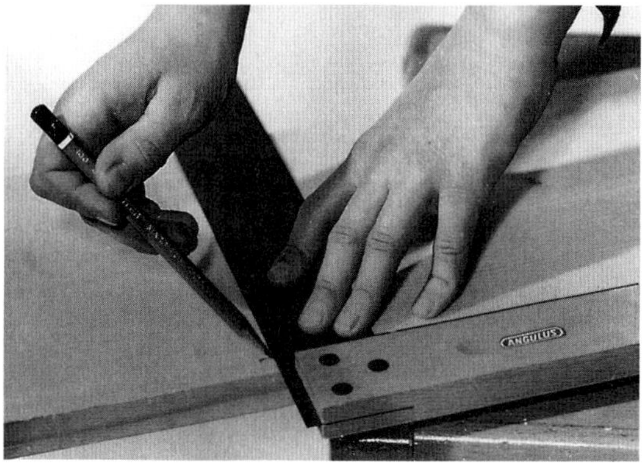

Links: Der Anschlagwinkel hat einen dicken Buchenholzschenkel und eine dünne Stahlzunge. Mit dem Buchenholzschenkel wird das Werkzeug an die Langholzkante des Brettes »angeschlagen«, so daß es dort wirklich fest anliegt. An der Stahlzunge wird die Schnittlinie mit einem spitzen Bleistift markiert. Der Tischler nimmt dazu auch eine Reißnadel, weshalb man auch von »Anreißen« spricht. Mit dem Anschlagwinkel werden also genaue Winkelschnittlinien auf dem Werkholz markiert.

Olaf will ein breites Stück Brettholz »absetzen«. Er macht das mit einer Gestellsäge, die er in Stoßrichtung der Zähne ansetzt.
Die Gestellsäge ist eine Spannsäge, charakterisiert durch ihren mit Seilzug auf Spannung gebrachten Holzbügel und das abwinkelbare Sägeblatt (für Flächenschnitte). Griff ist der senkrechte Holm.
Olaf hat das Werkholz mit dem Knie (lastschlüssig) auf dem Hocker »festgelegt«, damit es ihm beim Arbeiten nicht wegrutscht. Er setzt die Säge so an, daß er von der linken Seite aus auf das Sägeblatt blicken und den Markierungsstrich noch sehen kann. Nur Linkshänder machen es umgekehrt. Die Schnittbreite des Sägeblattes liegt immer im abfallenden Holzteil. Zum »Ansägen« hält Olaf die Säge etwas nach hinten geneigt. Er setzt sie mit dem Griffende von ihm aus gesehen an der hinteren Brettkante an und zieht sie zunächst zu sich hin. Damit wird die Spur mit den Zahnkanten vorgerissen. Damit die Säge beim ersten Stoß nicht seitlich verläuft, legt er den Daumen der linken Hand so, daß das Sägeblatt am Daumenrücken entlanggleitet und dadurch eine seitliche Führung hat. Nach einigen Schnitten hat das Blatt Spur gefaßt und wird nun im weiteren von der Schnittrille geführt.
Nicht mit Gewalt sägen! Der Stoß nach vorn (Vorschub) wird nur mit mäßigem Druck ausgeführt.
Am Ende des Schnittes droht das überhängende Brettstück durch seine Eigenlast abzubrechen. Dabei splittert leicht auch ein langer Span vom Werkholz ab. Wenn das vermieden werden soll, muß man das überhängende Stück während der letzten Sägestöße unterstützen. Am einfachsten hält eine Hilfsperson das freie Stück mit der Hand fest.

Links: Auch das ist eine Säge! – Mit diesem Lochsägeeinsatz zur elektrischen Ständerbohrmaschine können kreisrunde Holzscheiben mit verschiedenen Durchmessern geschnitten werden. Zum Werkzeug gehören 7 ringförmige Feinsägeblätter, die in die dafür passenden Rillen im Werkzeugkopf eingesetzt werden.

Rechts: Elektrische Tischkreissägen gibt es in erschwinglichen Preislagen. Auch hier gilt: Je feiner die Zähne (höhere Zahnzahl am Kreissägeblatt), desto sauberer der Schnitt.

Festlegen Aufspannen Einspannen

Unentbehrlich ist ein geordneter Werkplatz mit fester Arbeitsplatte und einer Einspannmöglichkeit. Man muß sich nicht gleich zum Kauf einer standfesten Hobelbank entschließen. Ein solider Arbeitstisch mit festem Unterbau oder eine entlang der Kellerwand montierte dicke Schichtenplatte tut es auch. Es sind »Universal-Spanngeräte« im Handel, die man an jeder Tisch- und Werkbankplatte (auch auf kleinstem Raum) anbringen kann. Auch eine lose Bankplatte mit Zange (»Tischhobelbank«), die man auf den Arbeitstisch aufklemmt, ist nicht zu verachten!

Das Werkstück muß festliegen!
Beim Arbeiten wird Kraft angewendet. Dabei ist es gleichgültig, ob es Körperkraft oder die Kraft einer schnellaufenden Antriebsmaschine ist, die über das Werkzeug am Werkstück wirksam werden soll. Das Werkstück muß den »Arbeitsdruck« auffangen können, sonst wird es weggerissen. Man erleichtert sich also die Arbeit wesentlich, wenn man das Werkstück immer so *festlegt*, daß es beim Arbeiten nicht wegrutschen kann. Siehe dazu auch die Abbildung auf der vorhergehenden Seite – oben!

Zum *Aufspannen* eines Werkholzes auf die Arbeitstischplatte nimmt man am einfachsten *Klemmzwingen.* Wie diese funktionieren, wird in den Bildtexten erklärt. Mit solchen Klemmzwingen kann man z. B. sehr schnell eine starke Holzleiste als *Anschlagleiste* auf die Tischplatte aufspannen und das Werkholz daran *anschlagen*, so daß es auch in seitlicher Richtung festliegt. Praktische Führungsgeräte mit festen Anschlagkanten sind die *Schneidelade* und die *Gehrungssäge* (siehe unten).

Beim *Einspannen* des Werkstücks in einen *Schraubstock* liegt dieses schließlich nach allen Seiten so fest, daß es auch bei härtester Arbeit nicht mehr aus seiner Lage gerissen werden kann. Dabei ist zu beachten, daß *Metallschraubstöcke* durch die harten Backenkanten am Werkholz Beschädigungen verursachen. Aus diesem Grund sind *Schraubstöcke mit Holzbacken* bei der Holzbearbeitung diesen vorzuziehen.

Links: Die Schneidelade braucht man zum Ablängen von Leisten und Rundholzstäben im Winkel von 90° und 45°. Sie hat in den Wänden Führungsschlitze für die dazugehörige Feinsäge.
Zunächst wird zur Schonung des Werkzeugs ein Blindholz (Abfallholz) in die Schneidelade eingelegt. Auf dieses Blindholz kommt die abzulängende Leiste. Da auch eine Feinsäge »auf Stoß« arbeitet und daher das Werkholz ständig nach hinten reißt, erscheint es sinnvoll, dieses samt dem Blindholz gleich an die hintere Innenwand der Schneidelade anzuschlagen (siehe auch Abb. S. 57).
Auch die Schneidelade sollte man mit einem Klemmwerkzeug auf die Arbeitstischplatte aufspannen!

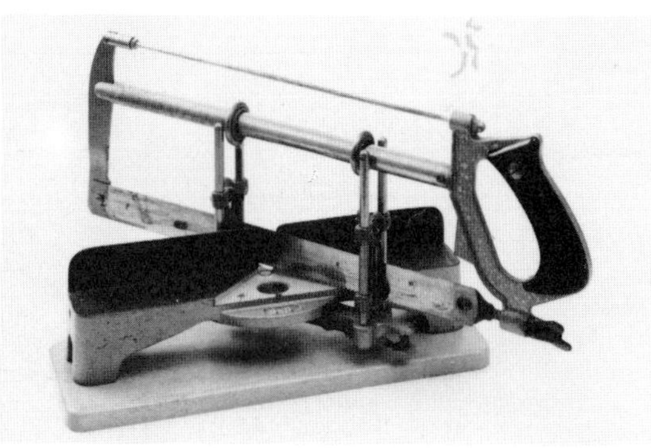

Links: Für sehr genaue Winkel- und Gehrungsschnitte (45°, 60°, 90°) empfiehlt sich die Anschaffung einer kleinen, bis auf 1/10 mm genau arbeitenden Gehrungssäge, die durch einfachen Sägeblattwechsel auch schnell von Holz auf Metall umgerüstet werden kann. Blindholzeinlage und Anschlag hinten wie bei der Schneidelade! Auch das Aufspannen der Säge auf die Arbeitstischplatte ist zu empfehlen.

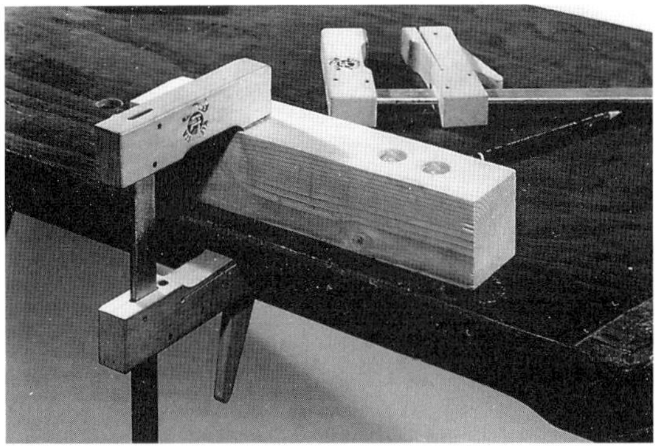

Oben: Das Handwerk nutzt seit langem die Vorteile dieser enorm stabilen und absolut rutschsicheren Buchenholz-Klemmzwingen, die sich schnell (ohne daß man lange schrauben muß) ansetzen und ebenso schnell wieder lösen lassen. Druckstellen bleiben auf der Materialoberfläche nicht zurück. – Der Spannhebel ist »exzentrisch« (d. h. außerhalb der Kreismitte) um einen Haltestift beweglich gelagert. Zuerst wird die feste Spannbacke von unten gegen die Arbeitstischplatte gedrückt, dann bei gekipptem Hebel der federnde Teil der verschiebbaren Spannplatte auf das Werkholz gepreßt. Zum Spannen wird der Hebel aufgerichtet.

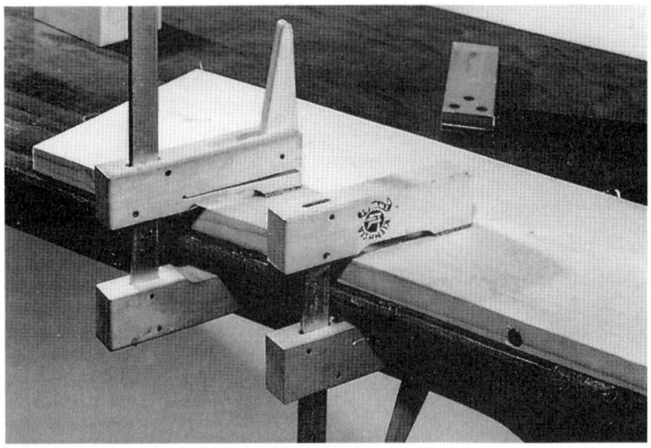

Oben: Die Bilder zeigen zwei Möglichkeiten zum Aufspannen von Werkstücken auf die Arbeitstischplatte.

Unten: Besonders zum Bohren mit der Ständerbohrmaschine ist das Einspannen des Werkstücks unerläßlich. Größere Hölzer kann man zur Not noch mit der Hand festhalten. Für kleinere Teile braucht man einen »Maschinenschraubstock« mit Schraubgriff und rutschsicherer Auflage. Bei druckempfindlichen Werkstücken helfen Schonbeilagen.

Unten: Ein handelsüblicher »Hobelbank-Schraubstock« zum Aufstecken auf eine durchbohrte Arbeitstischplatte (Schraubteller an der Unterseite). Die werkstückschonenden Spannbacken aus Hartholz können leicht ersetzt werden.

Putzen und Verbinden

Die Handwerksregel lautet: Erst putzen – dann verbinden!

Schleifpapiere (siehe unten) werden nach ihrer Korngröße unterschieden. Schleifkorken sind nur zur Bearbeitung größerer Flächen brauchbar. Eine Möglichkeit des Schleifens von Kleinteilen zeigen die Abbildungen auf Seite 57.
Beim Verbinden der Teile muß auch auf die Seitenlage (»rechte« oder »linke« Seite) des Holzes geachtet werden (siehe dazu die Skizze auf Seite 56). Ein falsch aufgesetztes Brett hat dann, wenn es sich wirft, ausreichend Kraft, um Nägel aus ihrem Sitz zu heben oder Leimfugen vom Rand her aufzureißen.

Erst schleifen – dann verbinden!
Obwohl wir das Holz mit einer Feinsäge abgesetzt haben, sind seine Kanten doch nicht so glatt. Die Oberflächen im Langholz sind verschmutzt oder erscheinen von der Säge aufgerissen. An den Hirnholzkanten hängen noch die Grate; das sind die feinen Holzfaserreste, die von der Säge nicht vollends abgeschnitten worden sind und nun die Gefahr heraufbeschwören, bis in die Holzfläche hinein abzusplittern. Beim Verbinden machen sie sich störend bemerkbar. All das muß jetzt durch einen sorgfältigen Überschliff mit feinem Sandpapier behoben werden. Erst wenn sich alle Flächen des Holzes seidigglatt anfühlen und alle Kanten klar und scharf zu Tage treten, kann man die Teile miteinander verbinden.
Der Techniker unterscheidet bei Holz »kraftschlüssige« und »stoffschlüssige« Verbindungen. Schlägt man z. B. Nägel in das Holz, um die Teile zusammenzuhalten, so verbindet man diese *kraftschlüssig*. Der Nagel wirkt wie ein Keil, der die Holzflächen auseinandertreibt. Die starke Reibung im Nagelloch verhindert das Zurückrutschen. Bei der *stoffschlüssigen* Verbindung werden die Teile durch Adhäsion eines zusätzlichen »Stoffs« – hier des Leims – zusammengehalten (von lat. adhaesio = haften). Während die kraftschlüssige (Nagel-)Verbindung sofort hält, muß eine stoffschlüssige Verbindung bis zum Abbinden des Mittels (»Trocknen« des Leims) ruhiggestellt werden. Leimungen sollten immer unter Preßdruck trocknen.

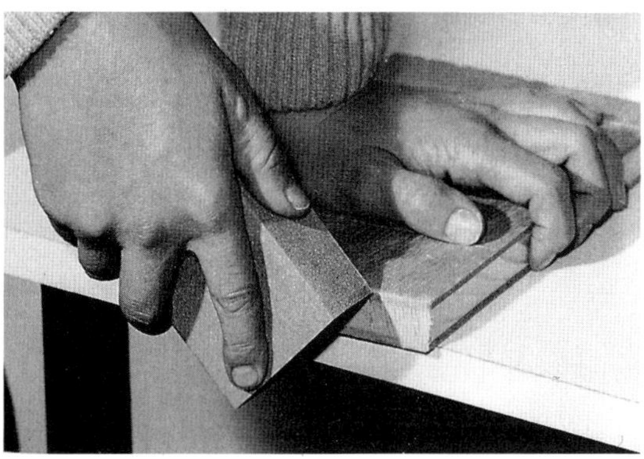

Links: Im allgemeinen wird zum Schleifen von Holzoberflächen die Benutzung eines Schleifkorkens empfohlen. Man stellt aber bald selbst fest, daß so ein Korken nur für die Bearbeitung größerer Flächen und längerer Gratkanten sinnvoll verwendet werden kann. Zum Schleifen kleinerer Zuschnitte legt man besser ein Stück Schleifpapier flach auf die Werktischplatte. Darauf wird der zu schleifende Werkteil dann mit den Fingern unter Druck hin und her geschoben (siehe dazu die Abbildungen auf Seite 57).

Schleifpapier (Sandpapier, Glaspapier oder Flintpapier) wird in den Werkmittelgeschäften für Tischlereibedarf in verschiedenen Korngrößen verkauft. Man findet die »Körnung« auf der Rückseite des Blattes als Zahl aufgedruckt. Diese Nummer hat etwas mit der Zahl der beim Aufsieben der durch die Siebmaschen gefallenen Schleifmittelkörnchen auf das Leimpapier pro Quadratzentimeter zu tun. Je feiner das Sieb, um so kleiner die Körnchen, um so größer die Zahl! Man unterscheidet grobes, mittelfeines, feines und sehr feines Schleifpapier. Am brauchbarsten ist die Körnung » 150«, man kann aber auch die Körnungen » 120« oder » 180« nehmen.

Rechts: Kraftschlüssiges Verbinden durch Nageln. Damit dünnes Brettholz beim Einschlagen des Nagels nicht spaltet, empfiehlt es sich, die Nägel zuvor durch jeweils einen Hammerschlag direkt auf die Spitze zu stauchen. Dadurch wird die Keilwirkung des Nagels reduziert. Man suche eine Metallfläche als Auflage und setze den Nagel mit dem Kopf auf diese Fläche auf. – Nägel sitzen fester, wenn man sie in gegensätzlicher Richtung ein wenig schräg einschlägt.

Darunter: Stoffschlüssige Verbindungen müssen bis zum Abbinden des Leims eingespannt werden. Bei »stumpfen« Verleimungen (mit rechtwinkeligen Schnittkanten) arbeitet man am einfachsten mit Klemmzwingen.

Unten: »Auf Gehrung geschnitten« sind Holzkanten im 45°-Winkel. In der Verbindung stoßen zwei Teile rechtwinkelig aneinander, ohne daß die Verbindungsfuge grob erkennbar ist (weil sie genau an der Stoßkante verläuft). Zum Spannen solcher Verbindungen gibt es im Handel Winkelleimzwingen oder Gehrungs-Spannklammern, die allerdings mit ihren scharfen Klauen Eindrücke in den Holzflächen hinterlassen. Die Spannklammern müssen zum Ansetzen mit einer dazugehörigen Spannzange gespreizt werden (die Abbildungen in der unteren Reihe zeigen, wie das gemacht wird).

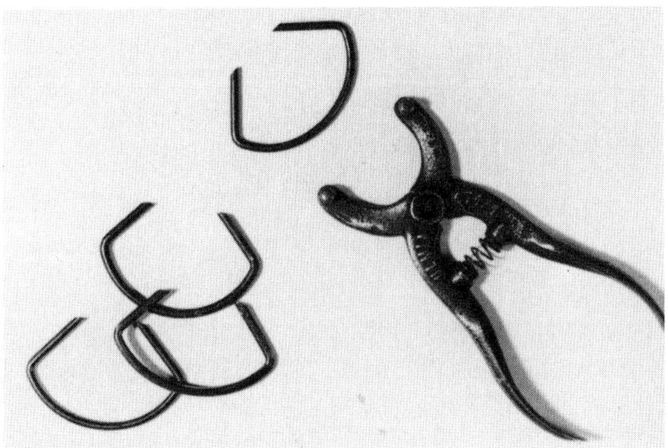

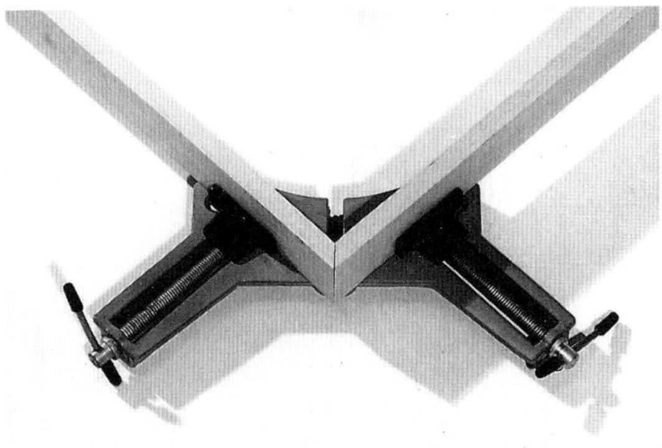

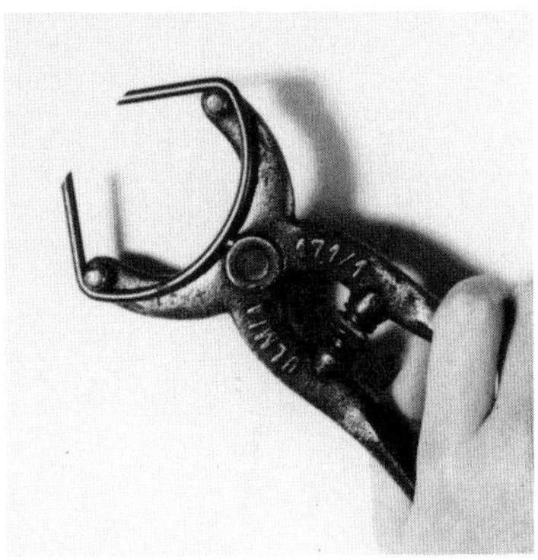

Konstruktive Holzarbeit

Konstruktion beginnt schon dort, wo wir eine Brettkante zu einer anderen in Beziehung setzen. Das charakteristische Merkmal solcher Arbeit ist Genauigkeit – die Einhaltung genauer Maße, genauer Winkel und die Bereitstellung genau übereinstimmender Teile. Selbst das nachfolgende Putzen und Schleifen der Zuschnitte zielt darauf ab, die Maß- und Winkelgenauigkeit der Teile auf das Präziseste auszudrücken. Zusammengebaut wird mittels einer geeigneten Verbindungstechnik. Der hier mitgeteilte Vorschlag zur Herstellung eines »stumpf verleimten« Kastens geht über die Möglichkeiten der einfachen Heimwerkstatt nicht hinaus. Man wird bei sorgfältiger Arbeit auch mit einfachstem Gerät zu einem befriedigenden Ergebnis kommen.

Z. B. – ein Holzkasten

Man sollte sich von dem anzufertigenden Werkstück eine *Werkzeichnung* machen. Erst dadurch kommt man zu detaillierten Vorstellungen hinsichtlich Aussehen und Maßhaltigkeit der geplanten Arbeit. Auch Überlegungen über Einzelheiten der Verbindung und Montage müssen vorher getroffen werden. Später läßt sich so etwas nur noch schwer nachholen.

In der Regel beginnt man mit einer rasch auf das Papier geworfenen *Faustskizze.* Eine genaue Arbeitsgrundlage liefert aber erst die *maßstäbliche Zeichnung* (1 : 1). Wir fertigen sie als Aufriß (Ansicht der kurzen Seite), Seitenriß (Ansicht der langen Seite) und Grundriß (Blick von oben) an und versehen sie mit den entsprechenden Maßeintragungen (siehe unten). Durch Schraffuren können wir auch die Brettlagen andeuten.

Holzverbindungen sollen nicht nur die Teile fest zusammenhalten, sie sollen auch dem Arbeiten des Holzes Rechnung tragen und daraus resultierende spätere Schäden verhindern. Langholzzuschnitte sind möglichst in der Faserrichtung (Wuchsrichtung des Baumes) »gleichlaufend« aneinanderzusetzen (in der Abbildung unten ist diese Gleichläufigkeit in den Kastenwänden durch Pfeile gekennzeichnet). Auch die richtige Seitenlage des Holzes ist zu beachten (siehe Skizze): Schnittholz wird immer mit der »linken« Seite aufgebunden. Arbeitet das Brett später, so liegen die Außenkanten fest; das Abheben der Mitte wird durch die Kraft des Leims erschwert.

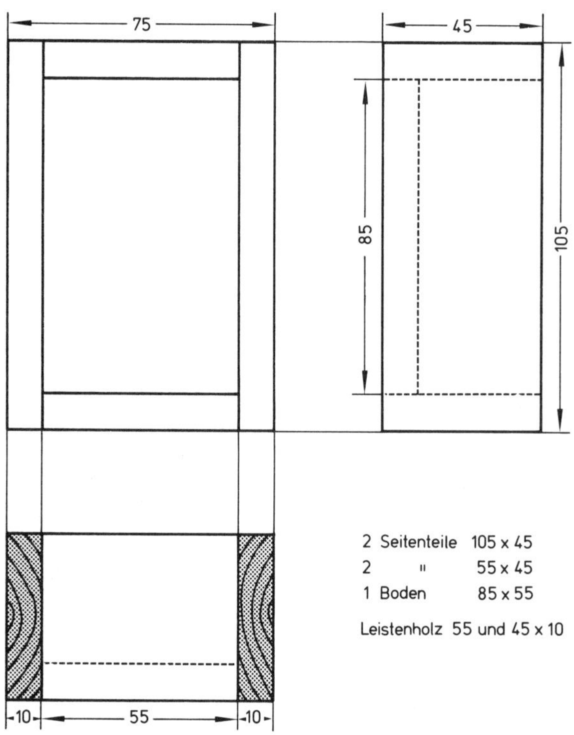

2 Seitenteile 105 x 45
2 " 55 x 45
1 Boden 85 x 55

Leistenholz 55 und 45 x 10

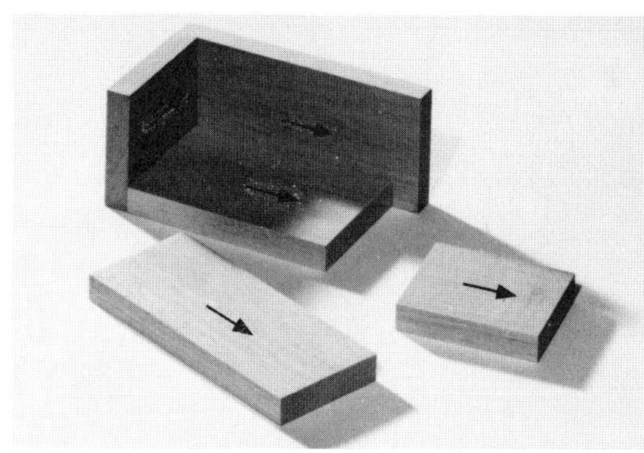

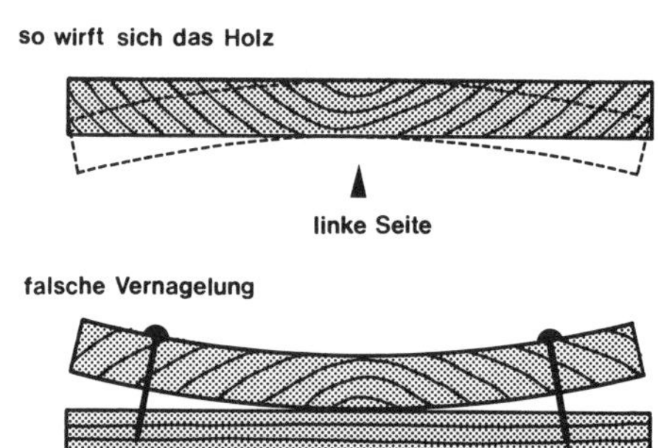

Links: Das »Werkstück« (Kasten aus Kiefernholz, stumpf verleimt). Die Abbildungen in den beiden Spalten darunter zeigen noch einmal den Arbeitsgang: Zuschneiden der Teile in der Schneidelade; Schleifen über einem flachliegenden Schleifpapier (3 Schleiflagen, zum Schleifen der Hirnholzkanten empfiehlt sich ein möglichst tiefer Angriffspunkt). Leim wird möglichst dünn, aber auf beide Klebeflächen (!) aufgestrichen. Trocknen unter Preßdruck. Weißer Kaltleim hat eine Abbindezeit von etwa 24 Stunden. So lange muß man warten, bis die Leimung endgültig fest ist. Man kann das Werkstück aber schon nach etwa einer Stunde aus der Presse nehmen und vorsichtig abstellen.

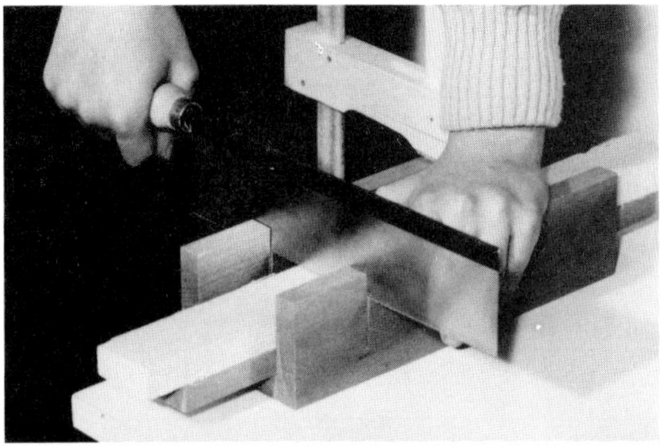

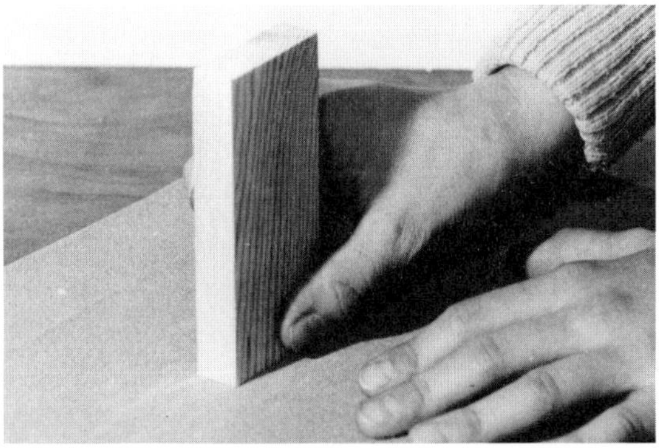

Schöne Kästen aus Edelholz

Nach den Angaben der Werkzeichnung werden die Teilumrisse sorgfältig auf das Werkholz aufgezeichnet. Es empfiehlt sich, das Holz schon zuvor in passende Leistenformate zu schneiden, von denen sich dann die Stücke bequem absetzen lassen.
Die Putz- und Schleifarbeiten sind besonders sorgfältig auszuführen – mit Vorsicht, daß die Kanten nicht verschliffen werden! Erst wenn sich auch die inseitigen Wandflächen seidig weich anfühlen und alle Kanten klar profiliert und ohne Grate sind, kann der Zusammenbau erfolgen.
Die Oberflächenbehandlung sollte auf die natürliche Schönheit des Holzes Rücksicht nehmen. Einfaches Grundieren genügt. Einlaßgrund wird mit dem Lappen satt aufgerieben.

Kästen aus schönem Edelholz

Das Zuschneiden der Seitenteile erfolgt von der bereits auf Kastenhöhe abgerichteten Leiste mit der *Feinsäge* in der *Schneidelade* oder *Gehrungssäge* (siehe S. 52) mit genauer Winkelhaltung von 45°.
Beim Verleimen der Ecken arbeitet man am besten diagonal: Zuerst wird ein Leistenwinkel zusammengesetzt, dann der schräg gegenüberliegende usw. – Mit der auf Seite 55 abgebildeten Winkelleimzwinge kann man nur eine einzelne Eckverbindung einspannen. Spannklammern (siehe dort) hinterlassen Eindrücke im Holz, die hinterher (da ja kein Anstrich erfolgt) nicht mehr ausgefüllt werden können. Speziell zum Spannen geschlossener Rechteckrahmen gibt es in den Werkzeuggeschäften *Bandleimzwingen* mit vier rechtwinkelig zugerichteten Klemmbacken und einem flexiblen Metallband, das durch Drehen am Schraubgriff gespannt werden kann. Vier lose Winkelstücke und ein starkes Gummiband (siehe Abbildung unten) erfüllen den gleichen Zweck.
Die Bodenplatte wird eingesetzt, der Deckel mit seinen Außenkanten bündig auf den Rahmen aufgelegt. Er bekommt unterseitig einen dünneren Zuschnitt angeleimt, dessen Umriß bei korrektem Sitz des Deckels genau in den Kastenrahmen hineinpassen muß. Die Abbindezeit des Leims ist einzuhalten! Danach wird der Kasten samt aufsitzendem Deckel (!) noch einmal Fläche für Fläche auf feinem Sandpapier (Körnung 400) geschliffen.

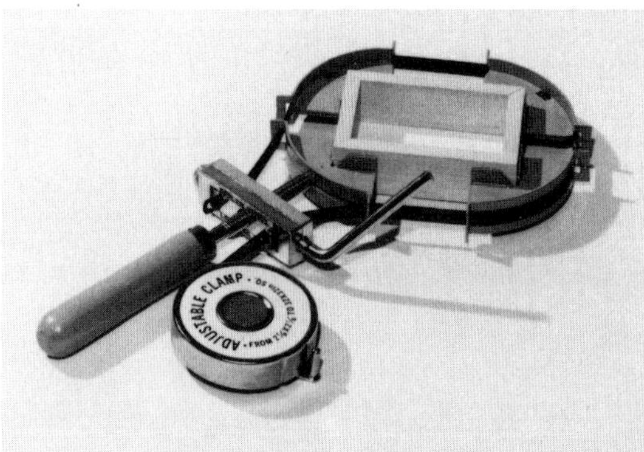

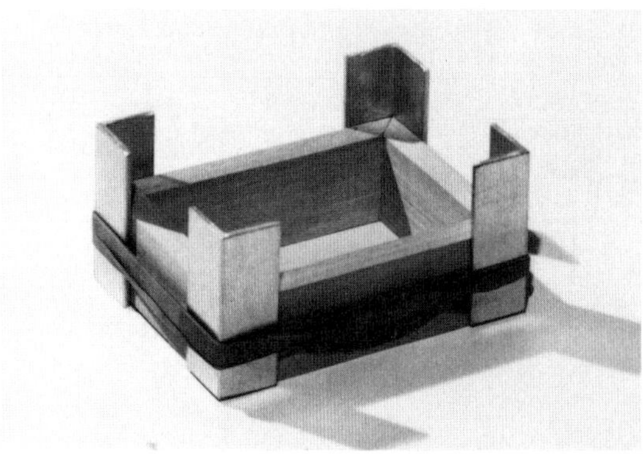

Links: Diese sogenannte »Heimwerker«-Bandleimzwinge gibt es in unterschiedlichen Ausführungen, auch – zum zehnfachen Preis! – mit verstellbaren Spannelementen, die sich nach Lösen einer Befestigungsschraube auf jedes zu spannende Profil einstellen lassen. Betrachtet man sich das Gerät genauer, dann erkennt man, daß es im Prinzip aus einer Spann-»Schnur« und 4 rechtwinklig ausgeschnittenen Schonelementen (Klemmbacken, damit die empfindlichen Holzkanten nicht eingedrückt werden) besteht. So haben schon früher die Tischler große Rahmenverbindungen »aushilfsweise« bis zum Abbinden des Leims gespannt.

Darunter: Vereinfachtes Modell in »Do-it-yourself-Technik«. 4 Winkelstücke wurden mit der Metallsäge von einem handelsüblichen Aluminium-Winkelprofil abgetrennt, mit der Feile entgratet und in der gezeigten Anordnung mit einem starken Verpackungsgummiring um den geleimten Kastenrahmen gespannt. Man kann den Spanndruck vergrößern, wenn man den Gummiring (mit ausreichender Länge) in eine doppelte Schlaufe legt. Übrigens: Die Metallwinkel garantieren keinesfalls auch den rechtwinkligen Sitz des Rahmens. Es empfiehlt sich, nach dem Spannen die Innenwinkel noch einmal mit einem korrekten Kartonzuschnitt zu überprüfen und gegebenenfalls durch Verschieben zu korrigieren.

Links: Schmuckschatulle, 27 × 17 × 7 cm, Schwarze Walnuß (Juglans nigra, Nordamerika). Große Flächen müssen sehr sorgfältig geschliffen werden, weil sich geringe Ungenauigkeiten darin verstärkt auswirken.

Unten: Briefmarkenkästchen, 9 × 6,5 × 4,5 cm. »Rio-Jacaranda« (rötliches Palisanderholz, Brasilien). Der Kasten ist in der massiven Verarbeitung und durch das hohe Holzgewicht zugleich als Briefbeschwerer verwendbar.
Darunter: Schmuck- oder Bleistiftkasten, 24 × 8,5 × 6 cm, »Zebraholz« (Zebrano, Brasilien).

Ausländische Edelhölzer werden in der Regel als Gewichtsholz in kleineren Abschnitten (Blöcken, Platten) angeboten. Man versuche stets, das Holz schon in passender Stärke zu bekommen, weil durch das Abrichten zu starker Stücke großer Verlust eintritt.
Der Einkauf ausländischen Holzes ist sowieso ein Kapitel für sich, wobei der Laie oft überfordert wird. Die Zahl ausländischer Holzarten ist außerordentlich groß und im Charakter schwer zu überschauen. Viele Hölzer kommen unter klingenden Namen in den Handel, die mit der botanischen Herkunft nichts zu tun haben. Vielfach werden tropische Hölzer nach ihren Ausfuhrhäfen benannt (z. B. Rio-Jacaranda, Bahia-Rosenholz), was ein weitaus sichereres Kennzeichen als der anhängende Artname ist. Man kann auch nicht einfach in die Holzhandlung gehen und eine bestimmte ausländische Holzart verlangen. Weit mehr als anderswo ist man hier auf das zufällige Angebot angewiesen. Wenn also ein Händler ein schönes Zebrano- oder Palisanderbrett in brauchbarer Stärke (oder auch nur eine abgesplitterte Leiste davon) liegen hat, dann sollte man es mitnehmen. Oft sind solche Restbestände sogar billiger.
Tropische Hölzer müssen zum Teil mit Vorsicht bearbeitet werden, weil sie unter Umständen Reizstoffe enthalten, die bei empfindlichen Menschen Hautreizungen hervorrufen können. Besonders der Schleifstaub ist gefährlich. Splitter in der Haut sind sofort zu entfernen!

Nistkästen

Nistkästen sind für solche Vögel gedacht, die auch in der Natur ihre Nester in Höhlen (Nisthöhlen, Astlöchern, hohlen Bäumen) oder in kurzen Rüstlöchern, Balkenecken, Mauernischen an Wohnhäusern, Ställen, Gartenschuppen usw. errichten. Ausgesprochene Höhlenbrüter sind z. B. Spatzen, Spechte, Stare, die verschiedenen Meisenarten, Kleiber, Trauerfliegenschnäpper, Gartenrotschwänze, Hohltauben, Käuzchen. Diese Vögel bevorzugen Nistgelegenheiten, die bis auf das Flugloch allseitig geschlossen sind. Andere wieder (Hausrotschwanz, grauer Fliegenschnäpper, Rotkehlchen) brauchen zum Einfliegen einen breiten Schlitz – es sind dies die Halbhöhlen- oder Nischenbrüter. Alle Vögel brauchen auch einen ihren Nistgewohnheiten und ihrer Körpergröße entsprechenden Nistraum, die Höhlenbrüter auch einen besonderen Fluglochdurchmesser, worauf beim Bau des Nistkastens zu achten ist (siehe dazu auch die Tabelle auf Seite 62).

– für Höhlen- und Nischenbrüter

Wir brauchen gesundes und trockenes Holz (Kiefer, Fichte, Tanne) in ausreichender Dicke und Breite. 20 mm ist die Mindestdicke für alle tragenden Teile. Plattenmaterial ist in seinem Aufbau auf die Dauer nicht witterungsbeständig.

Der Zuschnitt erfolgt nach einer Zeichnung (siehe den Bauplan für einen Meisenkasten auf der gegenüberliegenden Seite). Die Teile werden in Korrespondenz zueinander zugeschnitten und nur an den Stoßkanten (damit die Fugen dicht werden und keine Zugluft in den Kasten eindringt!) ein wenig geputzt. Sonst bleibt das Material rauh (der Vogel will sich ja an den Wänden festkrallen können). Das Dach sollte an den Seiten und hinten 1 cm, nach vorn mindestens 2 cm – über der halboffenen Brutnische (siehe S. 63) noch weiter! – überstehen. Das Flugloch muß so angebracht werden, daß es später nicht in den Kasten hineinregnen kann, also nach innen schräg aufsteigend. Mindestabstand vom Dach 4 cm. Mindestentfernung von der Bodensohle 15 cm. Wer keinen breit arbeitenden Bohrer hat, bohrt mehrere Löcher nebeneinander und ebnet die Wand mit der Rundraspel. Glätte ist weder erwünscht noch erzielbar. Eine nichtrostende Blechplatte (Zink, Aluminium, Messing, Kupfer), 0,5 mm dick, schützt das Flugloch vor unerwünschten Erweiterungsversuchen seitens gleichfalls wohnungsuchender Spechtvögel (z. B. Kleiber). Neues Blech darf weder in der Sonne blitzen noch dem anfliegenden Vogel durch Spiegelung seines eigenen Bildes ein von einem fremden Artgenossen bewohntes Nest vortäuschen. In das Bodenbrett bohren wir 2–3 Abflußlöcher (8 mm Ø), damit eingedrungene Feuchtigkeit aus dem Kasten absickern kann.

An der Rückwand des Kastens befestigen wir eine stabile Aufhängeleiste. Es ist wichtig, daß der Kasten fest und sicher hängt. Wackelig angebrachte Kästen werden von den Vögeln bald wieder verlassen.

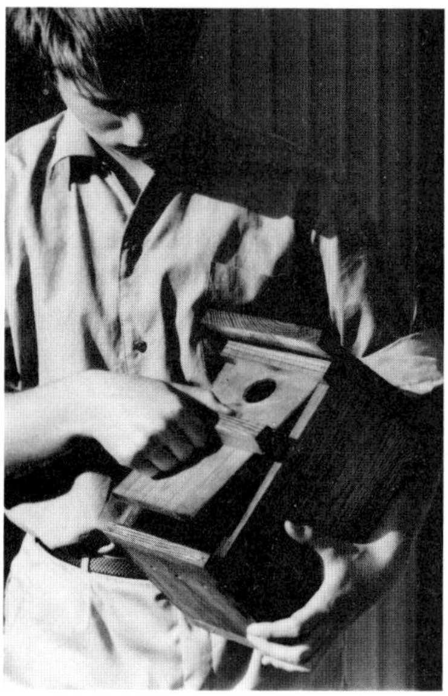

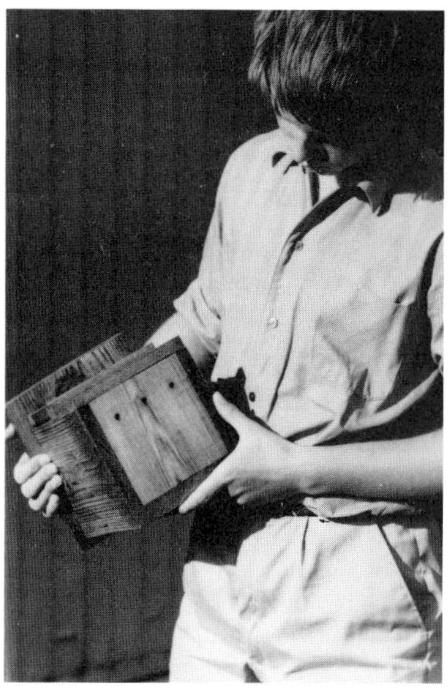

Links: Nur leere Nistkästen werden im Frühjahr bezogen. Eine jährliche Reinigung im Herbst ist unerläßlich. Wir bauen daher den Nistkasten für Höhlenbrüter so, daß wir die Fluglochwand jederzeit leicht herausheben können. Die Wand kann mit einem einfachen Schub nach oben hinter die obere Querleiste gesteckt und mit Druck nach unten in den Bodenfalz eingesenkt werden. Die an den Rändern überstehende Griffleiste sichert das Brett in einer senkrechten Klemmhaltung.

Daneben: Abzugslöcher im Kastenboden ermöglichen das Absickern in den Kasten eingedrungener Feuchtigkeit. Beim Reinigen können diese Löcher leicht durchstoßen werden.

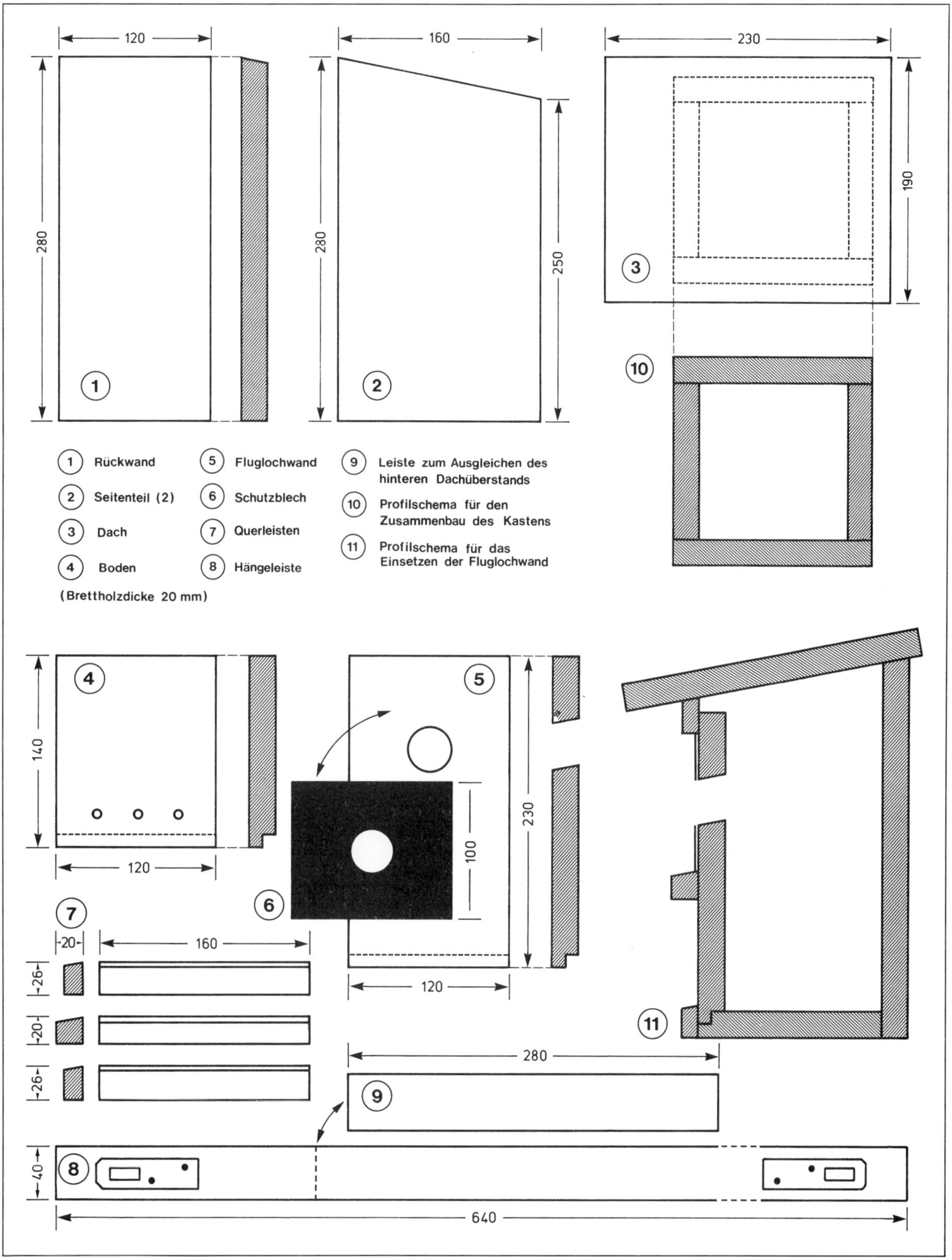
120
280
160
280
250
230
190
1 Rückwand
2 Seitenteil (2)
3 Dach
4 Boden
(Brettholzdicke 20 mm)
5 Fluglochwand
6 Schutzblech
7 Querleisten
8 Hängeleiste
9 Leiste zum Ausgleichen des hinteren Dachüberstands
10 Profilschema für den Zusammenbau des Kastens
11 Profilschema für das Einsetzen der Fluglochwand
140
120
230
100
120
20
160
26
20
26
280
40
640

Abgesehen von dem nebenan Gesagten wird man den Nistkasten für ein Mauerseglerpärchen oder für Stare sehr hoch in den Wipfel einer alten Pappel oder Eiche hängen. Spechte, der Wiedehopf und Wendehals ziehen abseitigere Gegenden den belebten Teilen des Gartens vor. Auch Wildtauben und Eulenvögel brauchen mehr Ruhe. Rotschwänze und Meisen hingegen sind gegen Lärm und Menschennähe ziemlich unempfindlich. Stare leben auch gern gesellig, weshalb man für sie gut mehrere Kästen nebeneinander hängen kann, während ein Meisenpaar jeweils ein Jagd- und Brutgebiet für sich benötigt (der Grund dafür, daß zu dicht hängende Meisenkästen im Garten leer bleiben!). Auf 100 × 100 m (= 1 ha) lassen sich je nach örtlicher Baum- und Buschdichte bis zu 10 Kästen aufhängen, d. h., daß ein Meisenpaar ein Jagdgebiet von 10–20 m im Geviert benötigt.
Mit einem Nistkasten im Garten geben wir keineswegs nur romantisierenden Gefühlen Ausdruck. Wir verfolgen damit auch einen realistischen Zweck. Wo die Vögel fehlen, nimmt das Ungeziefer überhand, kommt die Mückenplage, der frühe Baumverfall durch Rinden- und Blattschädlinge. Vögel unterstützen uns im Kampf gegen tierische Schädlinge im Garten. Man hat errechnet, daß sich unsere häufigsten Singvogelarten zu bis zu 80% von Schadinsekten ernähren.

Der Dachüberstand an der Kastenrückseite muß durch ein gleichstarkes Zwischenstück ausgeglichen werden. Die Leistenaufhängung verhindert auch, daß die Kastenrückwand am Stamm oder an der Hauswand anliegt, herabrinnendes Regenwasser den Kastenrücken durchfeuchtet und in den Kasten eindringt.
Sämtliche Holzteile tränke man vor dem Zusammenbau mit einem handelsüblichen Holzschutzmittel. Montage: Leim allein ist nicht wetterbeständig. Nägel halten schlecht in den grobporigen Hirnholzkanten der Nadelholzbretter. Es empfiehlt sich dennoch, die Verbindungen zunächst zu leimen (schon um eine ausreichende Fugendichte zu erzielen), diese aber noch zusätzlich (an Stelle der Spannpressung) mit schräg eingeschlagenen Nägeln zu stiften.

Wo bringen wir den Nistkasten an?

Jeder Vogel sucht sich die Nistgelegenheit, die seinen natürlichen Bedürfnissen gerecht wird. Dabei spielt auch seine Lebensgewohnheit, Empfindlichkeit gegen Lärm, Menschennähe usw. eine Rolle. Die Frage ist schließlich, unter welchen Bedingungen der Nistkasten auch wirklich bezogen wird.
1. Der Vogel ist ein Frühaufsteher, der schon im ersten Morgengrauen (ab 3 Uhr) zu singen beginnt. Also richte man das Flugloch des Kastens nach Osten bzw. Südosten, so daß nach den kühlen Frühlingsnächten die warme Sonnenstrahlung schon möglichst früh auf die Kastenwände trifft.
2. Man bringe den Kasten weder zu tief noch zu hoch an. Zwei Meter über dem Erdboden ist eine unterste Sicherheitsgrenze. Kästen für Meisenvögel sollten 3 m hoch aufgehängt werden. Vögel brüten aber auch nicht gern in den oberen Stockwerken der Bäume, wo der natürliche Lebensraum so eines kleinen Vogels, der sich tagsüber im Gebüsch und in den Hecken herumtreibt, überflogen werden muß.
3. Der Hängeplatz im Laubwerk soll nicht zu schattig sein. Sonne vor der Tür ist für den Vogel eine Lebensregel! Eine Schräghängung nach vorn kann man durch Unterlegen eines Holzes unter die Rückenleiste erzielen. Auf Sitzstangen vor dem Flugloch sollte von vornherein verzichtet werden (Festhaltemöglichkeit für Raubzeug).

Vogelart	Flugloch-durchmesser	Vorderwand Breite×Höhe	Rückwand Breite×Höhe	Seitenwände	Boden	Dach
Blau-, Sumpf-, Tannen- und Haubenmeise	2,7– 2,9 cm	12×23 cm	12×28 cm	16×25×28 cm	12×14 cm	19×23 cm
Kohlmeisen, Gartenrotschwanz, Trauerfliegenschnäpper	3,2– 3,4 cm	12×23 cm	12×28 cm	16×25×28 cm	12×14 cm	19×23 cm
Kleiber und Baumläufer	3,4– 3,6 cm	12×23 cm	12×28 cm	16×25×28 cm	12×14 cm	19×23 cm
Star, Mauersegler, Wendehals	4,6– 5,0 cm	14×26 cm	14×31 cm	18×28×31 cm	14×16 cm	21×25 cm
Wiedehopf	6,2– 6,4 cm	18×31 cm	18×36 cm	22×33×36 cm	18×20 cm	23×28 cm
Hohltaube	7,5– 8,5 cm	25×34 cm	25×38 cm	29×36×38 cm	25×27 cm	34×36 cm
Steinkauz	6,0– 7,0 cm	17×31 cm	17×37 cm	21×33×37 cm	17×19 cm	24×31 cm
Waldkauz	12,0–13,0 cm	25×40 cm	25×44 cm	31×42×44 cm	25×29 cm	34×38 cm

In dieser Tabelle wird von einer Brettholzdicke = 2 cm ausgegangen.

Oben und rechts: Der fertige Nistkasten. Wir hängen ihn mit leichter Neigung nach vorn in eine Höhe, die noch im Umtriebsbereich des Vogels liegt. Ein wenig in den Kasten eingeworfener Streutorf oder etwas Baummehl aus hohlen Weiden hat einen einladenden Geruch und läßt sich auch gut zu einer Nestmulde formen.

Rechts: Den Nistkasten für den Hausrotschwanz (Halbhöhlenbrüter) hängen wir am besten in eine geschützte Mauerecke an der Ost- oder Südostseite des Hauses oder eines Schuppens – dorthin, wo der Vogel auch sonst eine Nistgelegenheit suchen und annehmen würde.
Daneben: Man sollte auch für eine solche Bruthöhle zuvor eine Maßskizze anfertigen. Es wird »um die Bodenplatte herum« gebaut.
Bemessung bei 2 cm Bretthölzdicke, Bodenplatte (in seitlicher Ausdehnung): 110 × 100 mm
Seitenwände (2): 165 × 120 × 140 mm (140 mm = vorn)
Rückwand: 165 × 110 mm
Nischenbrett: 150 × 90 mm
Dach: 220 × 200 mm
(Langseite mit vorderem Dachüberstand)

Futterplätze für die Vögel

Man kaufe den Kindern ein einfaches Vogelbestimmungsbuch, nach dem sie im Vergleich mit den Abbildungen die Namen der anfliegenden Vögel kennenlernen können. Der Artenreichtum der Vögel, die so eine Futterstelle im Garten besuchen, ist oft recht groß.
Ein wirklich vogelgerechtes Winterstreufutter (für Körnerfresser) besteht aus einem Gemisch ölhaltiger Samen – Sonnenblumenkerne, Hanfsamen, Nußkerne. Salzfreies Fett (Pflanzenfett, Rinderfett, Talg) wird besonders von den Meisen gern genommen. Bratenreste aus dem Kühlschrank (auch gesalzener Frühstücksspeck) sind verboten! Wer im Sommer Sonnenblumen im Garten hatte, kann die geernteten Samenteller im Futterhaus gut auslegen. Wenn sie leergefressen sind, kann man das Körnerfutter hineinschütten. Das natürliche Gitterwerk eines solchen leeren Samenstandes verhindert, daß die Körnchen beim Aufpicken in der Gegend umherfliegen.

– selbst entwerfen und bauen!
Zunächst sollte man die Möglichkeiten einer solchen Konstruktion grundsätzlich überdenken. Funktionale Gesichtspunkte, die beachtet werden müssen: Der Futterplatz soll vom Wohnzimmer aus zu beobachten sein. Eine *offene* Futterstelle kann zwar von allen Seiten angeflogen werden, es treibt aber auch von allen Seiten Schnee hinein, das Futter liegt darin keineswegs trocken. Bauformen, die nach einer Seite hin wettergeschützt aufgestellt werden können, bieten schon etwas mehr Sicherheit. Aber auch das *mehrseitig geschlossene* Futterhaus ist nicht grundsätzlich abzulehnen. Die Vögel gewöhnen sich sehr schnell an einen bestimmten Eingang, dieser kann zudem gegen das Wohnzimmerfenster gerichtet werden. Die geschlossene Seite wird der Windrichtung zugekehrt. Fast jede Gartengegend hat eine bestimmte Wetterseite, was zu beachten ist. Wichtig ist ferner, daß sich in der Nähe ein Strauch oder Baum zum Anfliegen befindet.
Die Arbeit beginnt wieder mit der Anfertigung einer verbindlichen Maßskizze (Werkzeichnung 1 : 1). Wer mit der zweidimensionalen Darstellung Schwierigkeiten hat, mag sich die Konstruktion zugleich modellhaft (in verkleinerter Form) vor Augen führen. Geeignet sind Kartonzuschnitte (siehe unten), mit denen man die Maß- und Winkelverhältnisse konkret festlegen und auch noch weitgehend verändern kann. Klebt man diese Zuschnitte mit Winkelstreifen aneinander, dann sieht man auch schon grob, welche Form das Bauwerk einmal haben wird. – Material: Naturbrettholz. Ungeschützte Spanplatten (z. B. für die Bodenplatte) treiben bei feuchter Witterung bald auseinander. Es empfiehlt sich eine farblose Schutzgrundierung. Gegen die freien Schnittränder genagelte Leisten schützen auch vor Verlust des Streufutters.

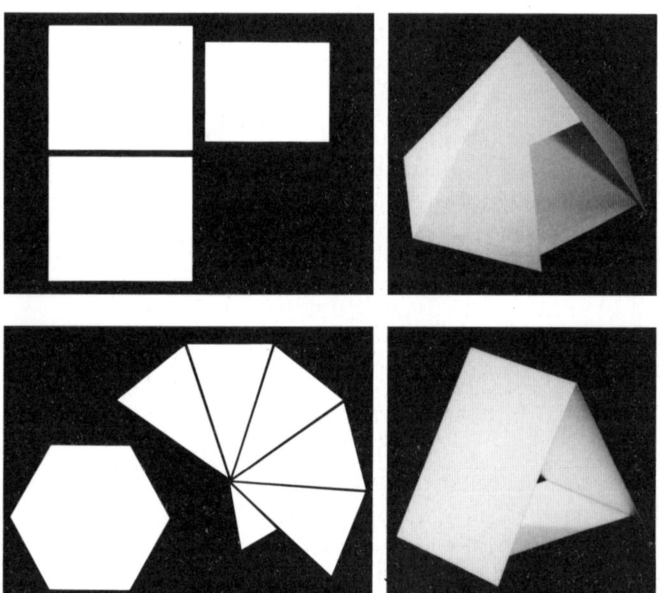

Links: Modellzuschnitte für die beiden auf der gegenüberliebenden Seite abgebildeten Futterhauskonstruktionen.
Oben: Ein Brett als Bodenplatte, zwei für das Dach, einfacher geht es nicht! Die Verbindung (auf Gehrung geschnittene Kanten) bereitet keine zusätzlichen Schwierigkeiten. Nägel sind der Verleimung vorzuziehen. Material: Naturbrettholz (evtl. mit Ausnahme der Bodenplatte). Ein solches Zelthaus kann sowohl auf einen Pfahl gesetzt als auch an eine Hauswand oder frei an einen starken Ast gehängt werden.
Darunter: Eine besonders schöne, sechswandige Bauform. Konstruktion des Sechsecks: sechsmal die Zirkelweite (Radius) auf die Kreislinie auftragen!

Oben links: Das zeltartige Futterhaus läßt sich gut auf einen in die Erde getriebenen Pfahl stellen. Wenn man den Nagel durch das Zentrum der großen Bodenplatte (notgedrungen Spanplatte) schlägt, kann man es auch leicht drehen. Das große Dach schützt den Futterplatz gut gegen Wind, Schnee und Feuchtigkeit – das zusätzlich eingefügte (im Modellschema nicht gezeigte) Kopfbrett hält auch den Eingang trocken. Außerdem sollte jedes Futterhaus eine Schutzleiste an der Bodenplatte haben, damit die Vögel das Futter nicht herausscharren können.

Oben rechts: Futterhäuschen in althergebrachter Bauform. Das Futter liegt darin nur gegen senkrechten Schneefall geschützt.

Rechts: Die Dachbretter sind hier der erforderlichen Breite wegen aus jeweils zwei schmaleren Brettbreiten zusammengesetzt. Einseitig auf Gehrung geschnitten ergibt sich der zeltartige Giebel. In die untere Weite fügt sich die Bodenplatte ein. Auch hier sollte man die Schutzleisten (gegen Futterverlust) nicht vergessen. Wenn man ein solches Zelthaus an eine Wand hängt, ist der Wetterschutz vollkommen.

Brettsäge-arbeiten

Schweif-, Band- und Dekupiersäge

Brettsägefiguren sprechen durch ihren Umriß, dessen Wirkung man am besten durch einen Schattenschnitt aus dunklem Papier kontrolliert. Beim Übertragen der Umrißlinie auf das Holz beachte man, daß schmale Teilstücke wie z. B. Beine, Schwanz und Ohren einer vielgliedrigen Tierfigur leicht abbrechen und daher so gelegt werden müssen, daß sie mit der Faserrichtung des Holzes laufen. Weiteres kann man zur Spieltauglichkeit der Figur beitragen, wenn man einzelne Gliedteile zu kompakteren Formen zusammenzieht (siehe die Arbeitsbeispiele auf S. 67 und 69). Da Figuren aus dünnen Brettchen nur wenig körperhaft wirken, sollte man von vornherein stärkeres Holz nehmen. Auch dann gelingt der Ausschnitt meist noch mit einer Laubsäge. Für sehr große Figuren aus dickem Holz ist eine Bandsäge nötig.

Auf die Säge kommt es an!

Normalerweise ist eine Säge für den linearen Geradeausschnitt eingerichtet. Das breite Sägeblatt liegt wie eine Führungsschiene zwischen den Wänden in der Schnittfuge und verhindert, daß die Zähne beim Schneiden aus der Richtung laufen. Will man mit einer gewöhnlichen Säge – etwa mit einem Fuchsschwanz – Rundungen schneiden, dann geht das nur an der Außenseite der Kurve durch wiederholtes tangentiales Ansetzen und fortschreitendes Abnehmen der immer wieder neu entstehenden Schnittwinkel. Die auf der gegenüberliegenden Seite abgebildeten Kopfumrisse (Vogelscheuchen) sind z. B. auf diese Weise zustandegekommen.

Das ursprüngliche Werkzeug des Tischlers zum Kurvenschneiden ist die *Schweifsäge*, d. i. eine Gestellsäge (siehe S. 51) mit einem etwas stärker geschränkten und so schmalen Sägeblatt, daß man dieses in der Schnittfuge auch noch ein wenig verkanten (lenken) kann. Mit der Schweifsäge können nur große Rundungen ausgeschnitten werden. Je enger die Kurven sind, um so schmäler muß auch das Sägeblatt ausgewählt werden. Für kleinste Kurvenschnitte eignet sich dann nur noch die *Laubsäge* (siehe Folgetext).

Bandsägen (siehe unten) haben endlos umlaufende Sägeblätter mit verschiedener Bandbreite (zum Auswechseln). Ihr Vorteil ist die exakt senkrechte Sägeblattführung, die hohe Schnittgeschwindigkeit und die Entlastung des Arbeitenden durch den elektrischen Antrieb (Möglichkeit, sich ungestört auf die Führung des Werkstücks zu konzentrieren). *Dekupiersägen* arbeiten nach dem Laubsägeprinzip (Aufundab-Bewegung des Sägeblattes durch zwei parallele Schwingarme). In der Funktion von den Dekupiersägen nicht weit entfernt, aber preislich höher liegen die sogenannten *Laubsägemaschinen* mit möglichen Vorschubgeschwindigkeiten bis zu 1 m/min (je nach Modell). Diese Maschinen eignen sich hervorragend sowohl für lange, feine Gerade-

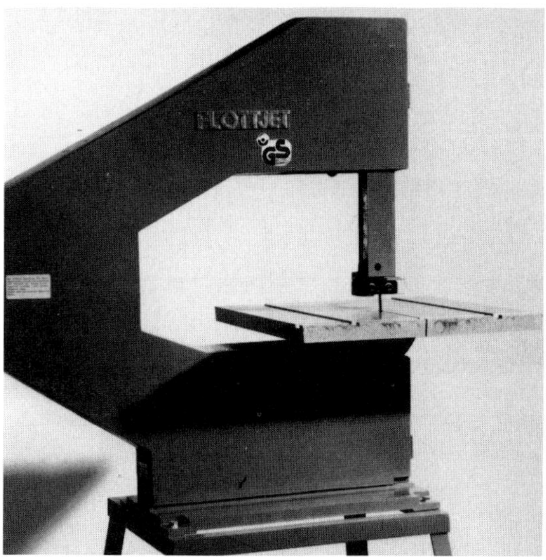

Links: Eine Bandsäge erweitert den Arbeitsspielraum beträchtlich. Man kauft sie heute als preiswertes Heimwerker-Tischmodell.

Unten: Die Dekupiersäge ist sozusagen ein Ersatz für eine teurere Maschine bei schmalem Geldbeutel.

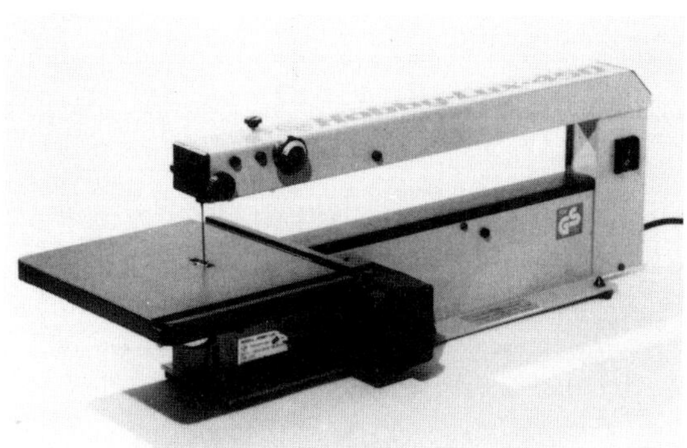

Oben und rechts unten: Lächelnder Beduine (mit Sonnenbrand!) und Rote Wetterhexe. – Diese beiden Modelle für Gartenvogelscheuchen wurden von zehnjährigen Jungen entworfen und ausgeführt. Tangentialer Winkel-Rundschnitt mit der Handsäge! Die Mutter steuerte ein paar bunte Stoffreste bei, Vater die Plakatfarben. Bei Regen und nachts werden die Gestalten »sowieso hereingenommen. Erstens: Weil sich bei Regen ja auch die Spatzen verkriechen, – zweitens: weil nachts die Vögel ja auch ihren Schlaf brauchen und nicht geschreckt werden dürfen!«

Oben rechts und unten: So reizvoll können Brettsägespielzeuge aussehen!

ausschnitte wie auch für komplizierte Kurvenschnitte bis zu kleinsten Innen- und Außenradien – durchweg mit handelsüblichen Laubsägeblättern (!).

Laubsägen

Bevor man sich an die Arbeit macht, werfe man einmal einen Blick auf den Arbeitsplatz! Wo gesägt wird, fallen Späne, die man z. B. aus einem Teppichboden nur schwer herausbekommt. Auf Fußbodenplatten lassen sich die feinen Späne leicht zusammenfegen. – Die zweite Frage gilt der Arbeitshöhe. In den meisten Fällen ist der Stuhl zu hoch oder der Tisch zu niedrig, wodurch die sägende Hand zu hackenden Bewegungen verführt wird, was sich nicht nur auf die Lebensdauer des Sägeblattes, sondern auch auf die Lage der Schnittkante auswirkt. Man kann nur dann senkrecht sägen, wenn sich das Werkstück in Brust- oder Schulterhöhe befindet. Siehe auch die Abbildung auf der gegenüberliegenden Seite – oben.

Mit einer Laubsäge

Die vollständige *Laubsägegarnitur* besteht aus dem Laubsägebogen, dem Laubsägebrettchen (-tischchen) und der metallenen Klemmzwinge zum Anklemmen des Brettchens an die Tischkante. Wie man das macht, erkennt man am besten, wenn man *Brettchen* und *Zwinge* gemeinsam betrachtet. Das Brettchen hat an einem Ende einen schlüssellochförmigen Ausschnitt. Diese Seite dient als Auflage für das Werkstück. Am anderen Ende des Brettchens ist ebenfalls ein rundes Loch, das aber mit einer rinnenförmigen Aushebung verbunden ist. Steckt man den Zwingenbügel von unten durch das Loch, so kann er mit der Brettoberfläche gleich hoch in der Rinne liegen. Die Zwinge ist dabei nach hinten gerichtet – zum Anklemmen an die freie Tischkante.

Laubsägeblätter gibt es für Holz und Metall mit unterschiedlicher Zahnung. Die kleinen Zähne können nur wenig Holz abtragen, was ungeduldige Leute zu immer stärkerem Drücken veranlaßt, bis das Sägeblatt reißt. Praktischer sind die sogenannten *Blitzsägen* mit den weit auseinanderstehenden »Haifischzähnen«.

Das Sägeblatt wird durch den *Bogen* in Spannung gehalten. Da Laubsägen im Gegensatz zu anderen Sägen »auf Zug« arbeiten, müssen die Zahnspitzen beim Einsetzen des Blattes nach unten weisen. Beim Einspannen drückt man den Gummischutz (kleiner Stoppen) am vorderen Bügelende gegen die Tischkante. Die Bügelenden nähern sich dann einander, so daß man die zahnlosen Enden des Sägeblattes zwischen die zuvor gelockerten Klemmplatten stecken kann. Flügelmuttern nur mit der Hand anziehen (weil sie mit der Zange verdorben werden)!

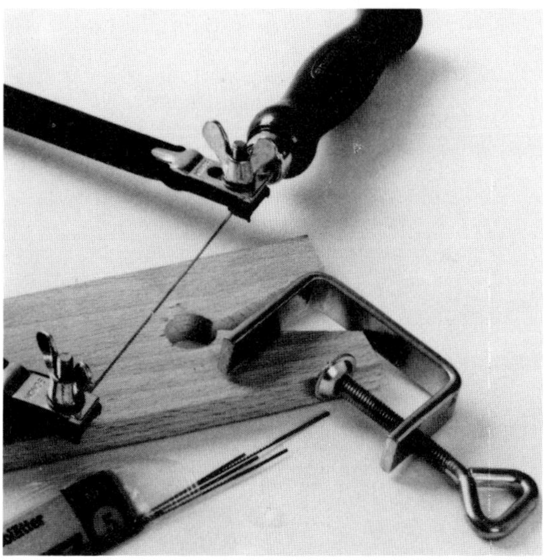

Links: Die normale Laubsäge-»Garnitur« mit Bogen, Brettchen, Zwinge und einem ausreichenden Vorrat an Laubsägeblättern.

Unten: Der Drillbohrer mit Bohreinsätzen als preiswertes Zusatzwerkzeug, – unerläßlich für Innenschnitte!

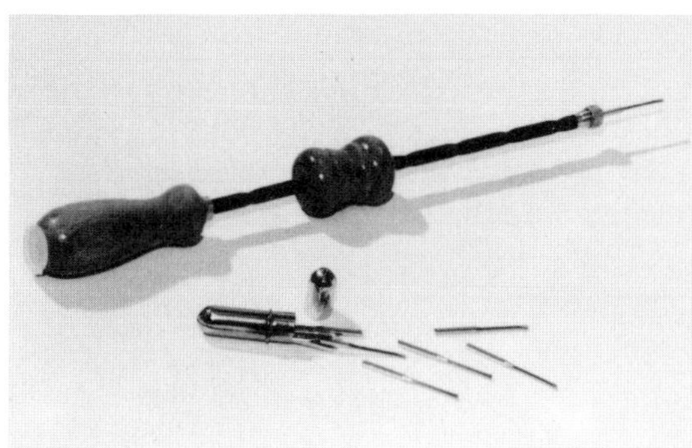

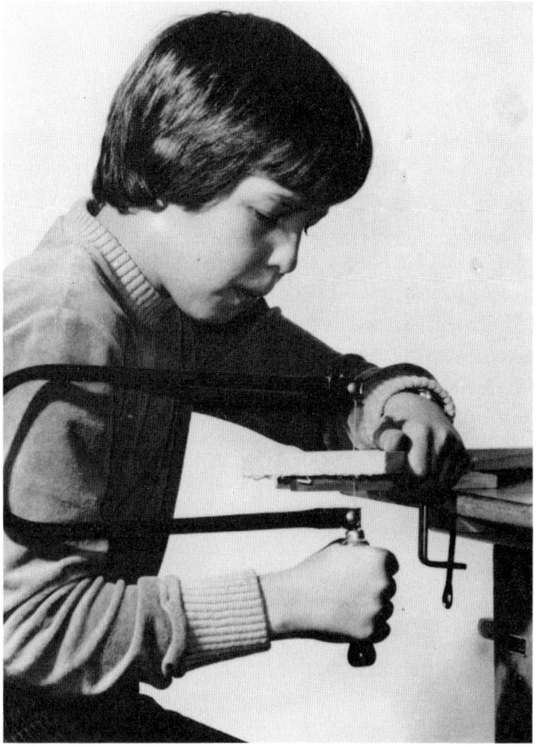

Oben: Die Probearbeit! – Wenn man die Laubsäge beim Schneiden senkrecht geführt hat, dann muß sich die ausgeschnittene Scheibe durch das entstandene Loch hindurchstecken lassen.

Oben: Beim Arbeiten mit der Laubsäge muß der Bogen waagerecht und in gleicher Richtung wie der sägende Unterarm gehalten werden. Man bedenke, daß man wohl leicht mit dem Bogen die Richtung ändern, daß aber das im Holz sitzende Sägeblatt die Wendung nicht so schnell mitmachen kann. Will man eine Rundung sägen, dann wird nicht die Säge, sondern das Holz über der Auflage langsam in die gewünschte Richtung gedreht. Außerdem soll das Blatt senkrecht – wie in einem Fahrstuhl – gleichmäßig auf und ab geführt werden.

Unten: Mit dieser modernen »Super-Laubsäge« kann man bei verminderter Blattrißgefahr bis zu 5 cm dickes Weichholz problemlos schneiden.

Unten: Arbeitsbeispiele aus dickem Kiefernholz. Man beachte die Holzlage (Rüssel und Beine der Elefanten liegen in der Faserrichtung).

Hilfstechniken zum Übertragen der gestalterischen Ordnung

Überall, wo es auf Gleichmaß, Symmetrie und rechnerisch festlegbare Umrisse ankommt, bedienen wir uns der überkommenen geometrischen Verfahren wie der Spiegelung und Konstruktion. Versuchen wir gar nicht erst, uns daran vorbeizumogeln. Ehrliches »Handwerk« verlangt, daß die mit diesen Verfahren eingehandelte Stimmigkeit in Fläche und Umriß auch im Erscheinungsbild der ganzen Arbeit sichtbar wird.

Schablonenschnitte

Grundsätzlich versteht man unter einer *Schablone* (aus frz. échantillon = Probe, Muster) eine aus Papier oder anderem Material hergestellte Vorlage für oft auszuführende Arbeiten. In diesem Sinne werden wir uns z. B. bei der Herstellung der auf der gegenüberliegenden Seite rechts oben abgebildeten »Weihnachtsnachtigall« (weihnachtliches Symbolzeichen und Baumbehangform) gleich mehrerer Schablonen bedienen – einmal für den Umriß des Vogelkörpers, ein andermal für die Umzeichnung des Flügels.

Daneben sollten wir nicht aus dem Auge verlieren, daß das *Schattenbild* (in der Form eines einfachen Kontrastschnittes: hell auf dunkel, dunkel auf hell) auch ein ausgezeichnetes *Hilfsmittel zur Formfindung und Formkontrolle* darstellt, das weit besser funktioniert als der gezeichnete Entwurf, der sich leicht in Überschneidungen und Vereinzelungen verliert und dann die proportionalen Verhältnisse der Gesamtform nicht mehr so deutlich vor Augen führt. Formen, die in erster Linie durch ihren Umriß sprechen (z. B. Brettsägefiguren), sollten immer zunächst als Schattenbild entworfen und in ihrer Umrißstimmigkeit geprüft werden.

Faltschnitte

Das Verfahren hilft beim Zurichten von Umrißentwürfen und Teilstükken, in denen es auf *symmetrisches Ebenmaß* ankommt (siehe die

Links: Ein vorbereiteter Schablonenzuschnitt diente zur mehrfachen Herstellung der weißen Vögel, die – in den kahlen Baum gehängt – den winterlichen Garten beleben.

Unten: Umzeichnung einer aufgefundenen Werkform mit dem quadratischen Maßgitter (siehe Seite 72).

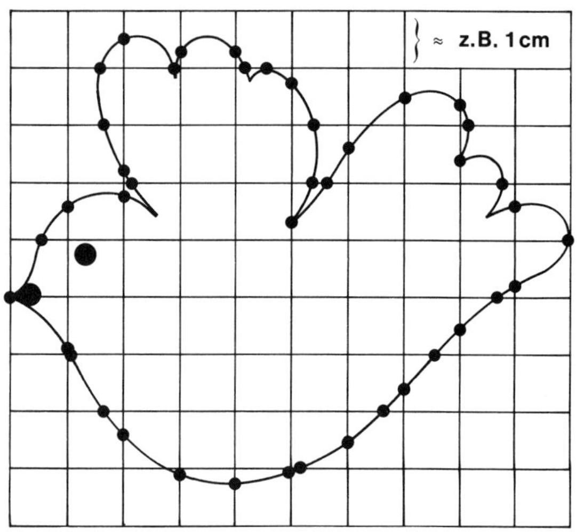

Oben und unten: Weihnachtliche Symbolformen.
Links: Die Herstellung einer symmetrischen Werkform im Doppelschnittverfahren.

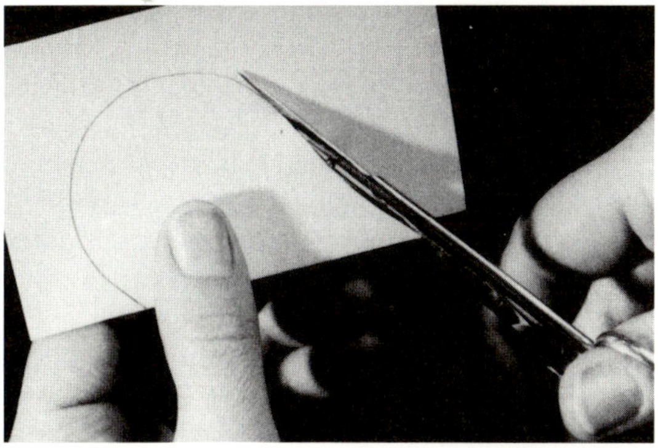

Nicht nur für den Anfänger empfiehlt es sich, die später zu verarbeitenden Flächenumrisse exakt vorzubereiten. Ein zeichnerischer Entwurf mag vorausgehen. Meist ist die freie Hand dazu ein zu bewegliches und nur schwer lenkbares Instrument, weshalb man sich so weit wie möglich zeichnerischer Hilfen bedienen sollte. Die auf der gegenüberliegenden Seite abgebildeten Tierfiguren wurden anschließend an den Freihandentwurf mit Kurvenlinealen (erhältlich in Zeichenbedarfsgeschäften) überprüft und nachgebessert. Brauchbare Vorlagen für Werkarbeiten findet man auch anderweitig (z. B. in Bilderbüchern). Solche Übernahmen sind nur statthaft, soweit sie dem privaten Gebrauch dienen. Für gewerbliche Zwecke (evtl. Spielzeugproduktion) dürfen Fremd-(Bild-)Zeichnungen nur dann verwendet werden, wenn zuvor vertragliche Vereinbarungen mit dem Urheber der Form (Grafiker, Illustrator, Verlag) getroffen worden sind.

Abbildungen auf der vorhergehenden Seite). Es beruht auf der Wiederholung gleicher Faltgänge mit entsprechenden Unterteilungen. Für den (meistgebrauchten) *Doppelschnitt* falten wir das Papier einmal zusammen und zeichnen entlang der Kniffkante nur den halben Umrißentwurf vor. Die andere Hälfte fällt uns beim Schneiden zu. Weitere Unterteilungen erzielt man durch *Rundfaltung*, wobei eine kreisrunde Papierscheibe über ihren Mittelpunkt hinweg zur Hälfte, zum Viertel und zum Achtel gefaltet wird. Jede Faltung mit dem Falzbein nachreiben. Die Einschnitte erfolgen an den Faltkanten.

Übertragen mit dem Quadratraster

Wer sich für zu unbegabt für das Entwerfen brauchbarer Formumrisse hält, kann Fremdformen (z. B. aus Bilderbüchern oder von anderen Vorlagen) im sog. *Quadratrasterverfahren* umrißgetreu auf das Werkholz übertragen. Die Technik eignet sich sowohl für Übernahmen in Originalgröße wie auch für vergrößerte oder verkleinerte Darstellungen.

Zunächst wird der aufgefundene (vorliegende) Figurenumriß mit einer quadratischen *Maßgitterzeichnung* umgeben (siehe dazu die Abbildung auf S. 70 unten). Ein gleiches Gitter mit gleichen oder größeren (Vergrößerung) bzw. kleineren Quadratseitenlängen (Verkleinerung) bereitet man auf einem Zeichenpapier vor. Nun überträgt man die abzuschätzende Lage der Punkte, in denen sich die Umrißlinie der Figur mit jeweils einer senkrechten oder waagerechten Gitterlinie schneidet, an die gleiche Stelle im nachgezeichneten Netz und verbindet diese Punkte entsprechend der in der Vorlage sichtbaren Detailkurve des Figurenumrisses zur Umrißlinie der Gesamtform. Der gewonnene Figurenumriß wird mit der Schere ausgeschnitten, auf das Werkholz aufgelegt und dort mit dem Bleistift umfahren.

Links und gegenüberliegende Seite: Brettsägespielzeug aus 3 cm dickem Lindenholz. Rasterseitenlänge = 3 cm. Mit einem Raster = 12 mm lassen sich die Figuren auch gut auf eine 10 × 70 mm Kiefernleiste übertragen. Durch Halbieren der Gitterseiten erhält man einen Feinraster, in dem sich die Umrißlage genauer ablesen läßt. Beispiel »Pferd« – Seite 76. – Zu den Figuren: Ohren und Stoßzähne des Elefanten sind aus dünnerem Material gesondert auszuschneiden und beidseitig gegenzuleimen. – Der Umriß unten links gilt für Löwin und Löwe. Siehe dazu auch den Abschnitt »Mähnenpferde« auf den Seiten 76/77.

Ein Hampelmann

Neben der Kasperlpuppe ist der Hampelmann eines der ursprünglichsten Kinderspielzeuge. Beide sind im Theater zur Welt gekommen, Kasperle im Jahre 1781 in Ablösung des altdeutschen Hanswurst als lustige Spielbegleiter in einem Wiener Theater – die Figur des Hampelmanns wurde 1832 erstmalig auf einer Frankfurter Bühne vorgeführt. Kasperl hat seine humorvolle Lebendigkeit bis heute behalten. Der Hampelmann, nicht weniger wirkungsvoll, entwickelte sich zur steifen Gliederpuppe, die auf Zug Arme und Beine in die Luft werfen kann. Es gibt kaum etwas Groteskeres als diese Bewegung. Das ist auch die Ursache der Wirkung, die der Hampelmann auf kleinere Kinder ausübt.

Hampelmannfiguren

Einen Hampelmann können Kinder schon selbst basteln und bemalen. Es ist aber auch eine reizvolle Aufgabe für Erwachsene (siehe die Abbildungen auf der gegenüberliegenden Seite). Man braucht 5 mm dickes Sperrholz, genügend lange Musterbeutelklammern, Bindfaden, Plakatfarben, eventuell klaren Schutzlack und Alleskleber.

Die Teile – Kopf und Rumpf in einem Stück, Arme und Beine – werden nach einer Vorzeichnung der ganzen Figur zugeschnitten. Man zeichnet zunächst auch die rückseitigen Verlängerungen der Glieder samt den Achslöchern und den Bohrungen für die Befestigung der Ziehfäden mit in den Entwurf hinein, dann kann es nicht passieren, daß Arme und Beine zu kurz geraten. Hinterher fertigt man Schnittschablonen der einzelnen Teile, die durch Umfahren mit dem Bleistift leicht auf das Sperrholz übertragen werden können.

Die Umrisse werden mit einer Laubsäge ausgeschnitten und an den Schnittkanten mit feinem Sandpapier geputzt. Dann werden die Teile an den Befestigungspunkten durchbohrt, angemalt und zusammengesetzt. Das Wesentliche zeigen die Abbildungen.

Plakatfarben stehen in vielen leuchtenden Farbtönen zur Verfügung. Sie trocknen angenehm matt auf das Holz auf, sind aber leider auch schmutzempfindlich. Für Figuren, mit denen wirklich gespielt werden soll, empfiehlt sich ein Überstreichen mit farblosem Schutzlack. Die Schnittkanten der Teile sollten mit eingefärbt werden.

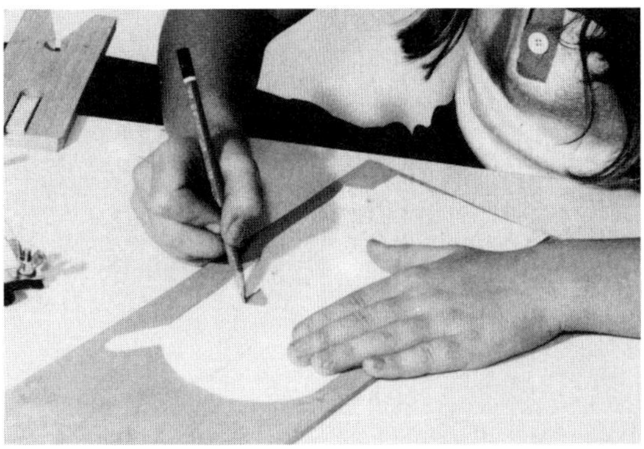

Links und unten: Ein Hampelmann entsteht. Der vorbereitete Schablonenzuschnitt wird durch Umfahren mit dem Bleistift auf das Holz übertragen. Musterbeutelklammern verbinden die Teile und dienen gleichzeitig als Achse. Bei hängenden Gliedern sind die Verbindungsfäden zwischen Armen und Beinen waagerecht gespannt. Die Ziehschnur wird, von oben beginnend, jeweils in die Mitte eines Koppelfadens eingeknotet. Unten – die Funktionsprobe. Man beachte die Hebelwirkung, die durch die versetzte Anordnung der Befestigungspunkte (Achse und Anknotung) entsteht.

Oben rechts: Kinderarbeit (Mädchen, 10 Jahre).
Oben links und rechts unten: Kreative Versuche Erwachsener.
Daneben: »Na, wer sagt's denn!«

Mähnenpferde

– siehe dazu auch die farbige Abbildung auf Seite 67!

Zu allen Zeiten haben ältere Geschwister, Väter, Großväter das in der Familie benötigte Spielzeug selbst gebastelt. Heute werden Spielsachen in der Regel gekauft, wobei man sich dem Geschmack und psychologischen Kenntnisstand der Hersteller ausliefert. Nicht das naturalistisch am weitesten ausgearbeitete Spielzeug ist für ein Kind das schönste und beste, sondern das vom Erwachsenen am wenigsten »vorgedachte«, zu dem die Kleinen aus der Fülle eigener Phantasie noch viel hinzufügen können. Brettsägefiguren sind in dieser Hinsicht ideal.
Es empfiehlt sich, die Figuren nach dem Schleifen zu grundieren und anschließend mit einem farblosen Schutzlack zu überstreichen.

Zunächst die Brettsägefigur
Wir übernehmen die Form aus dem Übertragungsgitter (unten). Für 15 mm dickes Kiefernbrett- oder Leistenholz beträgt die Rasterseitenlänge 1 cm, für 30 mm dickes Linden- oder Buchenholz 1,5 cm. In dem Gitter werden dann die Kreuzungspunkte des Figurenumrisses mit den senkrechten und waagerechten Gitterlinien markiert, durch das Kurvenliniendetail verbunden usw. – siehe dazu die Hinweise auf den Seiten 70 und 72. Beim Übertragen auf das Werkholz ist die Figur so zu legen, daß die Längen schmaler Teilstücke (Bein, Kopf) mit der Faserrichtung des Holzes übereinstimmen. Zum Ausschneiden kann man die Laubsäge, für größere (dickere) Figuren die Bandsäge nehmen (siehe S. 66). Wichtig ist die senkrechte Schnittführung (rechter Winkel an den Schnittkanten). Die planen Seitenflächen der Figur glättet man wieder sehr einfach durch Hinundherschieben auf einem flachliegenden (feinen) Sandpapier (siehe unten).

Das Pferd bekommt Mähne und Schwanz
Zunächst müssen wir den Halsbogen (radial – damit die Mähnenbüschel später auf der Halsrundung senkrecht stehen) und das hintere Körperende anbohren. In diese Bohrungen werden doppelt gelegte Hanfschnurabschnitte unter Leimzugabe eingesteckt und nach dem Abbinden aufgedröselt. Dadurch bekommt die Mähne ihr buschiges Aussehen. Ein flotter »Haarschnitt« bringt sie in die richtige Länge.

Links: Übertragen der ausgeschnittenen Umrißschablone (Kontrastform) auf das Werkholz.
Darunter: Schleifen der planen Flächen über flachliegendem Sandpapier (in Faserrichtung).
Unten: Die Ausgangsfigur in einem Quadratraster mit feinerer Dichte (vgl. den Unterschied zum doppelt so groben Raster auf Seite 73).

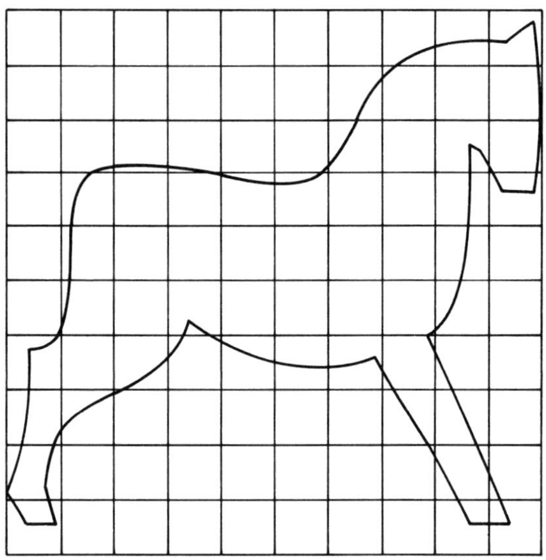

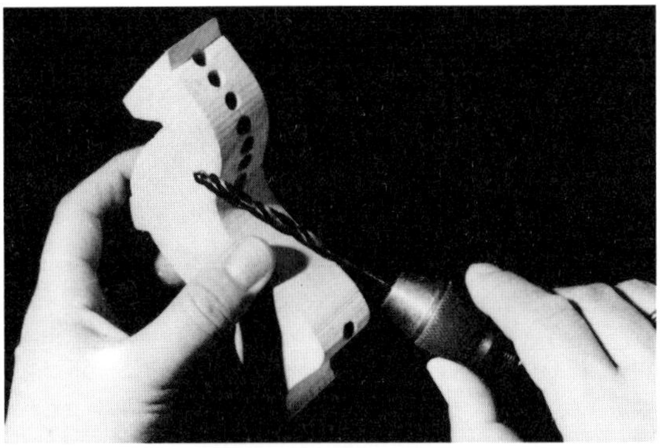

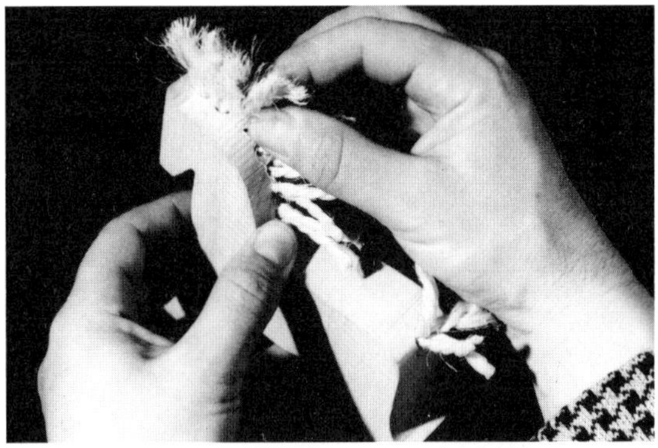

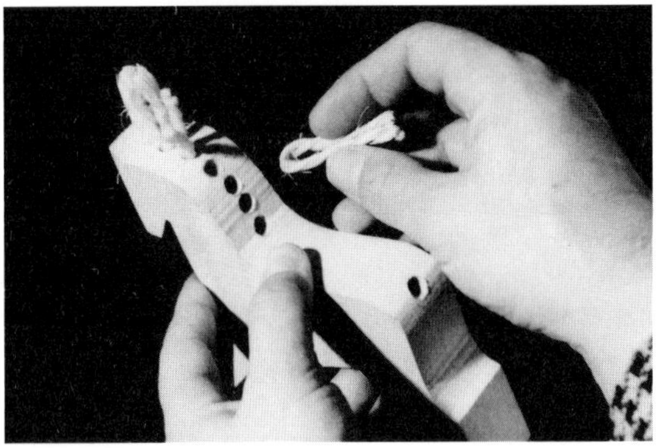

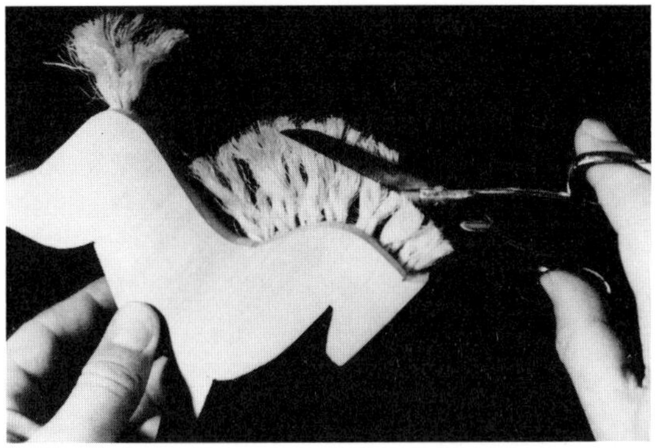

Oben links: Zunächst werden mit einem passenden Spiralbohrer (hier 5 mm Ø) Bohrungen in radialer Richtung in den Halsbogen eingebracht.
Darunter: Wir füllen diese Bohrungen mit Leim (oder einem schnelltrocknenden Kleber) und »bepflanzen« sie mit doppelt gelegten Abschnitten einer dicken Hanfschnur.

Oben rechts: Die eingeklebten Schnurenden müssen aufgedröselt werden.
Darunter: Schnitt in die richtige Länge.

Unten: Brettsägespielzeug – »Mähnenpferde«.

Über Stock und Stein

Ein Steckenpferd soll Mathias haben, damit er draußen mit dem Wind um die Wette reiten kann! Der Weg wird genau festgelegt: Er führt um das Blumenbeet im Garten, über die Promenade hinüber ins Gehölz, wo es hügelauf und hügelab gehen darf, so richtig »über Stock und Stein«.
Im Ernst, das Steckenpferd ist ein echtes Bewegungsspielzeug. Man bastelt es selbst! Besser gleich mehrere! Denn wie sich heute ein Reiter im Gewimmel der Fußgänger und Autos allein nicht recht wohl fühlt und daher lieber zu zweit oder zu dritt ausreitet, reizt auch das Steckenpferdspiel weit mehr in der Gemeinschaft.

Steckenpferde
Man braucht Lindenholz, etwa 3 cm dick, 26–30 cm breit. Im Holzhandel ist so etwas auf Lager. Lindenholz ist weich und läßt sich gut bearbeiten. In zweiter Linie kommt nordische Kiefer in Frage. Ferner benötigt man Dübelrundholz in den Dicken 18 mm (1 m lang, auf 80 cm kürzen – für die »Stecken«) und 25 mm (21 cm lang – für die Griffe) –, dickere Hanfschnur für die Haare und Lederschnürband für die Zäumung, dazu zwei kleine Ösenschrauben. Weißleim.
Der Kopf wird nach der Gitterzeichnung (unten) auf das Werkholz übertragen und mit einer Laub- oder Bandsäge ausgeschnitten. Die Gitterzeichnung gibt auch an, wo die Bohrungen (den Rundholzdicken entsprechend) sitzen. Weitere Bearbeitung wie in den Hinweisen auf den vorhergehenden Seiten (»Mähnenpferde«). Die Bohrungen zum Einsetzen der Hanfschnurabschnitte werden dem dickeren Material entsprechend mit einem 6-mm-Spiralbohrer wiederum radial zur Halsrundung in zwei Reihen nebeneinander in das Kopfholz eingebracht.

Die Trensenzäumung
Wer nur das übliche, 90 cm lange braune Lederschnürband auftreiben kann, nimmt 3 Stück, schneidet die Enden schräg zu und klebt sie mit einem Kontaktklebemittel langlaufend aneinander. Ein paar Stiche mit festem Zwirn sichern diese Verbindungen. Zur Riemenführung siehe die Abbildungen auf der gegenüberliegenden Seite.

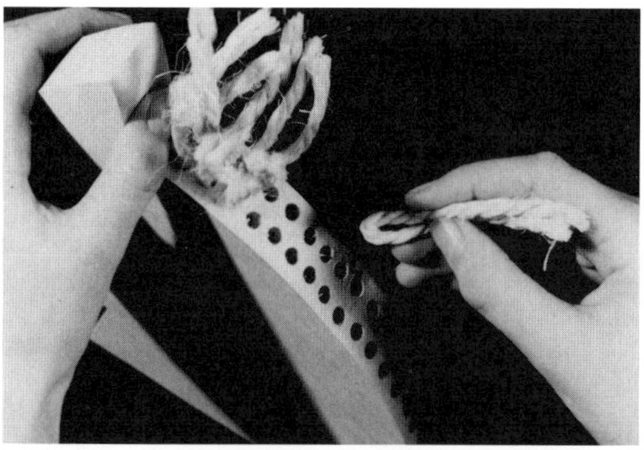

Links: Das Einsetzen der Mähne erfolgt nach den Hinweisen auf den vorausgehenden Seiten.
Darunter: Der Stock sitzt fest, wenn die Bohrung mit dem gleichen Durchmesser eingebracht worden ist.
Unten: Die Kopfform ist entsprechend der Gitterzeichnung auf ca. 3 cm dickes Lindenbrettholz zu übertragen.

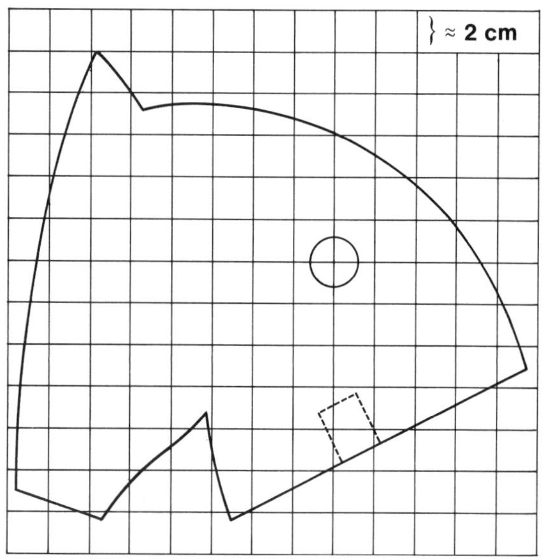

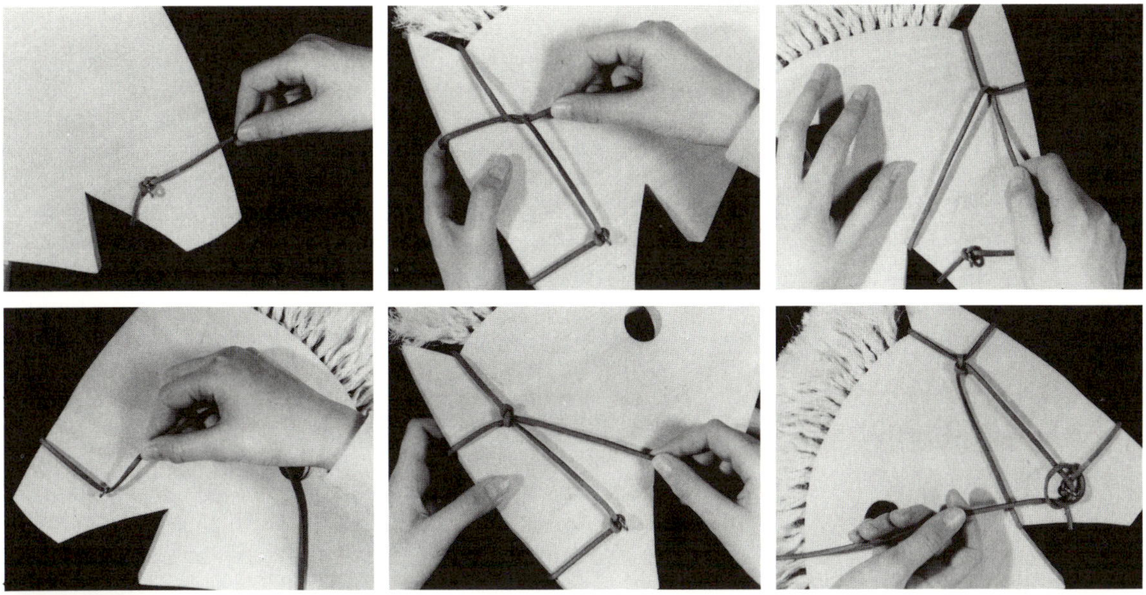

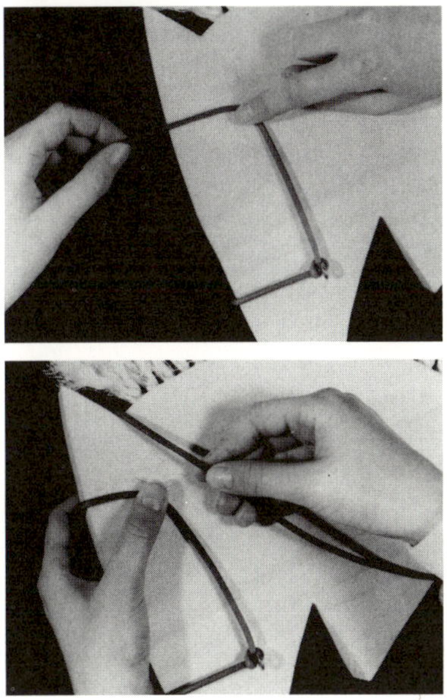

Oben: Das Pferd bekommt eine Trensenzäumung.
Rechts: Mal- und Lackarbeiten müssen natürlich vorher ausgeführt werden, Grundierung, Farbe (z. B. Plakatfarbe), Schutzlack. Alle Farben leuchten besser über einem weißen Voranstrich. Das braune Lederband läßt sich mit sog. Lederfarbe (Einziehhaftfarbe) umfärben.

Bohrer und Bohren

Beim Bohren finden immer zwei Bewegungen statt:
1. die Drehbewegung,
2. die Drückbewegung.

Die Drückbewegung nennen wir Vorschub.

Das technische Prinzip

Der vorzeitliche Mensch drückte einen spitzen Stein mit drehenden Bewegungen gegen das Holz – es entstand ein Loch! Später lernte er, den Stein entsprechend zuzurichten, die in der Hand liegende Fläche griffiger, die Spitze schlanker, die Kanten schärfer zu schlagen. Das Werkzeug mußte beim Bohren *gedreht* und *gedrückt*, d. h., in das Material »vorgeschoben« werden. Es ist das gleiche Prinzip, das auch den modernen Bohrwerkzeugen zugrundeliegt.

Beim Bohren mit dem Steinwerkzeug wurden die Holzteile von der Lochwand abgerissen oder abgeschliffen (»spanabhebendes Verfahren«). Auf jeden Fall fielen sie als Späne oder Bohrstaub aus dem Loch heraus. Moderne Bohrer *schneiden* das abzutragende Holz mit messerscharfen Schneidekanten von der Lochwand ab und lösen es dabei in Späne auf. Da das sehr schnell geht, muß auch an das *Ausräumen* der Bohrung (Abtransportieren der Späne) gedacht werden.

Bohrwerkzeug

Verschiedene Bohrwerkzeuge

Nagelbohrer haben den Vorteil, daß man sie »direkt in die Hand« nehmen kann. Andere Bohrer bedürfen einer besonderen *Antriebsvorrichtung (Bohrwinde, Bohrmaschine).* Da man sie in eine solche Vorrichtung »einsetzen« muß, nennt man solche Bohrer auch *Bohreinsätze.*

Schlangenbohrer und *Zentrumsbohrer* haben ein »Einzugsgewinde«. Damit »ziehen« sie sich beim Drehen wie eine Holzschraube in das

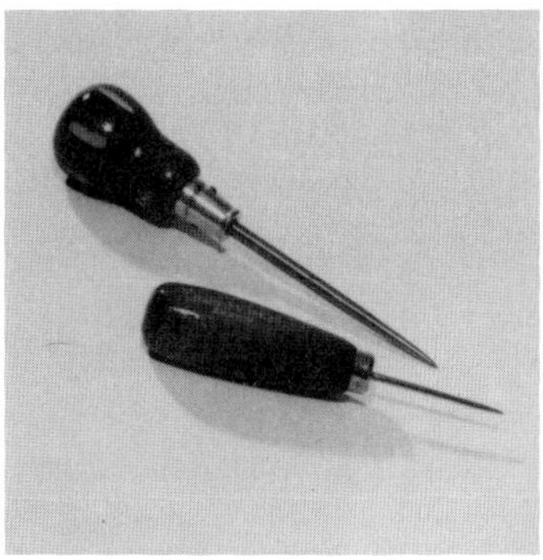
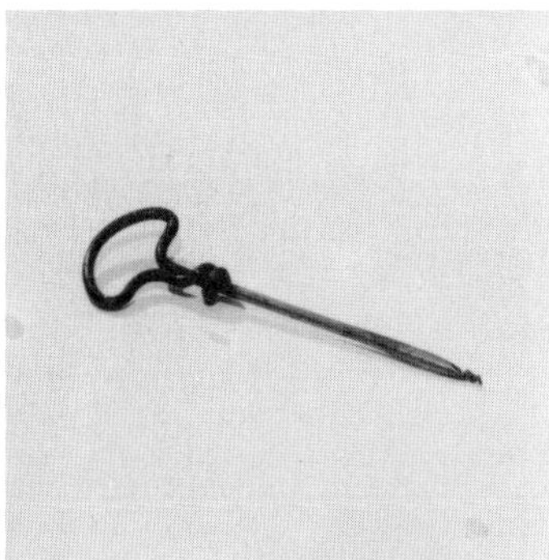

Links: Stechbohrer (Vorstecher) und Nagelbohrer. Der Vorstecher ist eigentlich kein Bohrwerkzeug, weil er das Holz nur zusammendrückt (nicht ausräumt).
Unten (von links nach rechts): Zentrumsbohrer, Schlangenbohrer, Holzspiralbohrer, Forstnerbohrer (zum Bohren maßhaltiger, zylindrischer Löcher mit ebener Bodenfläche), Spiralbohrer.

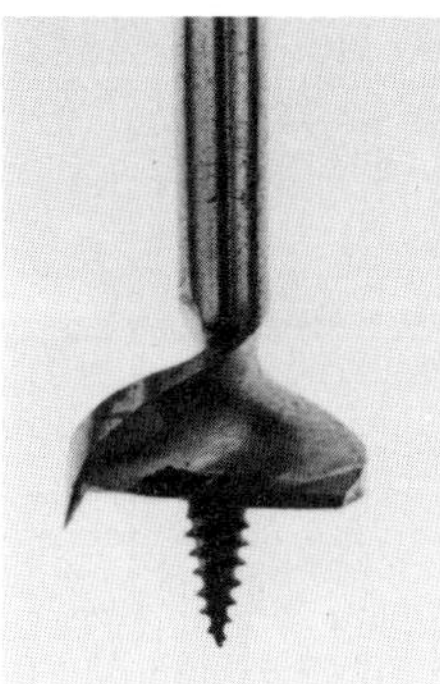

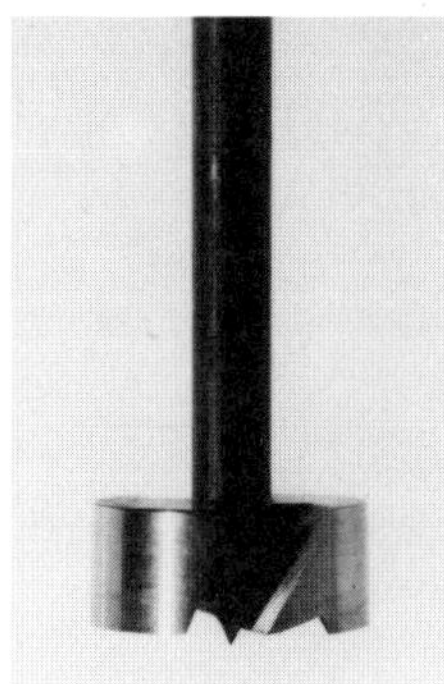

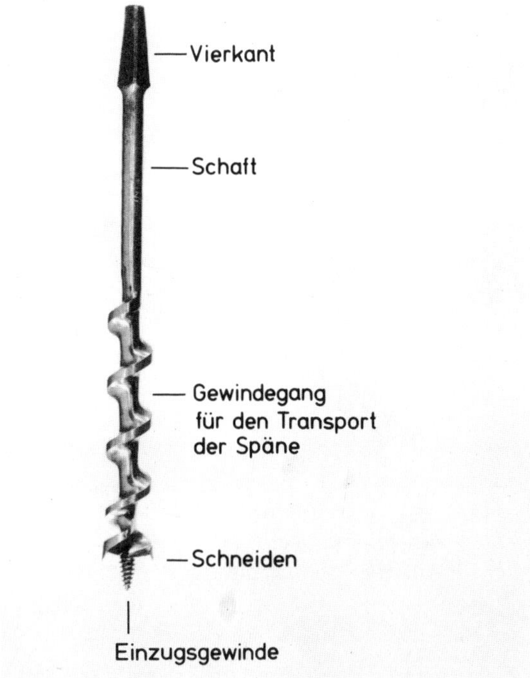

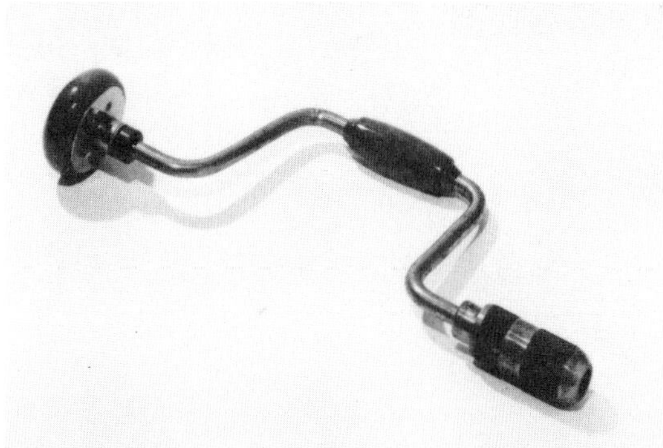

Oben: Schlangenbohrer mit vierkantigem Schaft zum Einsetzen in die Bohrwinde. Der Schlangenbohrer hat ein Einzugsgewinde.
Unten: Die Schneiden des Holzspiralbohrers – mit Zentrierspitze.
Rechts (von oben nach unten): Bohrwinde mit Vierbakkenfutter (zur Aufnahme von Bohreinsätzen mit vierkantigem Schaft), Handbohrmaschine und elektrische Bohrmaschine (für rundschäftige Bohreinsätze).
Unten: Auch der Holzspiralbohrer mit Zentrierspitze kann in die schnell laufende Bohrmaschine eingesetzt werden, weil sich diese Spitze nicht in das Holz einzieht.

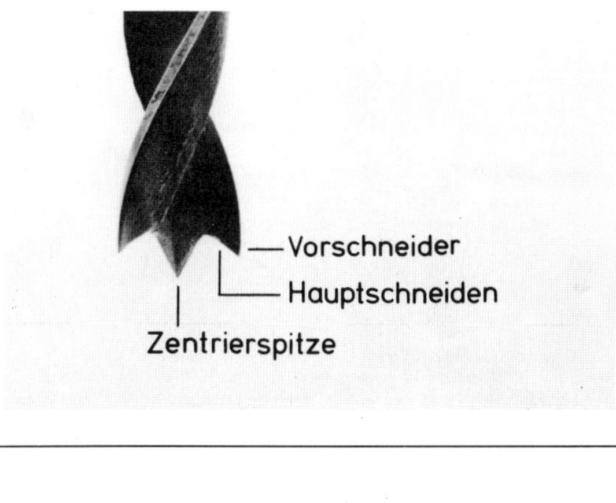

Holz ein. Die Lochwand wird von den senkrecht stehenden *Vorschneidern* »vorgeschnitten«, der Boden von den mehr oder weniger flach arbeitenden *Hauptschneiden* abgetragen. Solche Bohrer brauchen Zeit für ihre Arbeit. Das geeignete Antriebsgerät ist die *Bohrwinde* (siehe Abb. S. 81). Versehentliches Einsetzen in die mit schneller Umdrehung laufende Bohrmaschine verhindert eine sinnvolle Zurichtung des Schaftes, der *Vierkant*, der nur von einem »Zwei-« oder »Vierbackenfutter«, nicht aber vom »Dreibackenfutter« der Bohrmaschine gefaßt werden kann. *Futter* nennt man den Teil der Antriebsvorrichtung, in den der Bohrer eingesetzt wird.
Es gibt aber Bohrer (z. B. *Spiralbohrer*), die ihrer Konstruktion entsprechend einer schnelleren Umdrehung bedürfen. Man erkennt sie am *runden* Schaft, mit dem sie in *Handbohrmaschinen* und *elektrische Bohrmaschinen* (siehe Abb. S. 81) eingesetzt werden können.
Nach dem Eindringen in das Holz wird der Bohrer von der Lochwand fest umschlossen. Die Kanten des Schraubengewindes *(Führungsfasen)* geben ihm Führung. Man nennt das »Rückenführung«. Je tiefer der Bohrer in das Holz eindringt, um so mehr *Reibung* entsteht auch an der Lochwand. Bei schneller Umdrehung mit der elektrischen Bohrmaschine kann ein Spiralbohrer »ganz schön heiß« werden. Dagegen hilft nur: Den Bohrer weniger stark in das Holz vorschieben und immer wieder einmal »lüften«, d. h., in der Bohrung anheben, damit er abkühlen kann.

Das vierkantige Schaftende eines Schlangenbohrers kann nur in das »Zwei- oder Vierbackenfutter« der Bohrwinde eingesetzt werden. Bohrer mit rundem Schaft werden mit einer Bohrmaschine angetrieben.
Vorschub und Umdrehung eines Bohrers dürfen immer nur so schnell erfolgen, wie der Bohrer das Loch schneiden und ausräumen kann!
Wenn der Bohrer heiß wird, muß er »gelüftet« werden.

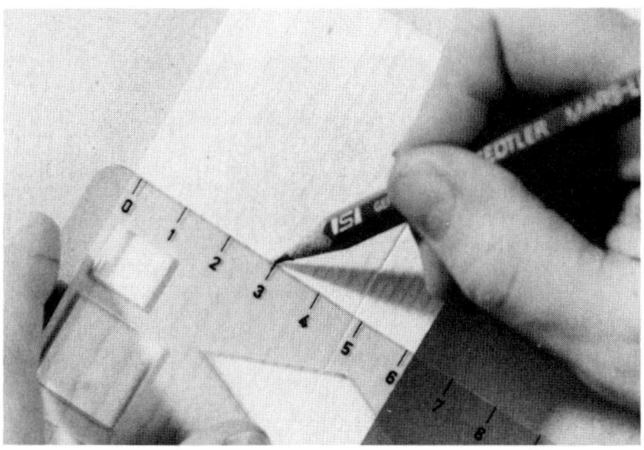

Links und unten: Für das Festlegen eines Kreismittelpunktes sind immer zwei Messungen nötig. Auch der Mittelpunkt einer Bohrung muß durch zwei Meßstriche (eine Kreuzmarkierung) festgelegt werden!

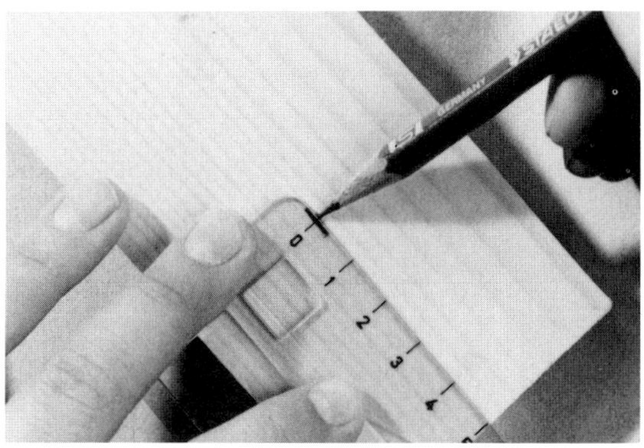

Den Bohrmittelpunkt genau festlegen!
Entsprechend einer Werkzeichnung soll die Bohrung in der Mitte einer angegebenen Holzleiste liegen. Da die Leiste 60 mm breit ist, legen wir ein Meßlineal mit den Meßpunkten 0 und 6 (cm) an die Leistenkanten und markieren die Bohrstelle bei 3 (cm), wie aus den Abbildungen auf Seite 82 hervorgeht.
Nun stellt sich die Frage, ob diese einfache Strichmarke schon zum Auffinden des Bohrmittelpunktes ausreicht. Die Lage in der Leistenbreite ist zwar deutlich zu sehen, wo aber soll der Bohrer auch in der Längsrichtung des Holzes ansetzen? – Die Bohrmitte muß also auch von der Schmalseite der Leiste aus festgelegt werden. Die Werkzeichnung schreibt dafür (z. B.) 30 mm vor. In der Abbildung mißt der Arbeitende 50 mm; er wird den Überstand nach dem Bohren mit der Feinsäge absetzen.
Einen *Holzspiralbohrer mit Zentrierspitze* könnte man nun direkt über der Mitte der kreuzweisen Markierung ansetzen. *Spiralbohrer* hingegen neigen dazu, ohne zusätzliche Spitzenführung bei den ersten Umdrehungen auf der Holzfläche abzuwandern (zu »verlaufen«). Man verhindert das, indem man den Bohrmittelpunkt zuvor »ankörnt«. Der *Körner* (siehe unten) ist ein sehr harter Stahlstift mit Schlagfläche und kegelförmiger Spitze. Er wird zunächst schräg (mit Aufblick auf die Spitzenlage) angesetzt, dann aufgerichtet und mit dem Hammer leicht geschlagen.

Bohrmitte

Auch das ist wichtig: Zum Bohren muß das Werkholz in jeder Richtung unverrückbar fest liegen (fest eingespannt werden), allenfalls wird es durch die Kraft der Bohrerdrehung leicht fortgerissen, was bei schnell laufenden elektrischen Bohrmaschinen gefährlich werden kann. Siehe dazu die Hinweise auf den Seiten 52/53.

Unten und rechts: Ankörnen des Bohrmittelpunktes und Bohren mit der Handbohrmaschine. Bohrer senkrecht halten, nur mäßig andrücken! Zu starker Vorschub ist immer der Grund, wenn sich der Bohrer im Holz verkantet. Nach dem Durchbohren in gleicher Richtung weiterdrehen und den Bohrer dabei aus dem Holz herausheben!

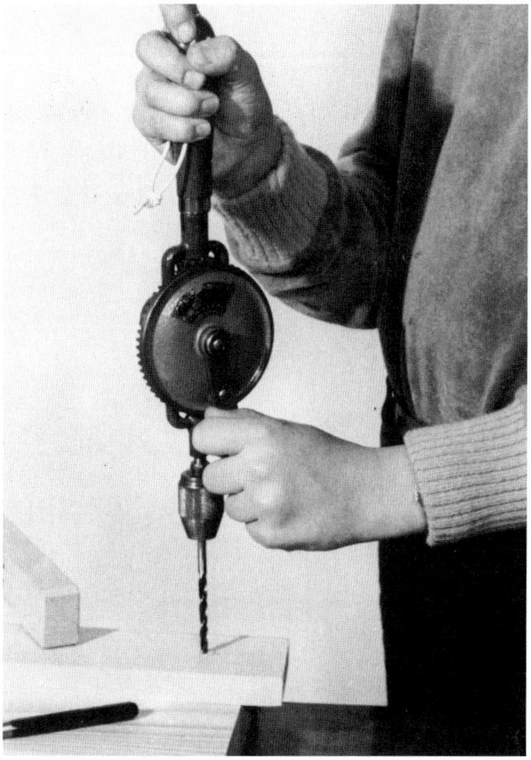

Spielzeug für die Badewanne

Steckverbindung

Im allgemeinen liegt der Sinn einer Steckverbindung darin, daß sie sich bei Bedarf wieder schnell und leicht lösen läßt. Im vorliegenden Fall der »übereinstimmenden Maße« müssen wir jedoch beim Eintreiben der Rundholzstäbe in die Bohrungen mit dem Hammer nachhelfen. Zuvor empfiehlt es sich, die angeschnittene Rundholzkante ein wenig abzuschrägen (zu »brechen«). Die Elastizität des Holzes ist für das Zusammenhalten der einfachen Steckverbindung wichtig. Zwischen den Holzflächen besteht nun eine so starke Reibung, daß die Stäbe nicht mehr aus den Löchern herausrutschen können.

Formschlüssiges Verbinden

Auf Seite 54 war von *kraft-* und *stoffschlüssiger* Verbindung die Rede. Jetzt lernen wir eine dritte Verbindungsweise, das *formschlüssige* Verbinden kennen. Holzdurchmesser und Bohrung stimmen überein, ihre Umrisse (Profile) sind formgleich. Dübelrundhölzer lassen sich z. B. auch ohne Leimzugabe fest in die mit gleichem Durchmesser gebohrten Löcher einstecken. Man kann eine solche Verbindung auch als *Steckverbindung* bezeichnen.

Ein Wasserfahrzeug mit Gummimotor

Wir brauchen Leistenholz mit dem Rechteckprofil 40 × 20 mm, Dübelrundholz mit 12 mm Durchmesser, 4 mm dickes Sperrholz und 4 Verpackungsgummiringe mit etwa 7 cm gestreckter Länge.
Der Bauplan (unten) verrät, wie die einzelnen Teile zugeschnitten und gebohrt werden. Wie bei einem »Katamaran« stehen zwei Schwimmer einander in gleicher Lage gegenüber. Die beiden Schwimmer werden durch 10 cm lange Rundholzstäbe in Steckverbindung (formschlüssig) zusammengehalten. Zwei in die oberen Leistenkanten gegenüberstehend eingesteckte (5 cm lange) Dübelholzabschnitte dienen der Lagerung des Gummimotors (siehe die Abbildung auf der gegenüberliegenden Seite). Zum genauen Bohren empfiehlt sich ein 12 mm dicker Holzspiralbohrer und eine elektrische Ständerbohrmaschine. Das Schaufelrad wird aus zwei entsprechend ausgeschnittenen Brettchen zusammengesteckt.

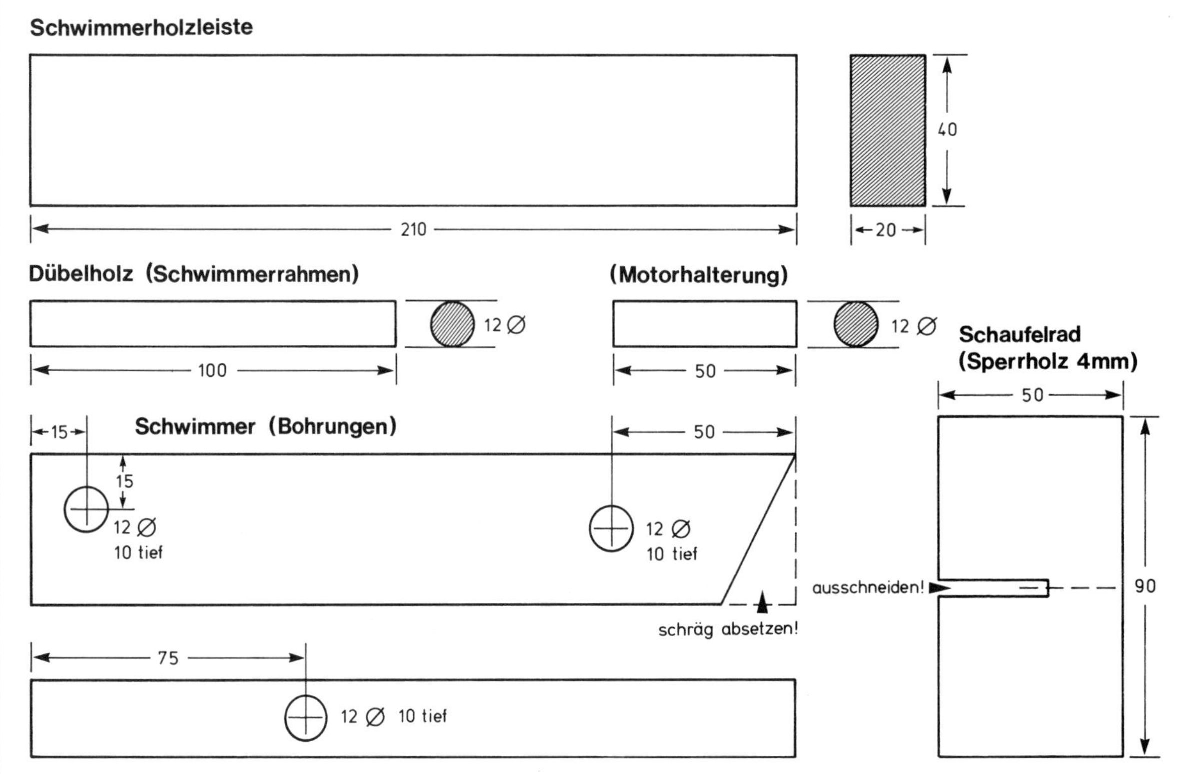

Links: So sieht das fertige Wasserfahrzeug mit Gummimotor aus. – Die Einschnitte in die beiden Sperrholzbrettchen für das Schaufelrad macht man am besten mit der Laubsäge. Sie müssen genauso breit sein wie das Sperrholz dick ist, damit auch beim Zusammenstecken der Brettchen ein starker Reibungsschluß zustandekommt. Man hängt das lose Schaufelradkreuz so zwischen die Ringe, daß in jedem Winkel zwei einzelne Bänder liegen und das Rad nicht mehr herausfallen kann. Dann spannt man die Ringe durch Drehen am Schaufelrad (Richtung nach hinten), wobei sie sich bei zunehmender Spannung verzwirbeln. Ersatzringe bereithalten! – Das Fahrzeug wird mit gespanntem Motor ins Wasser gesetzt.

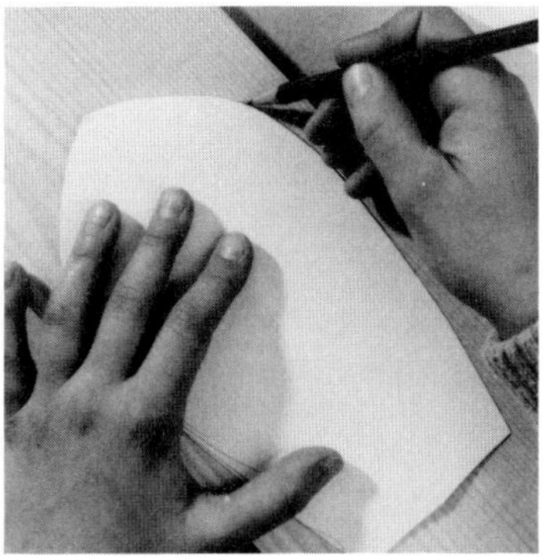

Wichtig: Alle Holzteile müssen mit Einlaßgrund und Schutzlack gegen das porentiefe Eindringen von Feuchtigkeit geschützt werden.

Rechts: Spielzeugschiffe! – Die symmetrische Form des Rumpfes erhält man mittels einer Faltschnittschablone (oben) – vgl. dazu auch die Hinweise auf den Seiten 70/71.
Mittlere Reihe: Prinzipmodell einer formschlüssigen Verbindung vor und nach dem Zusammenstecken. Man beachte die mit einer Feile leicht »gebrochene« Schnittkante am Rundholz, bevor dieses in die Bohrung eingetrieben wird.

Bunte Blumenstäbe

Beim Anlegen eines Staudenbeetes geht es immer auch um farbiges Gestalten in dem betreffenden Teil des Gartens. Man hat aber nicht immer die entsprechenden Blütenfarben zur Hand, um die Nuancen richtig setzen zu können. Vor allem sind die Blütenzeiten sehr unterschiedlich. Wo eine Farbe fehlt, tut ein farbiger Blumenstock Wunder. Andererseits lassen sich durch kleine Basteleien kompakte Grün- und Dunkelflächen, vor denen das Wachstum noch zu niedrig ist, auflockern. Wer sich einmal in seinem Garten umsieht, findet darin eine Menge hübscher Möglichkeiten, die Produkte seines Werkvergnügens zweckmäßig einzubringen.

Ein bißchen »Kunst« in den Garten!

Wer einen eigenen Garten hat, braucht Blumenstäbe. Ungebändigt wächst der Rosenbusch in die Breite, fällt die Staude auseinander. Um das zu verhindern, werden Stützen benötigt. Die einfachste ist ein Bambusstock, den man in der Samenhandlung kaufen kann. Wer es schöner haben will, steckt eine farbige Glaskugel darauf und kann sich nun auch noch am Bild des Gartens freuen, der sich in der runden Fläche spiegelt. Man kann seinem Garten aber auch auf andere Weise eine heitere Note geben! Zum Beispiel mit farbigen Steckplastiken, die es nirgendwo zu kaufen gibt, die man sich aber mit Vergnügen selbst herstellen kann.

Das im Werkzeughandel erhältliche, etwa 3 cm dicke Besenstielholz kann für die Stäbe verwendet werden. Gedrechselte Holzperlen in verschiedenen Größen bekommt man in Bastelläden und Geschäften für Werkmittelbedarf. Dübelholzverbindung mit Leimzugabe (siehe unten!). Symmetrisch geordnete Formumrisse ergeben sich im Faltschnittverfahren (siehe Hilfstechniken, S. 70/71). Teilschnitte aus Span- oder Sperrholz werden sandwichartig aneinandergeleimt. Zum Bemalen nimmt man am besten Plakatfarben. – Vorsicht: Das bei der Herstellung mit einem Bindemittel verpreßte Spanplattenmaterial ist nicht absolut wetterfest. Dagegen hilft zunächst eine gute Hartgrundierung und nach dem Farbanstrich ein dichter Klarlacküberzug, der notfalls von Jahr zu Jahr erneuert werden muß.

Links: Die hier als Strauch gepflanzte Kletterrose »Golden Showers« läßt ihre langen Triebe wild in die Gegend hängen. Gelb verlangt nach Blau, Grün möchte durch Rot gelockert werden. Die gelbe Zunge und das gelbgrüne Keimblatt versuchen, zwischen den Naturfarben zu vermitteln.

Unten: Problemlose Vertikalverbindung mit Dübelholzabschnitten. Kugeln und Kronenschnitt (an den Kanten) mit entsprechendem Durchmesser anbohren, mit Kaltleim versehen und das verbindende Dübelrundholz hineinstekken!

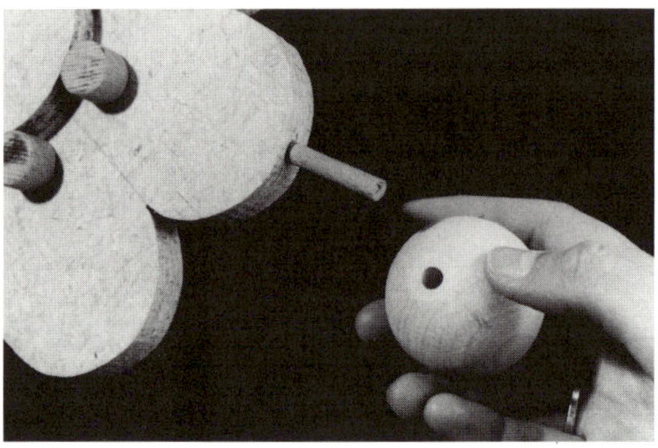

Oben: Dunkles Blattwerk ist der richtige Hintergrund für so ein zauberhaftes Steckgebilde aus Rundholzstäben und verschieden großen Holzkugeln.
Daneben: Blumenstabkronen. Mit Hilfe der Faltschnitttechnik entworfene Teilstücke und handelsübliche Querholzscheiben wurden seitlich aneinandergeleimt. Erst die Farbe gibt einer solchen »Montageplastik« volle Wirkungskraft. Die Stäbe werden weiß gestrichen. Die Farbe der Bekrönung ist auf den vorgesehenen Standort abgestimmt.

Links: Auch der Schmetterling dient einer farblichen Verbindung zwischen den hohen Ritterspornstauden und der zu erwartenden Rosenblüte. Kinder werden von der bunten Plastik angezogen.
Unten: Der blaue Brettvogel in seiner steifen Gegensätzlichkeit zur Natur ist einfach lustig. Lassen Sie sich um einer solchen Bastelei willen gern von Ihren Freunden auslachen!

Zentrieren

Wer keinen Zentrierwinkel besitzt, legt die Holzscheibe auf ein Stück Schreibpapier, umfährt sie darauf mit dem Bleistift und schneidet den Kreis aus. Dann faltet man die kreisrunde Papierscheibe zweimal (in gekreuzter Lage) zur Hälfte – jeweils sorgfältig Rand auf Rand. Nun kann man im Kreuzungspunkt der beiden Faltkniffe die Kreismitte auf die daruntergelegte Holzscheibe durchstechen.

Schieblehre

Die Schieblehre ist ein Meßwerkzeug mit einer Ablesegenauigkeit bis zum zehnten Teil eines Millimeters.

Auffinden einer Rundscheibenmitte

Es gibt zum »Zentrieren« runder Scheiben im Werkzeughandel einen sogenannten *Zentrierwinkel* aus Stahl (siehe Abb. unten). Die Scheibe wird in den Winkel eingelegt und mit einem spitzen Bleistift über der ungefähren Mitte entlang der Schiene »angerissen«. Dann dreht man die Scheibe um eine Vierteldrehung und reißt die Mitte in der neuen Richtung noch einmal an.
Prinzipiell sind zum Festlegen eines Bohrmittelpunktes immer zwei Messungen nötig. Weil aber auch ein spitzer Bleistift »neben« einer Linealkante gleitet, empfiehlt es sich, die Scheibe nach jeder ersten Markierung auch noch einmal in entgegengesetzter Richtung anzureißen (siehe unten). Das kleine Viereck zwischen den Strichen kann dann zum Bohren angekörnt werden.

Umgang mit der Schieblehre

Die *Schieblehre* (siehe die Abbildung auf der gegenüberliegenden Seite) besteht aus einem *Metallmaßstab mit mm/cm-Einteilung* und den beiden *Meßschenkeln.* Der Metallmaßstab wird auch als »Meßschiene« bezeichnet. Ein Meßschenkel sitzt fest am Ende der Schiene. Der zweite Meßschenkel läßt sich mit einem *Schieber* an der Schiene hin und her schieben. Auf dem Schieber ist eine zweite Meßeinteilung – der *Nonius* – eingraviert. Dieser ermöglicht das Messen mit der Schieblehre bis zum zehnten Teil eines Millimeters.

Links: Mit einem solchen Zentrierwinkel kann man kreisrunde Scheiben verschiedener Größe leicht zentrieren. Das Verfahren hat allerdings eine Tücke: Es ist bei nur einfacher Handhabung ungenau! Da ein Bleistift in der Regel um etwa 1 mm neben der Linealkante läuft, empfiehlt es sich, mit dem Zentrierwinkel jeweils zwei entgegengesetzte Messungen (d. h. insgesamt vier) vorzunehmen. Die Markierungen auf der Scheibe bilden dann ein kleines Viereck, in dessen Mitte der genaue Kreismittelpunkt liegt (siehe unten).

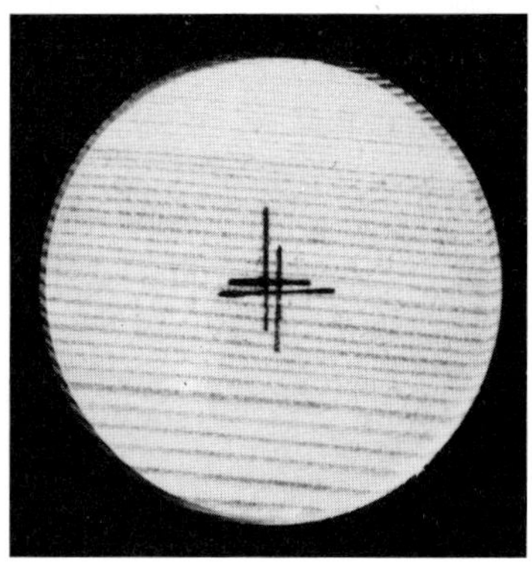

Ein Beispiel: Wir möchten den Durchmesser von Dübelrundholz feststellen. Wir bringen das Rundholz zwischen die beiden Meßschenkel und schieben den Meßschieber so weit heran, bis wir Widerstand spüren. Damit haben wir die »Länge des Holzdurchmessers« auf die Schieblehre übertragen. Mit Hilfe der beiden aufeinander abgestimmten Einteilungen können wir das Ergebnis *auf der Meßschiene* ablesen. Zunächst stellen wir fest, dem wievielten Millimeterstrich die 0-Marke am Nonius (Anfangsstrich!) gegenübersteht. Ist das beispielsweise der siebente Millimeterstrich, dann beträgt der Durchmesser des Dübelholzes 7 mm. Es kann aber auch sein, daß die 0-Marke am Nonius dem 7-mm-Strich nicht genau gegenübersteht. Möglicherweise steht sie ein Stückchen dahinter, doch ohne schon den 8-mm-Strich zu erreichen. Die kurze Restlänge können wir nun *am Nonius* ablesen (siehe Abbildung unten).

Der Nonius teilt einen Millimeter in zehn gleiche Teile (Zehntel-Millimeter).

Rechts: Die kurze Restlänge hinter dem 8-mm-Strich auf der Meßschiene soll mit dem Nonius abgelesen werden. Wir stellen fest, der wievielte Teilstrich am Nonius (die 0-Marke ist nicht mitzuzählen!) irgendeinem anderen Millimeterstrich auf der Meßschiene genau gegenübersteht. Das ist in diesem Beispiel beim Stand der 0-Marke hinter 8 mm der sechste Nonius-Teilstrich (genau gegenüber 20). Der Durchmesser des zu messenden Gegenstands beträgt in diesem Fall 8,6 mm.
Unten: Die Schieblehre ist ein Meßwerkzeug zum Messen von Außen- und Innenmaßen (Dicken, Weiten und Tiefen).

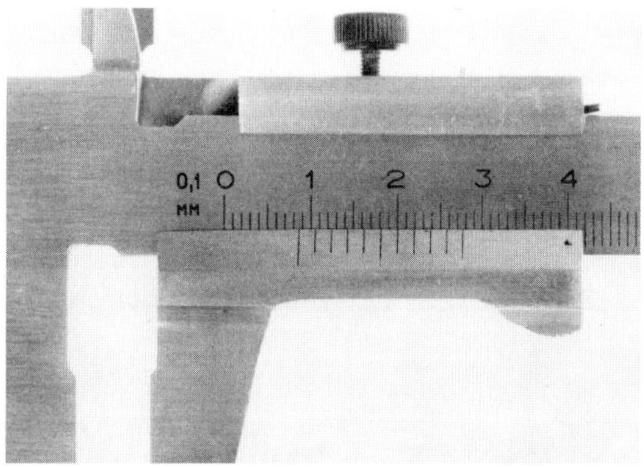

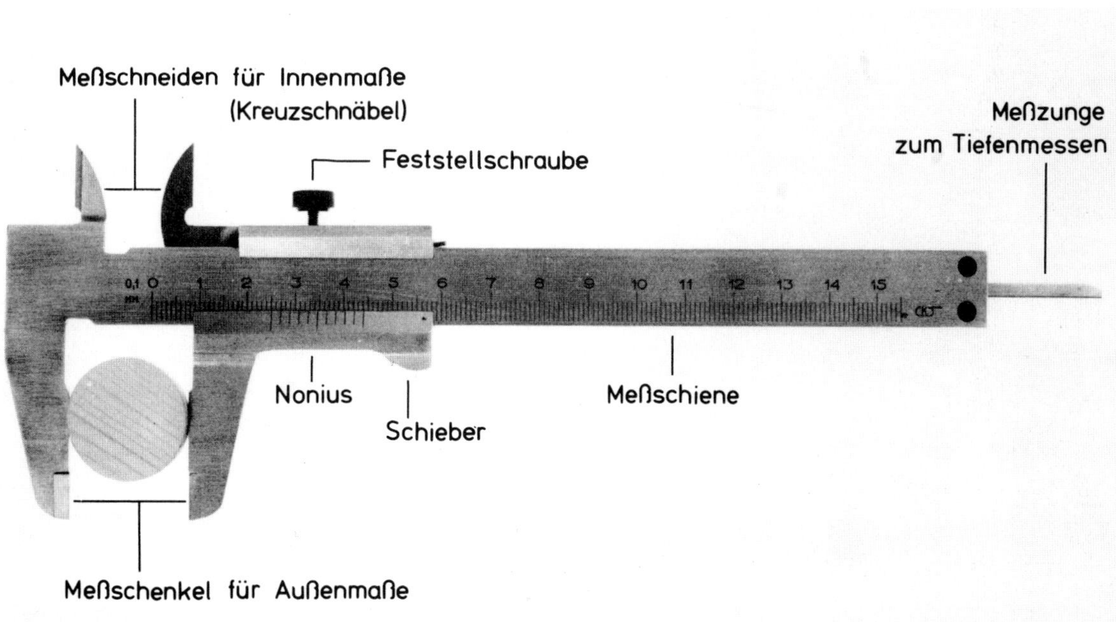

Rollspielzeug

Rollspielzeuge kennt man aus allen Kulturkreisen. Es gibt sie, seit der Mensch das auf einer Achse drehbar gelagerte Rad erfunden hat. Für Kleinkinder, die eben laufen gelernt haben, verbindet sich damit ein Urerlebnis: die Begegnung mit der Figur, die ihnen willig folgt, wenn sie diese an einem Faden hinter sich herziehen. Beim Bemalen braucht man sich nicht nach irgendwelchen naturalistischen Vorgaben zu richten. Es ist hier völlig gleichgültig, wie ein Hahn oder eine Ente wirklich aussehen. Seine Phantasie kann man ungehindert entfalten. Durch eigenwillige Farbzusammenstellungen und Muster lassen sich reizvolle Wirkungen erzielen.
Gut gemachte Figuren eignen sich nicht nur zum Spielen – sie haben auch Objektcharakter.

Rollspielzeuge

Natürlich eignet sich nicht jede aus Holz geschnittene Figur dazu, auf Räder gestellt und an einem Faden gezogen zu werden. Löwen, Giraffen, Nashörner und dergleichen Tierformen scheiden von vornherein aus. Mit solchen Tieren spielt das Kind Zirkus oder Zoo, weil es typische in einem Gatter oder Käfig unterzubringende Aufstelltiere sind. Fahrbarmachen sollte man nur die Figuren solcher Tiere, die das Kind schon von Haus aus als »dem Menschen folgsam« kennt, wie etwa den Hund oder das Pferd. Auch Hühner und Enten pflegen hinter der Bäuerin herzulaufen, wenn diese mit der Futterschüssel über den Hof geht.
Zwei Möglichkeiten bieten sich an, die Figuren mit Rädern auszustatten. Entweder werden die beiden Standbeine durchbohrt und mit Achsen durchfahren oder wir befestigen die Figur auf einem Brettchen, an das danach die Laufrollen zu schrauben sind.

Die »Rollfigur«

Das Holz muß eine entsprechende Dicke haben, mindestens 3 cm. Dünnere Figuren wirken nicht körperlich genug und würden auch umfallen, weil sich die Figurendicke ja auch auf die Achslänge auswirkt. Im Entwurf kann man die beiden Standbeine (z. B. des Pferdchens) auch in der Ebene übertreiben. Es ist besser, diese zu stark zu profilieren als auf Kosten der Spielbarkeit naturalistischen Verhältnissen anzunähern. Aus optischen Gründen müssen die Beine auch verlängert werden. Man hat nämlich beim Betrachten des fertigen Spielzeugs den

Links: Beispiele für eine Ziehfigur, die in direkter Weise mit Laufrollen versehen worden ist.
Unten: Quadratraster. Quadratseitenlänge im Original 3 cm.

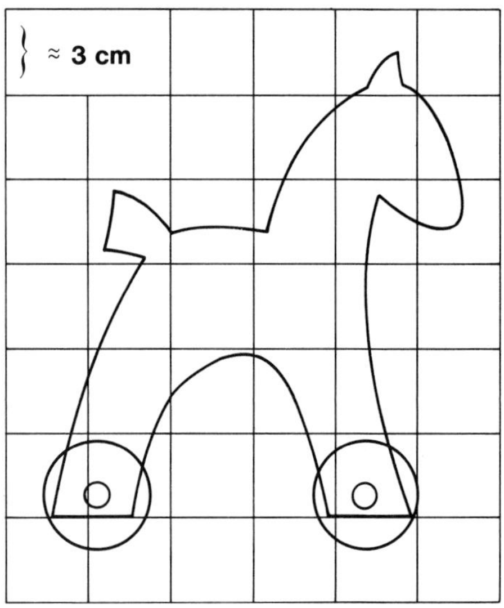

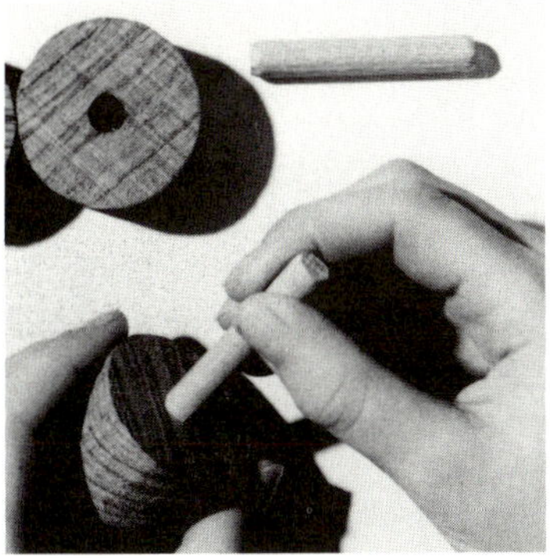

Oben (von links nach rechts): Die aus 3 cm dicken Lindenbrettholz geschnittene Pferdefigur erhält zwei schwarze Tapeziernägel als Augen.
Die Laufrollen (4 cm Durchmesser) wurden für diese Modellarbeit aus rötlichbraunem, afrikanischem Edelholz geschnitten und mit einem Spiralbohrer (8 mm) bis in die halbe Holzdicke hinein angebohrt. Dübelrundholz als Achse – ebenfalls 8 mm. Die Montage: Das (8,5 mm) durchbohrte Fußende der Figur wird mit dem Achsholz durchfahren und beiderseitig mit den Laufrollen abgedeckt. Zwischen den Holzflächen muß ein geringer Spielraum bleiben, damit sich das Laufwerk ungestört drehen kann. Bei gleicher Bemessung von Holzdicke und Bohrung sitzt das Achsholz so stramm in der Rolle, daß auf zusätzliches Leimen verzichtet werden kann.

Unten und rechts: Reizvoll bemalte Brettsägefiguren (Figurenwagen).

Fahrbarmachen

Querholzscheiben (Kiefer, 1 cm dick, kreisrund, sauber geschnitten – siehe S. 45) eignen sich gut als Räder. Erste Schwierigkeiten tauchen auf, wenn wir die Mitte der Holzscheibe für die Lagerbohrung finden wollen – siehe Zentrierwinkel, S. 88. Beim Bohren unangekörnter oder nur schlecht eingespannter Scheiben wird der Bohrer leicht vom härteren Spätholz des Jahresrings ins weichere Frühholz abgelenkt. Das führt zu dezentralisierten Lagergängen.
Beim Anlaufen der Scheibe gegen die Brettkante entsteht Reibung, die durch Zwischenlagen (Beilegescheibchen aus Metall) vermindert werden kann. Reibung entsteht auch im Gleitlager, wenn sich ein oberflächig rauhes Achsmaterial in einer ebenfalls rauhen Lagerbohrung drehen soll.

Eindruck, daß die Figur erst über der Laufrollenoberkante beginnt – normal proportioniert würde sie unten hinter den Laufrollen verschwinden und dem Auge zu kurz erscheinen.
Als Achsen können Dübelholzabschnitte im geeigneten Durchmesser verwendet werden. Für 8 mm dickes Dübelrundholz müssen die Durchführungsbohrungen 8,5 mm weit sein. Die dicken Laufrollen schneidet man als planparallele Scheiben von entsprechendem Rundholz ab oder man besorgt sich ein farbiges Edelholz, aus dem die Räder mit der Laubsäge ausgeschnitten werden. Die Rollen werden für die Aufnahme der Achsen nur bis zur halben Holztiefe angebohrt.

Figurenwagen und andere Fahrzeuge
Will man die Figur auf ein Brettchen stellen, so muß sie zunächst eine ebene Standfläche haben. Figur und Platte verbindet man am besten mit Dübelholzabschnitten (siehe Blumenstäbe, S. 86). Die Rollen (hier Querholzscheiben) werden im Zentrum durchbohrt und mit blanken Linsenkopfschrauben seitlich an die Grundplatte angeschraubt. Beilegescheiben vermindern die Reibung zwischen den Holzflächen. Außerdem ist auf ausreichendes Spiel im Achslager zu achten.
Bemalt werden die Figuren mit Plakatfarben, die in vielen leuchtenden Farbtönen erhältlich sind. Sie trocknen angenehm matt auf das Holz auf, sind aber hinterher schmutzempfindlich. Zu Spielzwecken empfiehlt sich eine farblose Schutzlackierung (Klarlack).

Links: Die für den Zusammenbau eines Kastenwagens benötigten Teile. Kasten 100 × 60 × 40 mm, Durchmesser der Querholzscheiben 40 mm, Beilegescheibchen mit 5 mm Lochweite, Rundkopfschrauben »4,0/30« (d. h. Schaft 4 mm dick, Schaft und Schraube 30 mm lang).
Darunter: Das fertige Fahrzeug.
Zur Herstellung des Kastens siehe Seite 56/57. – Holzschrauben in vorgebohrte Löcher nur so weit einziehen, daß zwischen den Werkteilflächen ein Bewegungsspielraum bleibt.
Unten: Ein Plattenwagen mit untergeleimten Radleisten (zur Plattenoberfläche bündige Radstellung).

Oben: Fahrgestell mit Drehschemellenkung. Der Drehschemel ist die einfachste Art einer Fahrzeuglenkung. Das linke Bild zeigt die beiden voneinander getrennten Fahrgestellteile. Die Vorderachse mit dem fest eingesetzten Drehzapfen bildet den Drehschemel.
Daneben: Und so werden die beiden Teile zusammengesteckt.

Unten: Das starre Fahrgestell für einen Segelwagen (mit Probebohrungen zum Versetzen des Mastes).
Rechts: Segelwagen mit einfachem Wikingersegel.

Weihnachtliches aus Holz

Wir stellen Kerzen in schmucke Leuchter, in denen sich der Stern als weihnachtliches Symbol wiederfindet. Eine verbreitete Form des Adventlichtes ist der Adventskranz, der seit der Zeit der Jugendbewegung bei uns bekannt ist. Er wird aus den heimischen Tannen-, Fichten- oder Kiefernzweigen gebunden, mit festlichen Bändern und vier roten oder gelben Kerzen geschmückt. Man kennt ihn als Deckengehänge, am Gestell oder als Liegekranz auf einem weißen Porzellanteller.
Die sternförmigen Leuchter aus Brettholz (gegenüberliegende Seite) werden in der gleichen Weise hergestellt wie der sternförmige Adventskranzfuß, hinterher mit Plakatfarben bemalt und bemustert.

Ständer für einen Adventskranz
In diesem Falle wollen wir den Adventskranz an einem Rundstab mit sternförmig aus Brettholz geschnittenem Fuß aufhängen (siehe die Abbildung auf der gegenüberliegenden Seite).
Umfassungskreis für den Fuß 18 cm. Holzdicke 2 cm. Durchmesser der Lochbohrung in der Fußmitte (der Dicke des Stabholzes entsprechend) 20 bis 22 mm. Stablänge 36 cm, eventuell nach obenhin konisch zugerichtet.
An die Spitze des Rundholzes wird eine waagerecht kreuzweise durchbohrte Holzperle gesetzt. Kugeldurchmesser 3 cm. Die Bohrgänge müssen in der Kugel übereinanderliegen, da anders die Kanäle nicht mit den Bändern durchfahren werden können. Krönung: Goldbronzierter Achtzackenstern aus 5 mm dickem Brettholz. Umfassungskreis dieses Sterns 6 cm.
Anstrich des Ständers: Einlaßgrund, rot oder gold – grundsätzlich über einem weißen Voranstrich.

Einfache Leuchtersterne
Aus 1 cm dickem Kiefernbrettholz werden mit der Laubsäge gleichmäßige Fünfzackenstern-Umrisse ausgeschnitten. Umfassungskreis etwa 6 cm. Bohrung in der Mitte etwa 13 mm (Kerzendicke).
Abschleifen mit Sandpapier, Grundieren mit Einlaßgrund, einfarbiger Grundanstrich (rot, blau, gelb, grün, weiß). Plakatfarben. Durch einen Schutzanstrich mit farblosem Klarlack wird das Licht auch in die Porentiefen gelenkt – die Farbe dunkelt etwas ein.

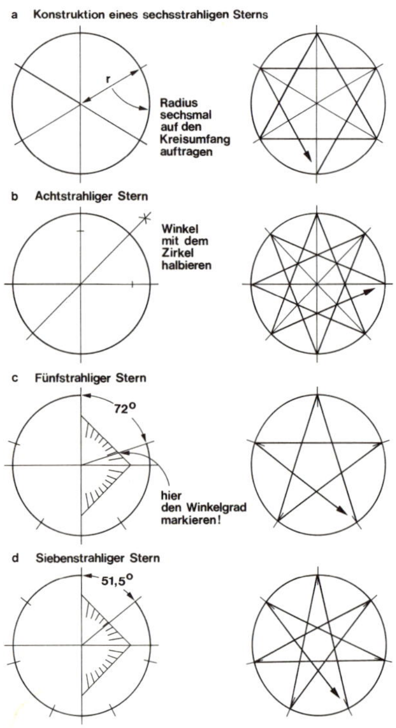

Die Konstruktion der Sternformen
Vernünftigerweise führt man die Konstruktion, die eine Menge häßlicher Hilfslinien mit sich bringt, auf Zeichenpapier aus. Aus diesem schneidet man dann den Formumriß als Schablone heraus. Man kann diese auf das Werkholz auflegen und mit dem Bleistift umfahren.
Die Sternform wird innerhalb eines Umfassungskreises entwickelt, daher muß zunächst einmal dessen Größe festliegen. Der Kreismittelpunkt (das Einstichloch des Zirkels) muß sichtbar markiert werden. Nun folgt ein Rechenexempel: Wir teilen die 360 Winkelgrade des geschlossenen Kreises durch die gewünschte Zahl der Sternzacken. Das Ergebnis tragen wir mit dem Winkelmesser vom Kreismittelpunkt aus auf den Kreisrand auf. Die Winkelgrade für den schönen Fünfzackenstern, der auf diesen Seiten Anwendung findet, sollte man sich fortan merken. Rechnung: 360° : 5 = 72°. Die Marken liegen also bei 72°, 144°, 216°, 288° und 360°.
Nun verbinden wir jeden einzelnen Markierungspunkt nach links und nach rechts mit den auf der anderen Kreisseite befindlichen Markierungszeichen, wobei sich die schräglaufenden Begrenzungslinien der Sternzacken einstellen – siehe die nebenstehende Skizze (c), der auch die Entwicklung anderer Sternformen zu entnehmen ist.

Gegenüberliegende Seite, oben: Die Sternform wird mit einer Papierschablone auf das Werkholz übertragen. – Durchbohren mit einem Zentrumsbohrer. – Verbindung von Kugel und Stab mit einem passenden Dübelholzabschnitt. – Der fertige Ständer.
Unten: Adventskranz und Leuchtersterne.

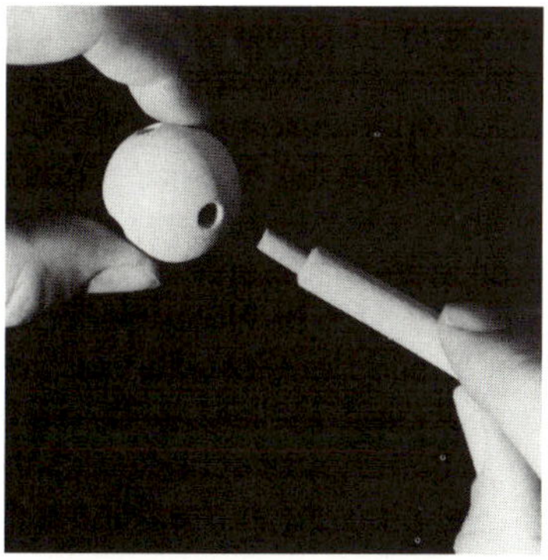

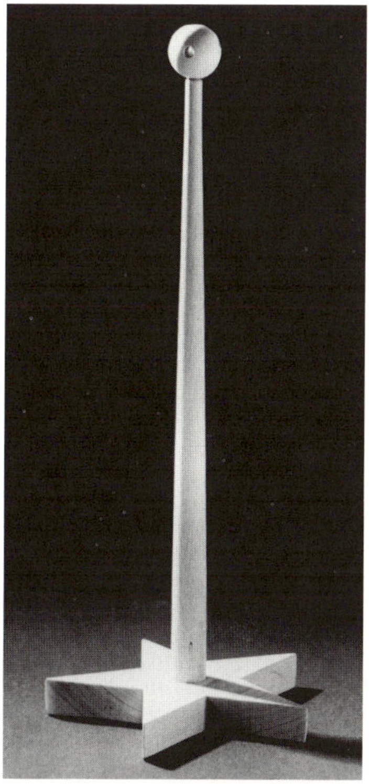

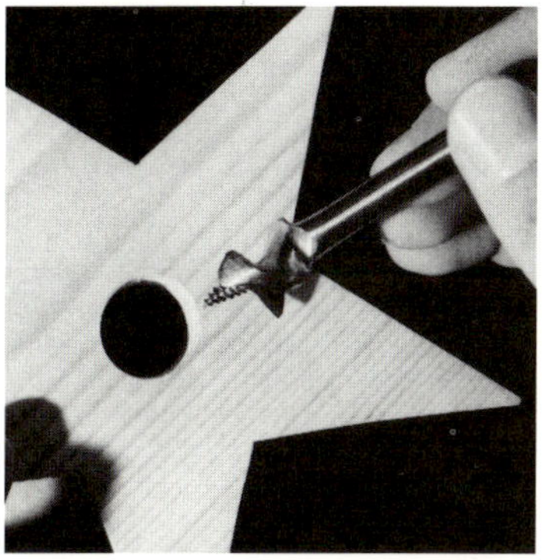

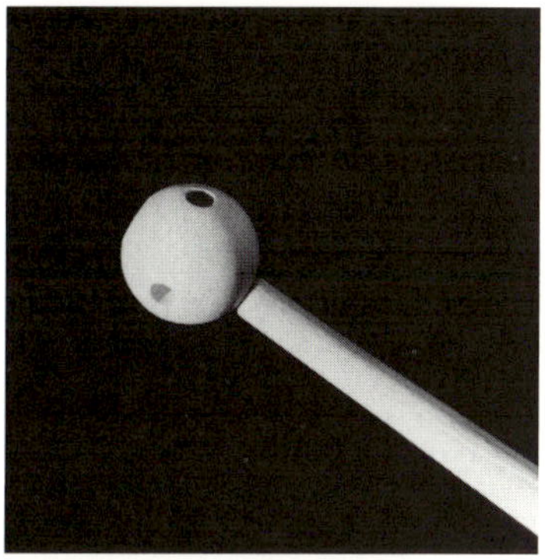

Weihnachts-pyramide

Seit altersher gilt die Form der Pyramide als ein Sinnbild des Weltalls. Wir finden sie wieder in den Umrissen der Mariengnadenbilder (Kegelmadonnen), den Klausenbäumen und im Tannenbaum, der mit seinem kegelförmigen Wuchs die älteren Formen des Brauchtums abgelöst hat.
Eine Vorgängerin des Christbaums ist auch die Weihnachtspyramide, die von einem großen Flügelrad bewegt wird, zu dem der warme Luftstrom brennender Kerzen antreibend aufsteigt.

Bauanleitung
Das Gestell besteht aus den drei Gestellhölzern, der Bodenplatte aus 5 mm dickem Sperrholz und einer kleineren Holzscheibe, die das Gestell oben zusammenhält. Für das untere Drehlager wurde bei der vorgeschlagenen Pyramide aus formalen Gründen noch eine zweite Scheibe – die zweite Stufenplatte – auf die größere aufgeleimt.
Arbeitsgänge am unteren Drehlager: Ausschneiden der Bodenplatte mit der Laubsäge, Nuten der Scheibe vom Rand her etwa 1 cm tief und in der Breite der Gestellhölzer an drei zu einem gleichseitigen Dreieck verbindbaren Stellen. Aufleimen der Kerzenhalter aus 2,5 bis 3 cm dicken Rundholzabschnitten (Einbohrung in Kerzendicke). – Die zweite Stufenplatte wird in der Mitte mit einem großen Spiralbohrer 2–3 mm tief angebohrt. In diese Vertiefung kleben wir (möglichst waagerecht) eine kleine Glasscherbe. Darüber nageln wir mit kurzen Stiften eine in der Mitte genügend weit durchstochene, runde Blechscheibe (die Achsnadel darf später an der Blechkante nicht reiben). Die beiden aufeinandermontierten Stufenplatten werden von den Gestellbeinen in waagerechter Lage gehalten. Eine einfache Verleimung zwischen Bodenplatte und Gestellhölzern genügt.
Oberes Drehlager: Durchbohren der oberen Gestellscheibe für die

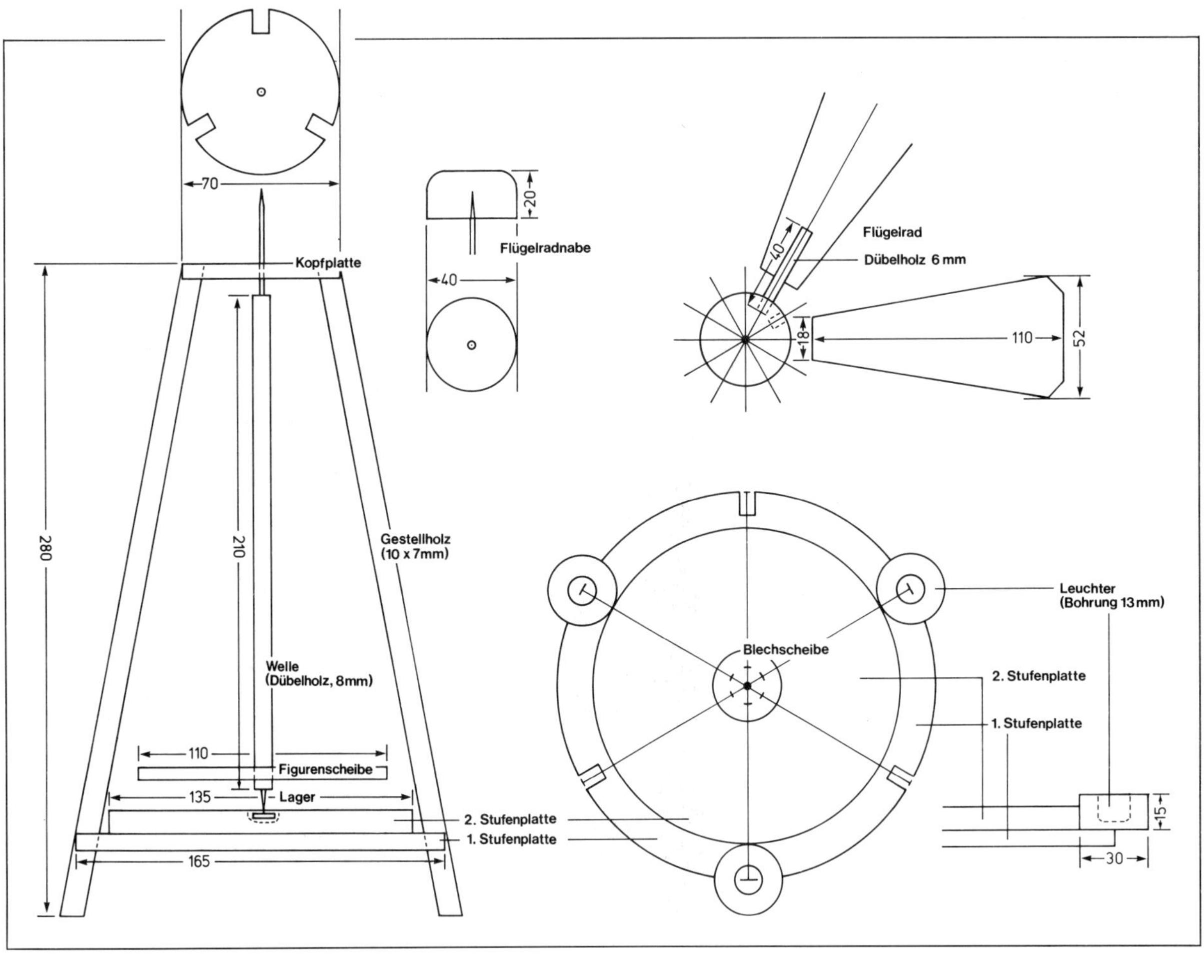

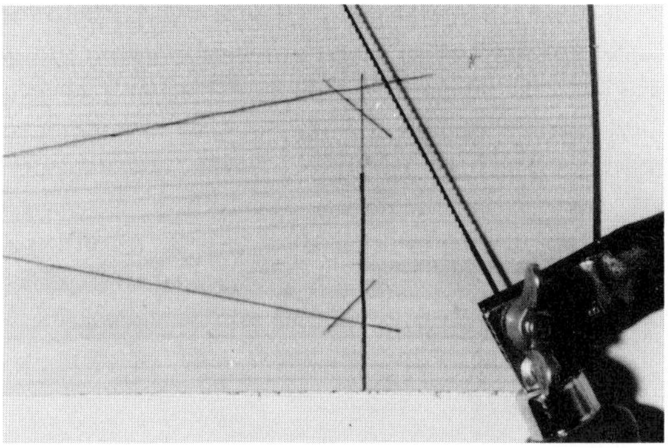

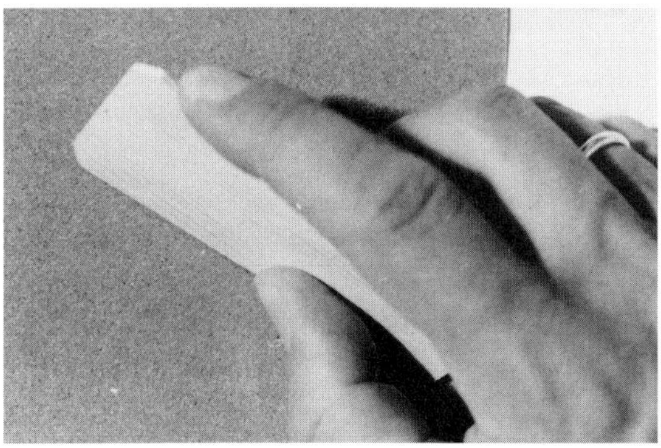

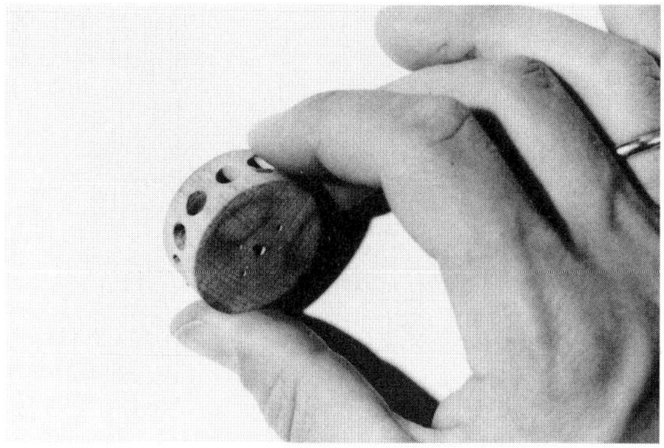

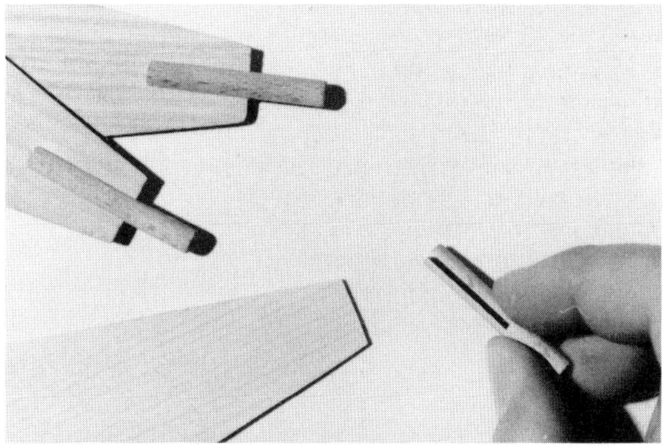

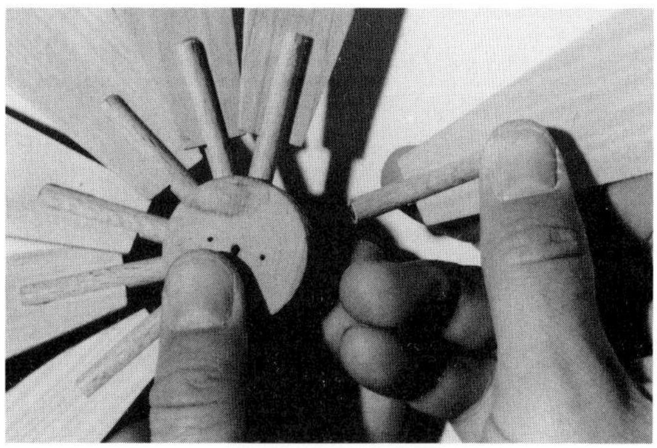

*So wird das große Antriebsrad gebaut.
Linke Spalte von oben nach unten: Die Flügel sind nach einer vorbereiteten Schablone auf das Werkholz aufzuzeichnen, mit der Laubsäge auszuschneiden und an den Sägekanten zu schleifen.
Rechts: Die angebohrte Flügelradnabe. Jedes Flügelblatt wird am schmalen Ende mit einem Dübelholzzapfen verbunden und in die Radnabe eingesteckt. Schrägstellung (für Rechtslauf!) beachten.
Unten: Die zentrale Einbohrung der Nabe zum Aufsetzen auf die Achsnadel.*

Die Werkzeichnung auf der gegenüberliegenden Seite enthält alle Maßangaben sowie Hinweise für den Zusammenbau der einzelnen Teile.

Die Heimat solcher Basteleien ist das Erzgebirge. Dort werden noch heute große, vielstöckige Pyramiden gebaut, die dem Betrachter in verschiedenen Ebenen figürliche Darstellungen aus der Weihnachtsgeschichte vor Augen führen. Neben dem Tannenbaum hat man heute meist nur noch für eine kleine Pyramide auf dem Tisch oder der Anrichte Platz. Tatsächlich sind einfachere Modelle, die nur aus einem Gestell mit Flügelrad und Figurenscheibe bestehen, heute für den sächsischen Teil des Erzgebirges ein wichtiger Exportartikel. Die Darstellungen entsprechen oft nur einer säkularen winterlichen Stimmungswelt mit zierlichen Holzhackerhäuschen, geschnitzten Bäumchen und futtersuchenden Rehen. Solcher Verflachung entzieht man sich am besten dadurch, daß man für seine Familie in der Vorweihnachtszeit selbst eine schöne Pyramide bastelt. Einfache Formen sind leicht zu entwerfen.

Achsnadel in ausreichender Weite. Darüber kommt ebenfalls eine in der Mitte durchstochene Blechscheibe (Lagerscheibe).
Das Flügelrad: Eine etwa 2 cm dicke, runde Holzscheibe (Durchmesser 4 cm) wird vom Rand her an zwölf gegenüberliegenden Stellen (Winkelteilung!) auf die Mitte zu angebohrt. Bohrweite 6 mm. Die Flügel sind nach einer Schablone aus 1,5 mm dickem Furnierholz auszuschneiden und an den Schnitträndern zu schleifen. Es folgen der Zuschnitt der 12 Zapfen (je 4 cm lang, 6 mm dick) aus Dübelrundholz, das Schlitzen derselben 2,5 cm tief und das Verleimen mit den Flügeln, schließlich das Einleimen in die Flügelradscheibe.
Die Flügelradwelle: Ein etwa 20 cm langer und 8 mm dicker Dübelholzabschnitt wird an seinen beiden Schnittflächen in der Längsrichtung angebohrt und mit spitz zugefeilten Stricknadelabschnitten versehen, unten 1 cm, oben 7 cm. Durchmesser der Figurenscheibe 11 cm (Sperrholz 5 mm). Die Scheibe ist im Zentrum zu durchbohren, auf die Flügelradwelle aufzuschieben und am unteren Ende mit dieser zu verleimen. – Das Flügelrad wird von unten im Zentrum mit einem Drillbohrer angebohrt und nur leicht auf die Spitze der Achsnadel aufgedrückt. Auf waagerechten Sitz achten!
Figuren: Vorzuschlagen sind einfache Brettsägefiguren aus 5 mm dikkem Leistenholz, evtl. (aus Gestaltungsgründen) mit abgeschrägten Schnittkanten, oder geschnitzte Rundplastiken aus geeignetem Dübelrundholz.

Links: Das untere Drehlager besteht aus einer grubenartigen Einbohrung in der Scheibenmitte, die – a) mit einer ebenen Glasscherbe ausgelegt und – b) mit einem gelochten Blech (zur Achsführung) überdeckt wird.
Unten: Die Figurenscheibe wird mit den vorbereiteten Figuren besetzt. Man kann diese direkt aufleimen, aber auch – wie hier – mittels feiner Rundholzdübel aufstecken, was später noch Umsetzungen erlaubt.

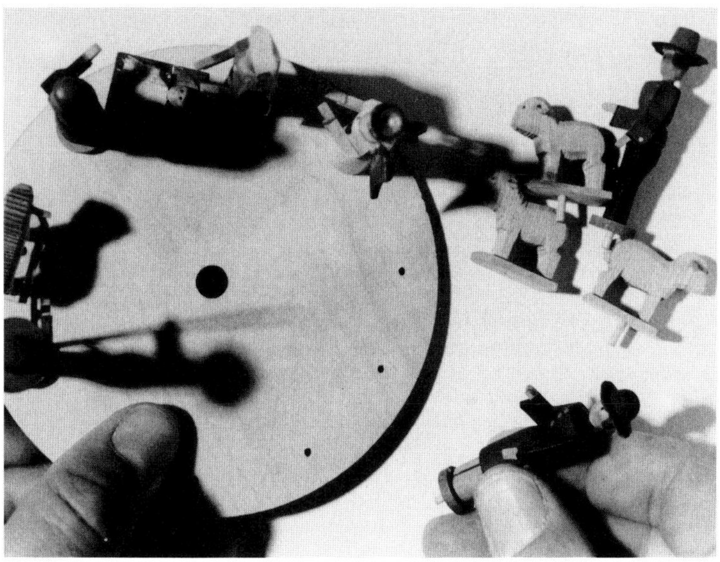

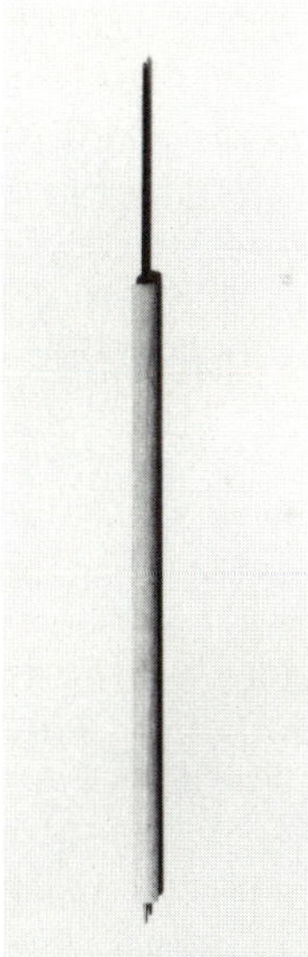

Oben: Das fertig montierte Pyramidengestell, die Flügelradwelle mit den beiden Achsnadeln und die mit den Figuren voll besetzte Figurenscheibe.
Unten: So wird die Figurenscheibe mit der Flügelradwelle verbunden. Vor dem Verleimen die Welle senkrecht ausrichten!
Rechts: Die fertige Weihnachtspyramide. Sparsame Bemalung! Überstreichen mit Einlaßgrund und farblosem, mattem Schutzlack.

Weg zur plastischen Form

Ein Werkzeug, das schon auf steinzeitlichen Siedlungsplätzen häufig gefunden wird, ist der Schaber. Damit reinigten die vorzeitlichen Jäger ihre erbeuteten Felle. Sie glätteten damit aber auch die Schäfte ihrer Pfeile und die Griffkanten der aus Holz gefertigten Geräte, von denen wir heute nur noch wenig wissen, weil sie sich über die lange Zeit hinweg im Erdboden nur spärlich erhalten haben. Im Duvensee-Moor (Kreis Lauenburg, Schleswig-Holstein) wurde das »älteste Paddel der Welt« aus der frühen Mittelsteinzeit (um 7000 v. Chr.) gefunden, das schon eine mit Werkzeugen bearbeitete Griffstange hat.

Eine Holzkante runden

Die *plastische Formung* des Holzes beginnt schon dort, wo wir eine Kante runden, um sie für die umfassende Hand »griffiger« zu machen. Geeignete Werkzeuge sind *Raspel, Feile* und *Schleifpapier*, das wir zum Gebrauch besser um einen *Schleifkorken* legen (siehe S. 54).
Die Raspel »schruppt« – ihre groben Zähne reißen tiefe Furchen in das Holz. Die Feile bessert diese Vorarbeit – sie »schlichtet«. Mit Sandpapier wird die bearbeitete Fläche geglättet.

Ein Paar Stelzen!

Die Stangen müssen so stabil sein, daß sie zur Not auch einen erwachsenen Menschen tragen können. Am besten eignen sich etwa 2 m lange Rechteckleisten aus Kiefernholz, Profil 5 × 4 cm. An die Stangen werden die Tritthölzer »angeschlagen«, zwei Brettstücke, 20 × 10 × 2 cm, an einer Ecke schräg abgesetzt (siehe die Abbildungen auf der gegenüberliegenden Seite).
Die Trittklötze sind mit je 3 langen *Holzschrauben* (Senkkopf, 5,0/60 – d. h., 5 mm Schaftdurchmesser, 60 mm lang) an den Stangen zu befestigen. Schaft- und Gewindelöcher müssen mit unterschiedlichen Durchmessern vorgebohrt werden (Schaftloch 5 mm, Gewindeloch 3,5 mm). Senkkopfschrauben haben einen *kegelförmigen Kopf*, der in die Holzfläche »eingesenkt« werden soll. Zum Erweitern des Lochrandes nimmt man einen *Krauskopf*, ersatzweise einen dicken Spiralbohrer.

Links: Die Raspel hat viele keilförmige Zähne mit scharfen Kanten. Sie dringen in die Holzoberfläche ein, reißen sie auf und trennen Späne ab, die dann zwischen den Zähnen mitgeführt werden. – Die Feile hat schräg oder gekreuzt verlaufende Schneidekanten, die auf Druck und Stoß ebenfalls die Holzoberfläche aufbrechen und abtragen. Nach Gebrauch werden beide Werkzeuge mit der »Feilenbürste« gereinigt.
Unten: Zunächst werden die Kanten im Griffteil des Stelzenholzes in ganzer Länge gebrochen, dann gerundet. Dabei empfiehlt es sich, den Stoß mit der Raspel nach vorn zugleich mit einem seitlichen Hinwegstreichen über das Holz zu verbinden. Leistenenden niemals gegen die Holzfaser »bestoßen«!

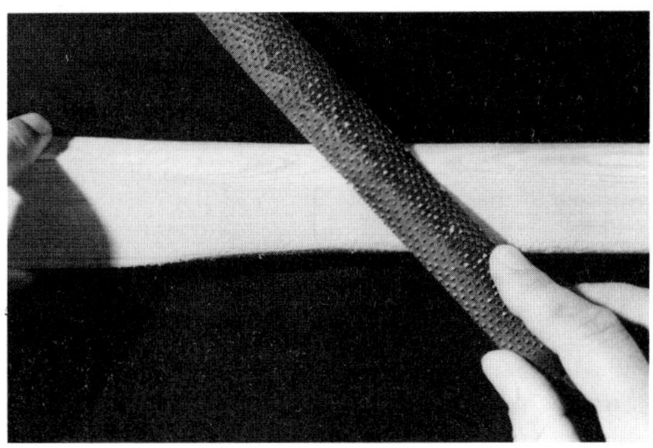

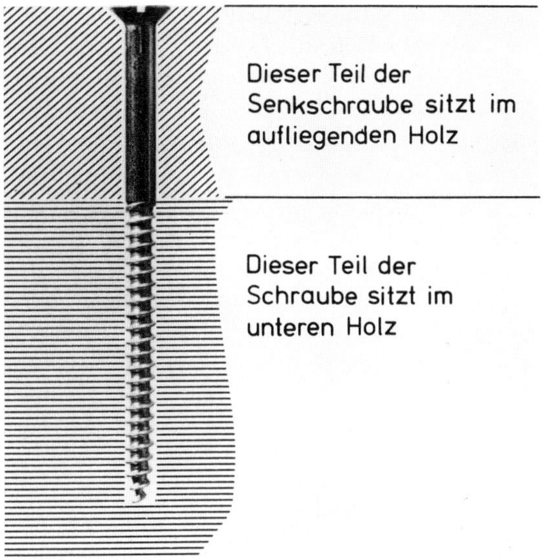

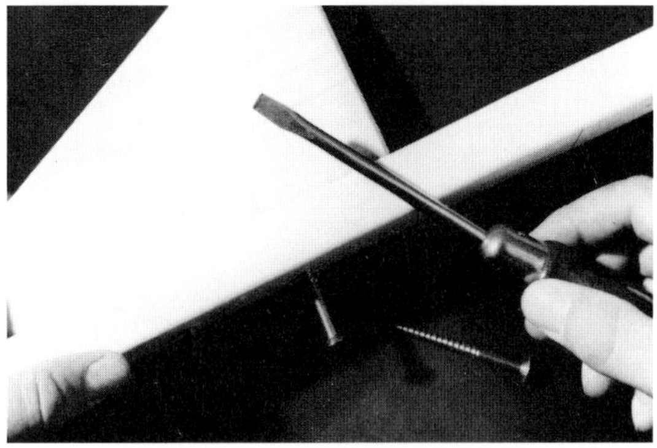

Oben: So sitzt die Senkkopfschraube im Holz. Die Schaftlänge entspricht der Dicke der durchfahrenen (aufliegenden) Leiste. Das Gewindeloch (im unteren Holz) muß enger gebohrt werden, damit sich das Schraubengewinde von der Spitze her in das Holz »einziehen« (zugleich einschneiden) kann.

Rechts oben: Damit die Schraubenköpfe im Holz bündig liegen, erweitert man die Eingänge der Bohrungen kegelförmig mit einem »Krauskopf« bzw. durch leichtes Anbohren mit einem größeren Spiralbohrer. Die Breite des Schraubendrehers sollte immer der Länge des Schlitzes im Schraubenkopf entsprechen.
Daneben: Die Tritthöhe ist dem eigenen Ermessen anheimgestellt. Je höher die Trittklötze angeschlagen werden, um so schwieriger ist später der Aufstieg. Man merkt aber selbst, daß erst bei 50 cm Tritthöhe der wahre Spaß beginnt!

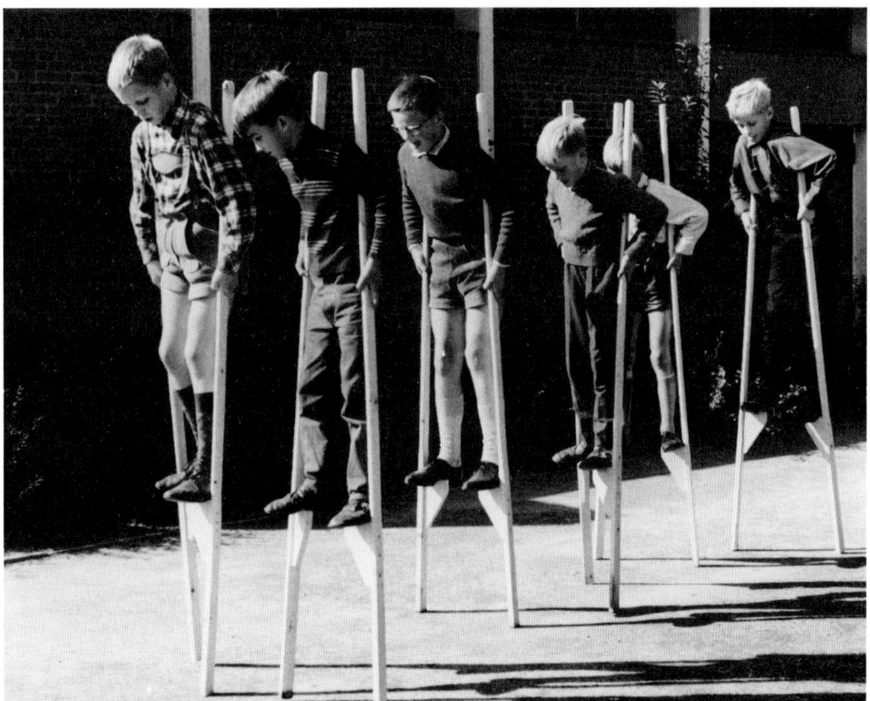

Kerbschnitte

»Ornare« (lat.) heißt schmücken. Das Wort wird von »ordinare«, ordnen, abgeleitet. Von daher erhält es einen besonderen Sinn. Ordnung ist Bindung, sowohl an eine Struktur als auch an das Ganze der Gestalt. Richtig angewendet steht also auch das Ornament in einem deutlichen Bezug zum Ganzen.
Früher beherrschte fast jeder holzbearbeitende Handwerker die Kunst, mit dem verfügbaren (einfachen) Werkzeug Zeichen, Linien, Ornamente in das Material einzuschneiden. Mit dem Schnitzmesser oder Flacheisen hob er »Kerben« aus dem Holz heraus. Mit dem Hohleisen erzielte er rundbogige (halbmondförmige) »Daumennagelschnitte«. Diese einfachen Verfahren werden heute im Begriff »Kerbschnitt« zusammengefaßt.

Ordnung im Ornamentalen
Die einfachste Ordnung ist die schmuckhafte Wiederkehr der immer gleichen Formeinheit (siehe S. 14–17), wie wir sie z. B. von der Perlenschnur kennen. Ähnliche Ordnungen finden sich auch dort, wo einfaches Handwerk betrieben wird, beim Ausfüllen von Fachwerk, Korbflechten, Weben – nicht zuletzt in den volkstümlichen *Kerbschnitt*-Ornamenten auf hölzernen Geräten.

Werkzeug und Schnittformen
Wir benötigen das kurzklingige *Kerbschnittmesser* mit scharfer Spitze und festem Griff (siehe Abbildung unten) zum geradlinigen Schneiden, eventuell noch ein *Hohleisen* (siehe Abb. S. 104) für rundbogige Schnitte. Das Kerbschnittmesser wird so in die Hand genommen, daß der Daumen als Stütze, Zirkelschenkel und Gegendruckhebel frei bleibt. Man schneidet vorwiegend mit der Spitze. Beim Abziehen des Messers ist darauf zu achten, daß die Spitze nicht rundgeschliffen wird. Der *Dreischnitt* setzt sich aus zwei senkrechten Einschnitten mit der griffaufwärts schräggehaltenen Messerspitze (unten links, oberes Bild) und einem grundschaffenden Aushebeschnitt (unten) zusammen. Der *Rillenschnitt* oder *Linienschnitt* (siehe Abb. unten rechts) ist ein schräggeführter Doppelschnitt. Man halte das Messer so, daß beim Ziehen ein längerer Teil der Schneide in das Holz eindringen kann. So wird ein Abweichen von der geraden Linie vermieden.

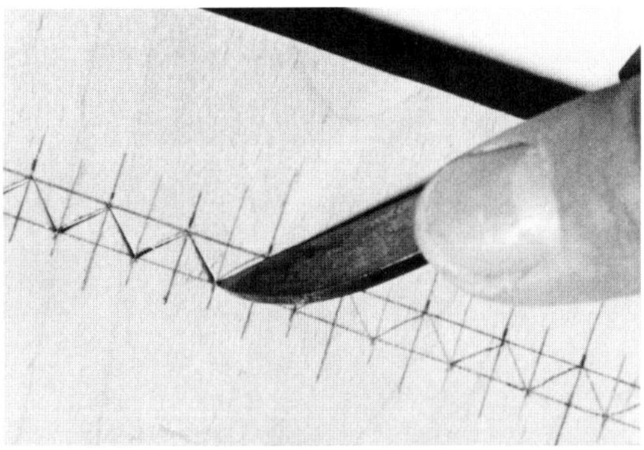

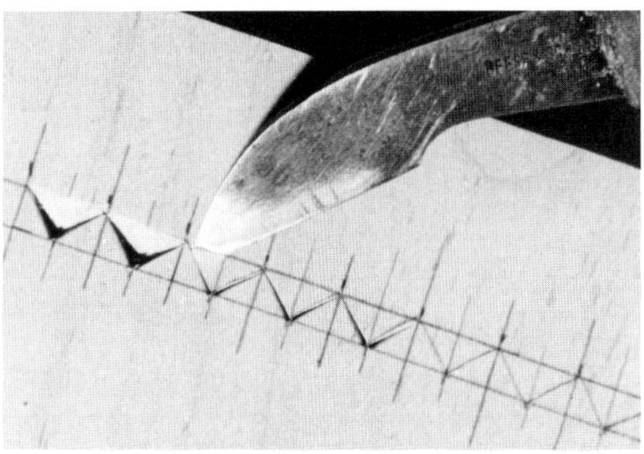

Links: Der »Dreischnitt«. Die Einstiche müssen gleichmäßig tief ausgeführt werden. Beim Ausheben (unten) wird das Messer mit der Spitze am Ende des ersten Einstichs angesetzt.
Unten: Die sauber ausgeführte Dreischnittreihe kann mit weiteren zu ornamentalen Bändern kombiniert werden.
Darunter: Der »Rillenschnitt«.

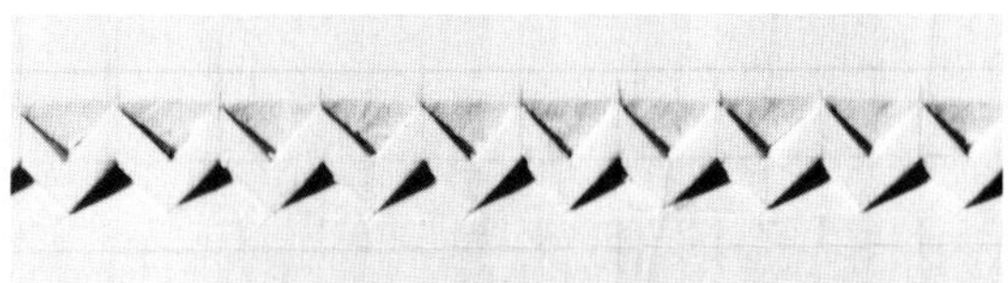

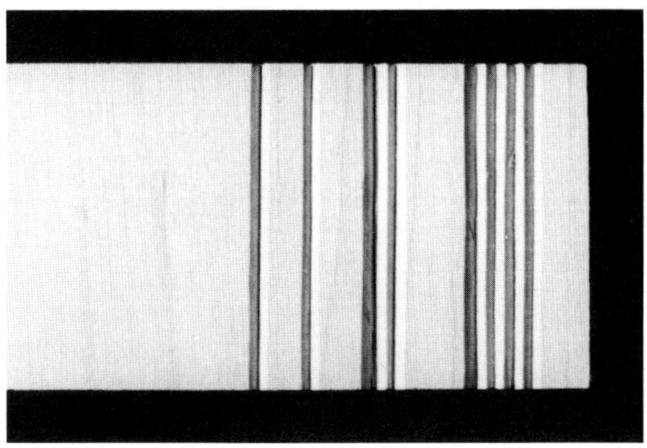

Oben: Einfache Kerbschnittstruktur (Vogelgefieder).
Darunter: Kerbschrift – Anwendung des Rillenschnittverfahrens.
Unten: Mit Kerbschnitten ornamental überladene Werkformen (Reisemitbringsel).
Rechts: Reliefschnitzereien (siehe die nachfolgenden Seiten) an einem »Naturpfad«-Wegweiser.

Reliefschnitzen

Neues Stechwerkzeug muß in der Regel erst geschliffen werden. An jeder Schleifmaschine ist eine Auflage für richtige Winkelhaltung. Geschliffen wird nur die Fase, nie die Spiegelseite (Rückseite) des Eisens.
Ein häufiger Anfängerfehler ist, die Fase »bucklig« zu schleifen. Darauf rutscht das Eisen, ohne zum Schnitt zu kommen. Am besten ist ein leichter Hohlschliff, wie er sich durch die Scheibenrundung von selbst ergibt. Man schleift so lange, bis an der Schneide ein feiner Grat entsteht, der beim Abziehen weggenommen wird. Abziehsteine müssen befeuchtet werden. Zunächst legt man das Eisen mit der Spiegelseite auf den flachen Stein und bewegt es kreisend. Dann folgt die Fasenseite mit geradem Strich gegen die Schneide vor und zurück.

Plastik im Grenzbereich zwischen Fläche und Raum
Im *Relief* (frz.) stehen die Figuren noch nicht frei im Raum, sondern sind an eine Fläche gebunden. Von der Fläche aus lassen sich die räumlich-körperhaften Inhalte sowohl in die Höhe als auch in die Tiefe hinein aufbauen. Es liegt auf der Hand, daß ein *Schnitzrelief* nur durch Wegnehmen (Abtragen von Material) in die Tiefe hinein entstehen kann.
Die Organisation beginnt mit der Gliederung der ebenen Fläche. Plastische Wirkung entsteht beim Zurücksetzen des Grundes und fortschreitendem »Buckeln« (Wölben) und »Höhlen« (Wegnehmen, Abtragen) der Restflächen, wobei auch Licht und Schatten mehr und mehr ins Spiel kommen und den dreidimensionalen Eindruck steigern.

Die Arbeiten
Der *Entwurf* wird im Pausverfahren auf das Werkholz übertragen (siehe die Abbildungen auf der gegenüberliegenden Seite). Dann werden die Umrißlinien der Zeichnung mit einem Messer umschnitten und alles zum Hintergrund Gehörige mit *Hohl-* und *Flacheisen* verschiedener Größen (siehe Abb. unten) bis in die vorgesehene Tiefe zurückgenommen. Die plastische Ausarbeitung erfolgt in einem dritten Arbeitsgang, wobei man – wiederum in die Tiefe hinein »wegnehmend« – erhabene Figurenteile zunächst noch stehen läßt. Harte Kanten werden abschließend gerundet.

Links: Schnitzmesser mit verschiedenen Klingen. Darunter: Stecheisen, Hohleisen und Abziehsteine. Kleinere Stecheisen werden mit der Hand getrieben, wobei die linke Hand führt und die rechte den erforderlichen Druck ausübt. Für gröbere Arbeiten braucht man sogenannte Bildhauerbeitel (unten) mit zwingengefaßtem Heft und Schlagknopf – für den Knüppel. Die Schneidenbreite wird durch eine Nummer – den »Stich« – angegeben. Es gibt auch Eisen in gebogener und gekröpfter Form, womit man über eine Kante hinweg tiefliegende Gründe bearbeiten kann. Abziehsteine sind Natur- oder Kunststeine, die zum Gebrauch mit Wasser, Öl oder Petroleum befeuchtet werden müssen.

Oben und unten: Das Arbeiten mit dem Knüppel. Es entsteht die Volutenkrönung für eine Hof- und Gartenpforte (Hamburger Landgebiet).
Beim Kerbschnitzen ging es vordergründig um das scharfkantig ebenflächige Herausheben der ornamentalen Formteile aus der geschlossenen Holzfläche. Im ausgearbeiteten Relief spielt Ebenflächigkeit nur noch eine untergeordnete Rolle – z. B. als Umrahmung oder tragender Grund. Auch die »scharfe Kante« tritt nun zurück zugunsten einer weicheren Modulation, die durch Licht und Schatten unterstrichen wird. Im eigentlichen Sinne hatte schon der Kerbschnitt durch die Hoch- und Tieflagen seiner Flächen Reliefcharakter. Gleiches gilt für die hier gezeigte »Flachschnitz«-Arbeit.
Zum Reliefschnitzen finden sich zahllose Motive (siehe auch S. 103). Voraussetzung für gutes Arbeiten ist »gepflegtes« Werkzeug mit richtig angeschliffenen und immer wieder frisch abgezogenen Schneiden.
Links: Die Rosette (frz. – Röschen) ist ein Ornament mit kreisrundem Umriß, entwickelt aus einem stilisierten Blütenstern. Sie gehört zu den ältesten und am weitesten verbreiteten Motiven.

Oben und unten: Entstehen eines ornamentalen Reliefs (Rosette). Drei Werkzustände – die auf das Holz übertragene Umrißzeichnung (Oben), erfolgter Rückschnitt des Hintergrundes (darunter), die fertige Arbeit (unten).

Figuren

In einem trockengelegten Moor in Schleswig-Holstein wurden zwei große, menschenähnliche Holzfiguren (frühe Darstellungen von Gottheiten) gefunden, die aus gegabelten Eichenästen geschnitzt sind. Diese Bilder erscheinen uns heute nicht nur als ein Ausdruck der Ehrfurcht des frühen Menschen vor den unsichtbaren Mächten, denen er sich ausgeliefert glaubte, sondern auch als ein Zeichen respektvoller Phantasie, die zur formalen Entschlüsselung der Unberechenbarkeiten im Material antritt. – Der Mensch schnitzt, seit er eine Beziehung zur Umwelt hat. Er schnitzt nicht nur Götterbilder, Heilige, Porträtbüsten, sondern auch Gebrauchswerkzeug, Spielzeug, Krippenfiguren. Heute gibt es dafür den Kunsthandwerker.

Einzelnes Gebilde oder Prototyp

Figuren aus Holz können auf verschiedene Weise entstehen. Betrachten wir z. B. die Abbildungen in der unteren Seitenhälfte. Die Teile aus der Abfallkiste, aus denen diese Figuren zusammengesetzt wurden, waren rein zufällig. Obwohl diese Zufallsformen in bestimmten Arbeitsabläufen entstanden sind, zeigten sie doch eine gewisse Ursprünglichkeit, die zur weiteren Verwendung reizte. Kontaktkleber, der nach dem Zusammenfügen keine weiteren Verschiebungen zuläßt, hält die Gebilde ausreichend fest zusammen.

Der durch zufällige Vorgaben angeregte *bildnerische Prozeß* ist einmalig. Das Ergebnis ist nicht wiederholbar. Es ist beachtenswert, wie sehr diese Unikate auch das kreative Denken und Empfinden des Herstellers widerspiegeln. Oft besteht jedoch der Wunsch nach einem *Grundmodell*, das sich beliebig wiederholen läßt. Die mit der Säge vorgeschnittene Kontur einer Form erscheint reproduzierbar, siehe die Brettsägefiguren auf den Seiten 72 und 77. Solche Figuren können weiter ausgearbeitet werden. In den aus dem Kunstgewerbeladen stammenden Krippenfiguren (gegenüberliegende Seite, unten) ist die ursprüngliche umsägte Brettfigur noch erkennbar.

Die erzgebirgischen Spielzeugschnitzer kennen noch ein anderes Verfahren, um schnell zu möglichst vielen gleichen Ausgangsformen zu kommen. Es wird an einer Holzdrehbank ein Reifen gedrechselt, der schon in seinem Profil den Umriß der gewünschten Figur, z. B. eines

Links: Figuren aus Werkabfall. In der Abfallkiste liegen Holzteile, die bei verschiedenen Arbeiten entstanden sind. Wir suchen einige heraus und lassen unsere Phantasie damit spielen. Stoffliche Möglichkeiten und formale Bezüge sind Quellen, aus denen die Bildidee gespeist wird.

Oben und rechts: Krippenfiguren und Leuchterengel aus gedrechselten Rohkörpern, mit deren Herstellung eine Drechslerwerkstatt beauftragt wurde. Der Gedanke, an Stelle des umschnittenen Blocks auf eine gedrechselte Grundform zurückzugreifen, stammt aus dem Erzgebirge. In den Abbildungen handelt es sich aber nicht um erzgebirgische »Exportartikel«, sondern um liebevoll ausgeführte Laienarbeiten. Flügel eingesteckt, Arme angedübelt.

Rechts: »Kunstgewerbliche« Krippenfiguren. Detailreichtum und der Widerstand, den das feste Holzgefüge der Bearbeitung entgegensetzt, zwingen den Hersteller, sich auf möglichst geringe Veränderungen einer vorbereiteten Ausgangsform zu beschränken. Zunächst wurden die Figurenumrisse auf die ebene Holzfläche aufgezeichnet und grob umschnitten. Statt mit der Raspel wurde mit dem Schnitzmesser gearbeitet. Auf rundplastisches Ausarbeiten wurde verzichtet, zumal die farbige Lasurbemalung die Aussage der Form wesentlich ergänzt. Die klaren Schnittspuren lassen auf eine geübte Hand schließen und dokumentieren dem Käufer gegenüber »echte Schnitzarbeit«.

Das Handwerk kennt mehrere Schnittarten (-techniken). Die wesentlichsten sind die »Flachschnitztechnik« (siehe S. 105), die »plastische Ausarbeitung« mit Stech- und Hohleisen (siehe die Engelfiguren auf der gegenüberliegenden Seite, rechts), die »Schleiftechnik« mit Raspel, Feile und Sandpapier, durch die die Struktur des Holzes besonders gut zur Geltung kommt (vgl. »Stier« – gegenüberliegende Seite, unten). Die »Glattschnitt-Technik« mit strenger Linienführung setzt überaus sicheres Schneiden voraus. Fehlschnitte dürfen nicht vorkommen (Krippenfiguren S. 107, unten; – »Reh«, gegenüberliegende Seite).

Pferdchens, enthält. Von diesem Profilreifen werden dann die Rohlinge in gewünschter Dicke scheibchenweise (radial) abgespalten. Aus dem Erzgebirge stammt auch das Verfahren, von einer gedrechselten Grundform ausgehend die Figur durch partielles Abtragen und Anmontieren gesondert zugerichteter Teile aufzubauen (siehe die Abbildungen auf S. 107, oben). Man kann sich solche Vorformen nach eigenen Vorgaben (möglichst einer Maßzeichnung) in einer Drechselwerkstatt herstellen lassen.

Die plastische Ausformung der Brettsägefigur

Auch der gelernte Bildschnitzer beginnt seine Arbeit in der Regel mit der Herstellung eines *Rohlings*, der ihm von vornherein die porportionelle Maßhaltigkeit der Form garantiert. Die umsägte Brett- oder Klotzfigur ist nun die Basis. Die weitere Bearbeitung vollzieht sich in mehreren Etappen – Abtragen der harten Schnittkanten mit dem Schnitzmesser oder mit Raspel und Feile; Bearbeiten der Flächen mit dem Messer oder mit Stech- und Hohleisen; eventuelles Schleifen der Endfigur. Alle Zwischenformen sollte man sorgfältig ausarbeiten, so daß die jeweiligen Werkzustände immer schon als Endergebnis gelten könnten. Die letzten formgebenden Schnitte bestimmen das Erscheinungsbild des Ganzen. Man betrachte dazu die kleine Rehfigur in der Abbildung auf der gegenüberliegenden Seite, in der trotz einfachen Beschnitts die grazile Körperhaftigkeit des Modells voll in Erscheinung tritt.

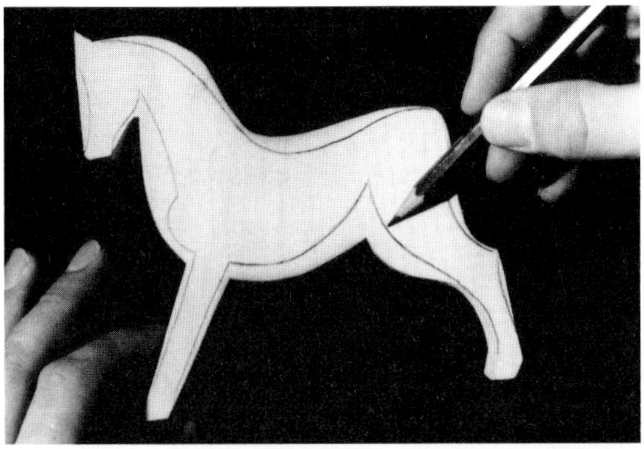

Links und unten: Ein Weg zum plastischen Bearbeiten der Brettsägefigur. – Zunächst muß für die abzutragende Kante ein neuer Flächenumriß auf das Holz aufgezeichnet werden. Das anstehende Kantenmaterial läßt sich mit der Raspel leicht wegnehmen (es empfiehlt sich, die Figur dazu über eine Tischkante zu spannen). Die grobe Raspelspur muß nun mit der Feile geschlichtet werden, dabei sind auch die Ecken zu bearbeiten (unten). Für Spielzeugfiguren kann der bis hier erzielte Werkzustand bereits als Endergebnis gelten. Es ist aber auch ein weiterführender Rundschliff möglich (z. B. für eine schöne Schaukelpferdplastik aus verleimtem Blockholz).

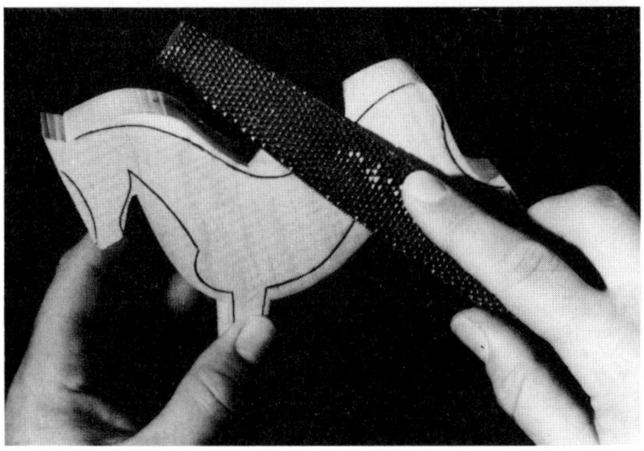

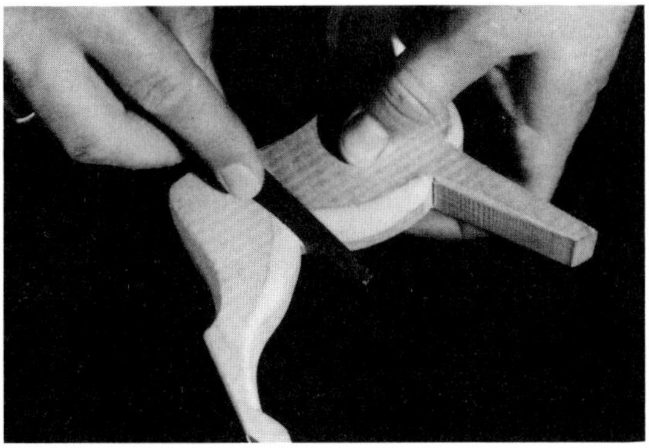

Oben: »Engel« – Versuch in Glattschnitt-Technik. Der mit der Säge vorbereitete Rohling ist in der Form noch erkennbar.
Rechts: Plastisch ausgeformter »Barockengel« aus einer Südtiroler Werkstatt. Die Rohlinge solcher Souvenir-Artikel werden heute mit speziellen »Bildschnitzmaschinen« (Bildfräsen) vorbereitet und nur noch oberflächlich mit der Hand bearbeitet.
Darunter: Einsetzen der Flügel (Steckverbindung).

Unten: Glattschnitt an der umsägten Brettfigur. Die Beinpaare wurden mit der Laubsäge getrennt.
Rechts: »Stier«, Schleiftechnik. Die Figur wirkt in der einfachen Form so überzeugend, daß Details überflüssig erscheinen.

Holzschalen

Vor Arbeitsbeginn sind einige Überlegungen anzustellen: Was soll die Schale beinhalten? Soll der Rand kreisrund, oval oder betont anders verlaufen? Welche Durchmesser sind gegeben bzw. möglich? – Die Beantwortung dieser Fragen wird immer auch vom Zuschnitt des Blocks und von der Art und dem Charakter des verfügbaren Holzes abhängen.
Man kann die Sache auch anders betrachten: indem man zunächst im rohen Holz den möglichen Umriß erkennt, diesen freizulegen beginnt und – mit dem Blick auf die allmählich sichtbar werdende Gestalt – in ein zugleich beruhigendes und entspannendes Schaffen verfällt, mit dem natürlichen Glücksgefühl am Ende, das jede selbständige Formleistung hinterläßt.

Hohlformen aus dem Klotz

Das Urbild der Schale ist die hohle Hand oder die Schöpfform der beiden aneinandergelegten Hände. Die *Höhlung* (Mulde) ist formbestimmend. Daraus ergibt sich das *Arbeitsprinzip*, die Form grundsätzlich von innen her aufzubauen. Die Außenwandkurve muß sich nach der Innenform richten. Zur Klärung der formalen Idee sind Skizzen und Papierschnitte hilfreich.

Die Arbeitsweise

Der Klotz muß horizontal eingespannt werden. In Ermangelung einer Bankzange kann man ihn mit einer kräftigen Zwinge auf die Arbeitstischkante aufklemmen (Hinweise auf den Seiten 52/53).
Zunächst ist der Randumriß mittels einer *Schablone* auf die Holzoberfläche aufzuzeichnen. Zum Ausheben braucht man ein *gebogenes Hohleisen* mit 15 bis 20 mm Klingenbreite. Es wird mit beiden Händen geführt (nicht geschlagen!), wobei die rechte Hand sticht, die linke lenkt und bremst. Arbeitsrichtung – vom Schalenrand aus radial auf die Schalenmitte zu. Vergleiche dazu die Abbildungen auf den nachfolgenden Seiten!
Die *Treppenbauerraspel* dient zum Einebnen grober Schnittspuren, die man aber auch mit dem Hohleisen (in Feinarbeit) so weit abstechen kann, daß sich ein lebendiges Oberflächenbild ergibt (siehe die Nußholzschale in der Abbildung unten).

Links: Die Form der Schale ergibt sich aus ihrer Funktion des Umfassens und Beinhaltens. Beim Entwerfen kann man sich auch von natürlichen Schalenformen (Nußschalen, Kastanienschalen u. a.) leiten lassen. Das Aussehen der Schale wird ergänzt durch die Farbe und Zeichnung des Holzes, die wiederum erst durch geeignete Oberflächenbehandlung voll in Erscheinung treten können.
Oben: Schale aus Nußholz mit dezent sichtbar gebliebenen Werkspuren (lebendige Oberflächenstruktur).
Unten: Tellerschale mit Blockrand, mit der Ziehklinge geglättet; Linde.

Oben: Schale aus Lindenholz, asymmetrisch, besonders schön durch den Verlauf der Randkurve. Linde ist das geeignete Anfängermaterial, billig und in den Holzhandlungen fast immer auf Lager.
Rechts: Die Abbildungen zeigen Schalen aus verschiedenen Holzarten und mit unterschiedlichen Formen. In ihrer Gegenüberstellung wird klar, daß »Form« unabhängig vom konkret Dargestellten auch eine übergeordnete Bedeutung haben kann. Alle Schalen sehen anders aus, sie sind »formal« verschieden. Jede ist aber in der ihr eigenen Weise »Schale«. Die Betrachtung macht deutlich, daß die Aussagekraft der Form den Gegenstand noch in einer anderen (ideellen) Weise verwirklichen kann. Erst das Zusammenstimmen von Verwirklichung und Idee läßt uns von Vollendung sprechen.

Rechts: Schale mit sehr flacher Wölbung. Grobporiges Holz verschließt sich von Natur aus jeder glättenden Oberflächenbehandlung. Hier genügt ein Überreiben der geschliffenen Fläche mit Einlaßgrund (siehe S. 112), der auch die dunkle Farbe des Holzes kräftiger hervortreten läßt.

Goethe schreibt über den notwendigen Zusammenhang von Zweck, zu berücksichtigendem Materialcharakter und praktischer Formgebung: »Alle Künste fangen mit dem Notwendigen an, allein es ist nicht leicht etwas Notwendiges in unserem Besitz oder zu unserem Gebrauch, dem wir nicht zugleich eine angenehme Form geben, es an einen schicklichen Platz und mit anderen Dingen in ein gewisses Verhältnis setzen können. Dieses natürliche Gefühl des Gehörigen und Schicklichen, welches die ersten Versuche der Kunst hervorbringt, darf den letzten Meister nicht verlassen, welcher die höchste Stufe der Kunst besteigen will; es ist so nahe mit dem Gefühl des Möglichen und Tunlichen verknüpft, und diese zusammen sind eigentlich die Basen von jeder Kunst.«

Die *Schwanenhalsziehklinge* (für glatte Innenflächen) ist immer mit dem Faserverlauf des Holzes anzusetzen, wobei man die Zugrichtung der Schalenrundung entsprechend mehrmals ändern muß. Zieht man gegen die Holzfaser, dann reißen die Poren auf! – *Sandpapier* mittlerer und feiner Körnung kommt erst zum Einsatz, wenn alle groben Arbeitsspuren beseitigt sind.
Zum Abtragen des Außenholzes durch mehrere schräggeführte Tangentialschnitte mit einem Fuchsschwanz oder einer anderen *Einhandsäge* spannt man das Werkstück zunächst so ein, wie es die Abbildung auf der gegenüberliegenden Seite zeigt. Dann spannt man es mit dem Schalenrand aufliegend über die Tischkante (Zwingenarm auf den Schalenboden!) und rundet das Äußere durch schrittweises Abstechen mit einem *Stecheisen* und Umfahren mit einer groben *Raspel* (siehe S. 100). Anzustreben sind möglichst dünnwandige Formen, nicht solche, die wie Pseudoschöpfungen aus Ton wirken.
Ungeschütztes Holz ist sehr empfindlich gegen Staub und jede Art von Feuchtigkeit. Hinzu kommt, daß die mit einem Einlaßgrund vorbehandelte (imprägnierte) Holzoberfläche das auffallende Licht anders reflektiert: Färbung und Zeichnung erscheinen kräftiger, was der Fachmann als »Anfeuern« bezeichnet. – Voraussetzung für jede Art von Nachbehandlung ist eine gut geschliffene bzw. geputzte Fläche, die grundsätzlich nach dem ersten Schliff einmal »gewässert« werden sollte: Mit einem Schwamm heißes Wasser auftragen, damit die beim Schleifen niedergedrückten Fasern hochquellen. 24 Stunden trocknen lassen! Erneut schleifen.
Zellulosehartgrund (Einlaßgrund) wird mit einem weichen Lappen flott und gleichmäßig aufgerieben. *Ballenmattine* (für stärkeren Glanz) wird mit einem saugfähigen Lappen mehrschichtig aufgetragen. Aufträge zwischendurch ablüften lassen!

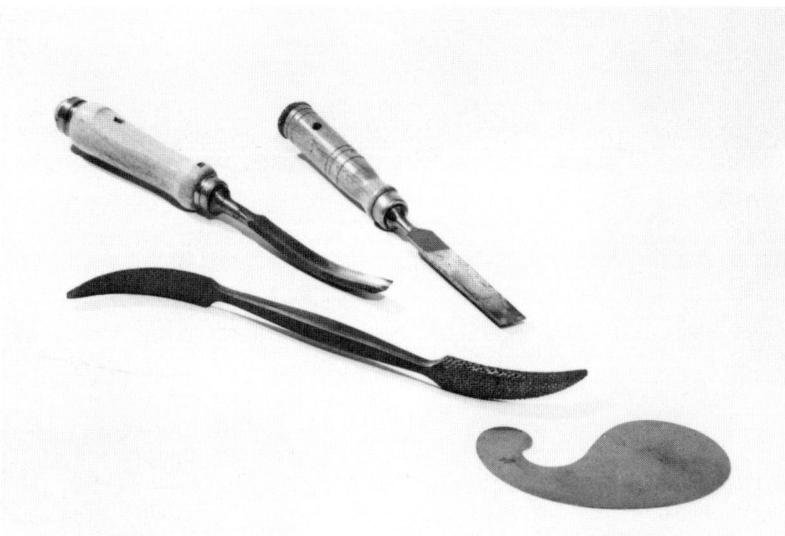

Links: Werkzeuge. – Hauptsächlich wird mit dem gebogenen (!) Hohleisen gearbeitet. Das gerade Stecheisen braucht man zum Abstechen des Außenholzes. Treppenbauerraspel (ebenfalls gebogen) und Schwanenhalsziehklinge (unten) sind Werkzeuge zum Schaben und Glattschneiden der Innenform. – In der Abbildung nicht erfaßt sind Einhandsäge, grobe Raspel und Schleifpapier.

Links (von oben nach unten): Umstechen der aufgezeichneten Randkurve; Ausheben vom Rand aus auf die Mitte zu – zunächst mit flachen, dann mit tieferen Schnitten.
Rechts: Grobes Einebnen der Schnittspuren mit der Treppenbauerraspel; Glätten mit der Ziehklinge; Umschneiden der fertigen Innenform mit einer Einhandsäge.
Unten: Tiefenvergleich, um ein Hindurcharbeiten durch den Block zu vermeiden. Länge des Meßstiftes zuvor über der Schalenmitte abgreifen.

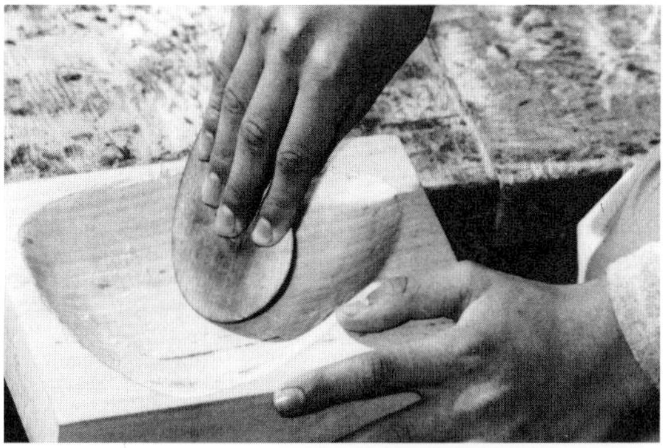

Bemalen mit Farbe

Wichtige Hinweise: Plakatfarbe wird aus Stabilisierungsgründen in hoher Konsistenz geliefert. Sie muß vor jedem Gebrauch im Vorratsbehälter gut umgerührt und bis zur Streichfähigkeit mit Wasser verdünnt werden. Es empfiehlt sich, immer nur die Gebrauchsmenge in einem besonderen Gefäß zu verdünnen.
Acrylfarben trocknen im Pinsel genau so rasch und fest wie auf der Holzfläche und müssen deshalb sofort ausgewaschen oder zumindest (in Wasser) naßgehalten werden.
Getrocknete Farbe in Pinseln und Textilien lassen sich gegebenenfalls noch mit einem Nitro-Lösungsmittel entfernen. Längere Zeit einwirken lassen und mit Wasser auswaschen!

Vorbehandlung der Holzfläche
Feinschliff und *Wässern* (siehe S. 112) sind unerläßlich. Da wasserlösliche Farben bei partiellem Auftragen im Holz auslaufen, muß dieses zuvor *imprägniert* werden – am einfachsten durch Überreiben mit einem zur Farbe passenden *Mal- und Grundiermittel* oder mit *Einlaßgrund*. – Für geschlossene Deckanstriche empfiehlt sich ein *Voranstrich* mit verdünnter Farbe. Voranstriche mit verdünntem Weiß erhöhen die Leuchtkraft der nachfolgend aufgestrichenen Deckfarben. Vor- und Deckanstriche jeweils gründlich trocknen lassen!

Farben und Pinsel
Plakatfarben (Kasein-Emulsionsfarben) sind mit Wasser verdünnbar, trocknen schnell und können nach kurzer Zeit übermalt werden. Nach langem Trocknen sind die Aufstriche wasserfest. Die samtartig-matte Oberfläche ist schmutzempfindlich. Farblose *Schutzlackierung (Klarlack)* läßt die Farben dunkler erscheinen. – Auch die zunächst wasserlöslichen *Acryl-Dispersionsfarben* trocknen wasserfest auf. Sie enthalten Kunststoffteilchen, die nach dem Verdunsten des Wassers einen zusammenhängenden Film bilden. In diesen sind die Farbpigmente eingebettet. – Man malt mit *Borsten-* und *Haarpinseln* in verschiedenen Breiten und Stärken. Es empfiehlt sich, von jeder Größe mehrere Pinsel verfügbar zu haben, so daß man sie auch einmal im Wasser stehen lassen kann und beim Farbwechsel nicht ständig auswaschen muß.

Links: Lustige Kochlöffel (auch zum Verschenken) – Plakatfarbenbemalung, Schlußlack.
Unten: Das weiße Deckelmuster kann mit Hilfe von Papierschablonen oder Pauspapier auf den farbigen Grund aufgebracht werden. Man muß sehr sorgfältig arbeiten, weil Korrekturen mit dem Radiergummi die Farbe beeinträchtigen.

Wer rohe Spanschachteln einkauft, achte auf Qualität und saubere Verarbeitung. Vor dem Malen müssen alle Schachtelflächen – auch der Innenrand des Deckels! – mit feinem Sandpapier geschliffen und mit schnelltrocknendem Hart- und Einlaßgrund imprägniert werden. Diese Vorbehandlung sichert nicht nur die Gleichmäßigkeit des nachfolgenden Farbauftrags, sie erübrigt auch das zuvor beschriebene Nässen, das an den dünnen Weichholzwänden ausnahmsweise nicht zu empfehlen ist. Es folgt ein Voranstrich mit verdünntem Weiß (zwecks erhöhter Farbleuchtkraft) oder mit verdünnter Farbe im Grundton. Trockenzeiten beachten!
Auf den nun folgenden Deckanstrich kann der Entwurf der Schmuckzeichnung aufgepaust werden (siehe S. 121).

Oben und rechts: Diese »modern« anmutenden Schmuckformen zeigen Möglichkeiten der Beschränkung auf einfachste Linienverläufe und spannungsvolle Farbeffekte (einfache Hell-Dunkel-Kontraste bei gleicher oder nur wenig veränderter Farbrichtung) mit Betonung der Flächen. – Siehe Vorkurs, Seiten 20/21 und 34/35! Alle Flächen wurden vor dem Farbauftrag weiß grundiert.

Mit dem Brennkolben

Das ursprüngliche Werkzeug zum Brennen waren profilierte Eisenstifte, die man in der Flamme erwärmte und auf das Holz aufsetzte. Die ständige Unsicherheit beim Erwärmen und das schnelle Erkalten des Eisens waren natürlich Mängel, die dem primitiven Werkzeug anhafteten. Inzwischen hat die Werkzeugindustrie elektrisch beheizbare Brenngeräte entwickelt, die aus einem Griff mit Heizelement und auswechselbaren Einsätzen bestehen und das Ziehen gleichmäßiger Linien in beliebiger Länge ermöglichen. Es gibt auch ausgesprochene »Profi«-Geräte, mit denen man verschiedene Temperaturbereiche einstellen und die Spitzentemperatur der Arbeitsgeschwindigkeit oder der Holzhärte anpassen kann.

Möglichkeiten der Holzbrandtechnik

Die Tatsache, daß Holz unter der Einwirkung starker Hitze zu verkohlen beginnt und dabei eine dunkle Färbung annimmt, verlockt dazu, die helle Holzfläche durch Brennen zu bemustern. Hellfarbiges, feinfaseriges Laubholz (Linde, Pappel, Ahorn) eignet sich am besten. Weiche Holzarten neigen zum Weiterglimmen, man sollte daher die Fläche vor dem Brennen leicht anfeuchten. Buchenholz brennt langsam und gleichmäßig. Nadelhölzer brennen infolge der Härteunterschiede in den Jahresringen ungleichmäßig. Die *Möglichkeiten der Holzbrandtechnik* reichen von der linearen Ornamentierung hölzerner Gegenstände (sog. Rohholzartikel) und überlegtem Stempeldekor bis zu bildhaften Darstellungen.

Werkzeug und Arbeitsweisen

Ein elektrischer *Brennkolben* mit verschiedenen *Brennspitzen* (siehe unten) ist als Set in Werkmittelgeschäften erhältlich. Dazu braucht man einen *Schraubendreher* und eine *Zange* (zum Auswechseln der heißen Spitzen). – Für den Anfang empfiehlt es sich, auf einem Stück Abfallholz die Möglichkeiten und die *Handhabung des Werkzeugs* auszuprobieren. Die senkrecht auf das Holz aufgesetzte Spitze ergibt Punkte, – schräg über die Fläche gezogen entstehen Linien usw. Vor dem Spitzenwechsel immer erst den Stecker aus der Steckdose ziehen. Zum *Abkühlen* den Kolben niemals ins Wasser stecken!

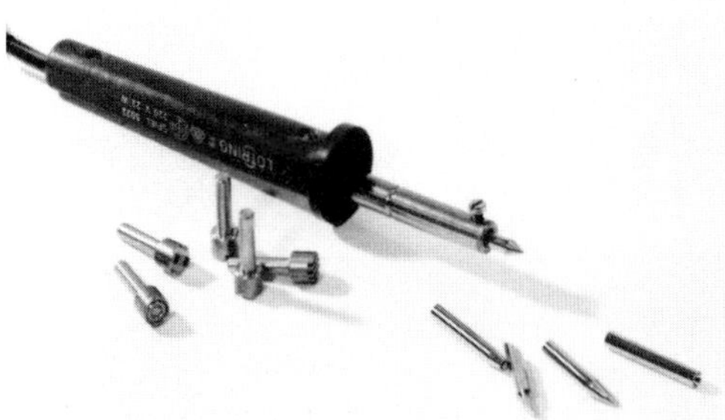

Links: Dieser einfache elektrische Brennkolben (220 V, 22 Watt, VDE-geprüft) kann direkt an die Steckdose angeschlossen werden. Er ist nach drei bis vier Minuten Anheizdauer betriebsbereit. Dazu gibt es verschiedene Spitzen und Brennstempel, deren Abdrücke sich gut zu Mustern kombinieren lassen.
Unten: »Profi«-Gerät mit Trafo (sek. 22 V – Kleinspannungsstufen 1,25–1,50–1,75–2 Volt). Der Temperaturbereich liegt zwischen 450° und 850°. Das Gerät ist hauptsächlich für größere Holzbrandarbeiten (Bauernschränke, Truhen, Stühle u. dgl.) gedacht. Die Brennelemente (Drähte) kann man selbst in die gewünschte Form biegen. Stempel lassen sich nicht einsetzen.

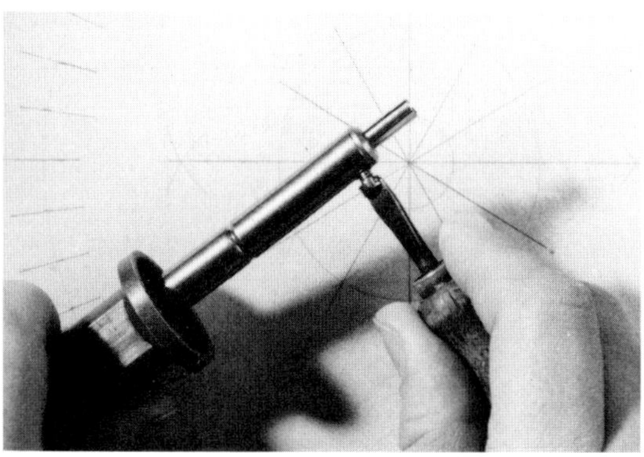

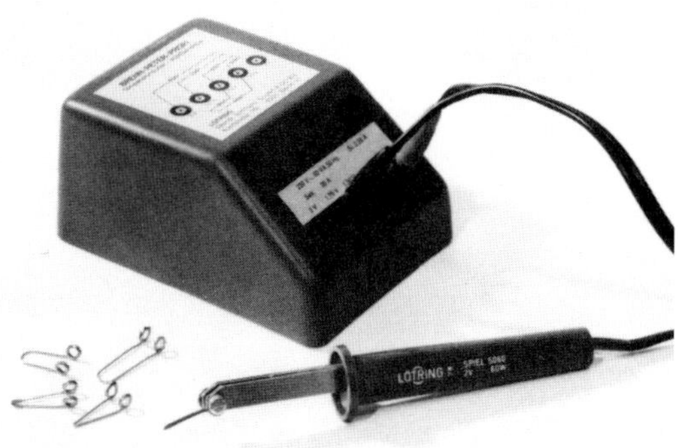

Oben – links: Flächenornament, kontrastsymmetrisch (siehe Vorkurs, Seite 33).
Darunter: Brennstempeldekor. Zur Verwendung kamen zwei verschiedene Brennstempel und die zum einfachen Gerät gehörende kreisprofilierte Brennspitze.
Oben – rechts: Dekor eines Holzlöffels in volkstümlich naiver Holzbrandtechnik.
Darunter: »Türschild« – ein Reisemitbringsel aus Schweden.

Rechts: Die Beispiele zeigen das mögliche Übertragen vorhandener Dekorentwürfe aus der sog. Bauernmalerei in die Holzbrandtechnik.

»Bauernmalerei«

Wer Sinn für die natürliche Materialschönheit des Holzes hat, mag eine farbige »Verschönerung« der Holzoberfläche als überflüssig erachten. Dagegen gibt es Fälle, in denen eine farbige Behandlung des Holzgegenstandes berechtigt erscheint, z. B. wenn strukturarmes Weichholz verarbeitet wurde, das oberflächig einen dürftigen Eindruck erweckt, leicht schmutzt usw. Schließlich kann uns unser persönliches Bedürfnis nach Farbe dazu veranlassen, zum Pinsel zu greifen. Daß es uns dazu drängt, die heitere Welt der Volkskunst vergangener Jahrhunderte mit ihrer unbekümmerten Farbenfreude und Naivität als Hobby wieder in Besitz zu nehmen, hat sicher auch eine psychische und zeitkritische Komponente.

Voraussetzungen

Rohlinge (das sind rohe Holzgegenstände zum Bemalen) kann man im Heimwerkerbedarfshandel, in Werkmittelgeschäften und Bastelabteilungen der Kaufhäuser kaufen. Das Angebot ist vielfältig und reicht von der bescheidenen Spanschachtel bis zum aufwendigen Möbelstück (für Freizeit-»Bauernmaler«). – Über die *Vorbehandlung* der zu bemalenden Flächen ist schon auf Seite 114 Wesentliches gesagt worden. Wir malen mit *Borsten-* und *Haarpinseln.* Zu empfehlen ist die Verwendung der wasserfest auftrocknenden *Acryl-Dispersionsfarben.*

Motive und Malweisen

Man schaffe sich zunächst eine klare Vorstellung vom Inhalt des Schmuckbildes durch eine detaillierte Vorzeichnung in Originalgröße. Transparentes technisches Zeichenpapier, weicher Bleistift. Es darf radiert werden!
Die Skizze (unten) zeigt Möglichkeiten, bestimmte, in der volkstümlichen Malerei überkommene Blütenformen (Rosen, Nelken, Glockenblumen) schematisch innerhalb eines Umfassungskreises oder -rechtecks zu entwickeln. Aus solchen und ähnlichen Elementen sind dann die Arrangements möglichst fleckhaft (d. h., zunächst noch ohne verbindende Stengel oder Blütenstiele) aufzubauen. Erst werden die dominierenden Formen lagemäßig markiert und detailliert ausgezeichnet, dann folgen die kleineren Blüten und schließlich die Blätter. Figürli-

Links: Dekorativ angeordnete Schmuckbilder in volkstümlicher Malweise. Oben – »Naß-in-Naß«, unten – Mischtechnik.
Unten: Die Blütenformen der Bauernmalerei (Rose, Nelke, Glockenblume u. a.) entwickeln sich im wesentlichen aus Unterteilungen des Kreises und Rechtecks.

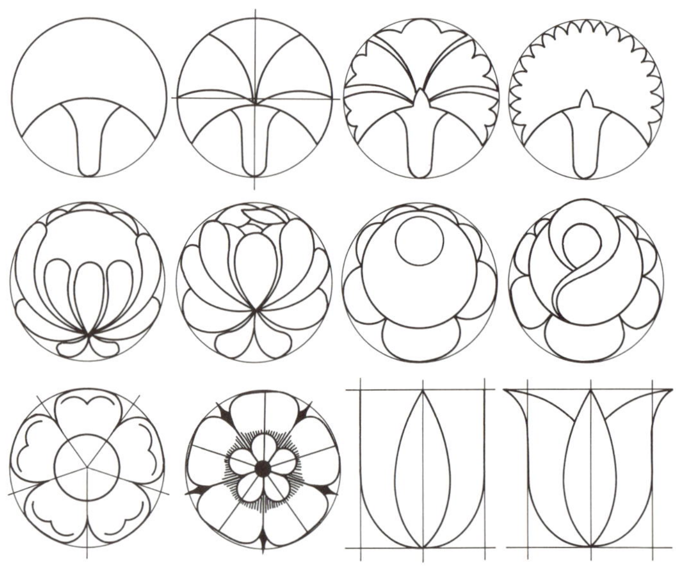

»Bauernmalerei«
Oben, links: »Rokoko«-hafte Schmuckelemente in volkstümlicher Malweise. Mischtechnik, Dekor auf einer Holzplatte.
Darunter: Spanschachtel mit zentraler Anordnung des Schmuckbildes.
Rechts oben und Mitte: In Mischtechnik bemalte Holzteller. Beispiele für das Einpassen des kreisrund aufgebauten Schmuckbildes in die Form des Gegenstandes.
Rechts: Spanschachtel mit teilsymmetrisch angeordnetem Flächendekor – in Flachmaltechnik.

Beim Einkauf von Rohlingen schaue man sich die Objekte auch in ihren formalen Beziehungen genau an. Dabei geht es weniger um die Art unseres ästhetischen Zeitgeschmacks, als um das Erkennen grundsätzlicher Möglichkeiten. Wir denken daran, daß beim schmükkenden Bemalen immer an ein »Ornamentieren« gedacht ist, das sich direkt aus dem Wortsinn »ornare« (hier im Sinne von »würdigmachen«) herleitet, was nicht die Folge eines sich undiszipliniert und rücksichtslos gebärdenden Malbedürfnisses sein kann. Jeder Gegenstand hat eigene formale Partien (besondere optische »Reizstellen«), an denen Dekor sinnvoll erscheint. Ordnung ist Bindung, sowohl an eine Struktur als auch an das Ganze der Gestalt. Das Gegenteil ist Willkür. Siehe dazu – Vorkurs, Seite 16!

ches Kleinwerk dient dem Zweck, die Anordnung füllig erscheinen zu lassen. Auf natürlichen Linienverlauf ist zu achten. Siehe die Abbildungen unten!

Man unterscheidet »Flachmaltechnik« Und »Naß-in-Naß-Malerei«. In der *Flachmaltechnik* wird die Farbgebung schichtenweise aufgebaut. Erst wird der ganze Blütenumriß mit verdünnter Farbe flächig angelegt. Ist dieser »Anstrich« trocken, dann werden die Schattierfarben aufgesetzt. Es folgen dunklere und hellere Schattenstriche und weiße Lichter. Zwischen den einzelnen Malgängen müssen immer wieder Trockenpausen eingelegt werden. Beispiel für Flachmalerei – siehe die Spanschachtel auf der vorhergehenden Seite, unten!

Für die *Naß-in-Naß-Maltechnik* kann man verdünnte und unverdünnte Farben nehmen. Jede Form wird in einem Zug fertiggemalt. Schatten und Lichter müssen sofort in die noch nasse Farbe hineingemalt werden, wodurch farbige Abstufungen entstehen, die dem Ganzen einen frischen und einheitlichen Ausdruck geben. Beispiele – siehe die Seiten 122/123. Ab und zu (zwecks Aufnahme frischer Weißmengen) muß der Pinsel mit einem Läppchen ausgedrückt werden. Man muß beim »Naß-in-Naß«-Malen flott arbeiten, den Pinsel entschieden für den gewünschten Strich ansetzen, auch zwischen den Fingern drehen und dabei den Strich der gewünschten Darstellung anpassen. Am besten probiert man das einmal auf einem Stückchen Karton aus. Stiele, Blätter und andere kleine Formelemente werden aus freier Hand dazugesetzt.

Links und unten: Blumendekor. Beim Zeichnen solcher Entwürfe wird immer vom Umriß der zu dekorierenden Fläche ausgegangen. Man legt zunächst die Plätze für die markanten Blütenformen fest, malt dann die mittelgroßen und kleinen dazu. Stiele u. dgl. werden später mit dem Pinsel frei hinzugefügt.

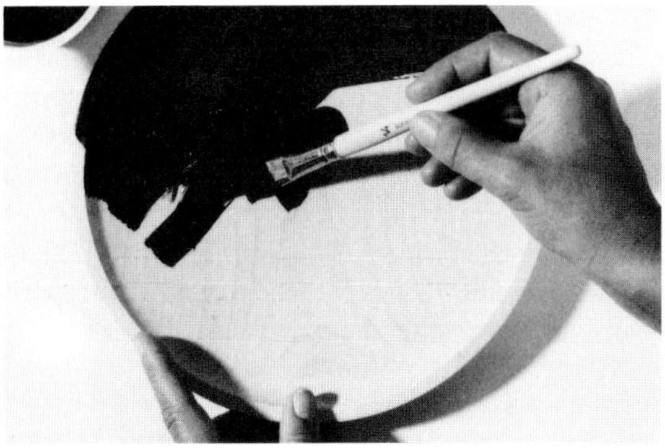

Die Arbeitsschritte beim Übertragen des Entwurfs auf dunkel- und hellgrundierte Flächen.
Linke Spalte, von oben nach unten: Grundieren, der Entwurf, die Zeichnung wird in einer Paßform ausgeschnitten.
Rechte Spalte: Durchzeichnen des Entwurfs mit untergelegter Weißpause (Schneiderpapier).
Rechts: Übertragen des Entwurfs auf eine hellgrundige Fläche mit Hilfe des Bleistiftabriebs.

Vor der Verwendung käuflichen Kohlepapiers zum Durchzeichnen des Schmuckbildentwurfs auf den hellen Malgrund muß gewarnt werden! Der schwarze Abdruck läßt sich nicht abradieren und ist auch später noch unter der Malerei partiell sichtbar. – Man sollte sich grundsätzlich daran gewöhnen, Entwurfszeichnungen auf transparentem technischen Zeichenpapier anzufertigen, dessen glatte Oberfläche auch eine rückseitig aufgebrachte Bleistiftschraffur leicht wieder abgibt. Beim Nachzeichnen der vorderseitigen Konturen erscheint das Schmuckbild zwar schwach, aber ausreichend deutlich auf der Malfläche. Siehe dazu die Abbildung auf der vorhergehenden Seite – unten!

Bemalen eines Holztellers

Siehe dazu die Abbildungen auf der vorhergehenden Seite! – Der gekaufte Rohholzteller ist zwar schon oberflächig glatt, aber noch nicht malfertig. Beim Auftragen der mit Wasser verdünnten Farben würden die beim Schleifen nur niedergedrückten Holzpartikel hochquellen und faserigrauhe Stellen verursachen. Man verhindert das, indem man das Quellen des Holzes zuvor absichtlich hervorruft: Mit einem sattgefüllten Schwamm oder Lappen warmes Wasser auftragen. Nach gründlichem Trocknen (am besten 24 Stunden!) fühlt sich die Fläche wieder rauh an und muß noch einmal fein geschliffen werden. Die Grundfarbe des Tellers kann nun mit einem Flachpinsel direkt aufgetragen werden. Für einen geschlossenen Deckanstrich empfiehlt sich eine Vorgrundierung mit stark verdünnter Farbe. Voranstriche mit verdünntem Weiß erhöhen die Leuchtkraft der nachfolgend aufgetragenen Grundfarbe. Vor- und Grundanstriche wieder gründlich trocknen lassen!
Das auf Papier vorgezeichnete Schmuckbild wird jetzt in einer Paßform ausgeschnitten. Zum Übertragen auf einem hellen Malgrund sollte man auf keinen Fall das handelsübliche Kohlepapier verwenden. Statt dessen überstreiche man die Papierrückseite mit einem flach gehaltenen weichen Bleistift, wodurch ebenfalls eine Art »Kohlepapier« entsteht. Für dunkle Grundierungen empfiehlt sich die Verwendung weißen Pauspapiers (das sog. Schneiderpapier), erhältlich im Zeichenbedarfshandel.

Links und unten: So sieht die praktische Umsetzung der auf Seite 118 konstruierten Schemata aus. – »Frei aus dem Handgelenk« in Naß-in-Naß-Malweise (erkennbar an den weichen Konturen der Innenzeichnung).

Bauernmöbel? – Das links abgebildete Tellerbord lag bereits im Sperrmüll. Nach dem Abbeizen der alten Farbschicht, Neuanstrich und liebevoller Bemalung erscheint es erneut »brauchbar«. – Der Grundanstrich muß sitzen! Für große Möbelflächen beschaffe man sich ausreichende Mengen an Farbmaterial (Großpackungen); späteres Nachmischen führt selten zu guten Ergebnissen.

Unten und oben – rechts: Dekorative Arrangements an den Schranktüren und an der Vorderseite der Truhe. »Naß-in-Naß«-Maltechnik.

Schablonen- drucke

Einfache Schablonendrucke sind in ihrer Kontrastwirkung mit Scherenschnitten bzw. den durch Faltschnittverfahren erzielten symmetrischen Figuren verwandt. Das Verführerische der sauber umschnittenen Kontur, besonders der Regelmäßigkeit und Wiederkehr der innerhalb einer Begrenzung untergebrachten Formteile im Faltschnitt, sprechen uns auch im Ergebnis an (siehe dazu die Abbildungen auf Seite 126 und 127 oben). Die Schönheit einer guten Schmuckbildschablone beruht auf einem gelösten Zusammenspiel von Form und Kontrast, d. h., auf eindeutigen Umrissen und einer ausgewogenen Verteilung dunkler und heller Bildelemente (Zeichnung und Hintergrund).

Die Herstellung einer Schablone

Grundsätzlich kann für eine *Schablone* jedes Papier verwendet werden. Man muß aber bedenken, daß sich feinere Papierteile beim Antupfen mit dem Pinsel leicht verschieben, und daß ein feinerer Papierfilz der Durchfeuchtung nicht standhält. Für einen Teil der abgebildeten Arbeiten (siehe S. 129) wurde ein dichter, gutgeleimter Zeichenkarton verwendet. Will man eine Schablone mehrfach gebrauchen, dann empfiehlt es sich, das Papier vor dem Schneiden mit Einlaßgrund, Mattine, Leinöl o. ä. zu tränken oder gleich das handelsübliche *Schablonenpapier* zu nehmen, das sich auch für einfachere Arbeiten gut eignet. Feingliedrige Teile, die nur einmal gebraucht werden, kann man auch aus einer *Selbstklebefolie* schneiden und auf das Holz aufkleben. Nach dem Einfärben der Zwischenräume zieht man die Folie wieder ab.

Für *Schablonenentwürfe* mit symmetrischem Aufbau eignet sich möglicherweise ein Faltschnittverfahren (siehe die Abbildungen auf der gegenüberliegenden Seite und auf Seite 127 oben). Die Schnitte können dann mit Zirkel und Lineal auf das Schablonenpapier übertragen werden. Auch nach einer Bildzeichnung (siehe S. 129) kann man Schablonen schneiden. Man beachte, daß die inneren Teile der Schablone soweit wie möglich miteinander verbunden bleiben müssen, was durch Verankerung mit dem Bildrand oder durch sogenannte *Stege* (stehengebliebene Streifen, die nach dem Abdruck auf dem Holz mit dem Pinsel übermalt werden) geschehen kann.

Links: Blechschablonen in verschiedenen Größen kann man in jedem Werkzeuggeschäft kaufen. Sie helfen beim Beschriften oder Beziffern von Kisten, Keller- bzw. Werkstatt-Türen und anderen Gegenständen. Die seitlichen Kerben dienen der Zeilenanlage und der richtigen Spationierung (siehe dazu Vorkurs, S. 36).
Unten: Schablonièrpinsel gibt es in verschiedenen Dicken. Sie unterscheiden sich von einem gewöhnlichen Pinsel durch die gerade Stoßfläche und die steiferen Borsten.

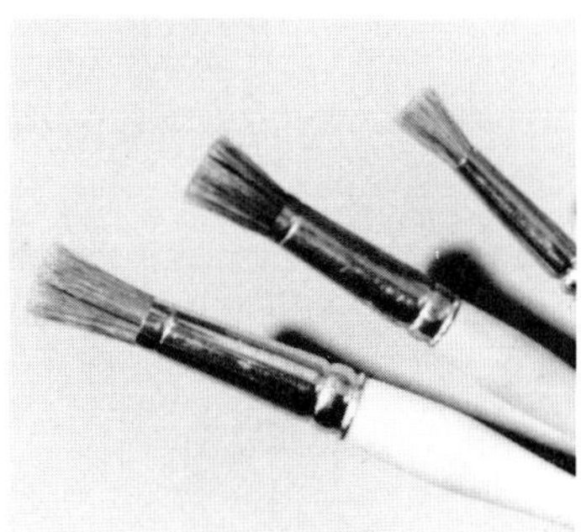

Linke Spalte von oben nach unten: Schablonenentwurf im Faltschnittverfahren (Schreibpapier).
Rechte Spalte: Schneiden der Schablone aus Zeichenkarton; Niederhalten der Schablonenmitte (hier mit einem Falzbein) und Aufbringen der Farbe.
Rechts: Das Arbeitsergebnis – zugleich Beispiel für einen positiven Abdruck.
Darunter: Negativer Schablonendruck (hier mit noch nicht abgedeckten Verbindungsstegen).

Es kann ein- und mehrfarbig gearbeitet werden. Zum Übertragen der Form genügt ein Stück ausreichend wasserfestes Papier, dessen wirksame Teile herausgeschnitten oder ausgespart sind und mit Farbe übertupft werden. Benötigte Schmuckbildschablonen fertigt man sich selbst an. In den Fachgeschäften sind Blechschablonen zum Übertragen einfacher Druckbuchstaben und Ziffern erhältlich (siehe Abb. S. 124).
Am besten arbeitet man mit nicht zu dünner Farbe. Ist die Farbe zu dünn, so läuft oder tropft sie, von der geringeren Deckkraft ganz zu schweigen. Zu dünne Farbe gerät auch leicht unter die Schablonenränder, von offenen Poren der unbehandelten Holzoberfläche wird sie gierig aufgesogen (die Farbe »läuft« im Holz!). Letzteres kann man durch eine Vorbehandlung der Holzoberfläche mit Einlaßgrund verhindern.

Zu unterscheiden sind *positive* und *negative Schablonen.* In einer positiven Schablone wird die farbig auf das Holz kommende Form schlüssellochartig aus dem Papier herausgeschnitten. Bei negativen Schablonen denkt man sich die Zwischenräume farbig angelegt, die Form selbst zeigt den durchscheinenden Holzgrund. Positive Drucke wirken wie frei auf das Holz gesetzte Vignetten. Negative Formen bedürfen immer einer Umgrenzung. Abbildungen – gegenüberliegende Seite!

Das Übertragen der Schablone auf den Malgrund

Wir brauchen dazu einen *Schablonierpinsel*, der sich von einem gewöhnlichen Pinsel durch besondere Steifheit der Borsten und die gerade Stoßfläche unterscheidet (siehe Abb. S. 124). Ferner benötigen wir ein *Messer* oder einen ähnlichen Gegenstand zum Niederhalten nicht fest aufliegender Schablonenteile beim Auftupfen der Farbe sowie einige *Reißzwecken* oder *Stecknadeln* mit großen Köpfen zum Befestigen der Schablone.
Die Holzoberfläche muß vor Beginn mit *Einlaßgrund* verdichtet werden (siehe S. 114). Am besten arbeitet man mit nicht zu dünner *Farbe.* Die Farbe wird in einem flachen Blechdeckel oder auf einer Glasscheibe ausgestrichen und durch senkrechtes Einstoßen mit dem Pinsel aufgenommen. Den gefüllten Pinsel stoßen wir nun so lange auf ein Stück Papier, bis er nur noch wenig Farbe abgibt. Nun drücken wir den nächstliegenden Schablonenteil mit dem Messer nieder und bestoßen

Links: Auch das ist möglich! Als Vorlagen für diese beiden Flächenmuster dienten Papierschnitte, in denen durch Verschieben und Ausklappen bestimmter Schnitteile eine neue Ordnung gefunden wurde (siehe Vorkurs, S. 33, »Kontrastsymmetrie«).

Oben: Der farbige Abdruck der auf Seite 125 hergestellten und verarbeiteten Schablone.
Die Gegenüberstellung der beiden anderen Drucke zeigt das gleiche Motiv in negativer und positiver Anwendung. Im negativen Schablonendruck erscheint die Figur als Durchbruch, der umgebende Grund wird farbig abgesetzt. Eine solche Arbeit muß nach außen umgrenzt werden (hier durch die Kreisform). Die positive Figur kann frei auf das Holz gesetzt werden. Auch diese beiden Motive wurden im Faltschnittverfahren entwickelt.

Rechts: Zwei mehrfarbige Schablonendrucke auf den Flächen einer Spielzeugkiste – hier als Beispiele für die mögliche Umsetzung von Bilderbuchvorlagen in das Schablonierverfahren.

Feingliedrige Innenteile sind in der Regel durch Stege mit dem Schablonenrand verbunden. Diese Verbindungsstreifen bilden sich beim Schablonieren mit ab. Mit spitzem Pinsel und verdünnter Farbe kann man sie abdecken. Die Übermalung sollte aber hinterher so wenig wie möglich ins Auge fallen. Das tut sie nicht, wenn wir auch Ränder der Druckfarbe noch einmal mit überstreichen! Sollte beim Drucken etwas Farbe unter den Schablonenrand geraten, so läßt sich diese nach dem Trocknen meistens noch entfernen. Man überschabt das Holz an der betreffenden Stelle (in Faserrichtung!) mit einem scharfen Messer. Voraussetzung ist natürlich ein genügend pastoser Aufdruck und eine Vorbehandlung der Holzoberfläche mit Einlaßgrund.

seine Ausschnitte, wobei wir den Pinsel senkrecht halten. Die Borsten dürfen sich nicht spreizen (und nicht unter die Schablonenränder geraten). Man arbeitet sich sorgsam von Stelle zu Stelle weiter, immer mit frisch gefülltem und gut ausgestoßenem Pinsel, bis alle Teile des Schmuckbildes vollständig auf das Holz übertragen sind. Abschließend heben wir die Schablone vorsichtig ab. *Ausbesserungen* kann man noch mit spitzem Pinsel und verdünnter Farbe vornehmen. Vor allem müssen eventuelle Stege übermalt werden.

Mehrfarbige Schablonendrucke

Die beiden Darstellungen auf Seite 127 demonstrieren die mögliche *Umsetzung brauchbarer Fremd-(Bild-)Zeichnungen* in das Schablonierverfahren. Die Vorlagen entstammen einem im Hause vorhandenen Kinderbilderbuch. Solche Übernahmen sind nur statthaft, soweit sie dem privaten Gebrauch dienen. Für gewerbliche Zwecke (evtl. Spielzeugkistenproduktion) dürfen solche Vorlagen nur verwendet werden, wenn zuvor vertragliche Vereinbarungen mit dem Urheber der Zeichnung bzw. dem Verlag getroffen worden sind.
Die *Herstellung der mehrteiligen Schablone* (man braucht für jede Farbe einen besonderen Teilschnitt) und das vereinfachte *Paßmarkenverfahren* bei der Anfertigung der Teilschnitte und beim Übertragen auf den Holzgrund ist im Textteil zu den Werkaufnahmen unten und auf der gegenüberliegenden Seite ausführlich beschrieben.

Die Herstellung der Schablonen für einen mehrfarbigen Schablonendruck:
Wir beginnen mit der Übernahme einer genauen Schnittskizze (Entwurf, Pause), in der alle für den Druck in Frage kommenden Farben zu erkennen sind (siehe oben). – Von dieser Skizze werden im Pausverfahren die Umrisse der einzelnen Teilschablonen (Farbschablonen) abgenommen. Die Fotos auf der gegenüberliegenden Seite zeigen die Teilschablonen für die Farben Weiß, Grau, Rot, Schwarz und Grün.
Wir verfahren so: Schablonenpapier, Kohlepapier und Skizzenzeichnung werden übereinandergelegt und mit Reißzwecken auf ein Zeichenbrett aufgeheftet (Einstiche der Reißzwecken möglichst an zwei diagonal gegenüberliegenden Ecken!). Nun werden alle Teilflächen, die nachher die gleiche Farbe bekommen sollen, mit einem spitzen Bleistift umfahren. Die Reißzwecken werden wieder gezogen und die auf das Schablonenpapier aufgepauste Teilzeichnung ausgeschnitten. Nun heften wir das zweite Schablonenpapier, das für die nächste Farbe gedacht ist, unter, wobei wir beim Überheften der Skizzenzeichnung die darin bereits vorhandenen Reißzweckeneinstiche benutzen. Die zweite Farbumgrenzung wird übertragen, ausgeschnitten, die dritte Schablone untergelegt – und so fort, immer mit Benutzung der gleichen Einstiche im Skizzenpapier. Die Reißzweckeneinstiche dienen als Paßmarken, um auch beim Aufheften der Teilschablonen auf den Holzgrund diese wieder an die jeweils richtige Stelle zu bekommen: Dabei wird der erste Teilschnitt auf das Holz aufgeheftet (Benutzung der bereits vorhandenen Einstiche im Schablonenpapier!) und gedruckt. Durch das Einstechen der Reißzwecken sind nun auch im Holz Löcher entstanden, die wiederum als Paßmarken für das Aufheften der anderen Teilschablonen dienen. Wir benutzen also über den gesamten Arbeitsgang hinweg immer die gleichen Einstiche, sowohl in der Schablone als auch im Holz, und erzielen dadurch mühelos, daß die Teildrucke wie in der Skizze so auch auf dem Holz richtig übereinanderliegen. Die Fotos auf der gegenüberliegenden Seite zeigen die mit der Weiß- und Graufarbenschablone erzielten Teildrucke.

Nach dem Trocknen des letzten Farbauftrags kann der nächste Teildruck aufgesetzt werden. Für den auf Seite 127 gezeigten Mehrfarbendruck waren fünf Teilschablonen – für die Bildfarben Weiß, Grau, Schwarz, Rot, Grün – nötig, deren Umrisse der Grundzeichnung (siehe die Abbildung auf der gegenüberliegenden Seite) in dem beschriebenen Paßverfahren entnommen worden sind. Rechts: Zwei anfängliche Werkzustände (Weiß- und Graufarbendruck). Beim Auftragen jeder neuen Farbe muß man sich davon überzeugen, daß der vorausgegangene Druck trocken ist!

Papierarbeiten

Material und Werkzeug

Die älteste Weise der Papierherstellung ist die der Hadernpapiere. Das aus zerriebenen Hadern (= Lumpen) gewonnene feine Faserzeug wurde in »Bütten« mit Wasser verrührt und mit viereckigen Schöpfformen, die unterseitig mit feinen Metalldrahtgeweben bespannt waren, »geschöpft«. Leichtes Schütteln der Rahmen verfilzte die Fasern, während das Wasser abtropfte. Anschließend wurden die gewonnenen Bogen zwischen Wollfilzen abgedrückt, gepreßt und an der Luft getrocknet. Das Papier mußte dann noch durch Eintauchen in Leimwasser tintenfest gemacht werden. Noch heute stellt man nach diesem Grundverfahren die wertvollen Büttenpapiere her.
1799 erfand der Franzose Louis Robert die mechanisch bewegte Langsiebmaschine, die das Bereiten endloser Papierbahnen ermöglichte. 1844 konnte der Mangel an Hadern durch die Entdeckung des Holzschliffs ausgeglichen werden. Holzschliff gewinnt man auf mechanische Weise, indem man entrindete Holzstücke gegen rotierende Schleifwalzen preßt. In den Jahren 1855 und 1866 glückte die Herstellung der Zellulose durch Kochen des zuvor mechanisch zerriebenen Holzes unter Zusatz von Chemikalien, durch die auch die Lignine, die das Vergilben der holzhaltigen Papiere verursachen, aufgelöst werden.
In neuerer Zeit fügt man dem Papierbrei noch Füllstoffe (Gips, Kaolin u. a.) zu, die als weiße, fein zermahlene Substanzen die Räume zwischen den Fasern ausfüllen und dem Papier größere Geschmeidigkeit und glattere Oberflächen geben, wie sie z. B. für bestimmte Druckverfahren nötig sind.

Papierwerkstoffe

Tonpapiere sind Farbpapiere, die man in allen Farbgruppen verschieden nuanciert erhält, so daß man sie aufeinander abstimmen kann. Sie sind in der Masse gefärbt, verschieden dick und haben eine rauhe Oberfläche. Für besondere Arbeiten (z. B. S. 170) nimmt man *grafischen Farbkarton*. Er hat eine matte Oberfläche. Es gibt ihn in über hundert verschiedenen Farbtönen (erhältlich in größeren Zeichenbedarfgeschäften). Auf das *farbige Seidenpapier* und durchscheinende farbige *Pergamin* wird auf den Seiten 164 und 200 hingewiesen. – *Vorsatzpapiere* braucht der Buchbinder zum Beziehen der inneren Einbandflächen. Wir nehmen sie zum Füttern von Kästen und Mappen, wofür sie sich auf Grund ihrer Zähigkeit und Dichte besonders eignen. Auch die *Bezugspapiere für Außenflächen* müssen sehr strapazierfähig sein. Es gibt eine Riesenauswahl!
Kartons liegen stärkemäßig zwischen Papier und Pappe. Wir brauchen einen guten *Zeichenkarton*, weiß, doppelt geleimt, glatt, Gewichtsklasse 250 g/m². *Fotoalbenkarton* bekommt man in verschiedenen Weißtönen, dazu schwarzbraun und grau.
Als vollwertiger Pappwerkstoff kommt nur die *Buchbinder-Graupappe* in Frage, – verschieden dick (nach Gewichtsklassen unterschiedlich), Tafelgröße 75 × 100 cm.

Herstellungsbedingte Eigenschaften

Schaut man sich einmal ein Blatt Papier genau an, dann erkennt man auf der einen Seite feine, rasterartige Eindrücke, die von dem Siebgeflecht herrühren, auf dem die Papierschicht bei der Herstellung gebildet wurde. Die andere Seite, die von den Anpreßfilzen bedeckt war, hat eine geschlossenere Oberfläche. Nach diesen Markierungen wird die Rückseite jedes Papiers oder Kartons als *Siebseite*, die Vorderseite als *Filz-* oder *Schönseite* bezeichnet. Die Schönseite spielt bei Zeichenpapieren, Kartons für Anzeigen, Einladungen u. dgl. als *Schauseite* eine besondere Rolle.
Alle Papierwerkstoffe *dehnen* sich bei Befeuchtung (z. B. durch den wasserhaltigen Klebstoff) und *ziehen* sich beim Trocknen wieder zusammen. Sie arbeiten jedoch in der *Querrichtung* (Dehnrichtung) mehr als in der *Laufrichtung* (in der sie bei der Herstellung durch die Walzen der Papiermaschine gelaufen und von vornherein schon stark gestreckt worden sind). Das Beachten der Laufrichtung spielt beim Verarbeiten des Papiers eine große Rolle und gipfelt in der Regel, daß *alle Papierwerkstoffe grundsätzlich gleichlaufend verarbeitet werden müssen.*
Beim *Einbandgewebe* entspricht die Laufrichtung der gespannten Kette, die Dehnrichtung liegt im erkennbar lose angeschlagenen Schuß.

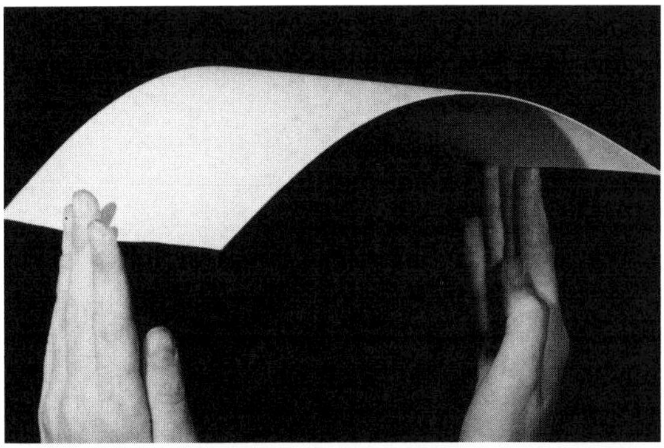

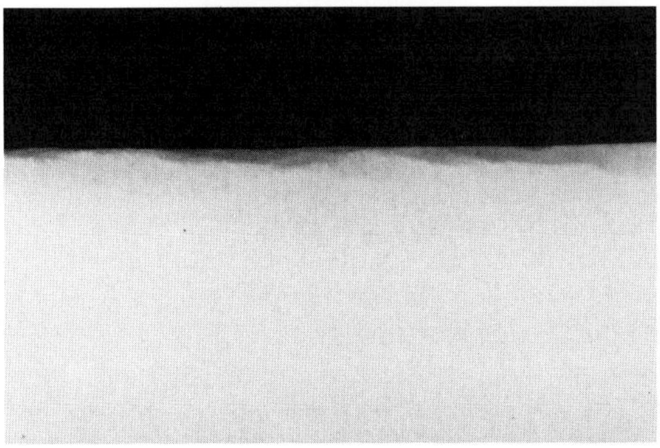

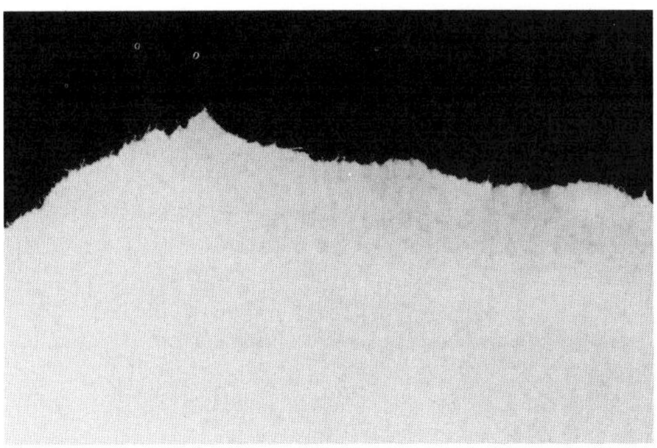

Die Laufrichtung kann man auf verschiedene Weise feststellen (siehe die Gegenüberstellungen in den Abbildungen oben, jeweils links und rechts).
Oben: Die Biegeprobe! – Quer zur Laufrichtung ist der Biegewiderstand des Materials bedeutend größer.
Mitte: Die Knickprobe! – Versucht man das Material so zu knicken, daß dabei die Laufrichtung gebrochen wird, dann erhält man eine deformierte Knickkante. Parallel zur Laufrichtung läßt sich das Material leicht und einwandfrei knicken.
Darunter: Die Reißprobe! – In der Laufrichtung – gerader Riß (rechts); in der Querrichtung – abweichender Rißverlauf (links).
Rechts: Die Befeuchtungsprobe! – Befeuchtetes Papiermaterial wölbt (weitet!) sich in der Dehnrichtung.

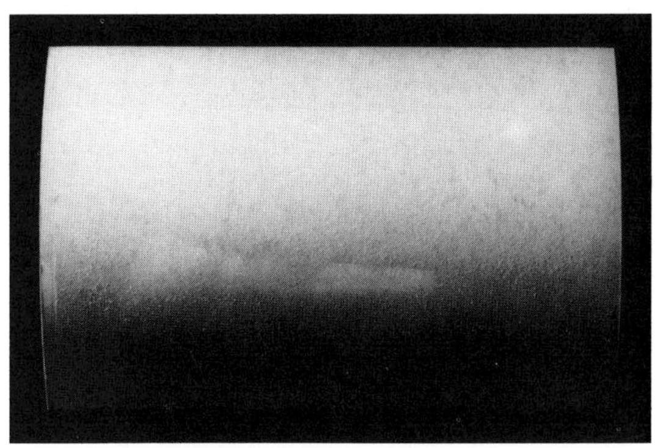

Werkzeug

Die Tatsache, daß man bei Papier- und Papparbeiten mit relativ wenigen Werkzeugen auskommt, darf nicht dazu verführen, die Frage der Werkzeugbeschaffung zu vernachlässigen. Kein Material ist so empfindlich wie Papier. Oft wechseln grobe, kraftaufwendige Arbeiten mit feinen. In der Regel müssen Pappen von mehreren Millimetern Dicke mit dünnen Papieren gleichzeitig verarbeitet werden. Der Versuch, das alles mit dem hausüblichen Allerweltsgerät zu bewerkstelligen, ist nicht zu empfehlen.
Zur Ausrüstung gehören in der Hauptsache Werkzeuge zum Schneiden und Kleben. Auch für geeignetes Meßwerkzeug und gute Abpreßmöglichkeiten ist Sorge zu tragen.

Werkzeugbeschaffung
Wir brauchen eine mittelgroße *Schere* für den einfachen Beschnitt und eine stabile *Pappschere* zum Schneiden von Karton und Pappe. Der *Ritzer* ist ein teures Spezialwerkzeug zum Zurichten dicker Pappen. Er kann durch ein *Universalmesser* mit auswechselbaren Klingen ersetzt werden. Für sehr feine Schnitte nimmt man das *Passepartoutmesser* (ebenfalls mit auswechselbaren Klingen).
Es gibt im Handel ausgesprochene *Buchbindermesser* mit festem Holzgriff und kurzer Klinge, die sich zum Schneiden von Papier wie zum Ritzen von Pappen gleichermaßen gut eignen. Das Buchbindermesser ist in der Hand des Buchbinders ein Universalwerkzeug, dessen vielseitige Anwendbarkeit man erst durch Erfahrung kennenlernt. Gleiches ist vom *Falzbein* zu sagen. Man braucht es zum Falzen und Knicken von Papier und Karton, zum Niederreiben geschnittener Papierkanten, zum Anreiben des Bezugsmaterials beim Kleben usw.
Die *Stahlschiene* dient als Führungswerkzeug beim Schneiden. Holzlineale lassen sich schon deshalb schlecht verwenden, weil sie beim Schneiden dicker Pappen nicht schwer genug aufliegen. Als *Schneideunterlagen* nimmt man am besten größere Pappstücke, die für andere Zwecke nicht mehr taugen. Dabei ist zu beachten, daß sich solche Unterlagen nicht ewig verwenden lassen; kreuz und quer laufende Schnittspuren bringen das Messer aus der Bahn.
Beim Pressen tut eine alte *Stock-* oder *Handpresse* gute Dienste. Notfalls nimmt man *Schraubzwingen und dicke Spanplattenzuschnitte*.

Links: Zum Schneiden brauchen wir eine Stahlschiene und eine Schneideunterlage. Pappe schneidet man am besten mit dem Universalmesser oder dem Ritzer. Er hat eine verstellbare Klinge und einen massiven Griff, womit man einen starken Druck auf die Pappe ausüben kann.
Darunter: Ein Stahlmaß in dünner, flexibler Ausführung ist dem dicken Holzlineal vorzuziehen. Unabdingbar sind Buchbindermesser (mit kantigem Holzgriff), Passepartoutmesser (für feine Papierschneidearbeiten) und Falzbein.
Unten: Planatol BB und Glutofix (Kleister) sind handelsübliche Klebstoffe für die manuelle Verarbeitung. Die Kleber werden mit Borstenpinseln aufgestrichen.

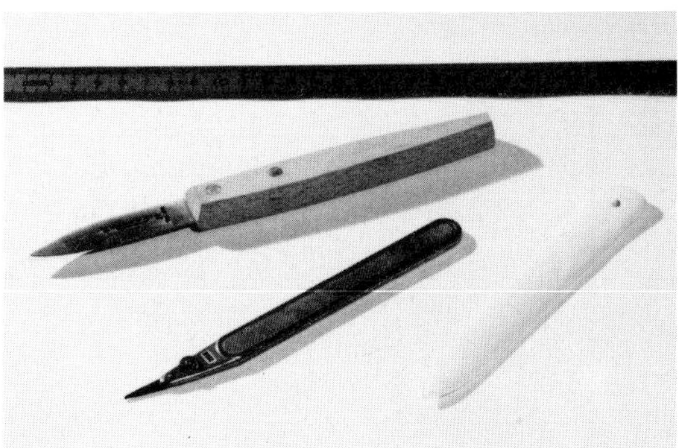

Größere Formate müssen auf den Boden gelegt und von obenher belastet werden (Ziegelsteine, dicke Bücher – s. S. 136). Die Abbildungen unten und auf der gegenüberliegenden Seite zeigen, was jeweils gemeint ist.

Dispersionsklebstoffe und Kleister
An die Stelle des früher verwendeten heißen Knochenleims sind moderne *Dispersions-(Kunstharz-)klebstoffe* getreten, von denen PLANATOL BB (für die manuelle Verarbeitung) der bekannteste ist. Wie alle Dispersionsmaterialien (s. S. 114) ist er in seiner flüssigen Phase mit Wasser verdünnbar, nach dem Trocknen jedoch nicht mehr in Wasser auflösbar. Weitere charakteristische Merkmale sind: kurze Offenzeit (trocknet sehr schnell), starke Klebkraft, Klebefähigkeit bei verschiedenen Materialien (Leder, Pergament, textile Bezugsstoffe, Metall). Da alle Dispersionen als Flüssigkeit Wasser enthalten, muß zumindest eine der verbindenden Flächen saugfähig sein (das Wasser muß aus dem Klebefilm abwandern können, damit der reine Kunststoff als Bindemittel zurückbleibt). – *Zellulosekleister* (z. B. GLUTOFIX) wird nach Vorschrift mit Wasser angerührt und kann dann in einem Glas mit Schraubdeckel (Marmeladenglas) lange aufbewahrt werden. Man braucht ihn nebenbei, um durch stärkeres Befeuchten der rückseitigen Klebefläche (Spiegel) bei randumgreifend bezogenen Papptafeln einen »Gegenzug« auf das sich sonst einseitig verziehende Material auszuüben (s. S. 136).

Klebstoffe

Die Streichbarkeit des Dispersionsklebers ist allerdings bei manueller Verarbeitung herabgesetzt. Man kann sie durch Verdünnen mit Wasser (bis 10%) oder Vermischen mit flüssigem Zellulosekleister verbessern. Da der einmal getrocknete Kleber nicht mehr wasserlöslich ist, sind Pinsel und Geräte nach Gebrauch sofort in Wasser zu stellen oder auszuwaschen. Beschmutzung von Kleidern ist zu vermeiden, weil die spätere Reinigung problematisch ist.

Links: Der Vorteil einer solchen Stockpresse ist der gleichmäßige Preßdruck auf die geklebten Flächen und die Möglichkeit, mehrere Werkteile im Stapel (mit Holzplattenzwischenlagen) gleichzeitig pressen zu können. So eine Maschine hat ihren Preis. Billiger und vergleichbar wirksam ist es, die geklebten Stücke zwischen saugfähige Makulatur auf eine ebene Fläche zu legen und über einer dicken Holzplatte mit schweren Büchern, Mauersteinen u. dgl. zu belasten.
Unten: Handpressen aus Holz finden in der Buchbinderei Verwendung. Die gewöhnliche Einsatzlänge beträgt 40–60 cm. Auf den Spindeln sitzen hölzerne Schraubenmuttern, die mit dem dazugehörigen Preßbengel auf- und zugedreht werden können.

Passepartout und Memory

Laufrichtung beachten!

Die Laufrichtung der Papierwerkstoffe ist immer zu beachten! Papiere und Kartons lassen sich nur in der Laufrichtung mühelos falten und knicken (was z. B. beim Zuschneiden doppelter Einladungs- und Glückwunschkarten von Bedeutung ist). Beim Übereinanderkleben von Papier- und Karton- oder Pappflächen müssen die Lauf- und Dehnrichtungen der verwendeten Materialien übereinstimmen. Beachtet man das nicht, dann treten auch noch nach dem Trocknen (mit dem Wechsel der Luftfeuchtigkeit) in der Klebung querwirkende Spannungen auf, was zur Folge hat, daß sich die Arbeit verzieht.

Passepartouts für schöne Grafiken
Material: Kräftiges holzfreies *Zeichenpapier* in der nötigen Länge und Breite. Der Bogen wird wie ein Aktendeckel gefaltet, in die obere Decke wird das »Fenster« geschnitten. Die Arbeit beginnt mit dem Bemessen des Bildrandes (siehe die Abbildungen unten).
Alle Schnittlinien sind vorzuzeichnen. Wichtig ist der richtige Sitz des Fensters mit seitlich gleichem Abstand und von untenher etwas breiterem Rand als oben.
Geradlinige Schnitte bekommt man niemals mit der Schere (!), sondern nur mit einem scharfen *Papiermesser* (hier dem Buchbindermesser) entlang einer Stahlschiene auf glatter Unterlage. Das Messer wird beim Schneiden flach gehalten, – »ziehender Schnitt«!
Nun befestigen wir das Blatt in richtiger Lage innseitig auf dem Grundkarton. Nicht ankleben! Praktisch sind schmale, schräg über die Blattecken gelegte Haltestreifen.

Erinnerungsspiel oder grafisches Mosaik
Wir brauchen einen kräftigen Karton als *Träger* (Grundplatte), dazu die *Bilder* – siehe gegenüberliegende Seite! – und ein annähernd gleiches Papier für die rückseitige *Gegenklebung.* Beklebt man den Grundkarton nur auf einer Seite mit einem anderen Papierwerkstoff, so macht sich nach dem Trocknen eine Verspannung bemerkbar. Der Vorgang ist so zu verstehen: Das Deckmaterial wird in einem (durch den Kleberaufstrich) durchfeuchteten Zustand auf die trockene Grund-

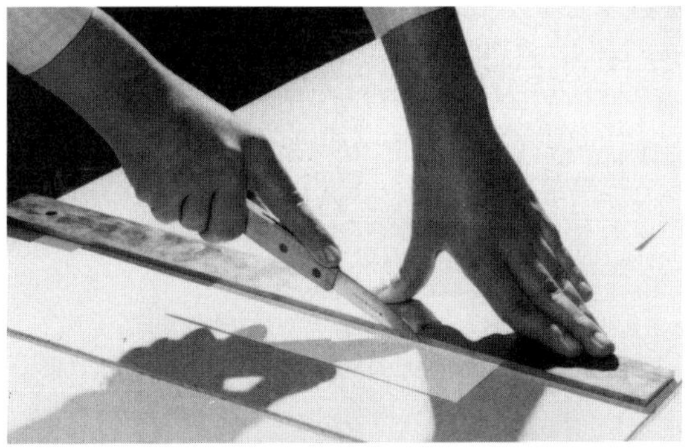

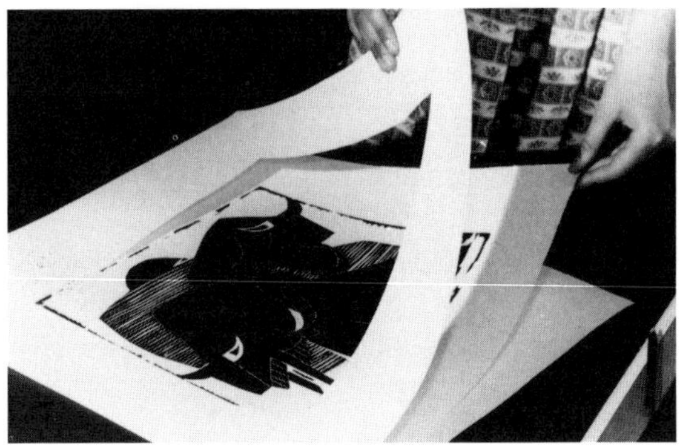

Links: Beim Aussuchen guter Bildausschnitte kommt es sowohl auf Farbigkeit als auch auf ein reizvolles Linienspiel an. Wir bedienen uns dabei einer selbstgefertigten Suchermaske aus weißem Karton, deren breiter Rand alle überflüssigen und das Auge irreleitenden Bildteile abdeckt. Fensterweite = Bildgröße! Im Ausschnitt erscheint ein Teil des Bildganzen, den wir nun durch Hinundherschieben des Suchers in eine optisch günstige Lage rücken und schließlich durch Umfahren der inneren Fensterkante mit einem Bleistift fixieren können. – Wir sollten mit der Maske ein wenig auf die Suche gehen. Nicht selten gibt einundderselbe Druck gleich mehrere Tafelmotive her.

Das Memory-Spiel (Herstellungshinweise): In anspruchsvollen Zeitschriften und Werbeprospekten findet man häufig großzügige Illustrationen, die viel zu schade dafür sind, mit allem anderen ins Altpapier geworfen zu werden. – Wir brauchen kleine, quadratische Kartontäfelchen (10 × 10 cm ist ein handliches Format), die eine markante Bildseite und eine neutrale Rückseite haben. Jedes Motiv (jedes Täfelchen) muß im Spiel doppelt vorhanden sein. Es empfiehlt sich also, die auszuwertende Nummer der Zeitschrift gleich zweimal zu besorgen. Bei der Auswahl der Bildchen leisten wir uns das Vergnügen, nicht einfach irgendwelche Gegenstände vollformatig auszuschneiden, sondern unter neuen, grafisch spannenden Aspekten Ausschnitte zu wählen, die man, wenn man den ganzen Druck betrachtet, so ohne weiteres nicht sehen würde (siehe die Abbildung oben!) – Die Bildchen werden etwas größer ausgeschnitten, auf stärkeren Karton geklebt und rückseitig kaschiert (Gegenklebung – siehe Seite 136). Wir beachten dabei alles über Laufrichtung, Klebung, Gegenklebung und Preßtrocknung Gesagte. Am besten klebt man die Bildchen in Reihen auf einen größeren Kartonzuschnitt, kaschiert diesen rückseitig gleich in der ganzen Fläche und schneidet die Bildchen nach dem Preßtrocknen mit einem scharfen Messer entlang der Stahlschiene aus. Zum rückseitigen Gegenkleben eignet sich auch gutes Schreibpapier oder Vorsatzpapier. Da die Presse nicht belüftet wird, sollte man die Preßbeilagen mehrfach wechseln.

Beziehen einer Tabellentafel

Man arbeitet beim randumgreifenden Tafelbezug mit zwei unterschiedlichen Klebstoffen – einem normalfeuchten für das Bezugspapier und einem feuchteren für den Spiegel. Erklärung: Bei randumgreifender Klebung wölbt sich die Tafelfläche einseitig. Durch den feuchteren Klebstoff dehnt sich das damit bestrichene Spiegelpapier stärker aus. Es zieht sich beim Trocknen entsprechend stärker zusammen – und erzeugt dabei einen Gegenzug, der der Zugkraft der randumgreifenden Partien von der Vorderseite her die Waage hält. Die Regel des Klebstoffwechsels gilt für alle »randumgreifenden« Arbeiten. Buchbinder nehmen für den Ganzbezug Kunstharzkleber und für den Spiegel Kleister.

platte aufgelegt – gedehntes Material kommt auf ungedehntes! Beim Trocknen zieht sich das Deckmaterial wieder in sein altes Maß zusammen (es »läuft« wieder ein). Durch die *Zugspannung* werden die Seitenkanten des Grundkartons nach oben gezogen. Der Karton krümmt sich (und zwar nur dann auch parallel zu seiner Laufrichtung, wenn beide Materialien – Karton und Decke – »gleichlaufend« übereinandergesetzt worden sind). Um das Abwandern der Klebung aus der planparallelen Lage zu unterbinden, erzeugen wir einen *Gegenzug*, indem wir den Grundkarton auch auf der anderen Seite mit einem gleichartigen Material, dem sogenannten »Spiegel« bekleben.
Eine wirklich *plane Tafelfläche* bekommen wir aber erst, wenn wir die Klebung zwischen saugfähiger Makulatur (am besten Zeitungspapier) *unter Preßdruck trocknen* lassen.
Nicht vergessen: Alle Papierwerkstoffe müssen »gleichlaufend« verarbeitet werden, – was schon beim Zuschneiden zu beachten ist!

Umgreifender Flächenbezug einer Papptafel
Der Vorteil der bisherigen Arbeit war die plane Tafelfläche ohne verdeckte Doppellagen, – der Nachteil die geringe Festigkeit der Kanten. Verstärkten Schutz bietet der *Ganzbezug* – (siehe die Abbildungen auf der gegenüberliegenden Seite), evtl. *Eckverstärkung mit Einbandgewebe* (s. S. 138).
In allen Fällen, in denen ein Bezugsmaterial »randumgreifend« aufgezogen wird, muß mit *zwei unterschiedlich feuchten Klebstoffen* gearbeitet werden, z. B. Kunstharzkleber und Kleister.

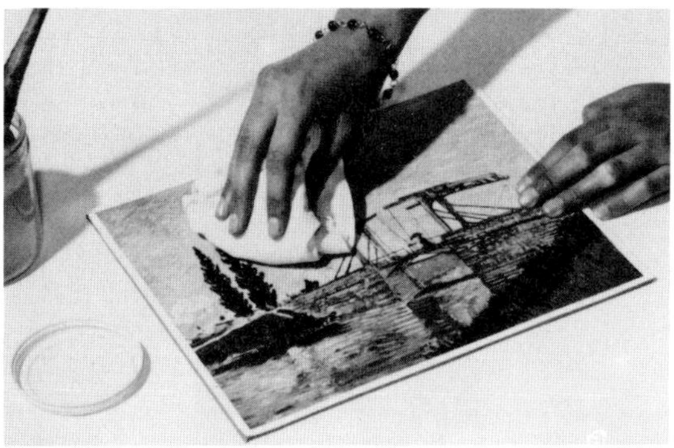

Links: Das Schulbeispiel – »Aufziehen eines Kunstdrucks«! – Der Druck wurde über Zeitungspapier rückseitig mit dem Klebstoff satt eingestrichen. Pinselstrich – von der Mitte aus nach allen Seiten und über die Schnittränder hinweg! Man muß dem Papier Zeit zur Durchfeuchtung lassen. Erst wenn es sich nicht mehr wölbt (wieder plan liegt), darf es auf die Pappe aufgelegt werden. Anreiben mit einem trockenen Tuch von der Mitte aus.
Darunter: Aufsetzen des Spiegels auf der Rückseite.
Unten: Die plane Tafelfläche bekommen wir nur, wenn wir die Klebung zwischen saugfähiger Makulatur unter starkem Preßdruck trocknen.

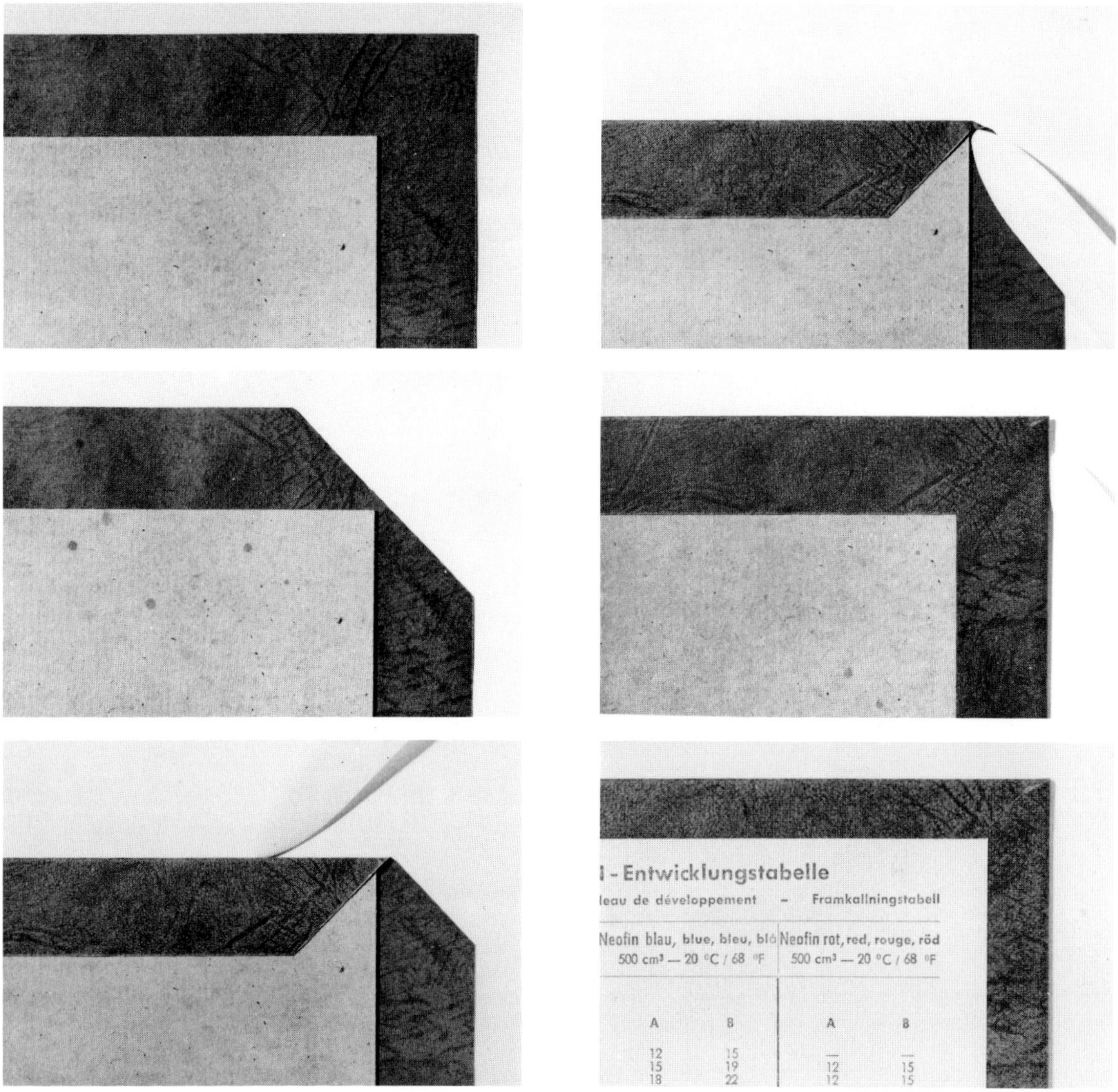

Beziehen einer Tabellentafel.
Linke Spalte – oben: Die Zuschnitte entsprechen in Größe und Laufrichtung der zu montierenden Tabelle. Wir drükken die Pappe auf die mit Kunstharzkleber bestrichene Rückseite des Bezugspapiers auf, wenden das Ganze und reiben nun den Bezug vorderseitig mit einem trockenen Tuch an die Pappe an. Luftblasen sind zu den Rändern hin auszutreiben.
Mitte: Jetzt werden alle vier Ecken des eingestrichenen Bezugspapiers mit der Schere schräg abgeschnitten und zwar so weit, daß noch eine Breite von etwa 2 Pappstärken neben jeder Tafelecke stehenbleibt.
Unten: Der Papierrand wird über die Pappe eingeschlagen und mit dem Falzbein kantenglatt angerieben.

Rechte Spalte – oben: Wichtiger Handgriff! Wir drücken die überstehende Papierecke mit dem Falzbein um die Tafelecke herum, so daß auch diese bezogen und geschützt wird.
Mitte: Nachdem die beiden gegenüberliegenden Ecken einer Tafelkante auf diese Weise vorbehandelt sind, kann auch der dazwischen seitlich anhängende Bezugspapierüberstand umgeschlagen und angerieben werden.
Unten: Der »Spiegel« wird aufgesetzt. Nichts spricht dagegen, als Material für die Gegenklebung die zu montierende Tabelle selbst zu nehmen (es sei denn, daß es sich um zu unterschiedliches Material handelt). Klebstoffwechsel beachten – siehe Text! Die fertige Tabellentafel muß nun unter Preßdruck trocknen.

Gegenüberliegende Bildseite: Tafelbezug mit verstärkten Ecken (Einbandgewebe, siehe S. 140) – Linke Spalte, von oben nach unten: Zuschnitt und richtige Lage der benötigten Teile. Die Gewebeecken schneidet man am einfachsten schräg von einem längeren Streifen ab. – Das unterliegende Bezugspapier wurde so weit zurückgeschnitten, daß die mit dem Einbandgewebe bezogene Ecke der Tafel hinterher auch vorderseitig noch sichtbar bleibt (siehe das Schlußbild!). – Umschlagen der oberen Gewebekante und Anreiben mit dem Falzbein. – Die Versorgung der Ecke geschieht wie auf Seite 137 beschrieben. – Umlegen der seitlichen Gewebekante.
Rechte Spalte: Nun kann auch das Bezugspapier über die Tafelkante geschlagen werden – erst oben und unten, – dann seitlich.
Der Spiegel (hier gleiches Papiermaterial) wird um einige Millimeter kleiner als die Tafelfläche zugeschnitten. Dabei ist der durch die Befeuchtung zu erwartende Zuwachs (!) in der Dehnrichtung des Papiers zu beachten (Breite des Papiers am mit Klebstoff eingestrichenen Blatt nachmessen und gegebenenfalls mit der Schere korrigieren).
Unten: So sieht die durch Gewebeecken geschützte Tafel von vorn aus.

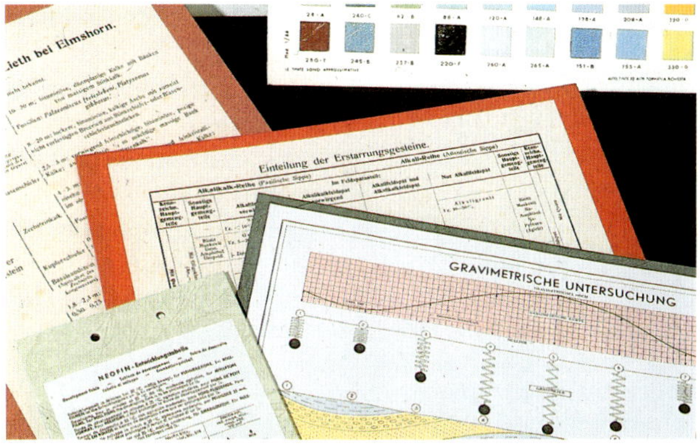

Oben: Tabellentafeln dienen zur Orientierung, Veranschaulichung, zu Werbezwecken u. ä.
Links: Reproduktion eines alten Stichs, auf Spanplatte aufgezogen und mit einem dicken Passepartout überdeckt (Passepartoutkarton, schräger Fensterschnitt mit dem Passepartoutmesser). Seitenschutz durch schwarze Kunststoffumleimer.
Unten: Hier wurde eine großformatige Bildkarte auf eine zuvor bezogene Preßstoffplatte aufgesetzt und als Wandschmuck für ein Arbeitszimmer verwendet.

Einbanddecken

Sich ein Fotoalbum nach Maß herzustellen, ist der Wunsch vieler Fotoamateure, die ihre Aufnahmen selbst vergrößern und auch sonst Wert auf ein eigenes »Layout« legen, – d. h. auf mit Überlegung gestaltete Bildseiten. Dabei rechnet man mit »grafischen Effekten«, – die Leerräume auf den Blättern spielen eine ebensolche Rolle wie die in wechselnden Größen eingesetzten Bilder. Das alles verlangt ausreichenden Platz und Seitengrößen, auf die die handelsüblichen Fotoalben nicht eingestellt sind.
Es empfiehlt sich also, grundsätzlich einmal zu überlegen, wie eine stabile Einbanddecke anzufertigen und mit dem Blattinhalt zu verbinden ist.

Schreibarbeit oder Fotoalbum

Der Unterschied liegt lediglich in der *Größe* und im *Format*, gegebenenfalls auch in der Zahl der für das Binden und Öffnen nötigen *Scharniere*. In allen Fällen sollen lose Blatteinlagen nach einem besonderen Verfahren – *Kordelschnürung* oder *Buchschraubenklemmung* – zusammengefaßt werden.

Die Deckelgröße hängt vom Format der zu bindenden Blätter ab, d. i. für Schreibarbeiten DIN A4. Die Decke sollte allerdings um ein geringes Maß überstehen. Die Laufrichtung des Schreibpapiers liegt in der Blattlänge, das entspricht bei gleichlaufender Verarbeitung dem Buchrücken.

Für die Deckeneinlage kommt bei Schreibarbeiten 1–1,5 mm und für große Fotoalben 2,5 mm dicke *Buchbinder-Graupappe* in Frage. – *Bezugspapiere* für Außenflächen müssen besonders strapazierfähig sein. EFALIN nennt sich ein modernes Einbandmaterial auf Papierbasis. Es ist schmutzunempfindlich, abwaschbar, reißfest. Man bekommt es mit schöner Leinenprägung in 32 leuchtenden Farbtönen. – Das bekannteste gängige Außenbezugspapier ist die pergamentartig strukturierte (auch farbig erhältliche) »Elefantenhaut«. *Textile Einbandgewebe* kann man als appretierte Rollenware (meterweise) unter den Bezeichnungen »Naturleinen«, »Mattgewebe« u. a. kaufen. Die rückseitige Kaschierung verhindert, daß der Klebstoff nach dem Auftragen durchschlägt. Die »Laufrichtung« des Einbandgewebes liegt in der Richtung der (gespannten) Gewebekette!

Links: Für diese »Einbanddecke mit offenem Rücken« braucht man zwei einzelne Deckel, die durch eine Seidenkordel (oder käufliche Buchschrauben) über den Einlagen zusammengehalten werden. Die Bindungslöcher werden nach dem Trocknen mit einem Locheisen eingeschlagen (Lochzange oder Bürolocher eignen sich nicht dazu, weil die Lochstellen im Material zu tief liegen). Wichtig ist das Scharnier in der oberen Decke.
Unten: Von der vorbereiteten Pappeinlage werden ein etwa 3 cm und ein 2–3 mm (!) breiter Streifen abgeschnitten. Der breite Streifen dient der Bindung. Der schmale Streifen schafft Raum für das Scharniergelenk. Er muß später beim Pressen in die Gelenkfuge eingelegt werden (siehe die Abbildung auf der gegenüberliegenden Seite).

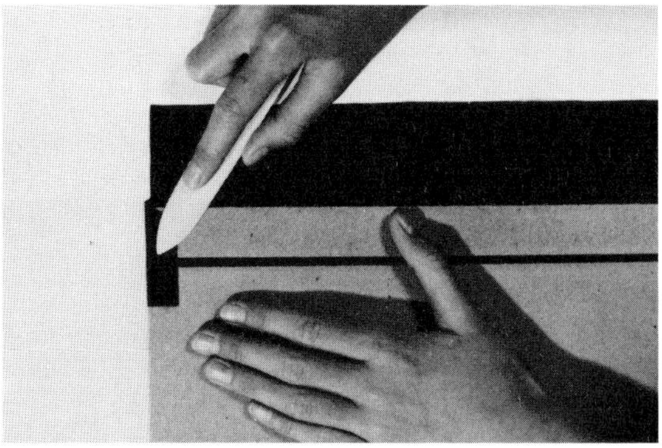

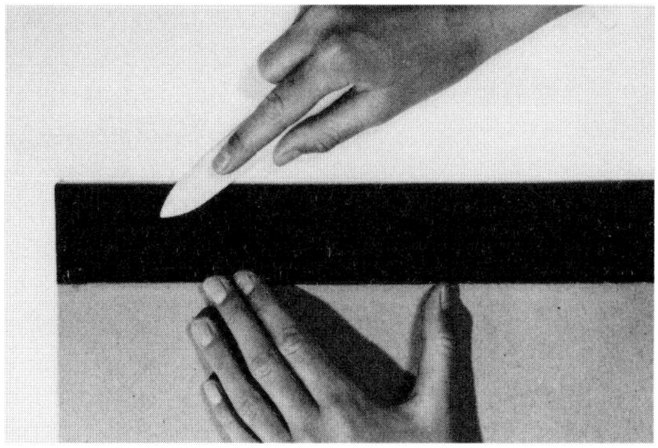

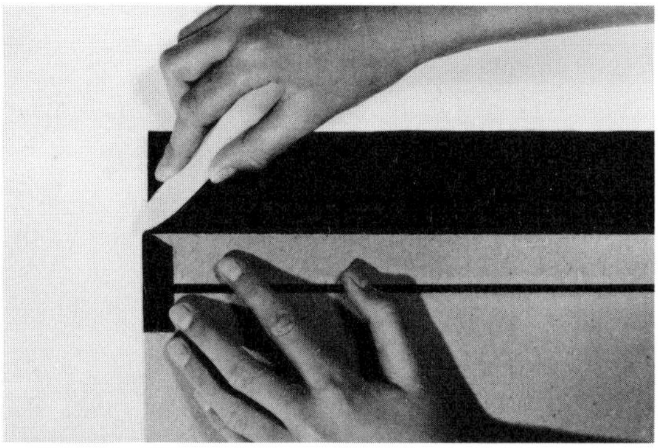

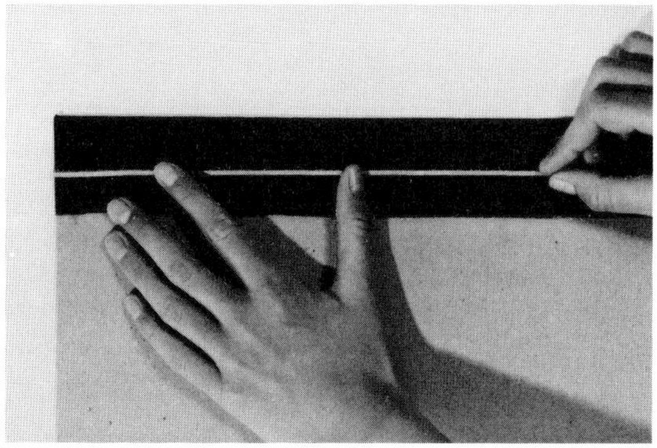

Oben – links: Umlegen und Anreiben der Gewebeenden. – Beziehen der Tafelecken (siehe S. 137/138).
Oben – rechts: Umlegen und Anreiben des breiten Gewebestreifens über der Scharnierkante. – Einlegen des schmalen Pappstreifens in die Scharnierfuge. So muß die Klebung zunächst einmal unter Preßdruck trocknen. – Im Ernstfall empfiehlt es sich, auch schon die Kante der anderen Deckeneinlage mit dem Einbandgewebe zu beziehen, damit man beide Decken gleichzeitig in die Presse einlegen kann.
Beim Beziehen der Decken mit Bezugspapier (außen) und Vorsatzpapier (innen) muß wieder (ein zweitesmal) gepreßt werden.

Links und unten: Für eine »Decke mit geschlossenem Rükken« brauchen wir eine Streifenkombination mit 3 Gelenkfugen (untere Decke – Rücken – Scharnierstreifen – obere Decke). Das Rückengewebe ist ein rechteckiger Zuschnitt. Ein mit Deckenhöhe bemessener zweiter Gewebestreifen (mit gleicher Breite) wird innseitig dagegengesetzt.

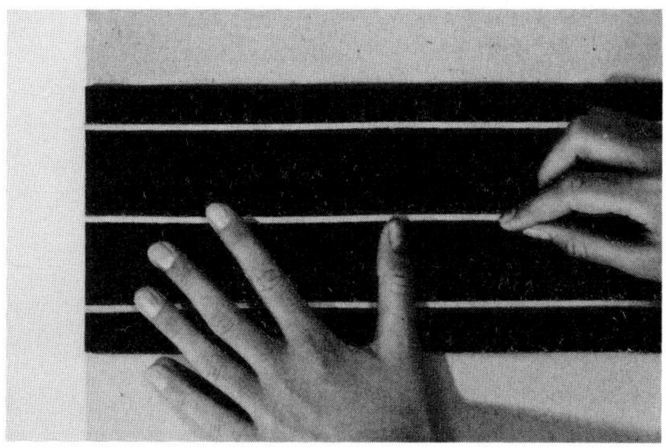

Kästen für die Sammlung

Es ist nicht nur eine Frage unseres Geschmacks, ob wir uns zur Unterbringung unserer Liebhabereien mit einem einfachen Schuhkarton zufriedengeben. Denn wollte man so schöne, stabile und für den vorgesehenen Zweck auch formgerechte Kästen, wie sie hier und auf den nachfolgenden Seiten abgebildet sind, irgendwo kaufen, dann müßte man dafür viel Geld ausgeben. Die eigene Herstellung ist nicht nur billiger, sie bewahrt uns auch vor Kompromissen hinsichtlich Bemessung, Einteilung, Unterbringung u. dgl.
Der Bau schöner Kästen aus Pappe ist nicht nur ein lukrativer Bereich des Kunstgewerbes, – er kann uns schließlich auch zum Hobby werden!

Zuschnitt und Zusammenbau

Wir prüfen zunächst die Laufrichtung der Pappe und zeichnen den Kastenboden samt den vier Seitenteilen so auf, daß die Längsrichtung des Bodens mit der Laufrichtung der Pappe übereinstimmt. Die langseitigen Wände schneiden wir um zwei Pappstärken länger zu, dann können wir die kurzen Wände dazwischensetzen – oder umgekehrt. Das einfache *Schnittschema* aller Teile sieht so aus, als ob die vier Kastenwände entlang den Bodenkanten niedergelegt worden wären (siehe dazu die Skizzenzeichnung auf Seite 145).
Für den *Zusammenbau* brauchen wir einen etwas kräftiger eingestellten Kunstharzkleber. Schneller (wenn auch etwas laienhaft) arbeitet es sich mit einem guten Kontaktkleber: Klebestellen versorgen, eine Zeitlang ablüften lassen und dann in richtiger Lage fest zusammendrücken! Der Zusammenbau sollte auf einer ebenen Unterlage erfolgen.
Vor dem Beziehen der Pappwände müssen die *Kastenkanten* (außen und innen) verstärkt werden. Empfehlenswert ist ein fester Kantenbezug mit Einbandgewebe. Als Klebemittel dient Kunstharzkleber. Das Material wird in etwa 2 cm breite und ausreichend lange Streifen geschnitten und um alle Kanten geklebt. Man sollte bei den senkrechten Innenkanten beginnen und die Außenstreifen, die dazu etwas länger sein müssen, auch um die Ecken kleben. Oben werden sie ins Kasteninnere geschlagen, unten im Knickwinkel eingeschnitten und mit gekreuzten Enden über den Kastenboden geklebt.

Wir nehmen graue Buchbinderpappe, mindestens 2,5 mm dick. Dazu suchen wir uns ein schönes Bezugsmaterial – sowohl für den Außenbezug als auch – dazu passend – für das »Futter«. Von der Farbe und Musterung des Bezugsmaterials und seinem Zusammenspiel mit der Farbe des Einbandgewebes (an den Kanten) hängt die schmuckvolle Wirkung des Ganzen ab. Wir arbeiten (wie immer) sorgfältig. Die Laufrichtung der verwendeten Werkstoffe muß stimmen. Durch das Schneiden mit dem Messer aufgetriebene Kanten werden vor der weiteren Verarbeitung mit dem Falzbein niedergerieben oder vorsorglich mit Sandpapier abgeschliffen. Probeweise stellt man den Kasten erst einmal »trokken« zusammen. Dabei sieht man, ob die Teile passen und wohin der Klebstoff gestrichen werden muß. Für den rohen Zusammenbau kann man auch Kontaktkleber nehmen. Man kann damit sehr schnell arbeiten.
Deckel baut man ebenso, nur daß man die Tafel mindestens 8 mm in der Länge und Breite (um dem Auftragen der Bezugswerkstoffe zu begegnen) größer als den Boden zuschneidet und auch die Seitenteile niedriger bemißt.

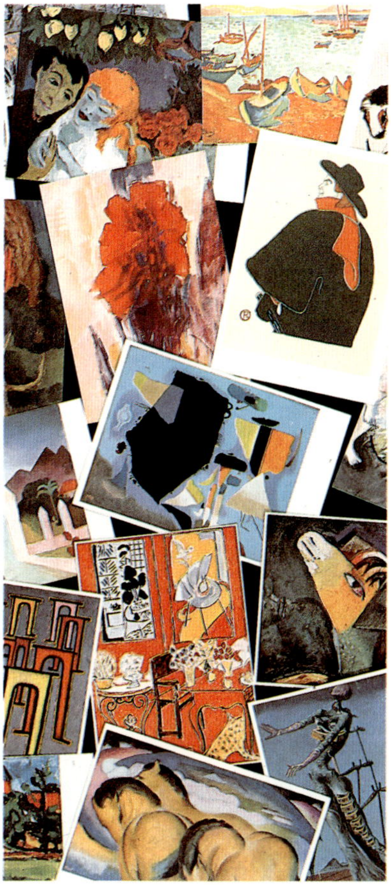

Oben: Bei allen Unvollkommenheiten, die den kleinen Postkartendrucken anhängen, sind Kunstpostkarten doch recht liebenswerte Sammelobjekte. Namhafte Kenner beglaubigen ihren Wert. Die Verlage bemühen sich, durch ständig verbesserte Druckverfahren die Qualität der Drucke zu heben.

Rechts (oben): Eine Kunstpostkartensammlung ordnet man am besten nach Kunstepochen bzw. Kunstrichtungen. Innerhalb dieser Gruppen sind, soweit es möglich ist, die Werke der einzelnen Künstler zusammenzufassen.
Rechts: Die Karten haben ein genormtes Format und lassen sich wie Karteikarten stehend in einem entsprechend bemessenen Kasten unterbringen.

Negativ- und Positiv»kartei«

Wer in seinen Negativen mehr sieht als nur eine einmalige Angelegenheit – der besinne sich rechtzeitig und versuche seine Filme so aufzubewahren, daß er jederzeit die eine oder andere Aufnahme in der Fülle wiederfinden kann. Normalerweise werden die getrockneten Filme in gleichmäßig lange Streifen (bei Kleinbild spricht man von »Sechserstreifen«) geschnitten und in durchsichtige Pergamintaschen gesteckt. Das ist – vorweg gesagt – die praktischste, übersichtlichste und zugleich schonendste Art der Aufbewahrung (auch weil die Filme darin plan gehalten werden). Man kauft solche Taschen in Paketen zu jeweils 100 Stück.
Um zu wissen, welche Bilder sich auf dem jeweiligen Film befinden, empfehlen sich Kontaktkopien auf Vergrößerungspapier, Gradation »weich«, – siehe die Abbildungen unten!

Das *Bezugsmaterial* muß zugeschnitten bereitliegen, und zwar für Außenbezug und Kastenfutter zugleich. Die Laufrichtung muß mit den Pappwänden übereinstimmen. Teil für Teil wird über einer Unterlage mit Klebstoff bestrichen und nach einer kurzen Pause, in der sich die Durchfeuchtung vollziehen kann, an seinen Platz gebracht. Anreiben mit einem sauberen Tuch, besonders an den Kanten! Luftblasen müssen zum Rand hin ausgetrieben werden.
Jede Außenkante bekommt sofort die dazugehörige Innenklebung. Bei umgreifenden Kantenbezug von der Außenseite her (Bezug der Außenwände) ist wiederum der Kleberwechsel notwendig (siehe Seite 136)! – Da das »Futter« auch den Kastenboden bedecken soll, muß dieser auch auf der Unterseite einen Außenspiegel erhalten.

Stabile Kästen für die Negative
Zur Unterbringung der vielen Negativtaschen eignen sich am besten stabile Pappkästen, in denen die Taschen nach Motivgruppen geordnet und fortlaufend numeriert stehend aufbewahrt werden können (siehe die Abbildung – unten). Innere Größe eines solchen Kastens (siehe Skizze): 32 × 24,5 × 8 cm. – Die Kästen müssen für langjährigen Gebrauch sehr fest gebaut werden. Für den Rohkörper eignet sich nur Graupappe in den dicksten Sorten (4–5 mm). Die Teile werden mit Kunstharzkleber zusammengeklebt. Kantenverstärkung mit Einbandgewebe. Für den Bezug empfiehlt sich »Elefantenhaut«. Die Innenflächen werden mit dem gleichen Material bezogen.

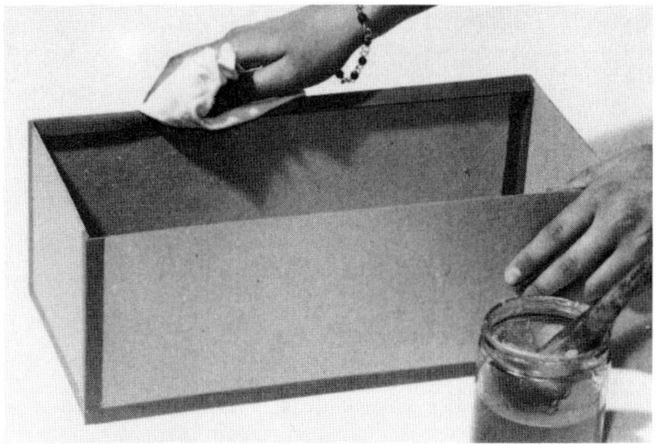

Oben und rechts: Die für alle Kästen geltenden Arbeitsschritte beim Zusammenbau. – Rohmontage, – Kantenverstärkung mit Einbandgewebe (innen und außen), – Beziehen der Wände. Da es sich hier nicht um einen randübergreifenden Ganzbezug handelt, ist ein Klebstoffwechsel zwischen außen und innen nicht nötig. Die Flächen werden nach dem Einstrich und gehöriger Durchfeuchtung aufgesetzt – und mit einem sauberen Tuch angerieben. Luftblasen sind zum Rand hin auszutreiben. – Deckel bauen wir genauso, die Tafel wird etwas größer bemessen.

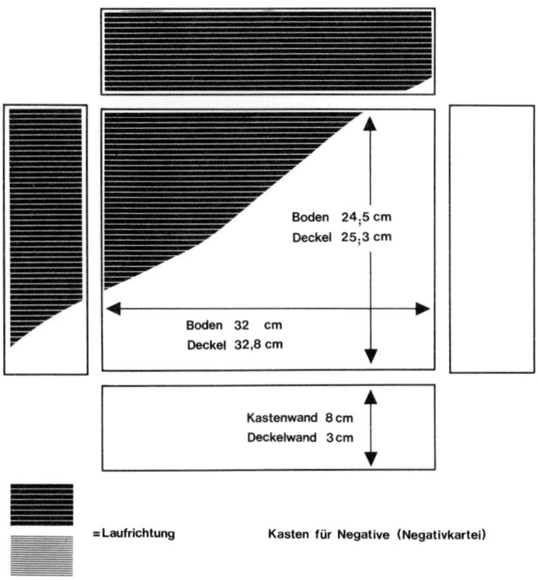

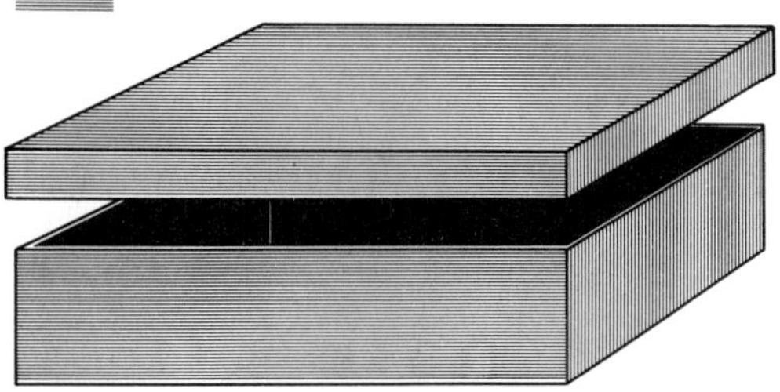

Kästen für Bilder und Zeitschriften

Auch die Formen der Scharnierdeckelkästen können verschiedenen Zwecken angepaßt werden. Sie wirken besonders hübsch und haben leicht jene »grande noblesse«, die kunstgewerblichen Arbeiten anhaftet.

Kästen mit Scharnierdeckel und »Kasten mit Hals«

Die bisher gebauten Kästen hatten Deckel zum Aufsetzen. Man kann den Deckel aber auch durch einen flexiblen *Scharnierstreifen* aus Einbandgewebe (s. S. 140/141) direkt mit dem Kasten verbinden (siehe die Abbildungen unten und auf der gegenüberliegenden Seite).

Beim *Kasten mit Hals* liegt der Deckel bündig auf dem Kastenrahmen auf. Zwei Rahmen aus 2,5 mm dicker Pappe (Kastenwände und der etwas höhere Hals) werden ineinandergesetzt. Um den Bezugseinschlägen und dem Innenfutter des Deckels beim Aufsetzen den erforderlichen Spielraum zu geben, sind zwischen den beiden Wänden Zwischenlagen aus 1,5 mm dicker Pappe nötig. Alles wird zu einer äußerst stabilen Wand fest miteinander verklebt. Siehe Abb. S. 147.

Links und unten: Dieser Kasten besteht aus zwei Teilen – der Kassette (links) und einer doppelten Scharnierdecke (darunter).
Es empfiehlt sich, zuerst den Kassettenkasten zu bauen, – Innengröße nach den Maßen des Zeitschriftenstapels, der darin untergebracht werden soll (plus Spielraum nach allen Seiten). Nach der Bemessung dieses Kastens wird die Decke mit Doppelscharnier angefertigt. Breite des Rückens (zwischen den Scharnierfugen) = Kastenhöhe plus 2 Pappstärken! – Paßprobe: Die Decke soll bei aufgesetztem Kasten rundum etwa einen halben Zentimeter überstehen.
Es folgen die Flächenbezüge der Kassette und der Einbanddecke gesondert. Die montierten Flächen der Einbanddecke sollten zum Trocknen gepreßt werden. Auf den linken Deckel wird abschließend der fertig bezogene Kassettenkasten – sozusagen als Gegenklebung (innen) – aufgesetzt.

Links: Diese Kassette hat zwei Scharniere. Eines dient zum Herunterschlagen der vorderen Kastenwand (zur besseren Entnahme eines dahinter flach liegenden Inhalts), – das andere verbindet den übergreifenden Rahmendeckel mit der hinteren Kastenwand.

Mitte: Kasten mit flach aufliegendem Deckel. – Scharnier: Ein etwa 2,5 cm breiter Gewebestreifen wird zur Hälfte an die rückseitige Kastenwand angeklebt. Der Streifen soll an beiden Seiten je 2 cm überstehen. Nun wird die Deckelpappe auf den Kastenrahmen aufgelegt und mit der anderen Gewebehälfte verbunden. Die beiden Überstände werden am Scharnier eingeschnitten und je zur Hälfte um Deckel und Kastenwand geklebt. Dem folgt auch innseitig eine Gewebegegenklebung. Wir prüfen, ob sich der Deckel leicht bewegen läßt. Andernfalls kann das noch feuchte Gewebe gerichtet werden.

Unten: Zwei »Kästen mit Hals«. Ein Vorteil des verwendeten Kunstharzklebers ist, daß er auch einseitig auf metallischen Flächen (hier Metallfolie) haftet. Daß die beiden Kästen bisher einen besonderen Reiz auf jugendliche (weibliche) Betrachter ausgeübt haben, kann nicht verschwiegen werden. Zur Zeit bewahren die Töchter des Hauses ihren Schmuck darin auf.

Mit der Schere geschnitten

Das Schneiden papierener Schattenformen kam im 17. Jahrhundert über Indien und Persien nach Europa, wo man Schattenbilder zunächst als »Chinesische Schatten« bezeichnete. Später nannte man sie »Silhouetten« nach dem Finanzminister Ludwigs XV., Etienne de Silhouette, der um 1757 an Stelle der teuren Miniaturporträts die Anfertigung wohlfeiler Umrißschnitte propagierte. – Vor allem wurde der Scherenschnitt im volkstümlichen Kunstschaffen liebevoll gepflegt. Wir verwenden ihn hauptsächlich seiner grafischen Effekte wegen zum Schmücken von Glückwünschen, persönlichen Anzeigen, festlichen Einladungen u. dgl., aber auch als technisches Hilfsmittel zum Auffinden klarer Umrißformen.

Papier und Werkzeug

Der »klassische« Werkstoff für Scherenschnittarbeiten ist das ungummierte (!), schwarze *Silhouettenpapier*. Sehr schöne Schnitte erhält man auch mit *farbigen Papieren* (Faltpapiere, Tonpapiere) oder mit gewöhnlichem weißen *Schreibmaschinenpapier* (siehe die Abbildungen). Es kommt immer darauf an, ob der Aufklebegrund hell oder dunkel ist.

Wir schneiden mit der *Scherenschnittschere* und *Papierschneidefedern (-messern)*. Die langen Griffschenkel der Scherenschnittschere ermöglichen es, auch umfangreichere Schnitte in den beweglichen Mittelpartien auszuführen, ohne daß feine Verbindungen durch die arbeitende Hand zerrissen werden (wie das beim Gebrauch einer kurzen Nähschere leicht der Fall sein kann). Die Schere liegt beim Schneiden ruhig in der Hand, ohne ihre Richtung zu ändern. Mit der anderen Hand drehen wir das Papier und lenken so den Schnitt.

Feinere Teilschnitte müssen mit der Schneidefeder (Passepartoutmesser, Cutter) ausgeführt werden.

Form und Kontrast

Die Schönheit eines Scherenschnitts beruht auf eindeutigen Formumrissen und einer ausgewogenen Verteilung dunkler und heller Bildelemente (Schnitt und Untergrund).

In der Regel sollte man für jeden Teil des Dargestellten eine erkennbar typische Umrißform zu finden trachten. Das dürfte bei den meisten

Links: Die Rundfaltung. – Wir falten den kreisrunden Papierzuschnitt randdeckend zur Hälfte, zum Viertel, zum Achtel. Zwecks besserer Papierverteilung werden wir das obere Teilstück zur Achtelfaltung nach oben herum, das untere nach unten herum führen. Alle Faltbrüche sind (da immer auch gegen die Laufrichtung des Papiers gefaltet werden muß) hinterher mit dem Falzbein niederzureiben. Unten und gegenüberliegende Seite, links: Arbeiten, die sich durch Rundfaltung (zentralsymmetrische Anlage) ergeben.

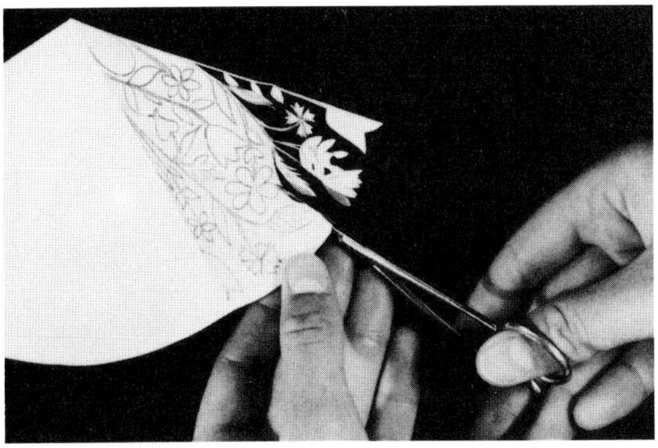

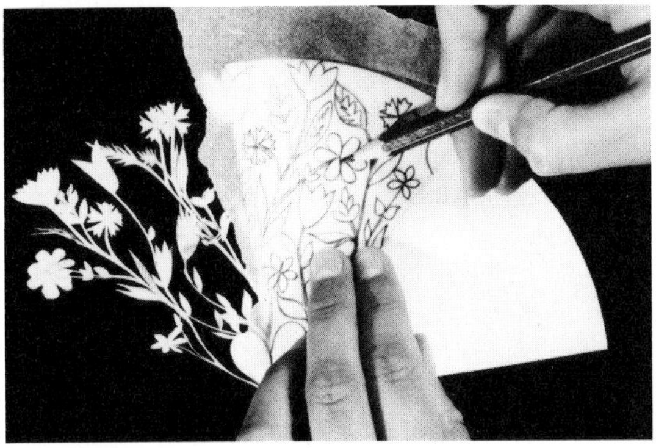

Oben – links: Es wird immer nur in doppelter Papierlage geschnitten, nie im ganzen Paket! – Von Sektor zu Sektor muß der Entwurf neu übertragen werden.
Oben – rechts: Aufkleben feingliedriger Teile; Versorgen mit Klebstoff über einem untergelegten Schutzpapier.
Rechts: »Spiegelsymmetrisches« Doppelschnittmotiv.

Faltschnitte

Zum Aufkleben nehmen wir ausschließlich dünnen Kleister, der fleckenlos abtrocknet, auf keinen Fall Alleskleber! – Die Montage der feingliedrigen Schnittform erfolgt in Einzelschritten: Der Schnitt wird auf den Grundkarton aufgelegt und nach den Rändern hin ausgerichtet. Dann wird er lediglich im Zentrum (durch Unterfahren mit einem spitzen Pinsel) festgelegt. Nun knickt man den ersten von der Mitte zum Rand weisenden Formteil über einen untergelegten Schutzstreifen zurück, versorgt ihn mit Klebstoff und klebt ihn an seinen Platz usw. – siehe die Abbildungen auf der vorhergehenden Seite!
Stets nur wenig Kleister auftragen, er soll nicht unter den Rändern hervorquellen! Den Schnitt mit einem sauberen Tuch andrücken.

gegenständlichen Gebilden die Vorder- und Seitenansicht sein. Körperhafte, räumliche Darstellungen, Schrägansichten u. dgl. widersprechen der Natur des Scherenschnitts, dessen Wesen einzig und allein die Ausbreitung in der Fläche ist. Die Formen stellen wir so nebeneinander, daß sie sich nicht in Teilen überdecken.

Faltschnitte
Faltschnitte bestechen durch die Regelmäßigkeit der innerhalb ihrer Begrenzung mehrfach wiederkehrenden Formteile (siehe »Vorkurs«, Seite 32/33). – Am leichtesten ist der einfache *Doppelschnitt* auszuführen. Wir falten das Papier (schöne Seite nach innen!) einmal zusammen und zeichnen entlang der Faltkante den halben Bildentwurf vor. Die andere Hälfte kommt beim Schneiden mit. Solche Doppelschnitte dienen zur Bereitstellung symmetrischer Schmuckformen (s. S. 32) oder als Hilfstechnik beim Zurichten von Umrißentwürfen, in denen es auf ein symmetrisches Ebenmaß ankommt (Beispiel s. S. 71).
Die *Rundfaltung* ermöglicht zentralsymmetrische Unterteilungen. Wir falten kreisrunde Scheiben über ihren Mittelpunkt hinweg zur Hälfte, zum Viertel, zum Achtel (siehe unten). Alle Faltbrüche müssen mit dem Falzbein niedergerieben werden. Es wird nie im ganzen Paket, sondern immer nur in der doppelten Papierlage geschnitten! Kettenschnitte erhält man durch eine *Ziehharmonika-* oder *Treppenfaltung* (siehe auch die als »Hasentanz« bezeichnete Faltschnittreihe auf den Seiten 150 und 151).

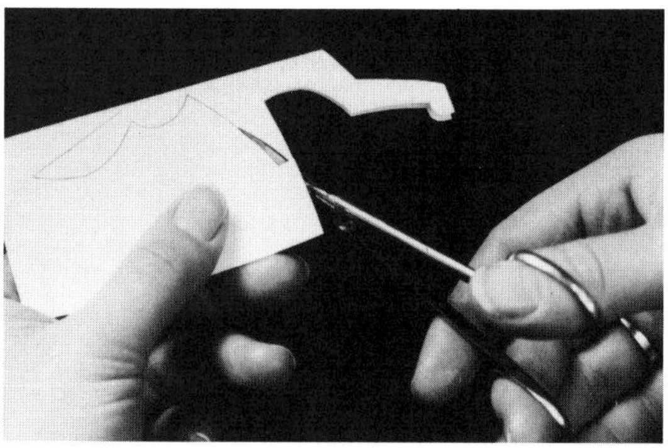

Links und unten: Für eine Hasenkette (siehe die Abbildung auf der gegenüberliegenden Seite) empfiehlt sich zunächst die Herstellung einer Papierschablone im Doppelschnittverfahren. Diese kann entlang einer längeren Kartonschnittkante mehrfach aufgelegt und mit dem Bleistift umfahren werden. Nach dem Ausschneiden – bei Innenschnitten schafft man mit der Schere zunächst ein bequemes Loch – ist die Kette fertig und kann zum Ring geschlossen werden. Doppelschnitte in einer entsprechenden Treppenfaltung (leider nicht in dickem Karton möglich!) würden die Arbeit wesentlich erleichtern.

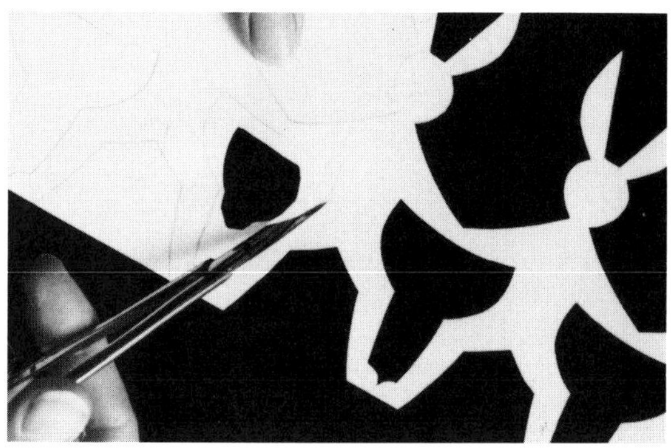

Oben und Mitte: Heiter stimmende Arrangements mit Papier- und Kartonschnitten bei festlichen Gelegenheiten. Unten: Volkstümliche Scherenschnittornamente in zentralsymmetrischer Anlage (Rundfaltung).

Spiel mit Faltfiguren

»Schwein«

Das Falten beruht auf der Wiederholung ständig wiederkehrender gleicher Faltschritte und fortschreitender Unterteilungen des Blattes, unterliegt also einem gewissen Zwang zur Gleichmäßigkeit und geraden Kantenführung, was sich auch in den Ergebnissen wiederfindet. – Verwendbar ist jedes nicht zu dünne Papier (Schreibpapier, Zeichenpapier, Tonpapier, Packpapier u. a.), sofern es sauber und winkelrichtig zugeschnitten ist. Kindern wird man mit Vorteil die schon quadratisch geschnittenen, farbigen Faltblätter aus dem Bastelladen in die Hand geben.

Ein »Schweinchen«

Siehe die Faltschritte – Abbildungen auf der gegenüberliegenden Seite:

Ein quadratisches Blatt zur Hälfte falten und jede Hälfte nochmals unterteilen (a). – Faltung quer zusammenlegen, wieder zurückschlagen und umdrehen (b). – Die kurzen Ränder zur Mitte legen (c), – mit den Fingern unter ein Eckquadrat fassen (d), dieses hochheben und in der Diagonalen nach außen falten (e). – So mit allen vier Eckquadraten (f). – Nun die zur Mitte zeigenden Hälften der aufliegenden Quadratfaltungen nach außen schlagen (g) – und die entstandene symmetrische Faltform in der Längsachse nach oben zusammenlegen (h). – Jedes Ende dieses trapezförmigen Faltbündels hat drei Zipfel. Der oberste wird zurückgeschlagen und an den Faltbruch gelegt (i). Das machen wir vorn und hinten, auf beiden Seiten. Dabei beachten wir, daß die Kniewinkel der entstehenden Beine in die gleiche Richtung zeigen (k). – Das obenaufliegende Hinterbein wird noch einmal zurückgeschlagen, damit der mittlere Zipfel durch zweimaliges Umknicken zum Schwanz »gekringelt« werden kann (l). – Die Schnauzenspitze wird schräg abgeschnitten (m).

»Scholle, Ente, Pferd und Reiter«

Diese miteinander verwandten Faltformen beginnen mit der gleichen Ausgangsfaltung und stellen nur Variationen ein und desselben Faltgangs dar.

Die Ausgangsfaltung: Wir kniffen in ein quadratisches Blatt das Diago-

Links: Glückwunsch zum Neujahrsfest? – Einladung zum Kindergeburtstag? – Hier wurden weiße Miniaturfaltungen auf farbigen Faltkarton geklebt.

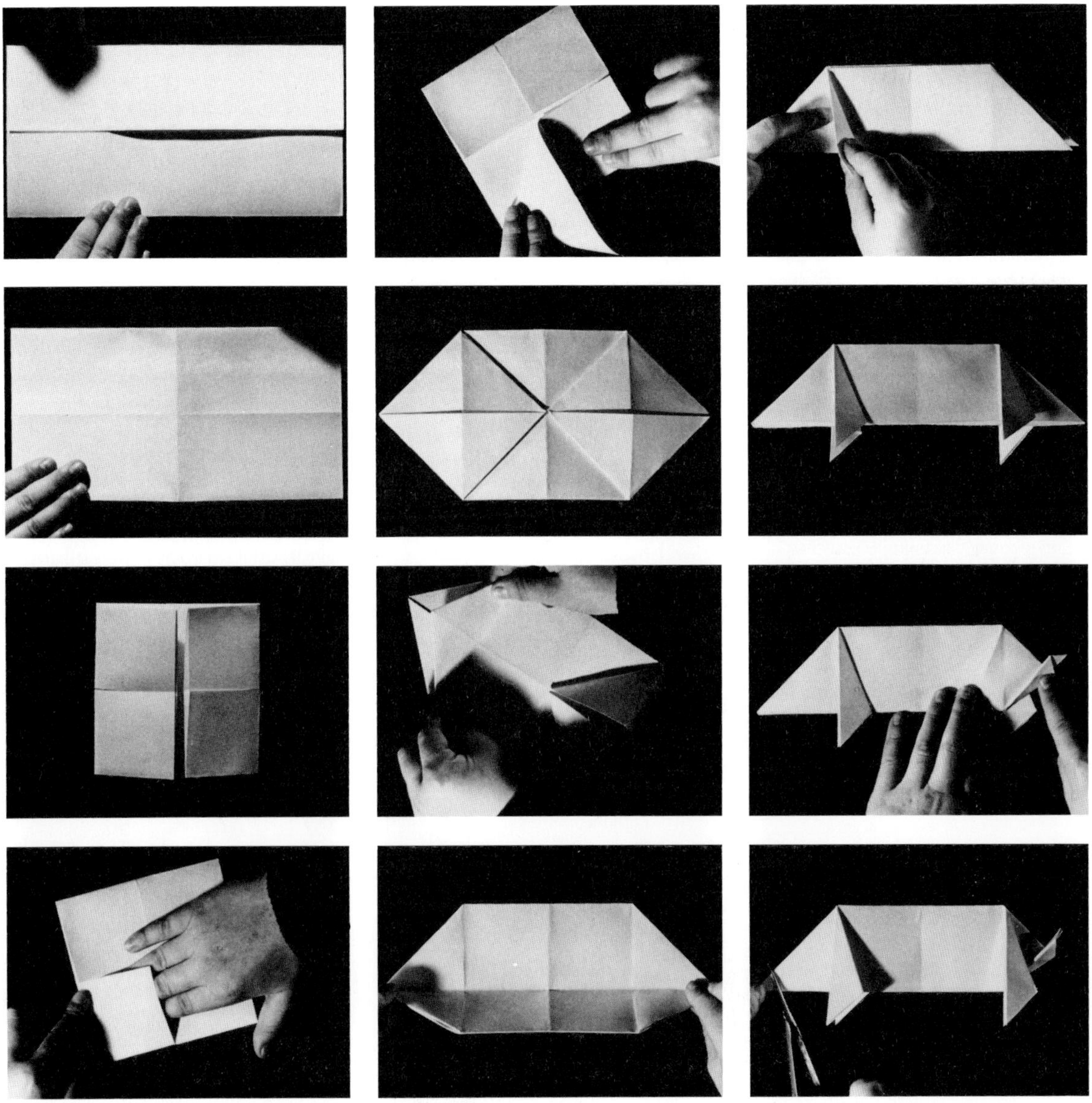

a–d e–h i–m

Oben: Faltschritte – »Schwein«

nalkreuz, drehen um und kniffen nach der anderen Seite das Mittelkreuz, wenden das Blatt abermals und falten die vier Ecken zur Blattmitte. Wieder die Faltung umdrehen! Nun falten wir noch einmal die Ecken zur Mitte. Wichtig ist also, daß wir bei der Schrägfaltung beginnen und das Blatt nach jedem Faltschritt umwenden, daß ferner alle Faltungen exakt erfolgen, da sonst die Unterteilung nicht stimmt, und daß alle Faltbrüche mit einem Falzbein niedergerieben werden, da sich

»Ente«

Der sichtbare Ausdruck des gefalteten Papiers ist die Faltkante. Die Spur, die ein einmaliger Faltschritt in der planen Papierfläche hinterläßt, bezeichnen wir als Faltbruch oder »Kniff«. Wenn wir von »Kniffen« sprechen, meinen wir, daß wir auf dem Faltwege Markierungslinien für weitere Unterteilungen in die Fläche bringen.
Je nachdem, ob wir die Ränder oder die Ecken eines quadratischen Faltpapiers zur Deckung bringen, bekommen wir einen Mittelkniff oder einen Diagonal- oder Schrägkniff. Wird das Papier in beiden Richtungen gefaltet, so bildet sich ein Mittel- oder Schrägkreuz. Das Einfalten solcher Kreuzlinien sollte immer in Einzelschritten (nicht durch Weiterfalten des zur Hälfte gelegten Papiers zum Viertel usw.) erfolgen.

alle weiteren Faltungen in diesen Bruchlinien bewegen! – Nun öffnen wir das Ganze und haben ein vielfach unterteiltes Blatt vor uns liegen, in dem die weiteren Faltungen bereits vorgegeben sind.
Die *»Scholle«* (Faltschritte – siehe die Abbildungen auf der gegenüberliegenden Seite):
Wir legen die Ausgangsfaltung (oben) so vor uns hin, daß sich das innere – eingefaltete! – Quadrat wie eine Plattform erhaben emporhebt (a). – Wir schlagen eine Quadratecke im alten Faltbruch wieder zur Quadratmitte zurück und drücken die Diagonalfalten der drei Eckzipfel in die Gegenrichtung, so daß ein »tischtuch«-artiges Gebilde entsteht (b). – Wir legen diese Form auf den Rücken und drücken alle vier Randmitten, den vorhandenen Faltbrüchen entsprechend, zur Mitte (c). – Die drei hochstehenden Zipfel (d, e) legen wir um – und zwar die beiden gegenüberstehenden nach hinten (sie ergeben die Flossen), den Schwanzzipfel unterteilen wir noch einmal, indem wir ihn an den Diagonalbruch des Quadrats zurückfalten (f). Die »Scholle« ist fertig, kann umgedreht (g) und bemalt werden.
Die *»Ente«* (Abbildungen auf Seite 155):
Um von der Scholle zur Ente zu kommen, erfassen wir die Faltung (d) an den beiden gegenüberstehenden Zipfeln und schlagen sie entlang des Diagonalbruchs nach hinten zusammen (h). Dabei ziehen wir die anfänglich (bei b) umgelegte Ecke als Kopfform heraus (i). Die beiden Haltezipfel werden nach unten gelegt und auf beiden Seiten durch zweimaliges Abknicken zu Schwimmbeinen gefaltet (k, l). Auch die Ente

Unten: Dekorationsbeispiel – »Schweinegarten«

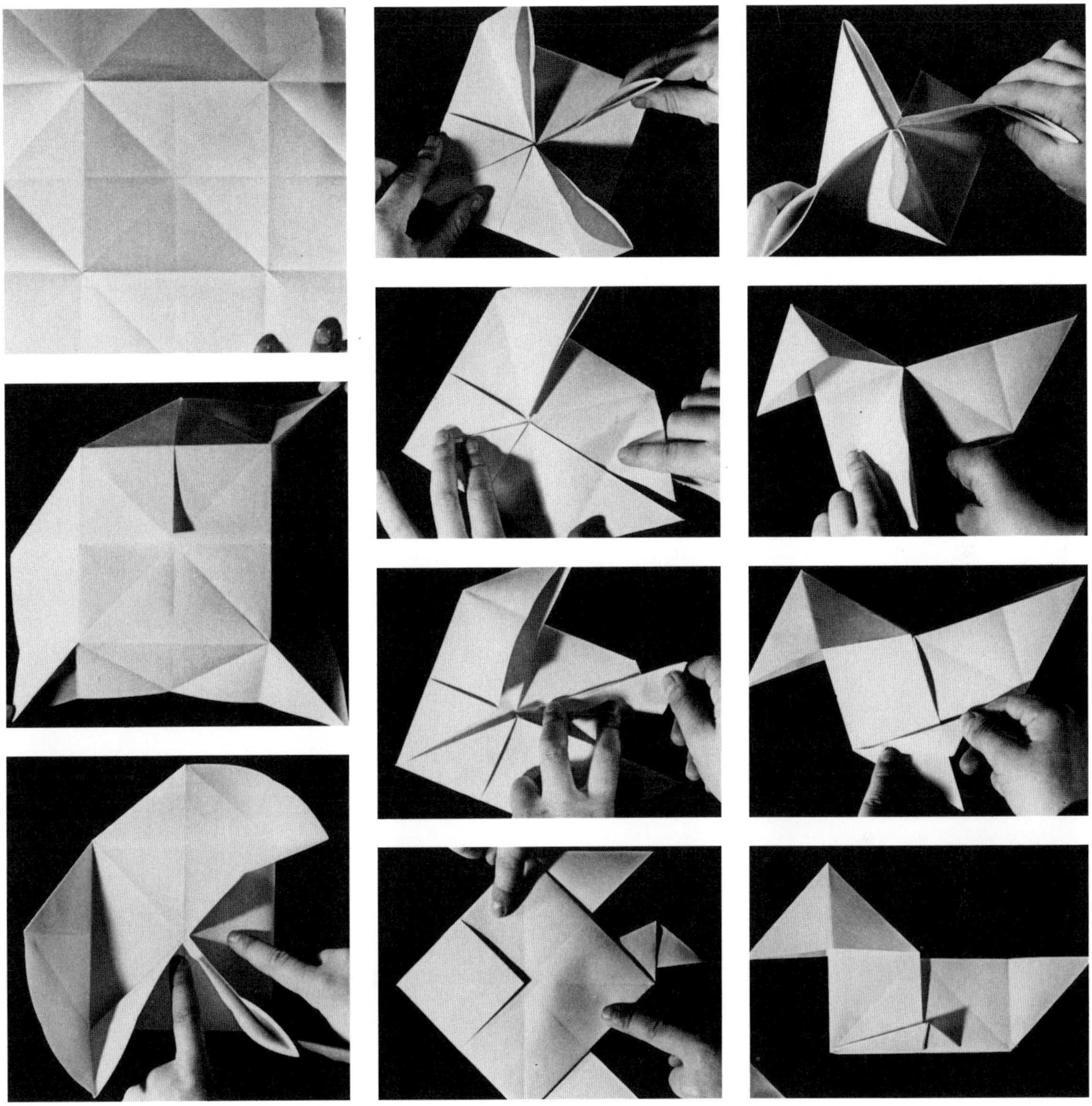

a–c d–g h–l

Oben: Faltschritte – »Scholle« und »Ente«

kann bemalt werden. Man kann aber auch aus unterschiedlich großen und verschiedenfarbigen Papierzuschnitten eine ganze Entenfamilie (Mutter und Küken) falten.

»Pferd«

Das *»Pferd«* (Faltschritte – siehe die Abbildungen auf der nachfolgenden Seite):
Wieder beginnen wir bei der beschriebenen Ausgangsfaltung, legen aber jetzt zwei einander gegenüberliegende Quadratecken im alten

a–c

d–g

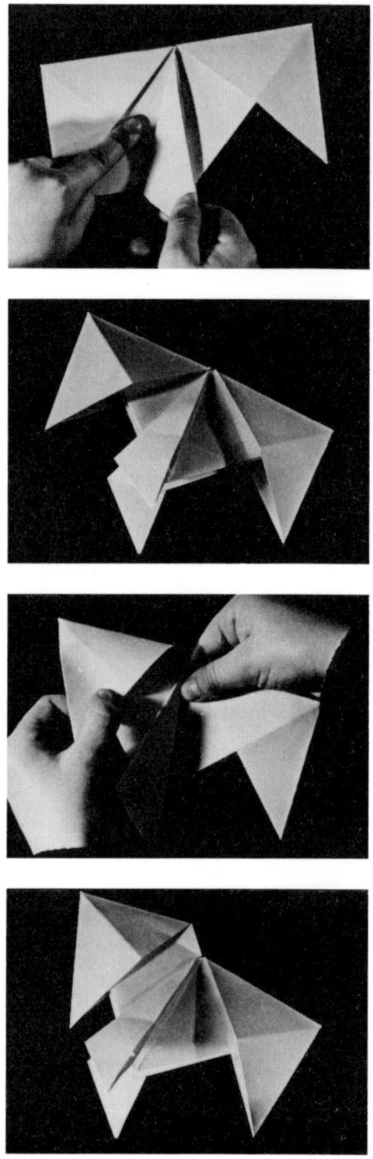

h–l

Oben: Faltschritte – »Pferd«

Faltbruch zur Quadratmitte zurück (a), – wenden das Blatt (b) – und falten wieder durch Aufrichten und Umlegen der Ränder das in der Mitte eingefaltete Quadrat heraus (c, d). – Wieder legen wir dieses Quadrat an den beiden gegenüberstehenden Eckzipfeln im Diagonalbruch nach hinten zusammen (e). – Sollten dabei die beiden »Schnäbel« (vorn und hinten) nicht herauskommen, müssen wir mit den Fingern nachhelfen (f). – In der Regel wird sich sofort die Faltform (g)

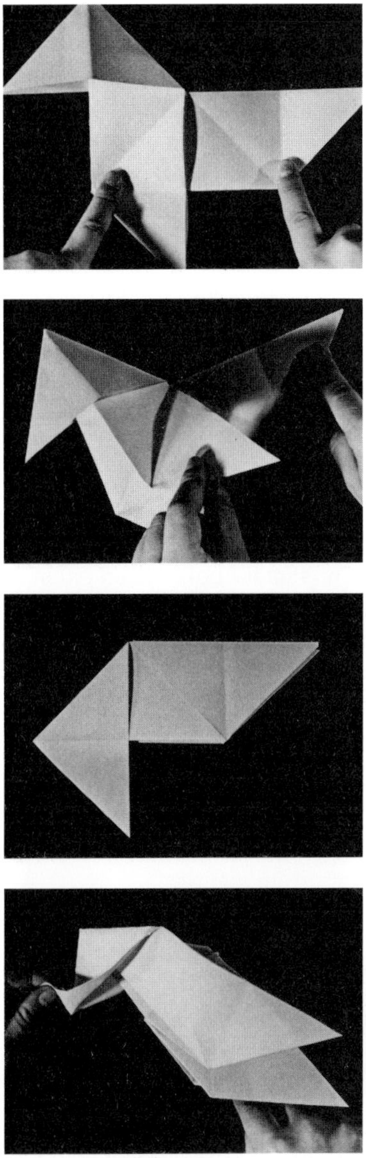

a–d

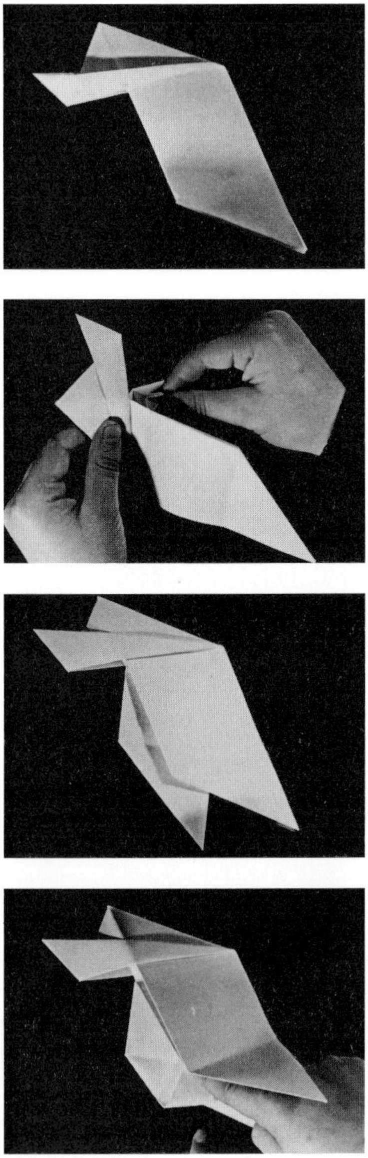

e–h

i–l

Oben: Faltschritte – »Reiter«

ergeben. – Wir falten nun auf beiden Seiten die mit einem Rand seitlich an der Mitte hängenden Dreieckformen an den Mittelbruch zurück (h) und bekommen so die »Vorderbeine« des Pferdes (i). – Dann fassen wir das Kopfdreieck an der »Wange« und drücken es ein wenig nach oben, wobei ein kurzer Hals entsteht (k). – Die Schnauzenspitze schräg abschneiden (l). Brauchbares Faltpapier und geeignete Blattgrößen siehe abschließend auf der nachfolgenden Seite.

»Reiter«

Das Falten gehört zu den Techniken, die bei Kindern in einem bestimmten Alter sehr beliebt sind. Natürlich hat es nur einen beschränkten Wert, auch deshalb, weil die sehr mechanischen Faltvorgänge kaum eine schöpferische Eigenwilligkeit zulassen. Aber wenn wir sehen, mit welcher Leidenschaft sich Kinder in das Faltabenteuer stürzen, fragen wir uns doch, ob nicht in diesem Vollgefühl des gekonnten Tuns Kräfte verborgen liegen, die für ihre innere Entwicklung vorteilhaft sind. Nicht ohne Grund zeigen wir besonders gehemmten Kindern gern solche leicht beherrschbaren Techniken, die die kleinen Hervorbringer mit Sicherheit und Selbstvertrauen erfüllen.
Das Falten zwingt zu Sorgfalt und Genauigkeit. Die Arbeit mit dem sich fortwährend verkleinernden Format trainiert die Kleinmuskulatur der Finger, was ganz nebenbei den Schreibanfängern zugute kommt.

Der *»Reiter«* (Faltschritte – siehe die Abbildungen auf der vorhergehenden Seite):
Wir wiederholen zunächst die »Enten«-Faltung bis zur Faltform (i) (= a), führen nun die beiden Fußzipfel nach hinten (b) und bringen sie auf beiden Seiten, Spitze auf Spitze, mit dem früheren Schwanzteil der Ente in Deckung (c), wobei zwangsläufig im mittleren Teil zwei neue Faltbrüche einzulegen sind. Dies ist die Grundform des Reiters. Die Haubenspitze wird helmartig nach oben gebrochen (d, e) – und der Mittelteil ein wenig nach oben gedrückt (f, g), damit sich die Brust hervorwölbt. – Zum Aufsetzen auf das Pferd biegen wir die Spitze des Mittelteils etwas um (h). So können wir Roß und Reiter zusammenfügen (i, k). Ein Tropfen Alleskleber festigt das Ganze. Durch noch höheres Hochkrempeln des Hutes kann der Reiter zum reitenden Araber umgeformt werden (l).
»Pferd und Reiter« wirken am schönsten, wenn sie aus einem stabileren und farbigen Tonpapier gefaltet werden. Materialzuschnitt für beide Figurenteile z. B. 21 × 21 cm (die handelsüblichen Faltblätter sind zu klein und zu weich, um tragfähige Spielfiguren zu ergeben). Auch sollte man farbig kombinieren, – zum Beispiel: Pferd rot – Reiter dunkelgrün, Pferd rotlila – Reiter orange und umgekehrt. Gelb – Blau, Grün – Braun u. ä. ergeben weitere Kombinationen. »Ritter« bekommen einen spitz zugeschnittenen Faltstreifen als Lanze, der weiß gekleidete Beduine ein schwarzes Pferd. – Die Abbildungen auf Seite 152, unten und auf der gegenüberliegenden Seite, zeigen die Brauchbarkeit dieser Faltungen zum Spielen wie für andere Zwecke.

Unten: Dekorationsbeispiele – »Festlich gedeckter Tisch«

Unten: Spiel mit gefalteten Figuren

Schöne Faltbehälter

Faltschachtel

Wollen wir einem lieben Menschen ein Geschenk bereiten, dann suchen wir nach einer Verpackungsform, in der über den primären Zweck hinaus auch unser persönliches Ausdrucksbedürfnis einen Spielraum findet.
Ein Faltkasten aus weißem Zeichenpapier, grafischem Farbkarton, blitzender Metallfolie oder anderem Farbpapier ist schnell gefaltet. Die ausdruckslosen, einfarbigen Flächen verlangen nach Dekor, so wird das Schmücken sinnvoll. Es versteht sich, daß jede dekorative Anordnung auf bestimmten Ordnungsprinzipien beruhen muß, so z. B. auf der spielerischen Abwandlung einunddderselben Schmuckform, dem Einstreuen wechselnd großer Figuren in einem ruhigen linearen Verlauf – oder auf dem Verteilen der Formelemente in der Weise, daß immer eine Kante mit einer anderen »fluchtet«, (das heißt in gleicher Linie liegt). Streumusteranordnungen gehen aus spielerischen Versuchen hervor, während die in der Regel auf Reihung oder aus dem Kreis aufgebauten »Ornamente« einen strengeren, geometrischen Charakter haben (siehe »Vorkurs«, Seite 14 bis 21). Die Schmucktüte mit ihrem reizvollen Faltverschluß kann außer einem Flächendekor auch ein einfaches Streumuster vertragen, – siehe die Abbildung auf Seite 163.

Falttüte

Die quadratische Faltschachtel
Die Seitenlänge der gefalteten Schachtel entspricht jeweils dem dritten Teil der Faltbogenkante. Aus einem handelsüblichen DIN-A4-Zeichenblatt kann man ein Quadrat mit 21 cm Seitenlänge herausschneiden. Die Faltkastenkante mißt dann 7,5 cm. Man wird diesen Teil als Deckel nehmen und den Kasten selbst aus einem kleineren Blatt (20 cm Seitenlänge) falten, damit er sich nachher auch in den Deckel einschieben läßt. Sehr schöne, große Deckelkästen (Kantenlänge 14 cm) faltet man aus 42 × 42 cm großen Blättern (Ausgangsformat DIN-A2).
Die Faltung (siehe die Abbildungen auf der gegenüberliegenden Seite): Schrägkreuz (a), Ecken auf Mitte (b), Ecken rundum auf die Seitenmitten des eingefalteten Kniffquadrats (c), Ecken rundum auf die Mitten der nächstliegenden Kniffe (d). Das so unterteilte Blatt legen wir mit den Kniffrücken nach unten vor uns hin.
Nun schlagen wir zwei einander gegenüberliegende Ecken um, schneiden links und rechts davon das Papier auf der Knifflinie zwei Felder tief ein (e), schlagen die Ecken wieder zurück, »wickeln« dafür die beiden anderen durch zweimaliges Umlegen nach innen ein (f), richten diese Umschläge zur Schachtelwand auf (g) und winkeln sie an den Einschnittgrenzen nach innen (h). Diese Faltungen mit dem Falzbein nachreiben! – Abschließend sind die beiden anderen Ecken nach vorn umzulegen, im eingeschnittenen Teil hochzustellen und über die beiden losen Wandteile hinweg ins Schachtelinnere hineinzuschlagen (i). – Für den Deckel (gleiche Faltung!) wird das Blatt je nach Größe des Kastens um 1 bis 2 cm größer zugeschnitten.

Schmucktüte mit Rosettenverschluß
Wir benötigen ein quadratisches Ausgangsformat, dessen halbe Seitenlänge im Endergebnis der Tütenhöhe entspricht. An einer Seite muß zusätzlich ein etwa 5 mm breiter Kleberand angeschnitten und abgefaltet werden.
Die Faltung (siehe die Abbildungen auf Seite 162): Kleberand abfalten – am besten mit Hilfe eines Falzbeins an der Linealkante (a). In entgegengesetzter Faltlage den unteren Rand nach oben falten, Blatt umwenden, oberen und unteren Rand an den Mittelbruch falten (b). Nun das Blatt auch seitlich (mit Beachtung des Kleberands) zur Hälfte (c) und zu Vierteln unterteilen (diese Faltbrüche sollten alle in der gleichen Richtung liegen), so daß auf der ganzen Fläche 16 gleichmäßige Kniffquadrate zu sehen sind (siehe d). Blatt umwenden! In die mittleren Kniffrechtecke (bestehend aus jeweils zwei eingefalteten Quadraten) Schrägkreuze einfalten (d, e), es entsteht, wie Abbildung f zeigt, eine kreuzförmige Unterteilung der späteren Seitenwände. Blatt umwenden! – Nun auch in die oberen und unteren Randquadrate der Reihe nach Schrägbrüche einfalten (f, g), sie sollen parallel zueinander in gleicher Richtung verlaufen (siehe h). In dieser Flachlage müßte der Tütenmantel bemalt oder beklebt werden. Jetzt die Tütenröhre am Kleberand schließen. – Zum Zusammenlegen der Rose fassen wir die Tütenröhre an zwei gegenüberliegenden Ecken (i) und drücken möglichst gegenläufig und gleichzeitig alle oberen (offenen) Faltquadratkanten im Uhrzeigersinn entlang der Diagonalbrüche auf die jeweils angrenzenden senkrechten Kanten, wobei sich diese wiederum auf die

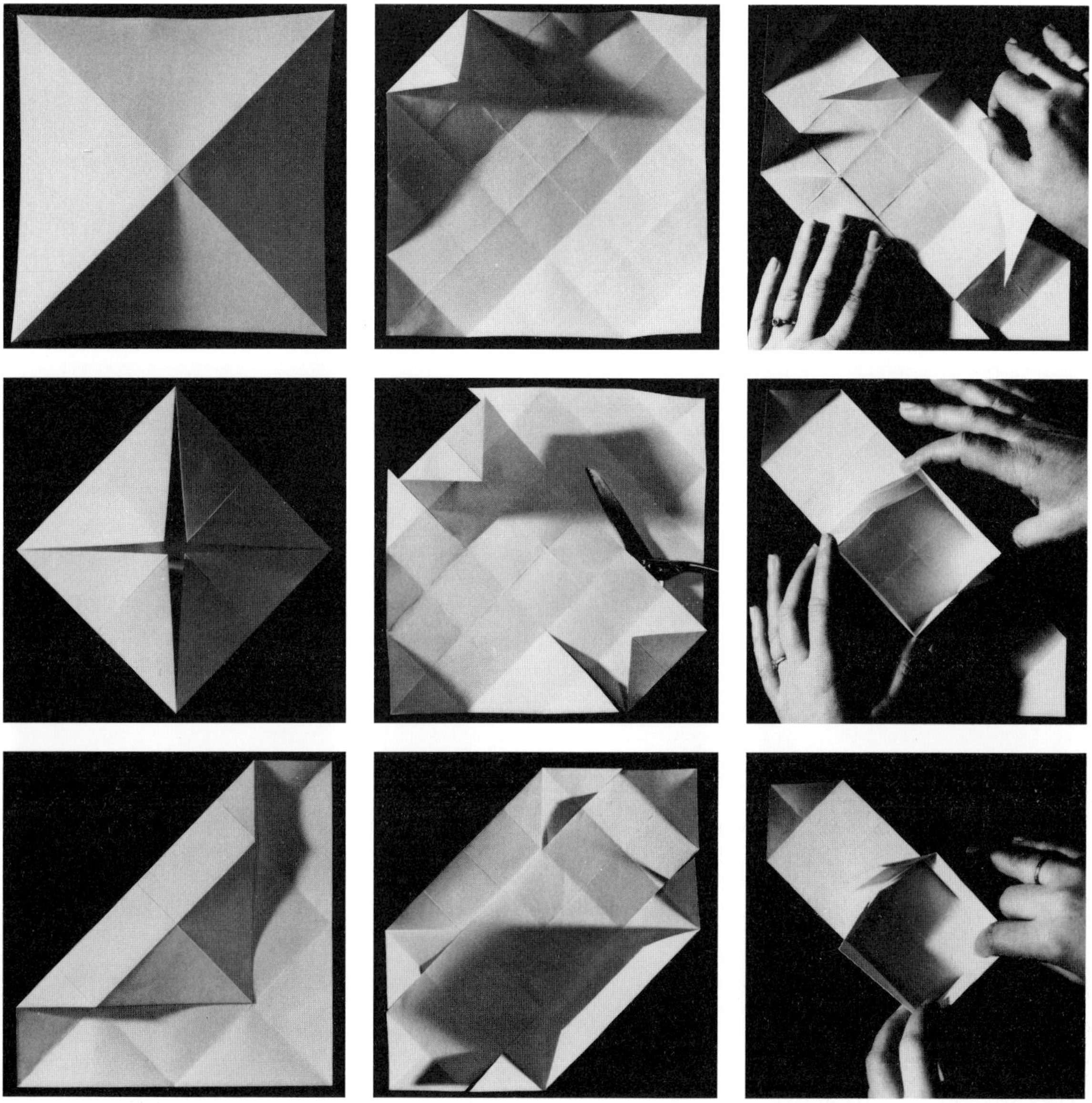

a–c d–f g–i

Oben: Faltschritte – »Quadratische Schachtel«

unteren waagerechten Kanten niederlegen (siehe k). Die untere Verschlußrose wird zum Tütenboden verklebt (l), die obere nur locker zusammengelegt (m). Der Verschluß hält von selbst. Die Seitenkanten der Tütenröhre können in der Mitte eingedrückt werden (m). Geeignetes Material: Zeichenpapier, Tonpapier (siehe die Abbildung auf Seite 163). Es bleibt eigenen Versuchen überlassen, für diese hübsche Verpackungsform Dekormöglichkeiten zu finden.

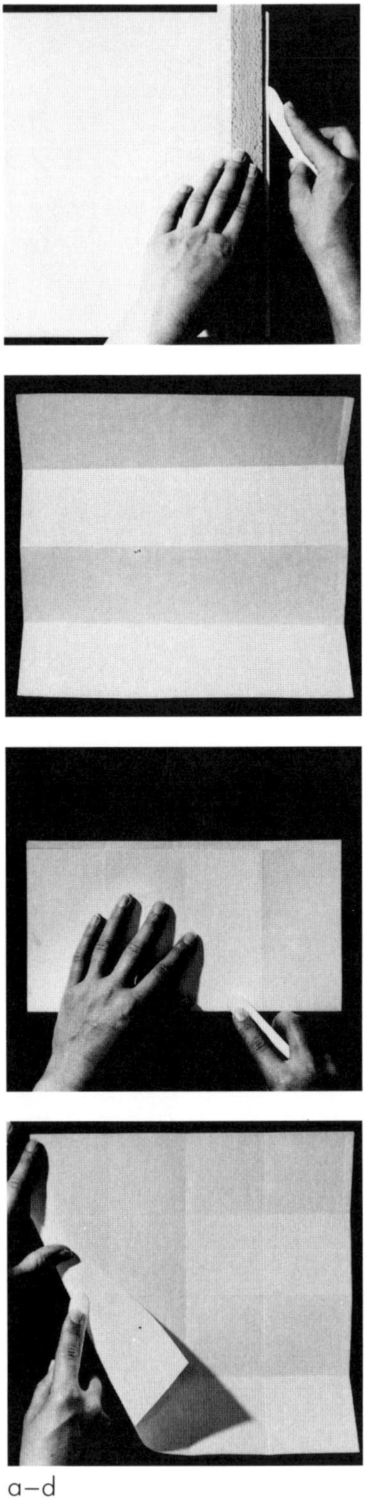

a–d

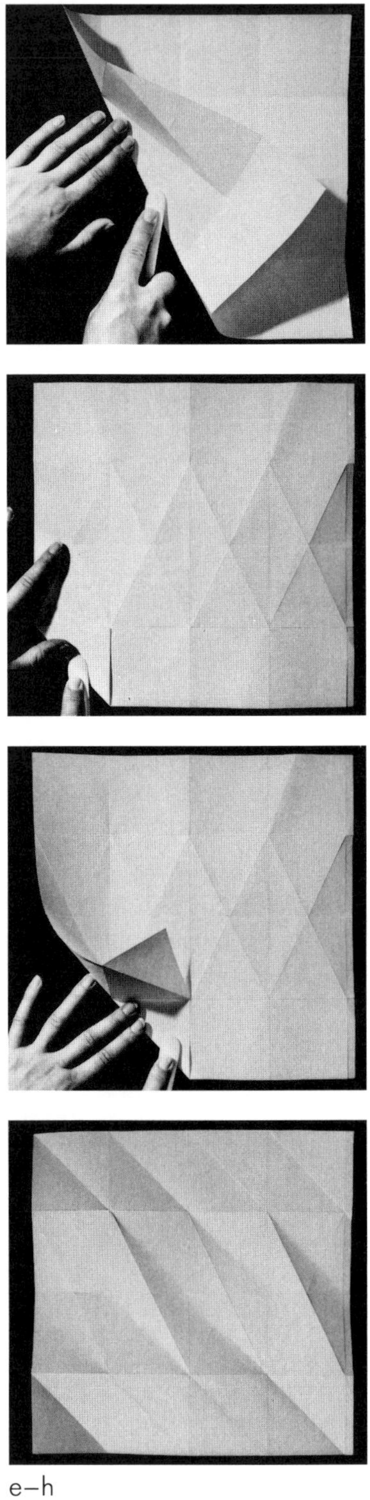

e–h

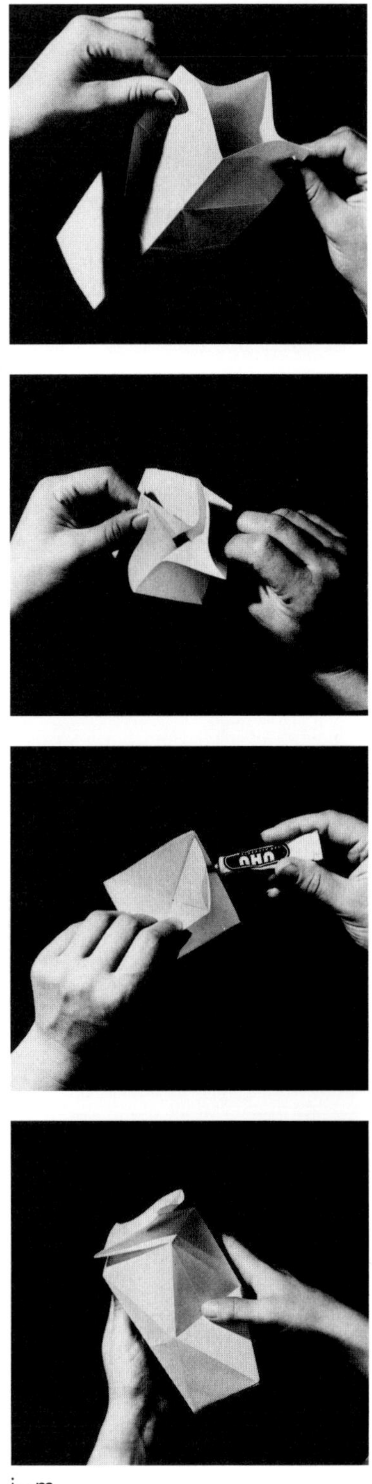

i–m

Oben und Mitte rechts: Faltschachteln mit einfachem Flächendekor (Schachtel – weißes Zeichenpapier; Deckel – grafischer Farbkarton, farbiges Glanzpapier).
Unten: Schmucktüte aus farbigem Tonpapier gefaltet, Streumusterdekor. – Daneben: Mit Deckfarben ornamental bemalte Faltschachtel.

Gegenüberliegende Seite: Faltschritte – »Schmucktüte mit Rosettenverschluß«

Falt- und Faltschnittsterne

Für diese Arbeiten eignen sich am besten holzfreies (blütenweißes) Schreibpapier bzw. das etwas rauhere Schreibmaschinenpapier, farbige Tonpapiere, schwarzes Silhouettenpapier und das transparent durchscheinende technische Zeichenpapier (Pauspapier).
Vom Papier ist der Sprung nicht weit zur Metallfolie, – das ist eine feingewalzte und zur besseren Verarbeitung mit papierener Rückseite versehene Aluminiumschicht (Alu-Folie), die man in den Papierhandlungen und Werkmittelgeschäften meterweise (von der Rolle) kaufen kann. Es gibt solche Folien in mehreren metallisch schimmernden Farben (Silber, Gold, Blau, Rot, Grün usw.), einseitig oder doppelseitig kaschiert. Einseitige Folien haben entweder eine weiße oder eine farbige Papierrückseite (Goldfolie – rot, Silberfolie – blau). Doppelseitige Folien kann man auch gleichfarbig (Gold/Gold, Silber/Silber) oder zweifarbig (Gold/Rot, Gold/Grün usw.) bekommen. Solche Folien sollte man mit Bedacht auswählen. Entscheidend ist, wie das einfache oder kontrastierende Farbenspiel später im Zusammenhang der Werkform zur Wirkung kommt.

Faltsterne

Vierstrahliger Faltstern
Goldfolie, quadratisches Ausgangsformat. Faltschritte – siehe die Abbildungen auf der gegenüberliegenden Seite!
Schrägkreuz und Mittelkreuz in entgegengesetzter Faltlage (a). – Ecken auf Mitte (b). – Die Randmitten dieser Faltung auf den Knifflinien bis zur jeweiligen Seitenhälfte einschneiden (d). – Jetzt kann der Stern gefaltet werden: Randhälften von den Einschnitten aus an die Diagonalen legen (e, f). Faltkanten mit dem *Falzbein* niederreiben. Faltung zur plastischen Sternform zurechtdrücken (g, h). – Dieser Stern kann auch doppelt gefaltet werden, wodurch er zwar kleiner, aber um so fester wird: Ecken der Faltung b noch einmal in gleicher Richtung zur Mitte legen (c), – dann weiter wie oben. Es empfiehlt sich, die umgefalteten Randdreiecke rückseitig anzukleben (i).

Achtstrahliger Faltstern
Quadratisches Ausgangsformat. Faltschritte – siehe Seite 166.
Abermals in entgegengesetzter Faltlage Schrägkreuz und Mittelkreuz (a). – Ecken auf Mitte (b), – noch einmal in gleicher Richtung (c). – Faltung wieder öffnen und so hinlegen, daß sich das in der Blattmitte eingefaltete Kniffquadrat nach unten wölbt (siehe d). Durch Niederdrücken der hochstehenden Randmitten erhalten wir die hohen Eckzipfel (e), die sich durch einen sanften Druck auf den Rückenkniff nach innen auseinanderlegen und mit den Ecken auf die Blattmitte falten lassen (f). – Die doppeltliegenden Ränder der entstandenen Eckquadrate werden von der Blattmitte aus an die Diagonalbrüche gefaltet (g), aufgerichtet und wieder durch leichten Druck auf den Rückenkniff (h) auseinandergedrückt. Es entstehen die taschenförmigen Sternzacken (i). – Sternform aus der gefalteten Unterlage ausschneiden (i). – Dieser Stern wirkt am schönsten aus *goldener Metallfolie mit roter Papierrückseite.*

Achtstrahliger »Bleistiftstern«
Den Stern arbeiten wir aus *weißem Schreibpapier, rotem Seidenpapier* (sehr zart, aber auch besonders schön!) oder *doppelseitiger Goldfolie (Alufolie)*. – Wir brauchen einen *Zirkel*, einen spitzen *Bleistift, Schere, Pinzette* und *Alleskleber.*
Siehe die Abbildungen auf Seite 167:
Kreisrunde Scheiben von ungefähr 8 cm Durchmesser werden in gleichen Abständen mit je acht Einschnitten versehen. Die Einschnitte dürfen nicht ganz bis zur Mitte gehen. Mit Hilfe der Pinzette verkleben wir nun die Lappen über der Bleistiftspitze (als Formkörper) zu tütenförmigen Strahlen.
Der einfache Achtstrahler besticht durch seine klare Form. Man kann aber auch zwei Sterne dieser Art zu einem sechzehnstrahligen Stern übereinanderkleben.

Sektorenkugeln (Behangform, Einzelform)
Siehe die Abbildungen auf Seite 167!
Wir schneiden fünf mit dem Zirkel vorgezogene Kreisscheiben, falten sie einmal randdeckend übereinander und kleben sie rückseitig so aneinander, daß sie mit ihren Faltrücken in der Mitte aneinanderstoßen.

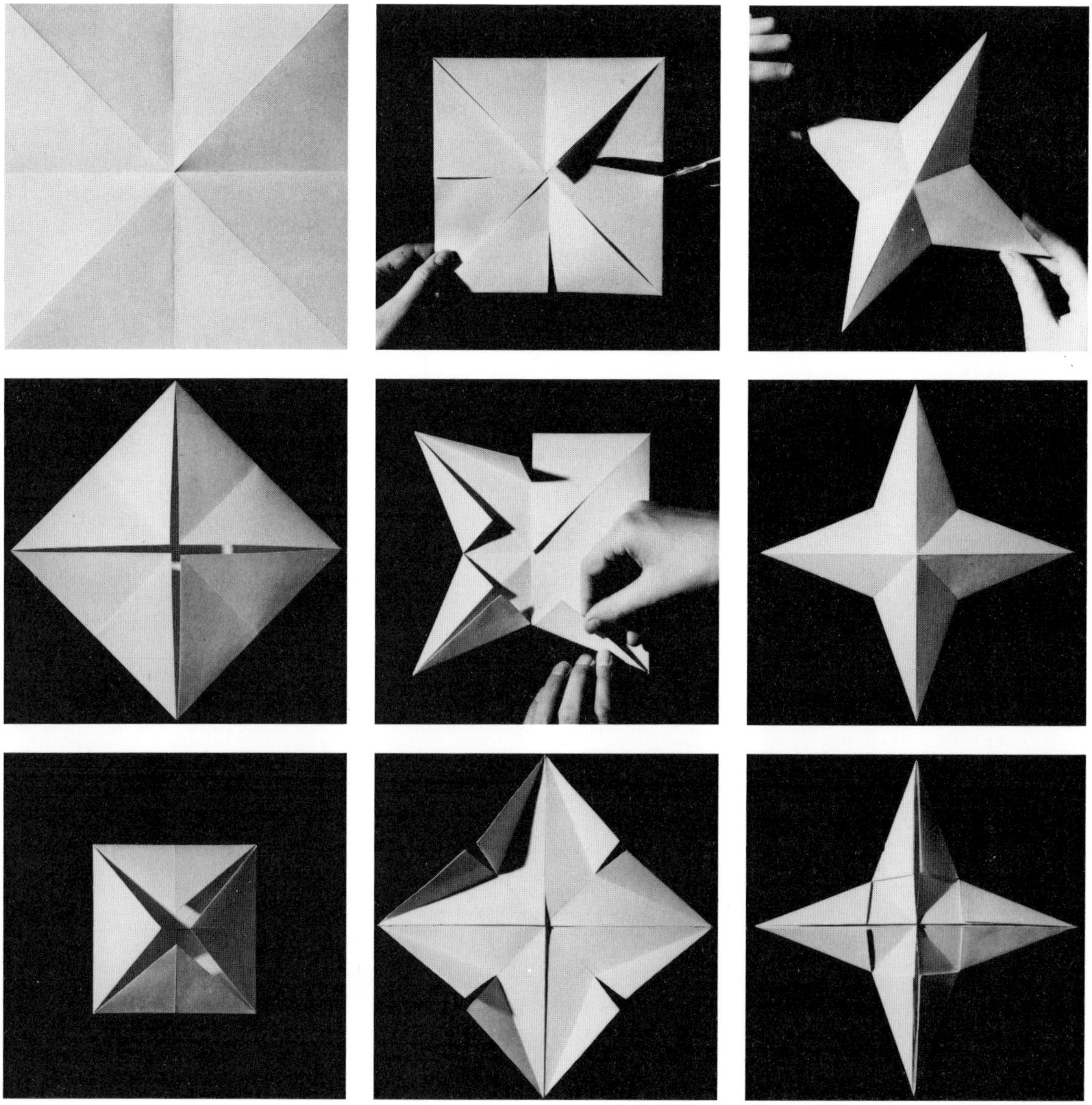

a–c d–f g–i

Oben: Faltschritte – »Vierstrahliger Stern«

Die Sektoren sind möglichst noch vor dem Erstarren des Klebers auszurichten (siehe Abbildung auf Seite 167).
Vorschlag für Behangformen: Am schönsten wirkt *farbige Metallfolie mit papierener Rückseite – gold, silber, rot, blau, grün*, jeweils eine Farbe für einen Stern. Durchmesser etwa 7 cm.
Vorschlag für eine Einzelform *(Deckenstern, Mobile): Goldfarbene Blechfolie, kräftiges weißes Zeichenpapier* (nach Wahl). Die Scheiben

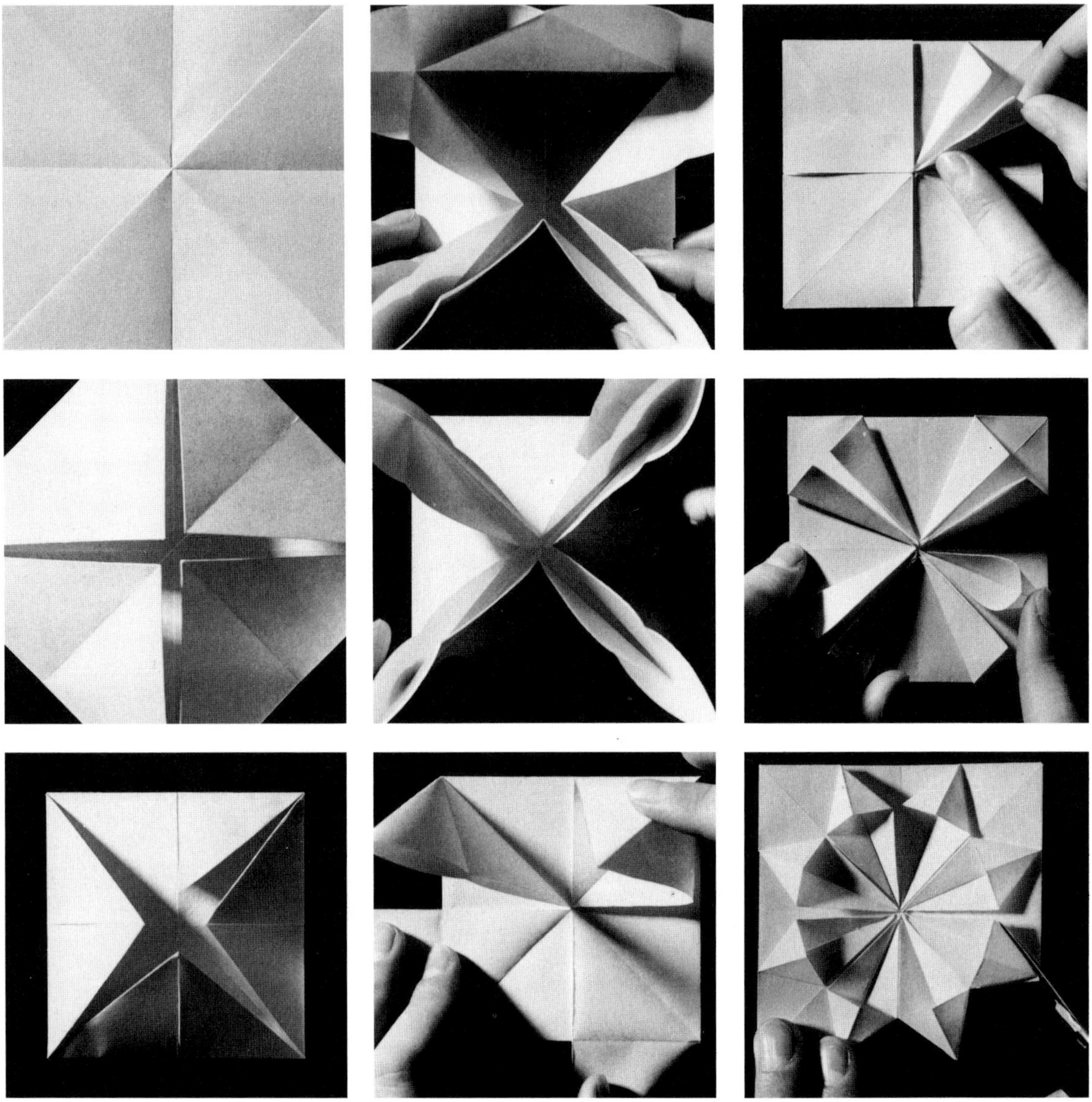

a–c d–f g–i

Oben: Faltschritte – »Achtstrahliger Stern«

können auch vom Faltrücken aus um den Mittelpunkt herum kreisförmig ausgeschnitten werden (was dem kompakten Gebilde zugleich ein leichteres Aussehen gibt). Bei großen Formen entsteht das Problem, die Sektorenränder der »Kugel« rundum in gleichen Abständen zu halten, was sich aber mit einem eingelegten Kugelkranz (auf Draht gezogene *Glasperlen, Tischtennisbälle, farbig gestrichene Holzkugeln* u. a.) leicht machen läßt (siehe Abb. S. 167 unten links).

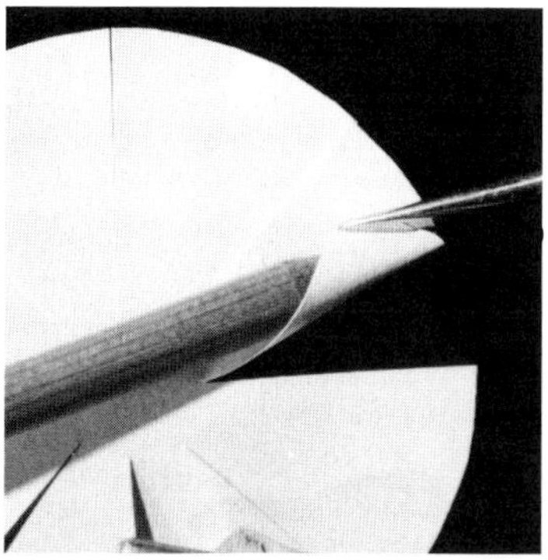

Oben links: Arbeitsschritte »Bleistiftstern« und fertige Werkform. – Außen: Achtstrahliger Faltstern. – Unten: Große Sektorenkugel mit durchbrochener Mitte (als Mobile an die Wohnzimmerdecke zu hängen). – Rechts: Faltbrüche niederreiben, Sektoren nach dem Kleben sorgfältig ausrichten!

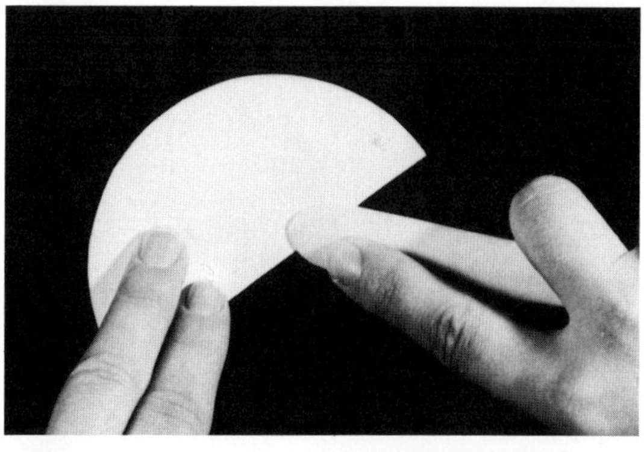

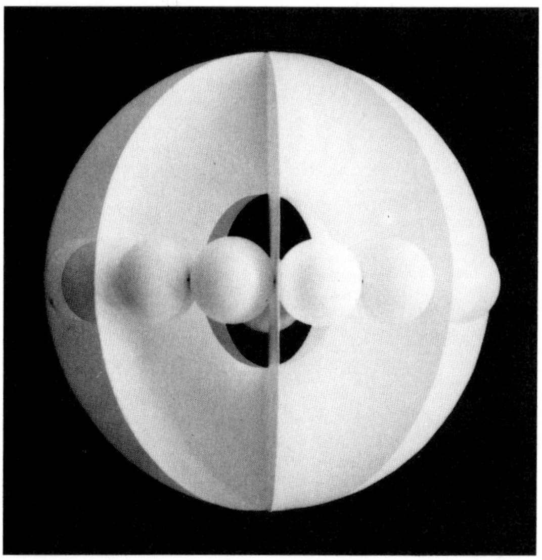

Sterne für Glückwunsch-, Geschenk- und Raumdekor

Große, aus schwarzem Papier geschnittene und mit farbigem Seidenpapier hinterklebte Faltschnittsterne bekommen vor dem Fenster (im durchfallenden Licht) ein feierlich farbiges Edelsteinleuchten. Kreisdurchmesser 7–10 cm. Die Sternrippen rückseitig mit Kleister oder Dispersions-Papierkleber (s. S. 133) versorgen und auf den Seidenpapierzuschnitt auflegen. Sternform nach dem Trocknen umschneiden und zwischen Papierlagen warm überbügeln.

Faltschnittsterne

Siehe dazu die Abbildungen auf der gegenüberliegenden Seite!

Wir schneiden zunächst so viele kreisrunde Scheiben wie wir Einzelsterne habe möchten, falten diese über ihren Mittelpunkt hinweg zur Hälfte, zum Viertel, zum Achtel. Die Achtelfaltung legen wir aber nicht geschlossen nach einer Seite, sondern – zwecks gleichmäßigerer Papierverteilung – zur Hälfte nach oben und zur Hälfte nach unten (siehe Arbeitsfoto). Faltbrüche mit dem *Falzbein* niederreiben! – Der runde Rücken wird als Ecke herausgeschnitten. Auch an der Spitze und den gefalteten Seiten bringen wir Einschnitte an, die zur Gliederung der Sternform führen. Die Fotos zeigen, welche Schnitte nötig sind, um in der Faltmitte ein offenes oder geschlossenes Sternbild entstehen zu lassen. Die seitlichen Einschnitte sollen so tief wie möglich geführt werden, dabei ist es wichtig, daß immer auch ein Papierteilchen herausfällt. Zum Schluß erhalten wir aus sehr dünnen Stegen bestehende Gerippe, die vorsichtig zu entfalten sind.

Weihnachtssonnen und Sternrosen

Siehe die Abbildungen unten!

Zunächst muß ein etwa 30 cm langer und 5 cm breiter Streifen harmonikaartig gefaltet werden. Das geschieht durch fortschreitendes sorgfältiges Unterteilen vom Mittelbruch zum Viertel, zum Achtel, zum Sechzehntel usw. Sobald die Zwischenräume zwischen den erhabenen

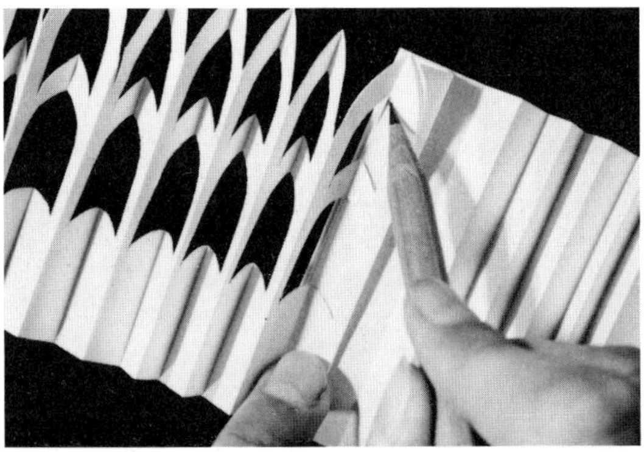

Links und unten: Beim Schneiden der Sternrosen denken wir an die Fensterrosen gotischer Kathedralen. Das Gleichmaß der Form ergibt sich durch genaues Unterteilen und faltenweises Übertragen des Schnittmusters mittels einer Schablone.
Gegenüberliegende Seite: Rundfaltung – »Faltschnittsterne«.

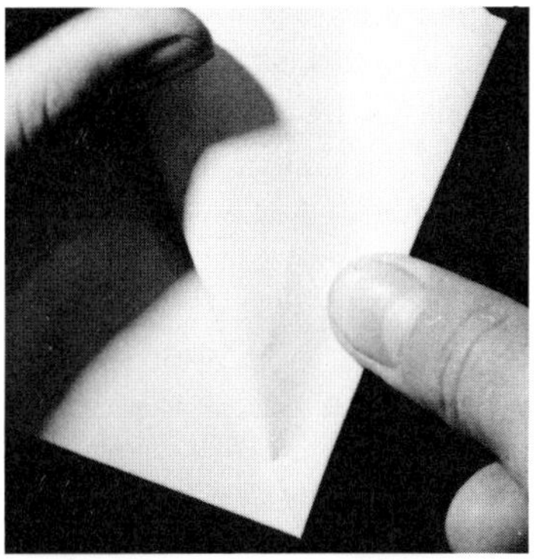

Am besten eignet sich weißes Zeichenpapier. Weiße Sterne kann man natürlich nur an eine dunkelfarbig gestrichene Wand hängen. Für helle Wände nehmen wir grafisches Farbpapier (s. S. 130) oder doppelseitige Metallfolie. – Für den Zuschnitt der Durchbrüche fertigen wir uns eine Schablone an: Die untere Hälfte der Faltenlänge soll der Musterung vorbehalten bleiben, die obere wird schräg zur Zacke zugeschnitten. Bei kürzerer Bahnlänge darf der Zackenwinkel nicht zu hoch liegen, weil sich sonst der Stern nicht mehr zum Kreis zusammenschließen läßt. Beim Abbinden erweist es sich auch, ob der Stern zu viele Falten hat (die Zacken legen sich nicht richtig auseinander). Man probiert das aus, indem man den Kreis in verschiedene Spannungen bringt (eventuell schneidet man ein paar Falten ab).

Brüchen nur noch 1,5 bis 2 cm betragen, drehen wir die Faltung um und legen – Kniff auf Kniff! – die Gegenfalten. – Das Kerbenmuster wird mittels einer vorbereiteten Schablone auf jede Falte einzeln aufgezeichnet. Man schneidet also Falte für Falte – niemals im dickeren Block! – Abschließend werden die Mitte mit einem *Faden* locker abgebunden (siehe die Abbildungen auf dieser Seite – unten!) und Anfang und Ende des Streifens in der richtigen Musterabfolge aneinandergeklebt.

Große farbige Wandsterne

Mittelstarkes, weißes Zeichenpapier, grafisches Farbpapier, doppelseitige Goldfolie. Siehe die Abbildungen unten und auf der gegenüberliegenden Seite!

Bahnzuschnitt quer zur Laufrichtung etwa 70 cm lang und 18 cm breit. Faltung zur Harmonika nach vorher mit dem Zentimetermaß aufgezeichneten Markierungspunkten: Faltenhöhe etwa 1,5 cm (also nach jeweils 3 cm Abstand einen erhabenen Faltenbruch einlegen, dann nach der anderen Seite Bruch auf Bruch die Gegenfalten legen). Man beachte, daß sich so dickes Papier nur in der Laufrichtung sauber falten läßt! Jeder Faltbruch ist mit dem *Falzbein* niederzureiben. Der Ausschnitt des Musters erfolgt wiederum Falte für Falte – nach Schablone. Danach lochen wir den unteren Rand des Faltenbündels mit einer Zirkelspitze, ziehen den Abbindefaden hindurch und verknoten ihn so, daß sich der Kreis noch schließen läßt.

Links: Die Sternmitte so locker abbinden, daß sich die Falten noch zum Kreis schließen können! – Die Endfalten lassen sich nur dann übereinanderkleben, wenn die aufliegende Falte im Fadenbereich gekürzt wird.
Unten: Fertige Werkform.

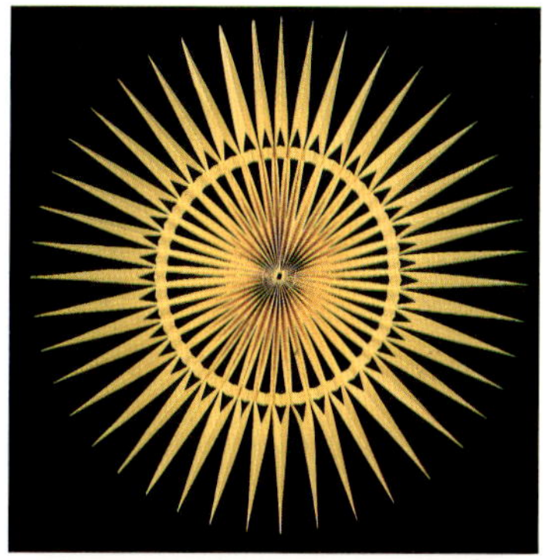

Oben und rechts: Die Grundform des strahligen Wandsterns ist das zickzackgefaltete und zum Kreis geschlossene Papierband, dessen strukturierte Fläche durch einen gezielten Beschnitt dekorhaft durchbrochen wird. – Die Bahn schneiden wir quer zur Laufrichtung zu. Längere Bahnen führen zu Sternformen mit reicherer und schlankerer Strahlung. Bei kürzeren Bahnen kommt das Muster besser zur Geltung. Man scheue sich nicht – bei vorhandenem Umfeld – Durchmesser bis zu einem halben Meter anzustreben. Auffallende Größen erregen die Aufmerksamkeit und haben dadurch zusätzliche Informationskraft.

Pyramidensterne

Der Gedanke, den geometrisch-körperhaften Aufbau eines natürlichen Kristalls zur Ausgangsform einer weihnachtlichen Sternbastelei zu machen, führt zu Ergebnissen mit ausgesprochen plastischem Charakter. Man kann sie irgendwo hinlegen (»aufstellen«), aber auch als Mobile an einem dünnen Faden an die Wohnzimmerdecke hängen, wo sie von der Raumluft in ein sanftes Dre hen versetzt werden.
Handwerklicher Hinweis: Zum genauen und scharfkantigen Falten der langen und kurzen Pyramidenkanten empfiehlt es sich, das Papier zunächst mit einem Falzbein von unten gegen eine aufgelegte Linealkante zu drücken (siehe die Abbildung b auf Seite 175).

Zwölf- und Zwanzig-»strahler«
Material: *Weißes Zeichenpapier* oder *dicke (doppelseitig kaschierte) Goldfolie*. Man kann diese Sterne an die Wohnzimmerdecke oder in das Blumenfenster hängen. Weiße Sterne heben sich vor einer dunkelfarbig gestrichenen Wand wirkungsvoll ab.
Bei dem *zwölfstrahligen Stern* handelt es sich um eine Klebung aus fünfseitigen Pyramiden, deren offene Grundflächen – wie die Werkfotos auf der gegenüberliegenden Seite zeigen, – zu einem Dodekaeder (s. S. 26) zusammengesetzt werden. Den »Kern« des *zwanzigstrahligen Sterns* (aus dreiseitigen Pyramiden) bildet ein Ikosaeder.
Konstruktion: Wir nehmen die gewünschte Pyramidenlänge in den Zirkel, schlagen damit einen Viertelkreis und tragen die Grundliniendistanz je nach Sternform drei- oder fünfmal auf. Punkte mit der Pyramidenspitze verbinden, Grundlinien zeichnen – Klebelaschen! Die Mäntel werden ausgeschnitten, gefaltet und zu unten offenen Körperhüllen zusammengeklebt.
Die Abbildungen a–i zeigen, wie die Sterne zu montieren sind: Eine (jeweils überzählige) Lasche einer Pyramidenfläche wird abgeschnitten (a). – Eine Lasche der anderen Pyramide wird nach außen gefaltet (b), – oberseitig mit Klebstoff versorgt (c) – und um die freigewordene Kante der ersten Pyramide herumgeklebt. Dabei müssen die Pyramiden kantengleich aneinanderliegen (d). Der weitere Zusammenbau ist aus den Abbildungen e–i ersichtlich.

Skizze: Konstruktion und Bemaßung der Mäntel für die Zackenpyramiden.

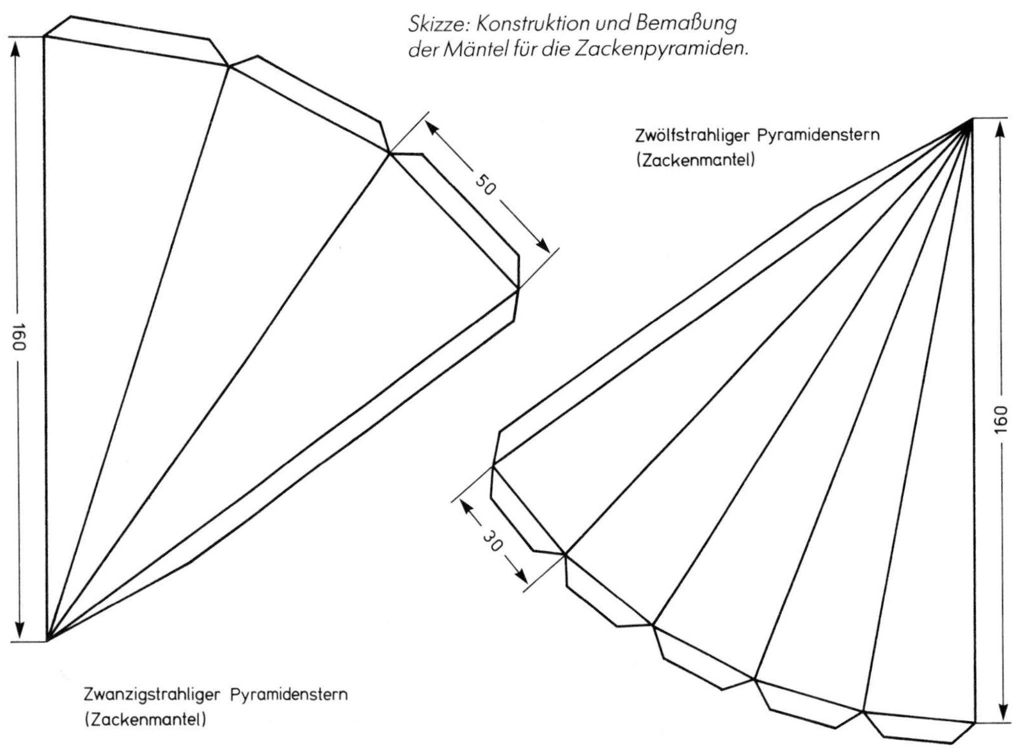

a–c

d–f

g–i

Lampenstern

Alte Mythen künden von der Vorstellung eines Kampfes zwischen Licht und Finsternis und der Angst, die den Menschen vor der Dunkelheit befällt. Vergleichsweise sprechen wir vom »Hervorbrechen des Lichtes« wie von einem Sieg, den die Mächte des Lebens über die Mächte des Todes erringen.
Der vorgeschlagene Lampenstern hat seinen Ursprung in der Herrnhuter Brüdergemeinde (einer aus dem Pietismus stammenden Religionsgemeinschaft, die den Gedanken der urchristlichen Brüderlichkeit in ihrer Gemeindeordnung verwirklichen will). Er gilt heute allgemein als Symbol christlicher Festerwartung.

Mit Beleuchtung und zum Auseinandernehmen
Für diesen Stern, den wir während der Adventszeit als transparente Hülle um die Flur- oder Wohnzimmerlampe hängen, benötigen wir einige Bogen *rötlichgelbes Tonpapier,* das nicht zu dicht sein darf, damit das Licht hindurchscheinen kann, einen in der Farbe dazu passenden *Aktendeckelkarton* und eine Schachtel mittelgroßer *Musterbeutelklammern.* Gelb ist erfahrungsgemäß die passendste Farbe. Aus dem Aktendeckelkarton schneiden wir zwei *Rahmenschablonen* (siehe Skizze), die wir durch Umfahren mit dem Bleistift auf den übrigen Karton übertragen: Wir brauchen 17 Quadrate und 8 Dreiecke. So viele vier- und dreiseitige Pyramiden sind für den Lampenstern nötig. Die Rahmen und die Befestigungslaschen der Pyramidenzacken werden mit einer *Lochzange* an allen Seiten in der Mitte gelocht.
Konstruktion und Ausführung der Pyramiden siehe die vorhergehenden Seiten! Die Werkfotos (gegenüberstehend) zeigen: Anschneiden der Befestigungslaschen (a), – Falten (b), – Schließen des Mantels (c), – Lochen (d), – Zusammenbau (e, f).
Wir setzen den Stern nach dem abgebildeten Schema (unten) zusammen. Über jede Pyramide kommt ein Rahmen. Nun werden die Musterbeutelklammern von außen durch jeweils zwei übereinandergelegte Rahmenseiten gesteckt und innen umgebogen. Eine quadratische Pyramide fehlt, es bleibt also ein Loch zum Einhängen der Glühbirne.

Skizze: Bemaßung und Schema für den Zusammenbau des Lampensterns.

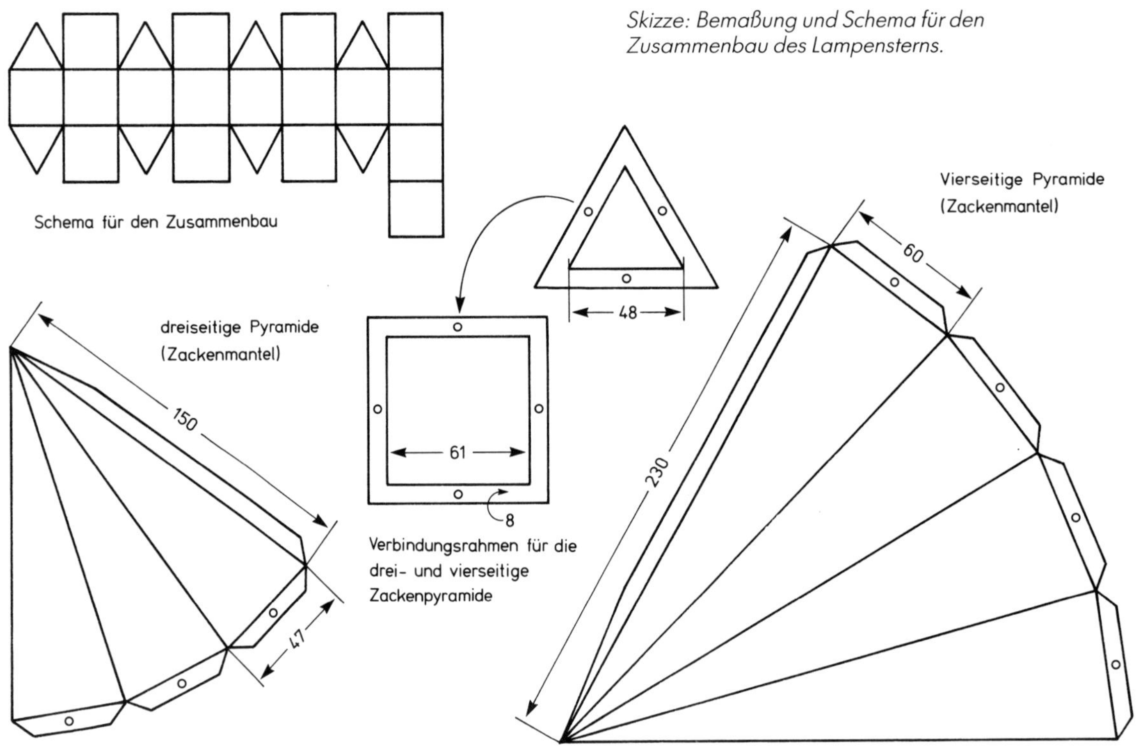

a–d e–f

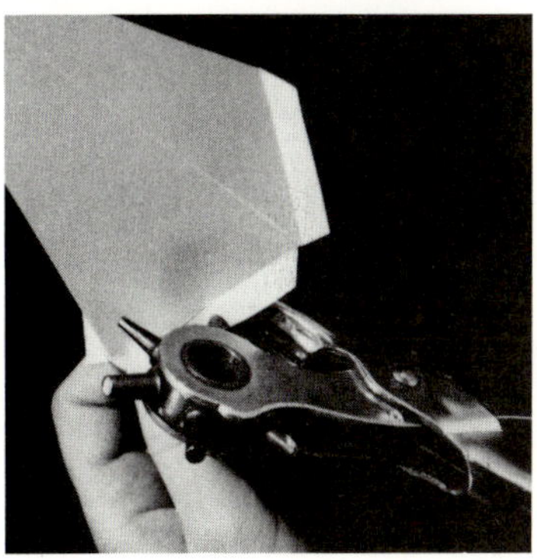

Plastisches Gestalten mit Papier

Verformtes Papier muß »in Spannung« gehalten werden, was einerseits durch Verkleben, andererseits durch Umspannen geschehen kann, – z. B. durch einseitiges Dehnen über dem Messerrücken. Dieses Umformen darf nicht übertrieben werden, etwa so weit, daß dabei die Festigkeit im Zusammenhalt des Papierfilzes gebrochen wird. Papier erlaubt keine Gewaltmaßnahmen. Schon grobe Zugriffe machen es unbrauchbar. Auch viele Klebungen sind verdächtig und deuten auf gewaltsames Verarbeiten hin. Im Gegensatz zur freien Papierplastik steht die mühsam erarbeitete, »verquälte« Form, die sich nicht mehr auf die Auswirkung spezifischer Materialeigenschaften stützt und als »nicht werkstoffgerecht« anzusehen ist.

Möglichkeiten der Verformung

Ziehen wir einen schmalen Papierstreifen zwischen dem Daumen und einem kantigen Messerrücken hindurch, so rollt er sich ein. Er formt sich zum *Bogen*, zum *Kreis*, zur *Spirale*. Eine *Schneckenform* erhalten wir, wenn wir den Streifen schräg, d. h. mehr oder minder abgewinkelt über die Werkzeugkante ziehen, – eine *»Welle«*, wenn wir in der Folge wechselnd Ober- und Unterseite behandeln. Alle Formen verbleiben kräftig und federnd in ihrer Spannung und stellen sich immer wieder her, wenn sie durch mäßigen Zug oder Druck gestört werden. – Breitere Streifen lassen sich schon nicht mehr so leicht verformen. Wir können sie der Länge nach falten, rollen, in Fransen schneiden und weiter aufgliedern. Das Arbeitsbeispiel »Baum« (siehe die Werkfotos auf der gegenüberliegenden Seite) zeigt exemplarisch eine solche mögliche Folge von Arbeitsschritten. – Rechteckige und kreisförmige Zuschnitte lassen nur noch einfachste Biegungen zu, – es entstehen *Röhren, Kegel, Kegelstümpfe*, die mit anderen ähnlichen Formteilen verbunden oder ebenfalls durch Einschnitte unterteilt und so mit den reicheren Möglichkeiten des schmalen Streifens kombiniert werden können. Das Schnekken»kräuseln« oder bogige Umspannen von Streifenenden dient der Kontrastierung. Durch Einschneiden und Herausklappen vereinzelter – auch rhythmisch verteilter – Schnittflächen lassen sich größere, eintönig wirkende Partien auch von der Fläche her auflösen.

Plastische Gebilde ergeben sich zwanglos mit diesen Verformungen, wobei zu beachten ist, daß sich nur einfachste Formen zusammensetzen lassen. Ein bißchen Phantasie und Lust am Improvisieren muß mit im Spiele sein. Was nicht gelingt, werfen wir in den Papierkorb. Gefundene Lösungen werden notiert und für weitere Arbeiten bereitgehalten.

Links: Papierplastik – »Eine unheimliche Begegnung«

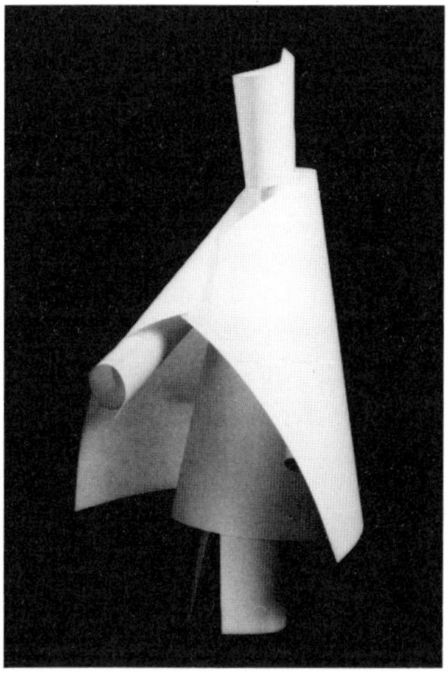

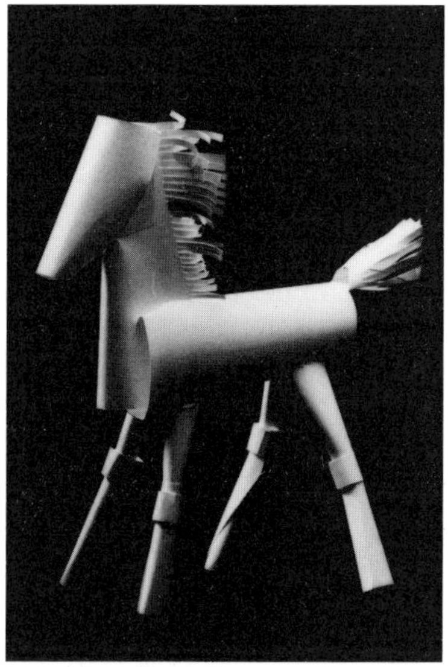

a–c

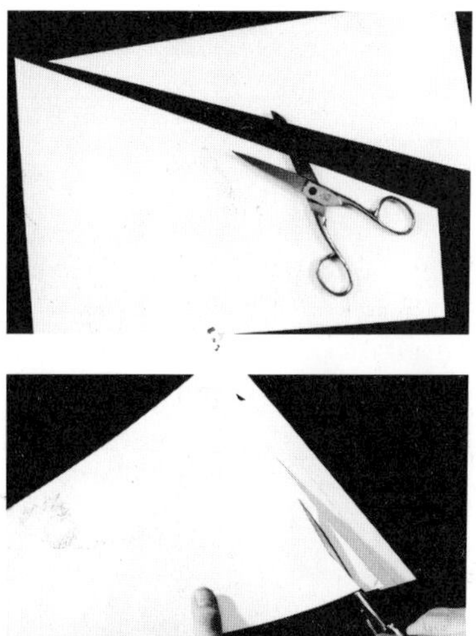

d–f

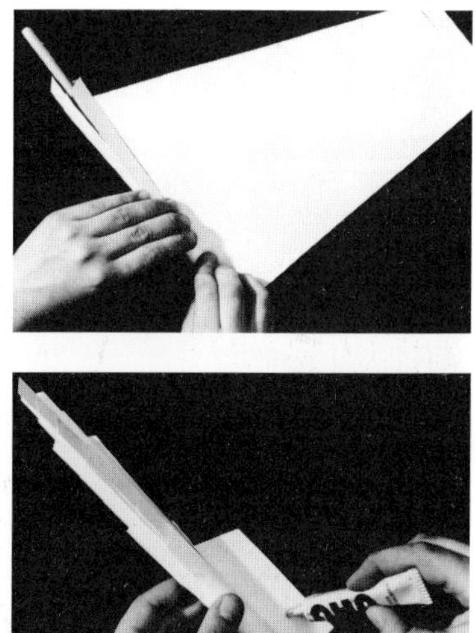

Oben: »Mann« und »Pferd«. Man beachte, wie selbstverständlich die Teile des Körpers miteinander verbunden wurden. An den Verbindungsstellen wurde nichts weggeschnitten! Auch der Schwanz des Pferdes besteht nur aus einem gegenläufig verklebten Streifenanschnitt der Körperwalze. – Daneben: »Wundervogel«. Die bizarre Wirkung gedehnter Streifenanschnitte vermittelt den Eindruck eines wundervollen Gefieders.

Rechts: So entsteht ein »Baum«. a) Die Langseite eines DIN-A 4-Zeichenblattes von der Mitte der schmalen Kante her auf die gegenüberliegende Ecke zu schräg abschneiden. – b) Die schräge Kante in Abständen parallel zu den Schmalseiten einschneiden. – c) So sieht der fertige Zuschnitt aus. – d) Das vorbereitete Blatt mit der breiteren Schmalseite beginnend über einen Rundstab wickeln. – e) Das Ende der gewickelten Rolle verkleben. – f) Streifen über der Messerkante dehnen.

Für den Ostertisch

Das Schönste am Ostertag ist der Ostermorgen. In den großen Vasen stecken blühende Forsythienzweige, Kätzchen oder leuchtend gelbe Narzissen, in den kleineren Anemonen oder andere Frühlingsblumen. So hat das ganze Zimmer ein farbenfrohes Gesicht.
Und festlich soll auch der österliche Frühstückstisch gedeckt werden. Für einen schönen Ostertisch kann man alles mögliche basteln, doch empfiehlt es sich, bei den überkommenen Formen zu bleiben: Hasen, Vögel und farbige Eier sind altes österliches Symbolgut. Wer die hier gezeigten Anregungen nutzen möchte, sollte rechtzeitig beginnen!

Hoppelnde Faltschnitthasen
Siehe die Abbildungen unten!
Die Einzelteile aus weißem *Zeichenpapier* werden aus einfachen Faltlagen zugeschnitten und mit Alleskleber aneinandergefügt. Solche Häschen können in langer Reihe über den Frühstückstisch »laufen«. – Größere Kartonfiguren kann man auch fahrbar machen. Mit einer *Lochzange* werden Achslöcher in die Beinenden eingedrückt. Als Achsen dienen 2 mm dicke *Rundholzabschnitte. Pappscheibenräder!* Verfestigung der Naben mit *Alleskleber* genügt. Die Spreizung der Beine erreicht man durch Zwischenlagen kurzer *Trinkhalmstücke.* Durchbohrung des hinteren Radpaares – exzentrisch. So kann das Kand das lustige Hoppeltier über den Teppich ziehen.

Eiständer
Erster Vorschlag (Form 1): Der Blütenkranz a (siehe die Skizze auf der gegenüberliegenden Seite) wird aus rotem *Farbkarton* geschnitten: Durchmesser 11 cm, Lochweite 3,5 cm. Die Zacken im Innenkreis knikken wir nach unten. Nun schneiden wir aus dem gleichen Karton einen 1,5 cm breiten Streifen (b) und kleben diesen zu einem Ring in der Weite des Lochdurchmessers zusammen. Der Blütenkranz läßt sich nun mit seinen Laschen von oben her in den Kartonring einkleben. – *Anderer Vorschlag (Form 2):* Ein 13 × 8 cm großes Farbkartonstück wird von einer Seite aus in 1 cm weiten Abständen bis auf einen 1,5 cm breiten Randstreifen kammartig eingeschnitten. Dann werden die anhängen-

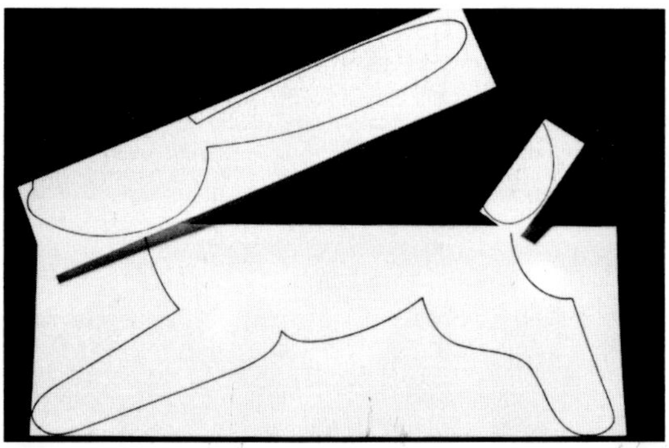

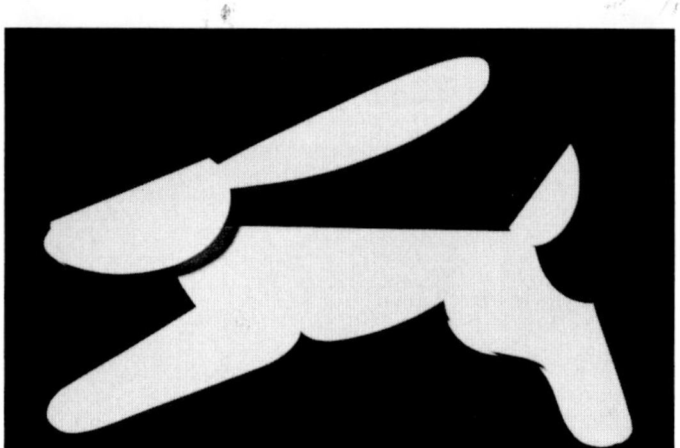

Links: Die Abbildungen zeigen, wie die drei Faltteile für den Ostertischhasen ausgeschnitten und aneinandergeklebt werden müssen.
Unten: Eine große Hasenfigur auf Rädern. Das hintere Radpaar ist exzentrisch gelagert.

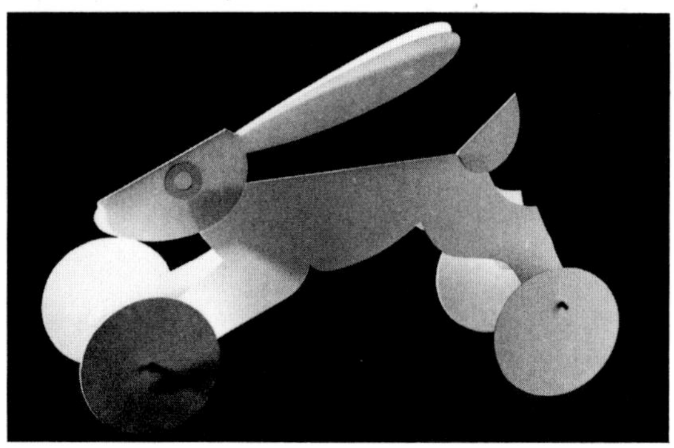

Form 1

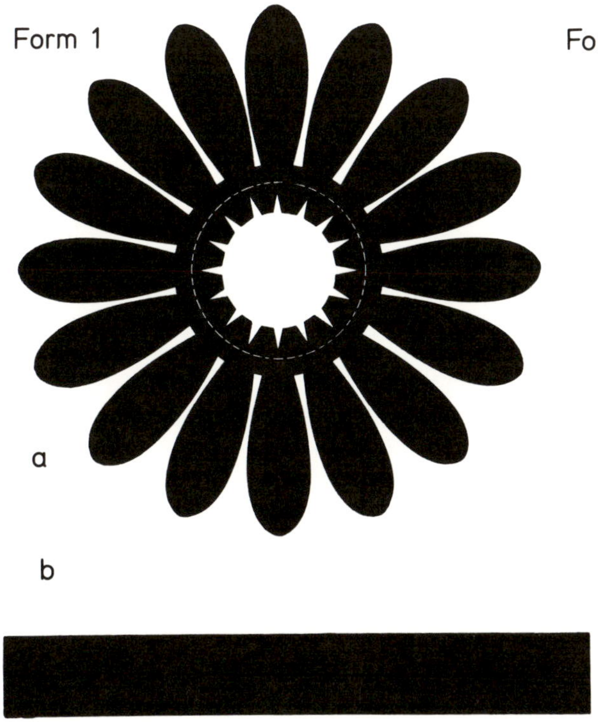

Form 2

Oben: Schnittvorlagen für die beiden unten abgebildeten Blütenkranz-Eiständer. Die Maße sind der Beschreibung im Textteil zu entnehmen.

Doppelschnitte

den Streifen im Bogen um die Kartonkante herumgeführt und rückseitig angeklebt. Das raupenartige Gebilde, das dabei entsteht, kann ebenfalls zum Ring geschlossen werden.

Eihenne und Ostervögel

Dieses lustige Gebilde hat ebenfalls den Zweck, das österliche Frühstücksei ansprechend aufzunehmen. Am hübschesten sind weiße Hennen (für gefärbte Eier) aus kräftigem *Zeichenpapier*.

Die Schnittform ist der Netzzeichnung (unten) zu entnehmen. Die Arbeitsfotos auf der gegenüberliegenden Seite zeigen den Herstellungsablauf: Es wird zunächst eine *Schablone* angefertigt, die mehrfach auf den Karton aufgelegt und mit dem Bleistift umfahren werden kann (a). Der Zeichenkarton soll in Form einer Faltkarte doppelt liegen, Faltrücken am hinteren Körperende (in der Netzzeichnung gestrichelt). Die Fläche wird wie ein *Faltschnitt* doppelt ausgeschnitten (b). – Nun müssen die beiden Flächen verklebt werden. Die Abbildung c zeigt – nach dem Aufklappen des Doppelschnitts – die dunkel gekennzeichneten Bereiche, die mit Klebstoff zu versorgen sind. Beim Schließen der Klebung kann der Schnabel – ein gefaltetes Kartondreieck – dazwischengelegt werden. – Kamm und Lappen sind ebenfalls doppelt auszuschneiden und von beiden Seiten gegen das Kopfende zu kleben

Links: Schablonenentwürfe für Eihenne und Ostervögel. Die Netzzeichnungen entsprechen im Original einer Quadratseitenlänge von 2 cm. In dieser Größe muß das Netz vorgezeichnet werden. Weitere Hinweise zur Umsetzung eines solchen Entwurfs auf das Werkmaterial finden sich auf Seite 72 (»Hilfstechniken« – Übertragen mit dem Quadratraster).
Unten: Die kleinen Ostervögel werden wie die Eihenne gearbeitet. Siehe gegenüberstehend – die Arbeitsfotos! Die beiden Teilflächen sind in der Kopf-Rücken-Schwanz-Linie zusammenzukleben, so weit, daß sich die Bauchseite öffnen und mit einem eingeklemmten Schokoladenei sperren läßt. Siehe auch die Abbildung auf Seite 183, oben.

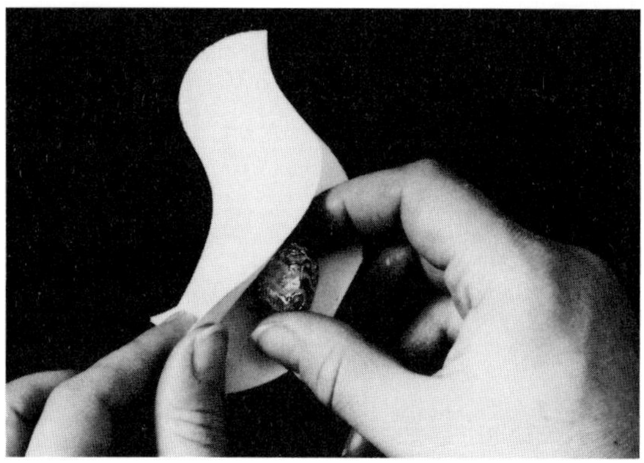

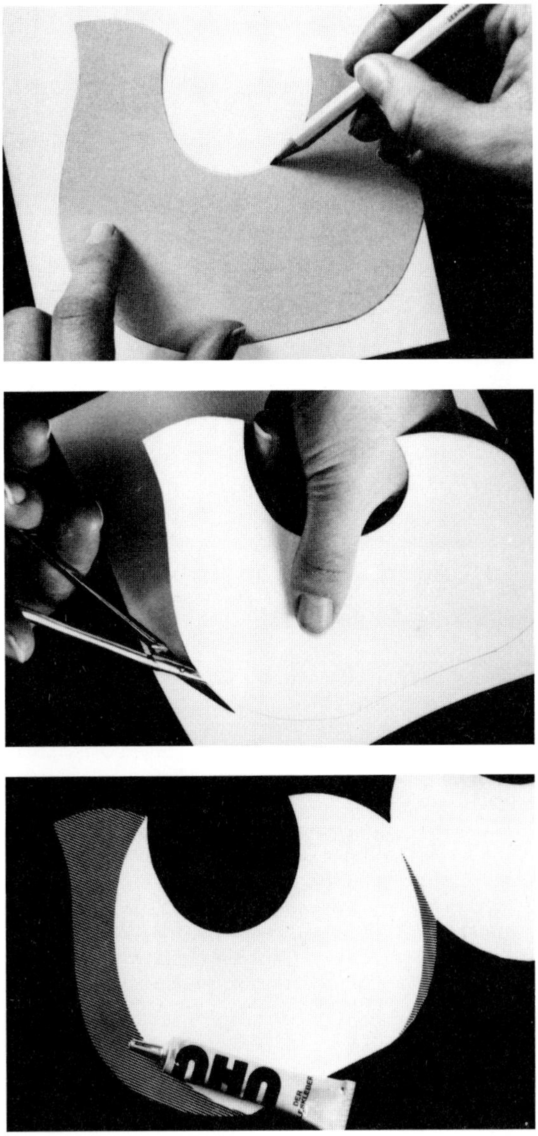

a–c

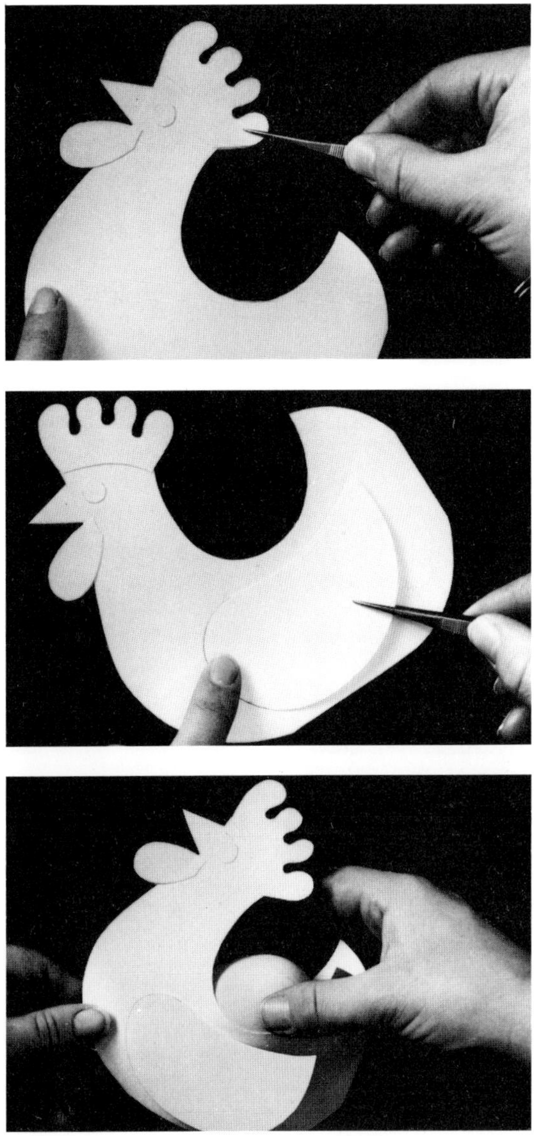

d–f

Oben: Arbeitsschritte – »Eihenne«.

(d). – Die Flügel werden nur hängend (Klebestelle vorn) angesetzt (e), damit sie sich nach dem Einklemmen des Eis in den Rückenspalt der Henne entsprechend abspreizen können (f). Siehe auch die Abbildung auf Seite 183.
Schönstes Material für die Ostervögel ist *grafischer Farbkarton* (S. 130) in Ton-in-Ton-Abstufungen für Körper und Flügel. Mehrere Vögel kann man im Kreis auf die Tischmitte setzen (s. Abb. S. 183).

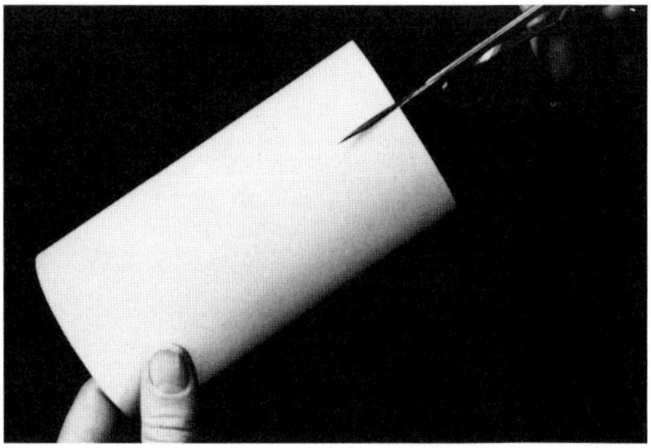

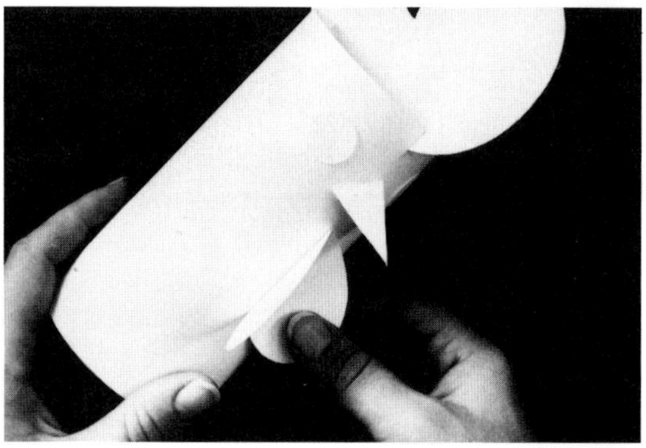

a–e

Links und oben: Haubenfigur für das Frühstücksei. Weißes Zeichenpapier, roter Farbkarton! Alle Umrisse und Maße sind der Netzzeichnung (unten) zu entnehmen. Quadratseitenlänge 2 cm. Außer dem Röhrenmantel und dem Kamm werden alle Teile entlang einer Faltkante (gestrichelt) doppelt zugeschnitten.
Wir versorgen zunächst den Kleberand des Mantels mit Klebstoff und schließen die Röhre. Das eine Röhrenende wird an zwei gegenüberliegenden Stellen etwa 1,5 cm tief eingeschnitten (a). In diese Einschnitte läßt sich der Kamm einstecken (b). Der Schnabel wird mit den Klebelaschen angesetzt. Das Lappenpaar befestigt man am Faltrücken (c), ebenso den doppelten Schwanzteil (d).

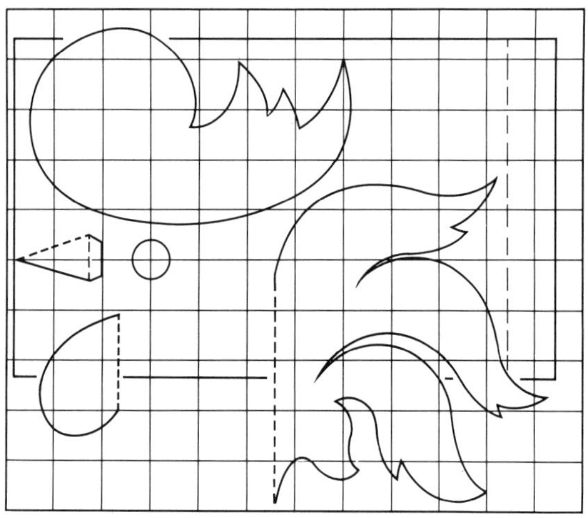

Oben: Ostervögel – grafischer Farbkarton in aufeinander abgestimmten Tönungen.

Unten: Ostervogel – gelber Farbkarton, Flügel und Dekor aus weißem Zeichenpapier.
Mitte: Eihaube – weißes Zeichenpapier, roter Farbkarton.
Rechts: Eihenne – weißes Zeichenpapier, Kamm und Lappen aus grafischem Farbkarton.

Masken

In primitiven Zeiten glaubte der Mensch, durch Lärm und teuflisches Verkleiden Geister und Feinde schrecken und in die Flucht treiben zu können. Masken pflegen daher in der Hauptsache bedrohlich zu wirken. Diese magische Funktion offenbart sich noch immer. Selbst wenn man beim Sprechen mit einer Maske weiß, wer sich dahinter verbirgt, kann man sich meist einer gewissen Beklemmung nicht entziehen. Kleinere Kinder können durch einen maskierten Menschen in heillose Angst versetzt werden (!). Anders ist es, wenn sie sich selbst hinter einem solchen Schemen verbergen dürfen. Ein Kind hat immer das Bedürfnis, seinem bedrängten Ich ein wirkungsvolleres überzuziehen. Auch erwachsene Menschen versuchen, in der Vermummung ihrer alltäglichen Enge zu entkommen.

Einschlagmasken
Siehe dazu die Abbildungen auf dieser und der gegenüberliegenden Seite!
Die Grundform einer solchen Maske ergibt sich aus einem Stück *Zeichenpapier*, das an mehreren Stellen vom Rand her auf die Mitte zu eingeschnitten, übereinandergeschlagen und verklebt wird. Je tiefer man einschneidet, um so mehr läßt sich das Papier überlappen, um so höher wölbt sich die Fläche. Eine solche »*Vollmaske*« muß dem Gesicht des Trägers vorgebunden werden – am besten mit einem Kartonstreifen, den man von hinten an zwei gegenüberliegenden Stellen an den Maskenrand klebt.
Ausgestaltung: Schon beim Ausschneiden der Mund- und Augenlöcher sollte man Charakteristisches anstreben. Stellung, Form und Größe der Augen und des Mundes sind variabel. Lider und Lippen können zusätzlich angeklebt, aber auch als Papierreste der freigeschnittenen Öffnungen nach außen hochgeklappt werden (siehe unten). Die Nase wird aus einem gleichschenkeligen Dreieck gefaltet, durch den Nasenschlitz gesteckt und innenseitig befestigt. Haare: als einzelne lange Streifen gerade herabhängend oder über der Messerkante gekräuselt (siehe Seite 176). Kräusellocken erhält man auch, wenn man die Streifen schräg über einen runden Bleistift wickelt.
Einschlagmasken können je nach Form und Größe als *Gesichtsmasken* wie zu *Dekorationszwecken* gearbeitet werden. Beispiele – siehe gegenüberliegende Seite und S. 187.

Links: Prinzip der Einschlagmaske, – überlappendes Zusammenkleben der Einschnittränder (bis zum Abbinden des Klebstoffs durch Wäscheklammern gesichert), Ausformung. – Unten: Schon mit wenigen gestalterischen Mitteln sind überraschende Wirkungen zu erzielen.

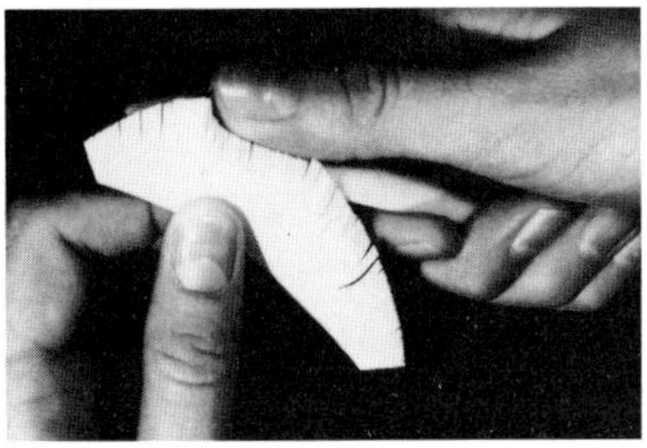

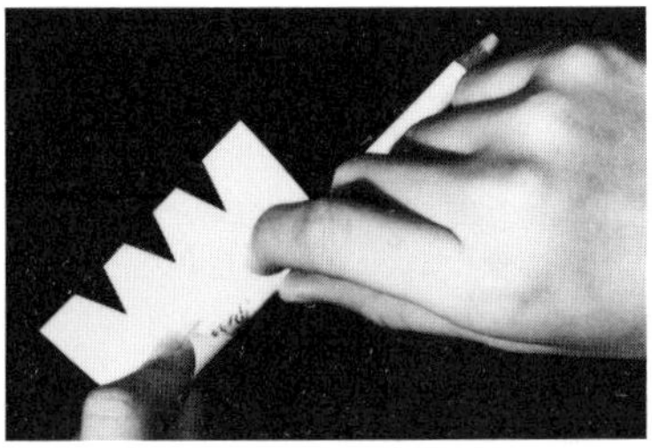

Oben: Zuschnitte (Ausgangsformen) für Einschlagmasken, – rechts Teilstücke (Augenbrauen, Ober- und Unterlid, Nase, Lippen) zur weiteren Ausformung.
Mittlere Bildreihe: Plastisches Formen eines »Wimpern«-Streifens (siehe Seite 176). Die Lippenwölbung ergibt sich durch Aufrollen des Zuschnitts auf einen runden Bleistift. Ansetzen des Nasenwinkels.
Rechts: Dekorationsmaske – entstanden aus dem Zuschnitt oben links und den abgebildeten Teilstücken.
Unten: Haare aus gekräuselten Papierstreifen vervollständigen das im Grunde starre Maskenbild.

Gesichts- und Dekorationsmasken

Eine gute Maske macht man sich selbst. Sie ist auch als Raumschmuck im Karneval denkbar. Weil das Material billig ist, kann man experimentieren und seiner Phantasie freien Lauf lassen. Eigene Vorstellungen, aus der Tiefe des Unbewußten aufsteigend, finden bei der Formung ihren Niederschlag, – so unterscheidet sich die selbstgefertigte Maske von der Dutzendware rühriger Geschäftsleute. Die starken Gestaltungskräfte, die das Maskenbasteln hervorruft, kann man auch bei Kindern pflegen und in formtechnisch gute Bahnen zu lenken versuchen.

Kartonmasken

Man sollte zunächst mit einem Stück *Packpapier* am Gesicht des Trägers Maß nehmen. Das Blatt wird über das Gesicht gebogen, mit den Stellen für Augen, Nase und Mund bezeichnet und dem Gesichtsumriß entsprechend rundgeschnitten. Diese *Schnittvorlage* wird auf den *Karton* gelegt und mit dem Bleistift umfahren. Es folgen – Zuschnitt, Bemalung der Gesichtsfläche mit *Deck- oder Plakatfarben*, schließlich die Paßprobe. Ein *Gummiband* hält den Karton in Spannung. Damit kann die Maske auch über den Kopf gestreift werden. – Beispiele: Siehe die Abbildungen unten!

Über einem Gerüst kaschierte Kopfmasken

Siehe dazu die Abbildungen auf den Seite 188 bis 191!

Man braucht *Pappstreifen*, am besten aus dünner Graupappe (etwa 4 cm breit und 70 cm lang), *Zeitungspapier, Packpapier, farbiges Krepp- oder Seidenpapier, Weißleim, Kleister*, möglichst auch *Plakatfarben, farbigen Bast usw.* – Werkzeug: *Bleistift, Leim- und Kleisterpinsel, Schere, gefederte Holzwäscheklammern* und eine Fläche zum Einstreichen *(Makulatur)*. Das Übereinanderleimen der Gerüststreifen kann auch durch praktisches Klammern mit einer kräftigen *Büroheftzange* ersetzt werden.

Das Gerüst: Ein Pappstreifen wird zu einem Ring zusammengeklebt oder geheftet. Man muß den Kopf hindurchstecken können! Über diesen Ring (der als Halsring später auf den Schultern des Trägers

Links: Drei einfache, farbig bemalte Kartonmasken geben sich hier ein Fastnachts-Stelldichein.
Unten: Der Zuschnitt für eine dieser drei Masken.

Die Abbildungen zeigen Gestaltungsmöglichkeiten der vorgeschlagenen Papiermasken. Die 1 m hohe Kartonmaske unten dient zur Wanddekoration. Die Einschlagmaske oben links kann auch getragen werden.

Kaschieren

Die Ausgangsform für die kaschierte Maske ist ein Gerüst aus untereinander verbundenen Pappstreifen.
Die erste Auflage besteht aus saugfähigen Papierstückchen, die noch mit einem weniger feuchten Klebemittel aufgesetzt werden. Später kann man besser mit Kleister arbeiten. Ein dicker Borstenpinsel ist gut zum Andrücken der Auflage, damit werden auch die leicht eingeschlossenen Luftblasen aus der kaschierten Schicht vertrieben.

aufliegt) baut man dann mit weiteren Pappstreifen eine gitterartige, rundliche Kuppel (einem Vogelkäfig ähnlich), die man leicht über den Kopf stülpen kann. Geleimte Stellen lassen sich bis zum Abbinden gut mit Wäscheklammern zusammenhalten (siehe die Abbildung unten). Wer das langzeitige Abbinden des Leims nicht abwarten will, kann das Gerüst auch mit Drahtklammern zusammenheften, wozu allerdings eine kräftige Büroheftzange nötig ist.
Es werden die Grundformen für Nase, Ohren, Augenwülste u. dgl. aus gebogenen oder geknickten Pappstücken vorbereitet und angebaut. Das ganze Gerüst überklebt man dann hautartig mit gerissenen Stükken aus Zeitungspapier (es empfiehlt sich, dazu den weniger wasserhaltigen Tischler-Weißleim zu nehmen, der schnell abbindet und das gespannt-stabile Pappstreifengerüst nicht so sehr durchfeuchtet, als es mit Kleister der Fall wäre).
Kaschieren: Das Wort bedeutet zunächst nur »mehrschichtiges Übereinanderkleben von Papier«. – Wir beginnen damit, nachdem die erste Lage aus Zeitungspapier vollständig getrocknet ist. Für die zweite und dritte Lage sollte man – möglichst farbunterschiedlich, damit man den Arbeitsfortgang auch mit den Augen kontrollieren kann – festeres Packpapier nehmen. Klebstoffwechsel! Der nasse Kleister macht den steifen Papierfilz plastisch verformbar und ermöglicht eine geschlossene Oberfläche. Man sollte immer nur kleine, gerissene (!) und gut mit Kleister durchtränkte Papierstückchen auflegen und zwar so, daß sie die Ränder der schon aufgelegten Stücke schuppenartig überdecken.

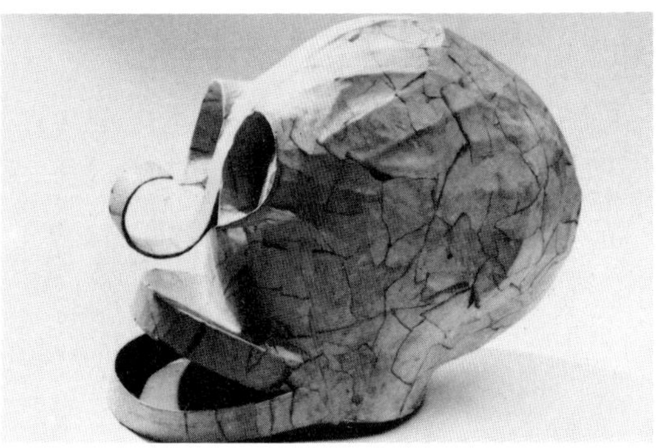

Links: Pappstreifengerüst mit angesetzten Wäscheklammern (zur Sicherung der Leimstellen). – Darunter: Weiß als letzte Schichtlage. – Unten: Unter der farbigen Akzentuierung empfiehlt sich ein geschlossener Ganzanstrich mit Dispersions- oder Plakatfarbe.

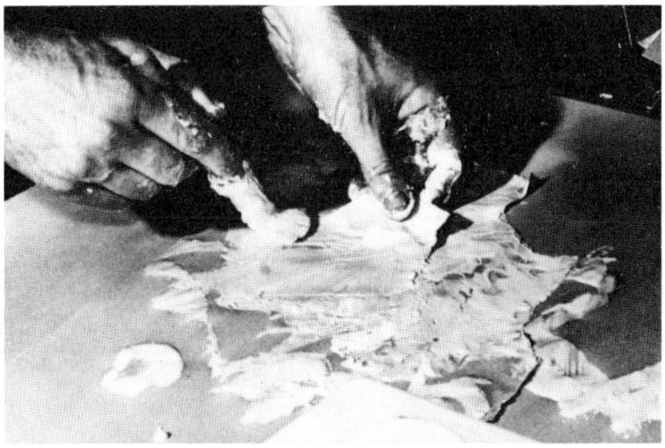

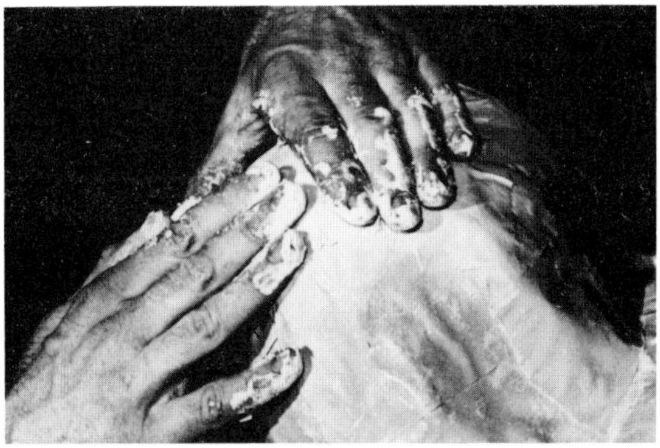

Oben: Der Arbeitsplatz. Für die ersten Lagen werden gerissene Papierstückchen mit Weißleim eingestrichen, aufgesetzt und gut angedrückt. Dazu kann man auch einen nassen Pinsel nehmen. – Rechts: Der Fortgang der Arbeit läßt sich an wechselnden Farben der Schichtlagen gut kontrollieren. Hier – die erste Packpapierlage (in Arbeit) auf Zeitungspapier.

Rechts: So sollte eine gut kaschierte Oberfläche aussehen, – geschlossen, ohne lose hängende Papierränder. Wählt man für die Schlußschicht ein Papier mit entsprechender Tönung – hier pinkfarbiges Tonpapier – dann kann auf den zusätzlichen Grundanstrich mit Farbe verzichtet werden. Nur Bart, Augenbrauen und Haaransatz wurden schwarz nachgezogen.

Sehschlitze!

Am besten streicht man sich zuvor mit dem Kleisterpinsel immer wieder einen Papiervorrat über einem Altpapierbogen dick ein. Das Material muß Zeit zur Durchfeuchtung bekommen. Die Ränder der aufgelegten Stücke sind besonders gut anzudrücken. Zwei bis drei Packpapierlagen genügen. Eine letzte Schicht – aus weißem Papier – schafft einen geschlossenen Untergrund für die nachfolgende farbige Bemalung.
Weiteres Gestalten: Erst nach einigen Tagen, wenn die kaschierten Schichten durch und durch trocken sind, kann der Kopf mit farbigem Seidenpapier überklebt (siehe die Kinderarbeiten auf der gegenüberliegenden Seite oben) oder mit Plakatfarben übermalt werden. Pelzreste, Wollfäden, aufgedrillte Hanfschnüre, farbiger Bast, Kreppapierstreifen usw. ergeben »Haare«.
Die Augenlage der Maske braucht nicht mit der des Trägers übereinzustimmen. Ein paar *Sehlöcher* oder *Sehschlitze* lassen sich an der richtigen Stelle und unauffällig auch nachträglich noch einstechen oder einschneiden.

Tütenmasken
Die einfachsten Kopfmasken entstehen aus großen *Papiertüten* oder festen *Tragetaschen* (siehe die Abbildung auf der gegenüberliegenden Seite). Die Tüte wird über den Kopf gestülpt, dann werden die Stellen der Augen, der Nase und des Mundes abgetastet und gekennzeichnet, mit Plakatfarben ummalt usw.

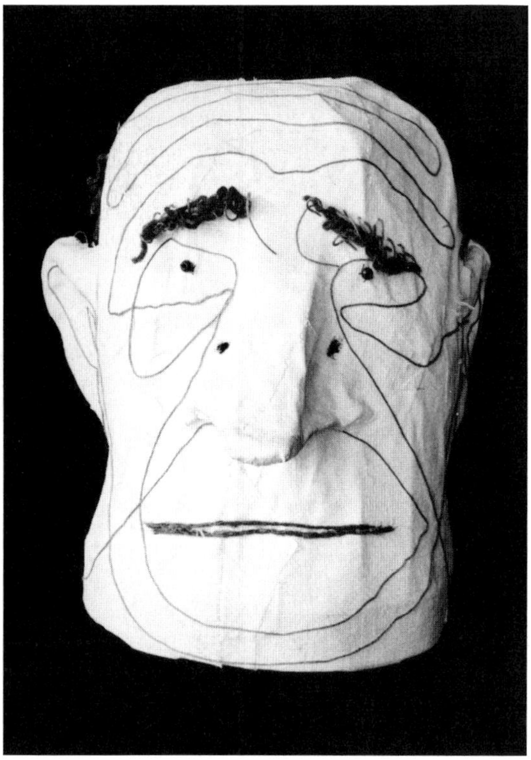

Links und unten: Akzentuieren auch ohne Farbe, – hier z. B. mit dunklen Wollfäden. Bei sparsamem Umgang mit den Mitteln lassen sich überraschend eindeutige Wirkungen erzielen. – Die große Kopfmaske kann auch getragen werden, – siehe die Sehlöcher neben dem Nasenrücken.

Oben: Kopfmasken aus der Werkstatt eines 4. Schuljahrs. Letzte Schichtlage: farbiges Seidenpapier. Bemalung mit Plakatfarben. Haare und Bartfäden wurden aus farbigem Krepp-Papier geschnitten.
Links: Diese wirkungsvolle Tütenmaske entstand aus einer quadratischen Papier-Einkaufstasche. Deckfarbenbemalung, weiße Papierschnitte aufgeklebt. Die Papierhenkel wurden vom ursprünglichen Platz abgenommen und als Ohren seitlich angesetzt.
Unten: »Der wilde Mann«! – Die Abbildung gibt einen Eindruck von den Möglichkeiten in dieser Maskentechnik.

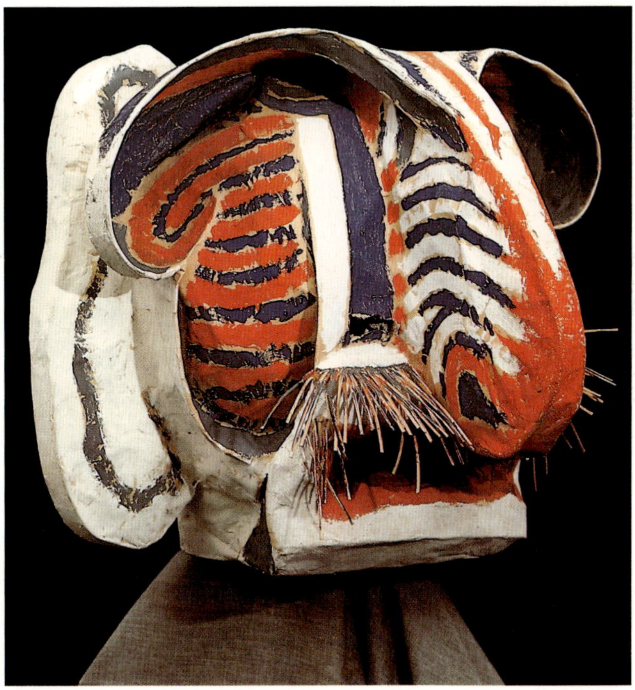

Stockpuppen Kasperpuppen Marionetten

Papierwulst

»Seid ihr alle da?« fragt der Kasper und wackelt mit seinem bunt bemalten Kopf auf Vaters Zeigefinger. Und ob sie alle da sind! Sie können kaum noch stillsitzen angesichts der zu erwartenden Streiche und Abenteuer. Kasperfiguren sind wohl die köstlichsten Trabanten der kindlichen Phantasie. Sie helfen aber auch dort, wo Kinder besonders im sprachlichen Ausdruck gehemmt sind. Im Kindergarten, in der Schule – und in den Wohnstuben sind Stock- und Kasperpuppen treffliche Miterzieher.

Stockpuppen aus dem Papierwulst

Siehe dazu die Abbildungen unten!

Die *Stockpuppe* ist die einfachste Spielpuppenform. Sie kann schon von jüngeren Kindern – evtl. zu einem selbsterdachten Spieltext – gebastelt werden. Die Abbildungen auf Seite 195 oben (Mitte und rechts) zeigen Arbeiten aus einem 3. Schuljahr. – Als *Bühne* dient eine hinter dem Türrahmen aufgespannte Wolldecke. Die Puppen werden von den Spielern aus der Verdeckung heraus am Stock geführt.

Herstellung: Man braucht *Rundholzstäbe, Zeitungspapier, Bindfäden,* – zum Kaschieren *farbiges Seidenpapier, Weißleim, Kleister.* An das Ende des Führungsstabes wird ein zur Kopfform gedrückter *Zeitungspapierwulst* gebunden (siehe die Abbildung unten). Nase und Ohren bekommt man durch Abknoten weiterer Papierlagen. Ein solcher »Kern« ist dem auf Seite 188 gezeigten Gerüst vergleichbar und kann in der beschriebenen Weise kaschiert werden. Am Stock wird ein Schulterstück mit der Kleidung befestigt. Die weitere Ausstattung mit *Tüchern, Modeschmuck u. dgl.* trägt viel zur Charakterisierung bei.

Handpuppenköpfe aus Papiermasse (Pappmaché)

Fein zerrissenes (!) *Papiermaterial* (Zeitung, Toilettenpapier, Eierkarton) wird unter Rühren so lange gekocht, bis sich der Faserfilz auflöst und ein gleichmäßiger Brei entsteht. Dieser wird nach dem Erkalten ausgedrückt, mit dick angerührtem *Zellulosekleister* (Tapetenkleister) und der halben Raummenge handelsüblicher *Schlämmkreide* ver-

Links: Spielen mit der Stockpuppe. – Ein Grundzug der frühen Altersstufe ist die »Ganzheit« des kindlichen Erlebens. Märchen und Realität, Tatsachendenken und Phantasie werden noch nicht getrennt. So kann auch der naiv-einfache Stockpuppenkopf als etwas Ganzes und »lebendiger« Gesprächspartner empfunden werden.
Unten: Entwicklung einer Kopfform aus dem an einen Stab gebundenen Zeitungspapierwulst. Die Nase entsteht durch Abknoten einer weiteren Papierzulage. Nachfolgendes Kaschieren der groben Form ebnet alle Ungleichmäßigkeiten und führt zu einem verwendbaren Gesichtsausdruck.

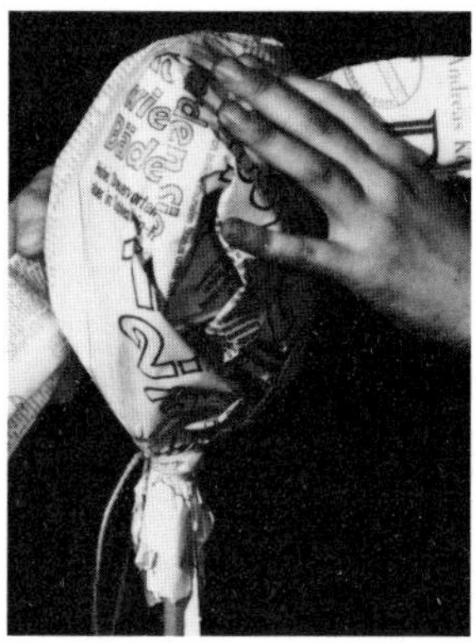

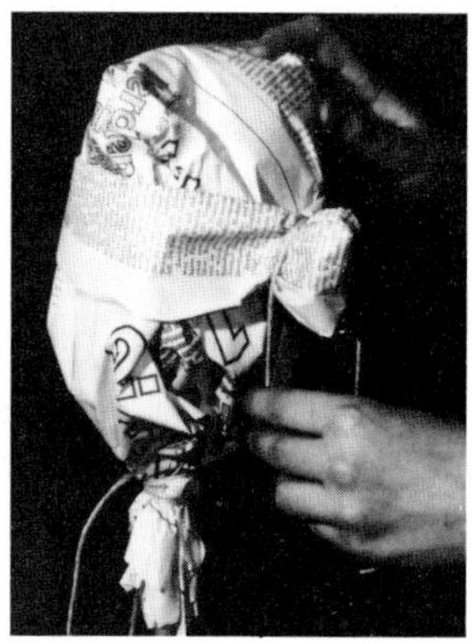

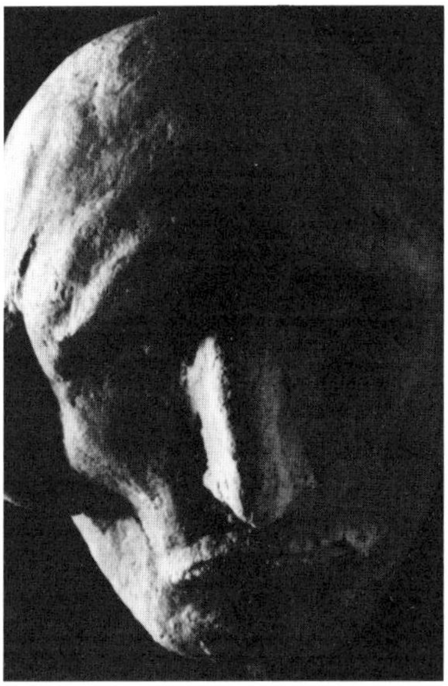

Oben: Kopfform aus Pappmaché. Eine so detailliert ausgearbeitete Physiognomie ist im Grunde für den Handpuppenkopf unnötig, weil sie zum großen Teil unter der weiteren Ausstattung (Haare, Bart, Bekleidung) verschwindet – siehe Seite 194, unten – und aus der Ferne auch nur im Groben wahrgenommen werden kann. Die Bilder zeigen aber, welch hoher Grad der Ausformung mit der selbsthergestellten Papiermasse möglich ist.
Unten: Kinderarbeiten. – Die in der Übersteigerung plastisch hervorgehobenen Gesichtsmerkmale (Hängeohren, krumme Nase, Wulstbacken, »Augäpfel« in Augenhöhlen u. a.) ergeben eine gute Charakterisierung und können auch von weitab sitzenden Zuschauern erkannt werden. Farbe und Beleuchtung tun ihr übriges.

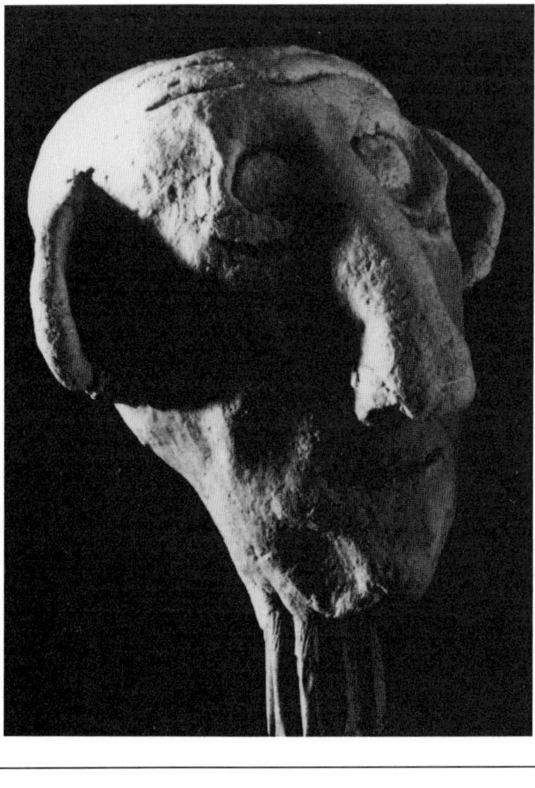

Pappmaché

Der Gedanke, den zur Papierherstellung verwendeten Faserbrei wiederum als plastische Formmasse zu verwenden, liegt nahe. Die Brüchigkeit der dicken Schicht kann durch Kleisterzugabe, die geringe Raumbeständigkeit der Masse beim Trocknen durch Füllzusätze behoben werden. Ebenso widerstandsfähig und obendrein leichter ist ein plastischer Papierüberzug, den man durch vielschichtiges kreuzweises Übereinanderkleben (Kaschieren) gerissener Papierschnitzel über einer sogenannten Kernform (Papierwulst, Luftballon) erhält.
Für beide Verfahren werden auf diesen Seiten Anweisungen gegeben.

mengt und mit den Händen gründlich durchgeknetet. Es muß eine verformbare Masse entstehen. Die Schlämmkreide dient darin als Füllstoff und soll dem starken Schwinden der Form beim Trocknen entgegenwirken. Die Zugabe von Kleister richtet sich nach der Knetfähigkeit. Bröckelt die Masse beim Kneten, dann muß mehr Kleister hinzugefügt werden.
Modellieren: In eine mit Sand beschwerte Flasche wird ein zeigefingerdickes Rundholz gesteckt. Es sollte ca. 10 cm aus dem Flaschenhals herausragen. Aus einem gefalteten Packpapierstreifen wickelt man eine Fingerrolle, die man auf das Rundholzende aufsteckt. Nun kann der Kopf um diese Rolle herum modelliert werden. Es empfiehlt sich, sich anfangs nur auf die Großform der Figur (Eirund des Kopfes mit Hals und Nase) zu konzentrieren. Die Kleinformen (Lippen, Kinnpartie, Ohren) lassen sich hinterher einarbeiten, wenn wir schon sicher sind, daß die grundsätzlichen Proportionen stimmen. Zwischentrockenzeiten bis zu mehreren Tagen, in denen sich die Grobform mehr und mehr festigen kann, erleichtern die Arbeit wesentlich.
Die fertige Form wird mit den Fingern geglättet und kann nach dem Trocknen für eine geschlossenere Oberfläche auch noch mit Seidenpapierstückchen überklebt werden.
Allmähliche Lufttrocknung im warmen Raum (nicht am Ofen!) bis zu 14 Tagen! – Bemalen mit Deckfarben jeder Art.
Siehe dazu die Abbildungen auf den Seite 193 bis 195, – zur weiteren Ausstattung auf Seite 196.

Beide Seiten: Auch bei der weiteren Ausgestaltung der Figuren muß versucht werden, typische Eigenschaften (hier materielle Gesinnung, Habgier, Freundlichkeit) durch Beschränkung auf wenige Wesenszüge und deren Überzeichnung so sichtbar zu machen, daß man sie sofort ablesen kann.

»**Dramaturgie« des Handpuppenspiels**
Man nehme die Puppe in die Hand und spiele! Ein Guckkasten mit magischer Beleuchtung und anderem Drumherum ist gar nicht nötig. Die Sessellehne tut es auch. Wer es praktischer haben will, befestige eine 5–10 cm breite Leiste im Türrahmen und hänge eine Decke darüber. Jede Figur verkörpert eine bestimmte Geisteshaltung, zu der bestimmte Gesinnungsäußerungen und auch ein bestimmtes Temperament gehören. Gesicht, Sprache und Bewegung müssen zusammenwirken. Kasper ist der fröhlichste Genosse. Er spricht mit fröhlicher Stimme, lacht viel, prügelt sich gerne mit dem Teufel und tut alles, was zu einer optimistischen Lebenshaltung hinzugehört. Der Tod
(Fortsetzung S. 198)

Bekleidung der Kasperpuppen

Alle Puppen erhalten einen sackartigen Rock, der am Hals festgebunden oder festgeklebt wird und den spielenden Arm bis zum Ellenbogen verdeckt. Halstücher, Pelze, Kragen können die Ansatzstelle am Hals überdecken. Die Röcke haben seitlich angesetzte Ärmel, die aber schon von den Schultern her so weit verkürzt sind, daß sie der *Fingerspannweite* des Spielers entsprechen. Nur der Kasper hat zusätzlich zum Rock auch Hosen, weil er gern auf der Spielleiste entlangrutscht und die Beine (mit Stiefeln aus Holz) herunterbaumeln läßt. Die Hände der Figuren aus doppelt geschnittenem Filz kann man gleich mit an die Ärmel annähen. Die Hände des Kaspers (aus Holz) bekommen Pappröllchen, in die der Spieler seine Finger einstecken kann. Sie werden mit den Rockärmeln verklebt (siehe die Abbildungen unten). Die Farben der Kleider sollen möglichst bunt und lebhaft, die Musterungen hingegen einfach sein.

Eine einfache Marionette

Siehe dazu die Abbildungen auf der gegenüberliegenden Seite!
Bei einer *Marionette* hängt der Kopf an den Führungsfäden und der Körper am Kopf, beide miteinander beweglich verbunden. Die Abbil-

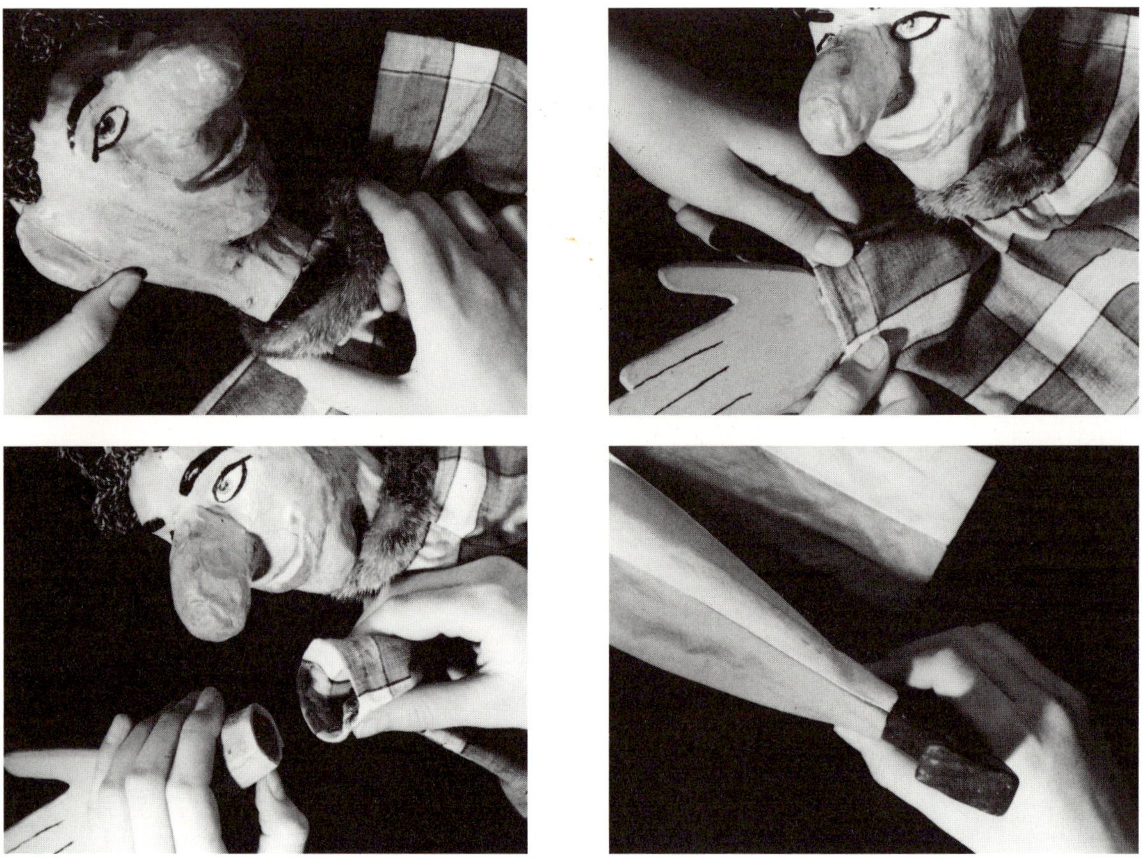

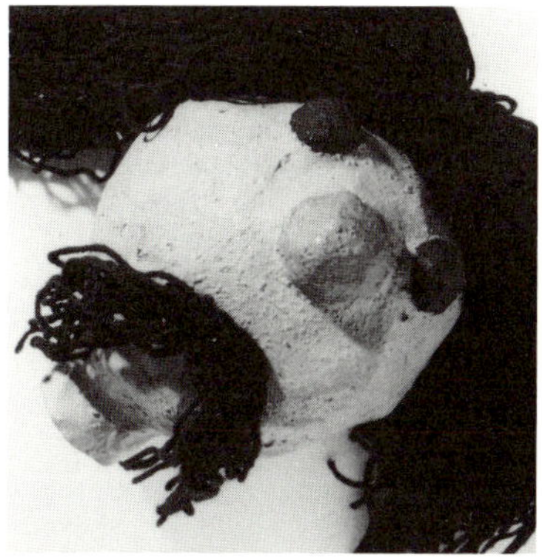
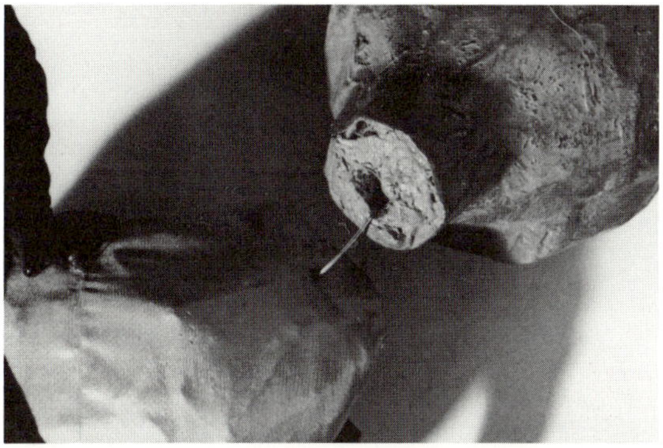

Oben: Typisierung des Kopfes in drei Arbeitsschritten (Bart und Haare aus schwarzen Wollfäden).
Links: Schnurverbindung zwischen Kopf und Körper, – darunter: das Armgelenk und die einfache Wulstform des Körpers.
Unten: Die fertige Marionette – an den Führungsfäden hängend (siehe dazu auch S. 199).

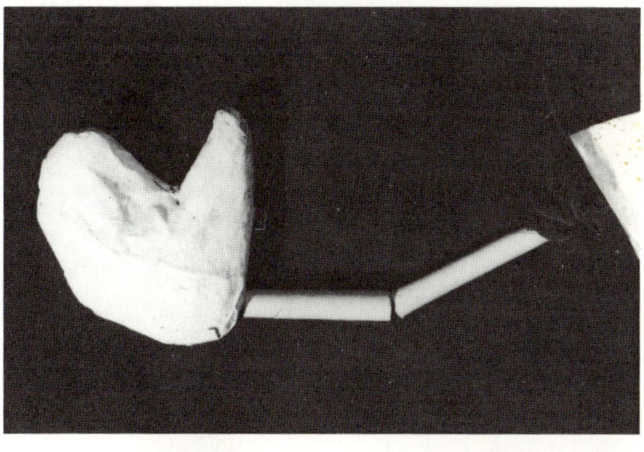
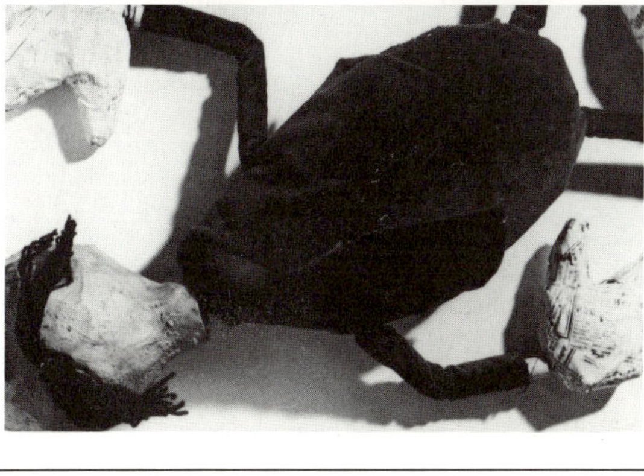

(Fortsetzung von S. 196)

spricht langsam, getragen, hohlklingend, der Teufel scharf, mit gellenden Akzenten. Alle Puppen erscheinen von der Seite her im Blickfeld, – nur Tod und Teufel dürfen aus der Tiefe emporfahren, der Tod langsam, der Teufel schnell. – Man bringe die Spielleiste so hoch an, daß der Spieler mit der Puppe hinter dem Vorhang gehen und sich auch mit ihr umwenden kann. Im Grunde sollte jede Puppe von einem eigenen Spieler geführt werden (in Spielgruppen ist das auch möglich). Ferner ist darauf zu achten, daß die Nasen der Puppen stets in die »Marschrichtung« (nicht zum Publikum) zeigen. Puppen, die miteinander sprechen, müssen einander auch ansehen (und gleich hochgehalten werden). Jedes Wort der Puppe wird von dem entsprechenden Bewegungsspiel begleitet. Bewegung muß das fehlende Mienenspiel ersetzen.

dung (siehe Seite 197) zeigt, wie sich das mit einer in beiden Teilen befestigten Verbindungsschnur leicht bewerkstelligen läßt. Der Körper ist als Ganzes ein kaschierter Papierwulst (s. S. 192), ebenso die Hände und Füße. Einfache *Gelenkverbindungen* bekommt man durch zwei auf eine Verbindungsschnur eng aufgezogene Pappröllchen. Wo diese mit ihren Schnittkanten aneinanderstoßen, ist das Gelenk (siehe die Abbildung auf Seite 197, links). Ein derart aufgehängter Arm hat freie Beweglichkeit nach allen Seiten und muß durch die Fadenführung später in normaler Stellung gehalten werden.
Führungsfäden (Perlonschnur) braucht man für Kopf, Hände, Knie und Rücken. Sie enden oben an einem *Spielkreuz* aus Holz, von dem aus die Bewegungen gelenkt werden. Das Kreuz besteht aus einem Langholz und drei Querhölzern für Hände, Kopf und Beine. Der Rückenzug wird am Langholzende angebunden. Bei dieser einfachen Marionette haben eigene Überlegungen Spielraum.

Über einem Luftballon kaschierte Puppenköpfe

Siehe die Abbildungen unten und auf der gegenüberliegenden Seite! Für besonders große und gleichmäßig runde Köpfe wird ein aufgeblasener *Luftballon* mit gerissenen Seiden- und Tonpapierstückchen in mehreren Schichten überklebt (s. S. 188). Man kann durchgehend mit Kleister arbeiten. Ist die ausreichend dick kaschierte Kopfhülle hart getrocknet, dann können Nase, Ohren u. a. anmodelliert werden.

Links: Kaschieren eines Stockpuppenkopfes über einem aufgeblasenen Luftballon. Oben – die hartgetrocknete Hülle aus mehreren Schichten. Letzte Schicht – orangefarbiges Tonpapier. Die mit der Zeit schrumpfende Gummihülle des Luftballons verbleibt im Innern. Unten – der gleiche Kopf mit den aufmodellierten Kleinformen. Daneben – die fertig bekleidete Stockpuppe.

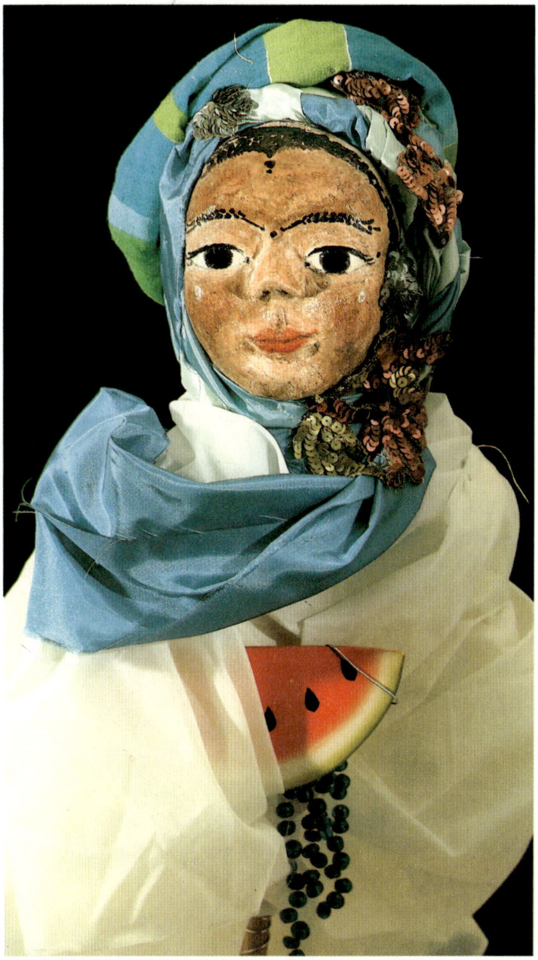

Oben und links: Die einfache Marionette (siehe Seite 197) und zwei fertig ausgestattete Stockpuppenfiguren. Alle drei Figuren haben über dem Luftballon kaschierte Köpfe. Für die Stockpuppe ist es wesentlich, daß ihr Kopf fest auf einem Stock sitzt, um den herum der Körper gestaltet ist. Kleider können an einem quer befestigten Schulterstück (Holz, Pappe) aufgehängt werden. Ein »Arm« (Zipfel des Überhangs) läßt sich mit einem Führungsstab dirigieren, während der andere lose herunterhängt. Die einfachen Herstellungs- und Spieltechniken erlauben es, die Stockpuppen für sprachliche Ausdrucksübungen mit Kindern und in Spielgruppen einzusetzen.

Spiel mit Licht und Farbe

Pergamin

Jeder Unterschied in der Farbrichtung – außer dem zwischen Rot und Grün – ergibt zugleich einen Helligkeitsunterschied (siehe »Vorkurs« Seite 34). Wir können uns diesen noch gesteigert vorstellen, wenn wir die Reihe der bunten Farben durch die nichtbunten Farben Weiß und Schwarz ergänzen. Von einem weißen Material wird das Licht mit seinem gesamten Spektrum zurückgeworfen bzw. hindurchgelassen. Von einem schwarzen wird es absorbiert (verschluckt). Weiß ist der vom Auge wahrgenommene Widerschein der Sonne, Schwarz die totale Dunkelheit bzw. Absorption. An den Gedanken, daß unsere Farbwahrnehmung auf einer Teilreflexion des weißen Sonnenlichtes durch die be- oder durchstrahlte Materie beruht, müssen wir uns erst gewöhnen. Ein Gegenstand ist eben nur soweit »farbig« – als gerade dieser Farbbestandteil des Lichtes von seiner Oberfläche zurückgeworfen bzw. durchgelassen wird, während alle anderen Lichtfarben darin gefangen bleiben und uns deshalb nicht »ins Auge fallen«.
Licht erscheint uns aktiver, wenn wir es im Kontrast zu seinem Gegenpart, der Dunkelheit, sehen. Eine helle Farbe leuchtet stärker neben einer dunkleren. Eine benachbarte schwarze Fläche steigert die bunten Farben, fordert sie auf, ihr Äußerstes an Buntheit herzugeben. Schwarz spielt dabei die Rolle völliger Dunkelheit, aus der die Farben wie Lampen herausleuchten. Auch das Licht einer Kerze intensiviert sich für uns im Dunkeln. Umgekehrt erscheint uns das Dunkel heller durch den Einbruch des Hellen. Alle Versuche, mit Licht zu gestalten, gehen von solchen Erfahrungen aus.

Das Material
Das brauchbarste Material für die folgenden Arbeiten ist farbiges *Pergamin*, – d.i. ein sehr dünnes, folienartiges, durch besonders scharfe Satinage (Glattwalzen unter Preßdruck im Kalander) hochtransparent gemachtes Pergamentersatzpapier, erhältlich in guten Papiergeschäften in vielen leuchtenden Farbtönen. Wir kaufen es nicht im kleinen Heftformat (für Kinderarbeiten), sondern in großen Bogen. Pergamin ist billig! Leider ist es auf die Dauer nicht lichtbeständig, – die ständig dem Licht ausgesetzten Arbeiten haben eine zeitlich beschränkte Lebensdauer! Als Kontrastmaterial dazu benötigt man *schwarzen Karton*. Man bekommt ihn ebenfalls im Papiergeschäft. – Geklebt wird mit einem handelsüblichen *Vielzweckkleber*, und zwar nur an verdeckten Stellen!

Eine gefaltete Pergamin-»Tischrose«
Siehe dazu die Abbildungen des Faltgangs auf der gegenüberliegenden Seite und die Abbildung auf Seite 203!
In ein quadratisches Stück farbiges *Pergamin* (21 × 21 cm) die Diagonalkniffe einlegen und alle vier Ecken zur Mitte falten (a). – Noch einmal die Ecken zur Mitte falten (b). – Nun die Faltung umwenden und auch rückseitig die Ecken zur Mitte falten (c). – Die Faltung wieder umwenden. Wir ziehen einen der vier unter der Faltung befindlichen quadratischen Zipfel samt den benachbarten Randteilen nach vorn (d–e). – Das Papier wird etwa 5 mm weit über die Kante der quadratischen Grundfaltung zurückgefaltet (f) – so rundum (g). – Danach wenden wir die Faltung (h) – und bringen die ausgeklappten Ränder wieder in die alte Lage zurück (i–k), die anhängende quadratische Eckform richtet sich dabei muschelförmig auf (k). Ein Tropfen *Alleskleber* unter die zurückgelegten Dreiecke bindet die Form. – Nun auch die unter der Faltung liegenden Dreiecke nach vorn holen (l), dabei die Faltkante eindrücken und wölben. Ebenfalls rundum (m). – Zarte Materialwirkung. Farbige Schatten auf dem weißen Tischtuch!

Farbige Leuchtschirmflächen mit Hell-Dunkel-Kontrasten
Wir halten ein Stück farbiges *Pergamin* gegen das Licht und prüfen Farbe und Transparenz. Wir schlagen eine Ecke um und vergleichen den nun doppelt liegenden Teil mit dem einfachen. Die Doppellage erscheint dunkler, satter. Doppel- und Einfachlage ergeben einen Kontrast, der zur Wiederholung reizt. Nun prüfen wir auch, wieviele Schichten man übereinanderbringen kann, bis das Material seine Leuchtkraft verliert. Aus diesen Versuchen erwächst die Aufgabe, eine reizvoll kontrastierte Fläche durch partielles Übereinanderschichten einunddderselben Papierfarbe zu gestalten. Zwei Beispiele dazu – siehe die farbigen Abbildungen auf Seite 202: In dem gelben Schirm wurde die Pergaminfläche mit einem Papierschneidemesser entsprechend einer gleichmäßigen Unterteilung eingeschnitten. Die frei hängenden Winkel wurden nach unten gefaltet und unter die Spitzen der darunter befindlichen Winkelscheitel gesteckt. Wegen der entstandenen »Fenster« wurde ein zweiter gelber Pergaminbogen unter das durchbrochene Schirmgitter gelegt (doppelte Schirmlage). – Rosafarbener Schirm: Es wurden mit einem Zirkel entlang einer Unterteilung Halb-

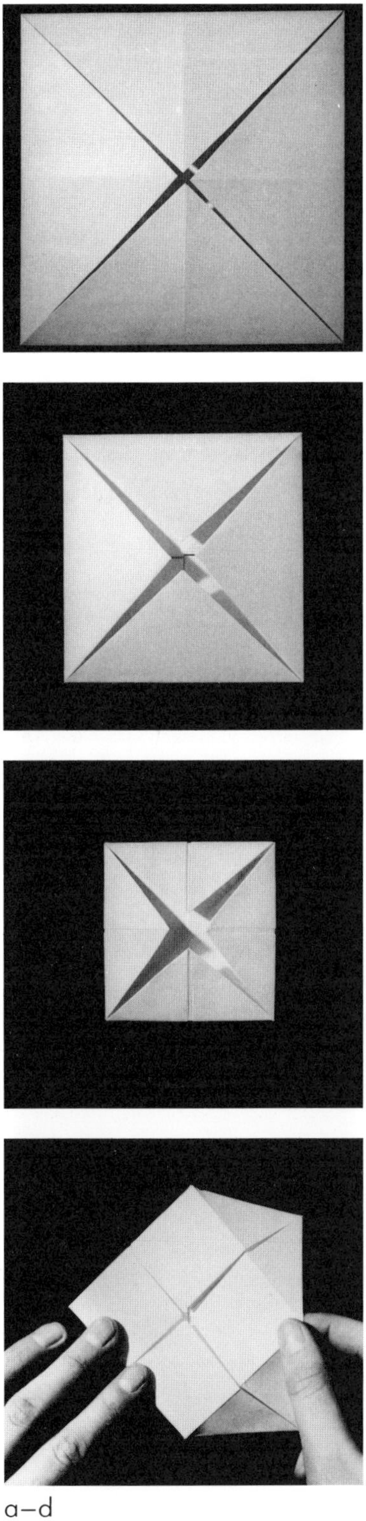

a–d

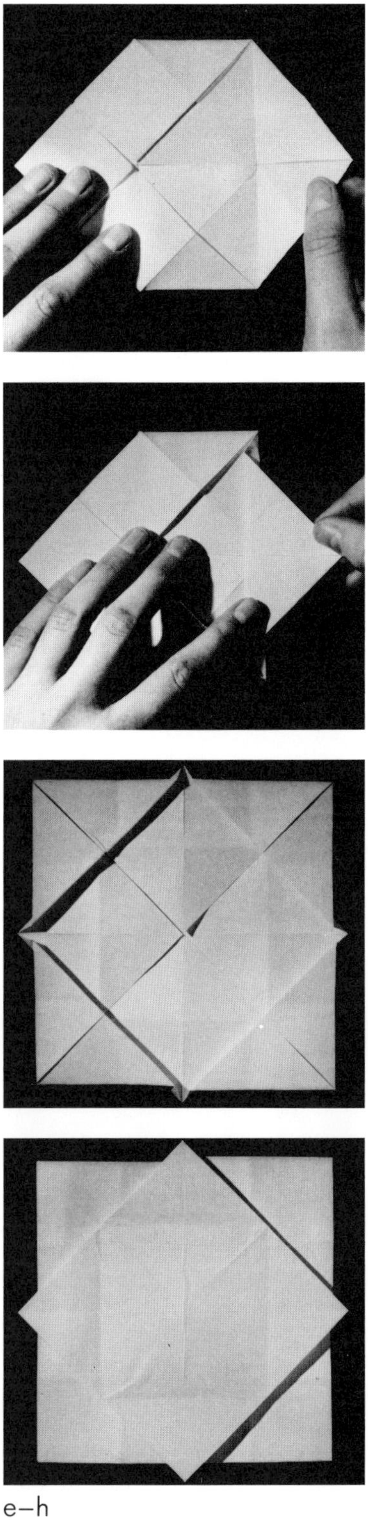

e–h

i–m

Transparent

»Transparent« nennen wir ein Bild oder ein Flächenmuster, das erst im durchfallenden Licht seine volle Schönheit erlangt. Schmale, farbfeldtrennende Verbindungslinien erinnern an die Bleistege in den Glasfenstern mittelalterlicher Kathedralen. Andererseits können auch durch Übereinanderfalten (Schichten) des durchscheinenden Farbpapiers reizvolle Kontraste erzielt werden.
Die Abbildungen unten zeigen Möglichkeiten, Farbhelligkeit mit Hilfe des durchfallenden Lichtes in unterschiedlich dichten Materiallagen zu verändern. Durch Falten, Ausklappen, Abdecken werden spannungsvolle Hell-Dunkel-Unterschiede bei gleicher Farbrichtung erzeugt, wobei auch die Regelmäßigkeit im Flächenbild eine Rolle spielt.

kreise auf die Pergaminbahn gezeichnet, diese entlang der Bogenkante eingeschnitten und an der senkrechten Linie abgefaltet. Auch diese Schirmbahn mußte mit einem zweiten (gleichfarbigen) Bogen hinterlegt werden.
Man kann solche Gebilde vor das Fenster hängen, künstlich durchleuchten, auch mit Bewegung kombinieren (siehe »Wärmespiel«), wobei auch die wandernden Farb- und Schattenzeichen auf der Tischfläche und an den umgebenden Zimmerwänden Sprache gewinnen.

Leuchtschirme in einfacher »Transparent«-Technik
Siehe dazu die farbigen Abbildungen unten und auf der gegenüberliegenden Seite oben!
Wer davor zurückschreckt, auf *dunklem Karton* zu zeichnen, entwirft das Gitter auf einem gleichgroßen Stück Zeichenpapier und überträgt es im Pausverfahren. Erwünscht sind geschlossene Farbflächen ohne ungewollte Neuansätze. Wir rechnen bei solchen Arbeiten nur mit der Materialwirkung des *farbigtransparenten Papiers*, der im Licht ungestört aufleuchtenden Papierfarbe.
Abbildung gegenüberliegende Seite oben links: Das Gitter wurde mit zwei roten Pergaminlagen hinterklebt, deren Ausschnitte zueinander und zu den Öffnungen im Kartonmantel in Beziehung stehen. Fensterverschluß durch Hinterlegen mit weißem Pergamin. – Abbildung Seite 202 links oben und Seite 203 oben Mitte: Gitter mit einfacher Hinterklebung. Zwei Pergaminfarben – Blau und Rot. Nur so konnte mit dem

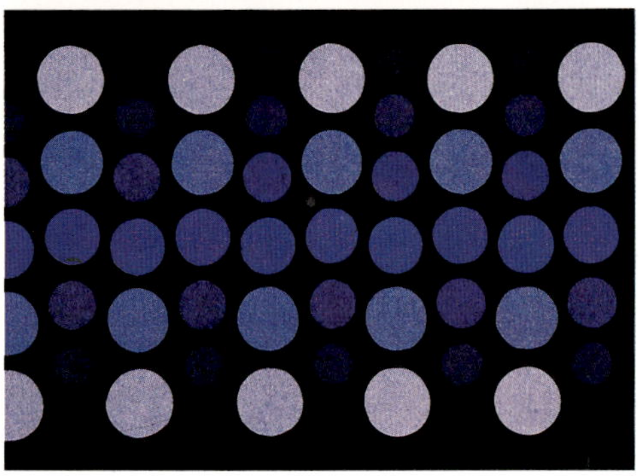

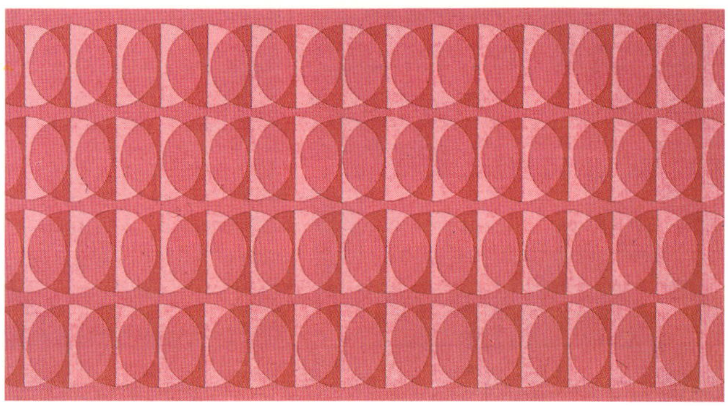

Oben: Leuchtschirme aus Pergamin. Transparenttechnik! Die farbig durchscheinende Fläche wurde mit einem dichten Gitterwerk aus schwarzem Karton abgedeckt, zur Schirmröhre geschlossen und von innen beleuchtet. Glühlampenlicht, 15 Watt. – Schirmflächenbeispiele auf der gegenüberliegenden Seite. Die Gitter können verschieden ausgeführt werden.

Unten links: Die nach den Anweisungen auf Seite 200 aus Pergamin gefaltete Tischrose mit ihren reizvollen Hell-Dunkel-Kontrasten. Bei schräger Beleuchtung fallen farbige Schatten auf das weiße Tischtuch. – Rechts: Das fertige Wärmespiel. Auch für diese schöne Laterne können die auf der gegenüberliegenden Seite abgebildeten Schirmflächenmuster verwendet werden.

Das Prinzip dieser mobilen Laterne steckt schon in alten chinesischen Wärmespielen. Die Chinesen verbanden die Materialwirkung durchscheinender Papiere mit der drehenden Bewegung (durch die Strömungsenergie erwärmter Luft).
Auch die bei uns bekannte »Weihnachtspyramide« – siehe Seite 96 – mit dem großen Flügelrad über der Spitze bekommt ihren Antrieb durch die von den brennenden Kerzen aufsteigende Warmluft.

vorhandenen Material die gewünschte karminrote Farbnuance erzielt werden. – Abbildung Seite 202 links unten und Seite 203 oben rechts: Die immer kleiner werdenden Rundfenster in jeder Reihe wurden mit ein- bis sechsfachen Pergaminlagen hinterklebt (deutlicher Verdunkelungseffekt).

Farbig-transparentes Wärmespiel

Benötigt werden *Aluminiumblech*, 0,3 mm dick, halbhart, *dicker Draht, Lampenfuß* und *elektrische Zubehörteile*, dazu ein farbigtransparenter *Schirm*, wie er auf Seite 200ff. beschrieben worden ist. – Das Schirmmaß beträgt 23 × 48 cm. Längenberechnung: Flügelraddurchmesser mal die Zahl 3,14 plus einen für den Zusammenschluß der Bahn nötigen Kleberand. In den unteren Teil der Schirmröhre sollte man zur Stabilisie-

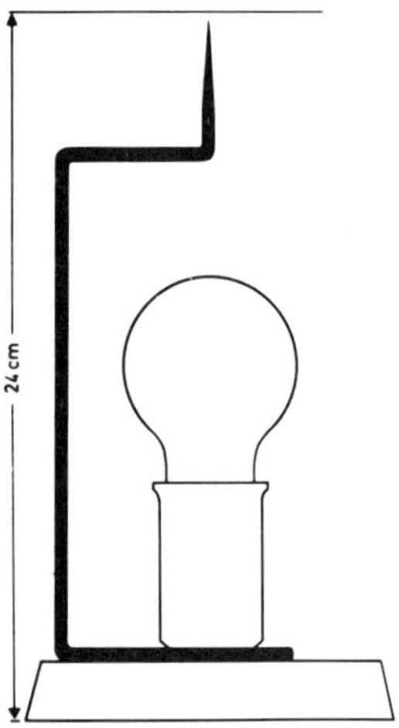

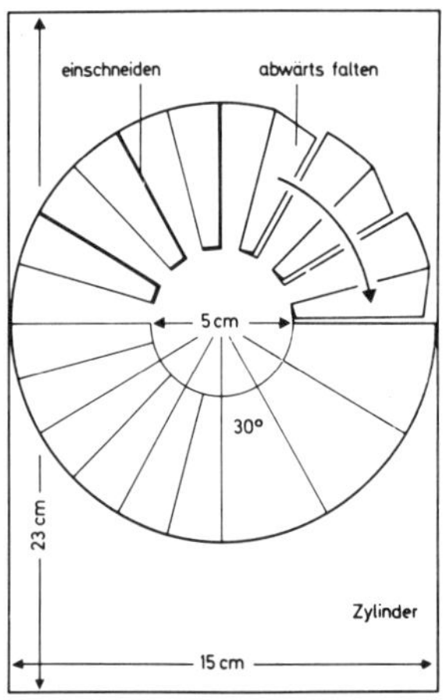

Der Zusammenbau des Wärmespiels: Ein dicker Draht wird zur Schleife gebogen und mit dieser am Lampenfuß befestigt. Der übrige Teil ist senkrecht zu stellen, um den Glühlampenkörper herumzuführen und so abzuwinkeln, daß er über dem Scheitel der Lampe nach oben weist. Spitze mit einer Feile zurichten! – Der Fußteil (eine runde Holzscheibe) samt der senkrecht eingesetzten Lampenfassung und dem aufwärts gerichteten Draht bildet das tragende Element.
In einem zweiten Arbeitsgang werden Flügelrad und Schirm miteinander verbunden. Setzt man dann das Flügelrad mit der angekörnten Mitte auf die Spitze des Trägers, so bewirkt der von der Glühlampe erzeugte Warmluftstrom den Umlauf.
Links: Die Werkzeichnung. – Unten: Die Fußscheibe mit Lampenfassung und Träger; das Antriebsrad; das fertige Spiel (mit angehängtem Schirm).

rung einen dünnen *Drahtring* einkleben. Für die Konstruktion des *Flügelrades* gibt die Skizze auf der gegenüberliegenden Seite die nötigen Hinweise. Beim Abkanten empfiehlt es sich, das Blech mit einem *Falzbein* zu unterfahren und bei »ziehender Bewegung« gegen eine aufgelegte *Holzkante* zu drücken. Die Leiste mit der Hand aufpressen! – *Nabe:* Das Blech im Zentrum des Rädchens ein wenig ankörnen! – Befestigung des Schirms am Flügelrad am einfachsten mit *Klebestreifen.*

Farbige Fenstersterne aus Pergamin

Siehe die farbigen Abbildungen auf Seite 207!

Wir schneiden aus *Pergamin* einen Vorrat gleichgroßer Rechtecke, halten eines gegen das Licht und versuchen es durch Falten in eine einfache Kontrastform zu bringen. So geformte Teilstücke ordnen wir – vor dem Licht! – einander zu. Wo sich die Flächen überdecken, entstehen neue, überraschende Kontrastwirkungen.

Siehe das Arbeitsbeispiel – Seite 206: An allen Zuschnitten wird die untere Knickgrenze markiert. Die obere ergibt sich hier durch die Papierecke. Vordrücken der Faltlinie an der *Linealkante* (a). – Faltrücken mit dem *Falzbein* nachreiben (b–d). – Flatternde Zipfel stören und können mit einem Tröpfchen (!) *Alleskleber* gebunden werden (e). – Montage: Die erste Verbindungsstelle wird mit Klebstoff versorgt (f). – Die Teile werden nach einem überlegten Plan einander zugeordnet. Hier liegt ein Merkpunkt an der unteren Teilformecke (g), – auch hier

Es ist nur eine Frage unseres Standortes, ob wir einen Stern als Punkt, als runde Fläche oder als Kugel sehen. Von der Erde aus erblicken wir die Sonne als eine ziemlich große Scheibe. Wir halten sie aber nicht für eine Scheibe, sondern für eine Kugel, die wie die Erde im Raum schwebt. Hätten wir die Möglichkeit, uns weiter von ihr zu entfernen, so würde die Scheibe zu einem leuchtenden Punkt zusammenschrumpfen, das heißt, die Sonne würde uns als Stern erscheinen. Umgekehrt dürfen wir bei vielen Sternen auf sehr ferne Sonnen schließen.

Diese und ähnliche Vorstellungen sind in die Form des Weihnachtssterns eingegangen. Einmal sehen wir ihn als farbige Scheibe, ein andermal als strahlende Kugel. Auch die bekannte Strahlen- und Zackenform des leuchtenden Punktes hat ihren Ursprung in der Begegnung des Menschen mit dem Sternenhimmel, wenngleich diese Form auf einem optischen Irrtum (Lichtbrechung!) beruht.

Unten: Wechselnde Kontraste erzielen wir durch Falten, außerdem durch das Übereinanderschichten der geschnittenen und gefalteten Teilformen. – Der fertig montierte Stern zeigt sowohl in der Draufsicht (weißes Schreibpapier) als auch im durchfallenden Licht (Pergamin) sein schönes Gleichmaß.

a–d e–h i–m

wird auf gleichen Abstand geachtet (h,–i). Genaue, auf den Kreisumfang bezogene Winkelteilungen lassen sich berechnen. – Zum Einfügen des letzten Teilstücks in den Rundlauf wird der Rand des ersten angehoben, das letzte daruntergeschoben und angeklebt.
Um Gleichmäßigkeit zu erzielen, sollte man die Klebung über einer originalgroßen Vorzeichnung ausführen, auf der zumindest der Sternmittelpunkt und die Lagen der Sternzacken am Kreisrand festliegen.

Oben: Farbige Fenstersterne aus Pergamin, Variationen des immer gleichen Themas.

Rechts: Farbe ohne Licht ist unsichtbar. Erst das Licht kann sie zur Wirkung bringen, und sei es noch so gedämpft wie zum Beispiel an einem grauen Dezembertag, der mit seiner trüben Stimmung im allgemeinen schwer auf dem Gemüt lastet. Der objektive Tatbestand unseres Empfindens für Farbwirkungen kann physiologisch belegt werden (siehe »Vorkurs«, Seite 34). Dazu fehlt der Hinweis, daß auch kleine Formen aus farbigem Material unsere Gesamtstimmung beeinflussen.

Arbeiten aus Ton

Eigenschaften des Materials

Die Verwitterung der Gesteine geht nur sehr langsam vor sich. Aber im Verlauf vieler Jahrtausende sind überall auf der Erde zahlreiche Tonlager entstanden – in Deutschland hauptsächlich an den Rändern der Mittelgebirge – zum Beispiel im Südwestzipfel des Westerwaldes, dem »Kannenbäckerland«, in Oberfranken, Nordhessen, Thüringen, Sachsen. Ausgesprochene Lehm- und Tonerden gibt es auch in der norddeutschen Tiefebene, wo die eiszeitlichen Gletscher eine starke Mahlwirkung auf den Boden ausgeübt und Sand und Gesteinsmehl den abfließenden Schmelzwässern mitgegeben haben. Kaolinit (die reine Tonsubstanz) ist ein Aluminiumsilikat und hat die chemische Formel $Al_2O_3 \cdot 2SiO_2 \cdot 2H_2O$. Die durchschnittliche Zusammensetzung besteht aus 39,4% Aluminiumoxyd (Al_2O_3), 46,6% Siliziumdioxyd oder »Kieselsäure« (SiO_2) und 14,0% Wasser (H_2O). Die meisten Tonsorten enthalten nicht viel mehr als 50% dieser reinen Tonsubstanz, mit Ausnahme des Kaolins (»Porzellanerde«), das zu etwa 95% daraus besteht.

Tonarten

Was ist Ton?

Ton ist ein *Verwitterungsprodukt aluminiumhaltiger Minerale*, im besonderen des *Feldspats*, der in allen granitähnlichen Tiefengesteinen (Granit, Pegmatit, Syenit, Gneis u. a.) enthalten ist. Diese einst aus dem Glutfluß der Erde (eruptiv) hervorgegangenen Gesteine zerfallen dort, wo sie zutage treten, durch die Einwirkung der Naturkräfte (mechanische und chemische Verwitterung) nach und nach in ihre mineralischen Bestandteile (Feldspat, Quarz, Glimmer), werden zerrieben und aufgelöst, bis nur noch ein feinteiliger Staub übrigbleibt, der vom Wasser fortgetragen und dort abgelagert wird, wo dieses vollständig zur Ruhe kommt, in den Seen und Teichen der Niederungen.
Nun verleiht aber das einfache Zerreiben verwitterter Gesteinsreste noch nicht die dem Ton wesentliche Eigenschaft der *Plastizität*. Neben der mechanischen Auflösung müssen also noch andere Vorgänge am Entstehen von Ton beteiligt sein, – die wichtigsten: *die mineralische Umwandlung des Feldspats in Kaolinit* und die damit verbundene chemische Wasseranlagerung, die man als *Hydratation* bezeichnet.

Verschiedene Tonarten

Die verschiedenen *Tone* unterscheiden sich in ihrer Eignung für bestimmte Zwecke durch ihren unterschiedlichen *Gehalt an reiner Tonsubstanz (Kaolinit), Quarz* und *Feldspat*. Hinzu kommen *Beimengungen (Verunreinigungen)*. »Lehm« und »Ton« sind Bezeichnungen für die mehr oder weniger große Vermengung reiner Tonsubstanz mit anderen Verwitterungsprodukten. Lehm ist ein stark mit Gesteinsresten verunreinigter Ton. Viele Tone haben (nach ihrem geologischen Alter und den örtlichen Verhältnissen) auch *eisenhaltige Gesteinsreste* mit aufgenommen. Dieser Eisengehalt ist es, der den natürlichen Ton gelb bis gelbrot färbt und beim Brennen durch die Verbindung mit dem Luftsauerstoff die rote Farbe *(Eisenoxyd)* liefert. Größere Beimengungen von *Manganoxyd* ergeben einen dunkelbrennenden Ton. Reine Tonsubstanz – in Form von *Kaolin!* – brennt weiß. Der Ton kann auch organische Substanzen enthalten, z. B. *Soda* oder *Pottasche* pflanzlichen Ursprungs, die die Temperatur beeinflussen, bei der das Material glasartig zu schmelzen beginnt. Man nennt solche Stoffe Flußmittel. Zu den unangenehmen Verunreinigungen gehört *kohlensaurer Kalk* (in Form von *Kalkspat*) in kleinen Stücken, der durch das Brennen zu »gebranntem Kalk« wird, aus der Luft Wasser aufnimmt und Absprengungen verursacht. Feinst vermahlen wirkt der kohlensaure Kalk aber auch als Magerungsmittel. Er verbindet sich außerdem beim Brennen mit dem Quarz des Scherbens zu dem leicht schmelzbaren *Kalziumsilikat*, was zur Folge hat, daß kalkhaltige Tone (sogenannte *Mergeltone)* schon bei Brenntemperaturen um 1000 °C herum hart werden.

Plastizität und Härte

Trockener Ton zerfällt im Wasser zu einem weichen Schlamm, der sich auf dem Boden des Gefäßes ablagert und, nachdem man das Wasser abgegossen und den Rückstand vorgetrocknet hat, durch kräftiges Kneten zu einer *plastischen Masse* verdichten (»homogenisieren«) läßt. In dieser Form kann der Ton verwendet werden.
Beim *Trocknen* an der Luft erhärtet er. Getrockneter Ton kann aber jederzeit zerstoßen und mit Wasser wieder plastisch verformbar gemacht werden.
Beim *Brennen* verliert der Ton seine Schlämmbarkeit und die damit verbundene Plastizität für immer. Er wird praktisch zu Stein. Dabei ändert er die Farbe. Der »Scherben« – so nennt man die einmal gebrannte Tonform – bleibt, wie man an jedem Blumentopf feststellen kann, zunächst *porös* (luft- und wasserdurchlässig). Erst bei Temperaturen über 1000 °C *»sintert«* der Ton, dann geraten auch andere mineralische Bestandteile (z. B. die feinen Quarzteilchen, die in der Tonmasse enthalten sind) in Fluß, dringen in die Poren ein und verschmelzen dort miteinander. Nur auf diese Weise »scharf gebrannte« Gefäße sind auch ohne Glasur (einen verdichtenden Überzug) wasserdicht.

Quellen und Schwinden des Tons beim Trocknen und Brennen

Die kleinen Teile des staubfein aufgeriebenen Kaolinits haben eine flache, plättchenähnliche Gestalt, was ihnen untereinander einen engen Flächenkontakt ermöglicht. Kommt Wasser zwischen diese Plättchen, dann vergrößert sich zunächst ihr gegenseitiger Abstand. Das Volumen der Tonmasse nimmt zu. Wir sagen: der Ton *quillt.* Beim Quellen geraten die Teilchen sozusagen »in die Schwebe«, wobei sie aber durch eine starke molekulare Anziehung aneinander gebunden bleiben. In diesem Zusammenhang wirkt das Wasser als ein Gleitmittel. Ein Verschieben der Plättchen gegeneinander wird möglich. So läßt sich der Ton verformen, ohne daß er dabei auseinanderfällt (reißt).
Beim *Trocknen an der Luft* verdunstet das zwischen den feinen Teilchen befindliche »Anmachwasser«, und der Ton zieht sich wieder zusammen. Er *schwindet.* Dabei kommen die einzelnen Plättchen wieder in einen engeren Kontakt zueinander. Sie verlieren ihre seitliche Verschiebbarkeit. Im trockenen Ton sind die Teilchen nur noch schwer zu trennen (etwa so, wie zwei Glasscheiben aneinanderhaften und nur durch starken seitlichen Druck zu trennen sind).
Das Schwinden des Tons beim Trocknen an der Luft wird fortgesetzt durch das *Schwinden beim Brennen,* wenn auch das im Kaolinit »chemisch gebundene« Wasser frei wird. Lufttrockenen Naturton kann man jederzeit wieder in seine Formbarkeit zurückversetzen. Beim gebrannten Scherben ist das nicht mehr möglich. Trockenschwindung plus Brennschwindung ergeben die *Gesamtschwindung des Tons,* die je nach Tonart zwischen 5 und 15% liegen kann.

Fett und mager

Die Unterscheidung in »fett« und »mager« betrifft zunächst den Feinheitsgrad der Tonbestandteile und deren engen Zusammenhalt. *Fetter Ton* besteht aus besonders feinen und dicht gelagerten Schlämmteil-

Unter Plastizität versteht man die dem Ton wesentliche Eigenschaft, sich in einem bestimmten Feuchtezustand kontinuierlich und dauernd verformen zu lassen.
Drei Faktoren sind dafür maßgeblich: 1. die Plättchenform der einzelnen Tonteilchen, – 2. ihre extreme Kornfeinheit, – 3. die elektrischen (molekularen) Bindekräfte zwischen den Schlämmwassermolekülen und den Oberflächen der Tonteilchen.
Diese Erklärung der Tonplastizität macht verständlich, weshalb die Töpfer seit jeher auf möglichst lange gelagerten (»alten«) Ton Wert legen. Im »jungen Ton« oder solchem, der bei der Aufbereitung (Reinigen, Mahlen, Strangpressen) brutal behandelt worden ist, liegen die feinen Tonplättchen nicht mehr horizontal-flächig aufeinander. Dadurch wird auch ihre Gleitfähigkeit beeinträchtigt. Solcher Ton ist weniger plastisch, schlechter verformbar, er reißt. Die Töpfer nennen ihn »kurz«. Beim längeren Lagern (»Mauken«) legen sich die flachen Tonteilchen wieder annähernd parallel. Je länger der Ton liegt, desto bildsamer wird er! Manche Bauerntöpfer beschleunigen diesen Prozeß, indem sie den aufbereiteten Ton lange Zeit im Freien der Witterung aussetzen (»auswittern« lassen). Dabei lassen sie ihn von der Sonne »ausdörren«, von nachfolgenden Regengüssen »aufweichen«, im Winter »durchfrieren«. Auch das ausgiebige Schlagen und Kneten des feuchten Tons vor seiner Verwendung hat den Zweck, den Ton zu »homogenisieren« (seine Teilchen wieder in einen engen Flächenkontakt zu bringen).

Quellen und Schwinden

fett und mager

Das Schwinden des Tons beim Trocknen und Brennen hängt von der Weise ab, in der ein Ton das Wasser in seiner Masse festhält. Infolge ihrer Dichte und relativen Wasserundurchlässigkeit nehmen fette Tone das Wasser bedeutend langsamer auf, geben es aber auch beim Trocknen wieder wesentlich langsamer ab als die mageren Tone. Das führt dazu, daß sich im fetten Ton – besonders in den kompakteren Teilen – die von außen trocknenden und schwindenden Schichten nicht um die innere und noch nicht geschwundene Masse zusammenziehen können und Risse bekommen, oder daß einseitig trocknende Stücke krumm werden.
Das Schwinden des Tons beim Trocknen und Brennen ist Ursache vieler Fehler, auch der schlechten Übereinstimmung von Ton und Engobe und dergleichen. Beim Auftragen der Engoben muß der Schwindungsgrad des Farbtons mit dem des Grundtons übereinstimmen! Schwindungsunterschiede zwischen dünneren (schneller trocknenden) und kompakteren (langsamer trocknenden) Teilen verursachen in der Regel Risse und Absprünge.

chen. Er hat einen speckigen Glanz, fühlt sich glatt an, ist geschmeidig, läßt sich ziehen (langer Ton). *Magerer Ton* hat grobkörnige Beimengungen, ist rauh und reißt leicht ab (kurzer Ton). Die geringere Formbarkeit (Plastizität) ist ein Mangel, der durch die größere Raumbeständigkeit beim Trocknen und Brennen ausgeglichen wird. Der *Schwund* ist bei den »fetten« (gut formbaren) Tonen größer als bei den »mageren« (weniger »plastischen«), die sich zwar schlechter formen, aber besser trocknen und brennen lassen. Fette Tone können durch Beimengungen unplastischer Rohstoffe jederzeit *gemagert* werden. Solche Zusätze sind *Quarz, Feldspat, Schamotte,* – grob oder feinst vermahlen. Schamotte ist (gemahlener) hochgebrannter Ton. Da diese Zusätze selbst nicht schwinden, verringern sie den Schwund und das Reißen des Tons beim Trocknen und Brennen. Für größere Gefäße ist ein Magerungszusatz, der je nach Tonart 5 bis 30% des trockenen Tons betragen kann, unbedingt nötig. Für noch größere Arbeiten (z. B. Gartengefäße) empfiehlt sich die Magerung mit grober Schamotte oder feinem Sand, der auch die Oberfläche körniger erscheinen läßt, was größeren Werkformen einen guten Effekt verleiht. Da so große Gefäße in der Regel »gebaut« werden, stört die Korngröße überhaupt nicht. Drehtone (für die Töpferscheibe) können wegen der Schleifwirkung bei der Arbeit nur mit staubfeinen Zusätzen gemagert werden.

Verschiedene Trockengrade
Ton trocknet *feuchthart, lederhart* und *hart.* Im lederharten Zustand kann er mit dem Messer geschnitten, geschabt, mit dem Klopfholz geschlagen (verdichtet) werden (siehe Seite 226). Auch andere Nachbehandlungen sind möglich. Sehr große Gefäße und Hohlplastiken, die im feuchten Zustand nicht unmittelbar bis zur gewünschten Vollendung gebracht werden können (weil sie unter der eigenen Last zusammensinken würden) lassen sich im lederharten oder ganz harten Zustand weiterbearbeiten. *Nur vollkommen trockener Ton kann gebrannt werden!*

Verhalten beim Brennen
Die *chemische Umwandlung* des Tons zum Scherben beginnt bei etwa 650°C. Bei dieser Temperatur wird auch das im Kaolinit chemisch gebundene »Kristallwasser« ausgetrieben. Unterhalb 650°C ist der Ton porös und brüchig. Bei höheren Temperaturen verdichten sich die Poren. Kalzium und andere im Ton vorhandene Beimengungen (Verunreinigungen) beginnen zu schmelzen und schließen ihn zu einer festen Masse zusammen. Der Ton *sintert.* Sind die Poren geschlossen, dann hat der Scherben seinen höchsten Härtegrad erreicht. Er ist dicht. Bei noch höherem Brand beginnt er zu *verglasen,* schließlich *schmilzt* er, wobei die Form zusammensinkt.
Der *Sinterungsgrad* des Tons wird von der Lieferfirma angegeben. Da er kurz vor dem Schmelzpunkt liegt, muß das Sintern im richtigen Moment gestoppt werden.

Vor- und Glattbrand

Manche Töpfereierzeugnisse verdanken ihre Haltbarkeit schon einem ersten *Rohbrand*, der bei einer höheren Temperatur (um 1000 °C) stattfindet (empfehlenswert für unglasierte Gegenstände und solche mit einfachem Engobendekor). Dieser Rohbrand wird auch oft als »Schrühbrand« bezeichnet.

Glasierte Gegenstände werden zweimal gebrannt, zunächst in einem sogenannten *Vor-* oder *Schrühbrand*, anschließend im *Glatt-* oder *Glasurbrand*, der den Scherben härtet und das Ausschmelzen der zwischendurch aufgetragenen Glasur bewirkt. Für Schrühbrand gibt es auch die Bezeichnung »Biskuitbrand«.

Die *Schrühtemperaturen* liegen zwischen 850° und 980 °C (Richtwert 900 °C) und härten den Scherben soweit, daß man ihn – hauptsächlich zum Glasieren – handhaben kann. Außerdem hat sich herausgestellt, daß Deckglasuren auf den poröseren Scherben besser und glatter aufschmelzen.

Die *Glattbrandtemperaturen* liegen zwischen 1060° und 1150 °C (Richtwert 1100 °C). Genaue Brenntemperaturen gibt der Ton- bzw. Glasuren-Hersteller an.

Beschaffung und Aufbewahrung des Tonmaterials

Vom Lieferanten erhält man den Ton in zwei Zustandsformen, – in *Pulverform* (vermahlen) oder gebrauchsfertig aufbereitet als sogenannte *plastische Masse*. Bezieht man den Ton im trockenen Zustand als Tonpulver, so muß man daraus selbst eine formbare Tonmasse bereiten. Gebrauchsfertig aufbereiteten Ton bekommt man schon, in handliche Blöcke gepreßt und mit einer Plastikumhüllung gegen Feuchtigkeitsverlust versehen, in den Werkmittelgeschäften.

Es kann nicht verschwiegen werden, daß gerade diese Form des Materialbezugs besonders für den Anfänger sehr bequem ist. Man sollte jedoch die eingekaufte Masse zumindest in ihrer Zusammensetzung und Eignung für bestimmte Arbeitsvorhaben kennen. Auch die Angabe des Brennbereichs ist wichtig.

Die Firma Carl Jäger KG (Postfach 1246, 5410 Höhr-Grenzhausen) bietet gebrauchsfertige Massen mit folgender Kennzeichnung an:

Drehmassen ohne Schamotte, die sich auch zum Aufbauen kleinerer Gegenstände mit geringer und gleichmäßiger Wandstärke eignen (sog. »Modellierton«)

Nr. 9 – weißbrennend
Brennbereich 1000° bis 1250 °C
dicht ab etwa 1180 °C

Nr. 4 – rotbrennend
Brennbereich 1000° bis 1160 °C
dicht ab etwa 1130 °C

Nr. 2 – braunschwarzbrennend
Brennbereich 1000° bis 1070 °C
dicht ab etwa 1050 °C

Vor- und Glattbrand

Reine Tonsubstanz (Kaolinit) ist nahezu unschmelzbar. Das Sintern und Schmelzen wird vielmehr durch die im Ton vorhandenen Verunreinigungen durch kalk-, eisen- und quarzhaltige Gesteinsreste verursacht, die je nach Tonsorte beim Brennen früher oder später in Fluß geraten. Kalkhaltige Tone sintern schon ab 1000 °C, eisenhaltige »Töpfer«tone zwischen 1100° und 1300 °C, Kaoline und Steinguttone bei 1400 °C. Diese reineren (weißbrennenden) Tone enthalten keine natürlichen Flußmittel oder nur geringe Mengen davon. Sie sind sozusagen »feuerfest«. Zur Verarbeitung werden ihnen fließende Substanzen (Quarzpulver, Feldspat) beigemengt.
»Irdenware« – ist eine Sammelbezeichnung für bei niedrigen Temperaturen gebrannte Töpferware. Sie wird meist aus gewöhnlichem Töpferton hergestellt und nur so hoch gebrannt, daß die Glasur aufschmilzt. Bei höheren Brenntemperaturen (niedriger Schmelzbereich des gewöhnlichen Töpfertons) würden Verformungen auftreten.
Der »irdene« Scherben ist verhältnismäßig weich, porös und wasserdurchlässig, falls ihn nicht eine Glasur – innen und außen – abdichtet.
Eine besondere Art der Irdenware ist »Raku«. Die Bezeichnung stammt aus dem Japanischen und meint eine Zusammenfassung aller niedrig gebrannten, mit Schmelzglasuren bedeckten Töpfereierzeugnisse aus grobkörnig gemagertem Ton, der beim Brennen einen schnellen Temperaturanstieg aushält.
»Steingut« (Sanitätsgeschirr, Wandplatten u. dgl.) gehört ebenfalls in die Gruppe der »porösen« (nicht-gesinterten) Töpfereierzeugnisse. Der relativ höher gebrannte Scherben ist hart und hat eine weiße Farbe.
„Steinzeug" – unterscheidet sich vom bisher Genannten durch den bis zum Sintern gebrannten und dadurch bereits von vornherein wasserdichten, harten Scherben. Brenntemperatur ab 1200 °C aufwärts.

Bezugsquellenhinweise
Bei geringerem Bedarf wendet man sich am besten an das nächste Werkmittelgeschäft, das in der Regel auch plastische und gemagerte, hell- und dunkelbrennende Tonsorten in handlichen 10-kg-Packungen anbietet. Die nachfolgende Liste einschlägiger Lieferfirmen erhebt keinen Anspruch auf Vollständigkeit und soll nur dem Anfänger weiterhelfen!

Tone, Fertigmassen, Engoben, Glasuren, Metalloxydfarben
Carl Jäger KG
Postfach 1246, 5410 Höhr-Grenzhausen
EPAM Hobby-Geräte GmbH & Co.
Schillingstraße 27, 4600 Dortmund 1
FAMOS Esslinger & Abt GmbH & Co.
Postfach 160, 7958 Laupheim
Hans Wolbring – Keramische Farben und Bedarfsartikel
Postfach 1542, 5410 Höhr-Grenzhausen
Hubert Gerharz GmbH
Postfach 322, 5412 Ransbach-Baumbach 1
INDUSTRIA Hans Tüxen KG
Postfach 47, 2362 Wahlstedt
Stefan Kahlen-Keramik
Rotter Bruch 16, 5100 Aachen

Töpferscheiben
alle oben genannten Firmen
Thomas Wolbring – Keramikbedarf
Postfach 1526, 5410 Höhr-Grenzhausen

Brennöfen
alle bisher genannten Firmen
Naber GmbH & Co
Industrieofenbau KG
Postfach 1120, 2804 Lilienthal/Bremen

Tonkiste

Feinschamottierte Massen zum Aufbauen und Drehen

Nr. 9/FS – weißbrennend
Brennbereich 1000° bis 1280°C
dicht ab etwa 1180°C
Schamotteanteil und Körnung: 18%, 0 bis 0,4 mm

Nr. 4/FS – rotbrennend
Brennbereich 1000° bis 1160°C
dicht ab etwa 1130°C
Schamotteanteil und Körnung: 18%, 0 bis 0,4 mm

Schamottierte Massen zum Aufbauen größerer Arbeiten

Nr. 7/S – lederfarben
Brennbereich 1000° bis 1280°C
dicht ab etwa 1200°C
Schamotteanteil und Körnung: 25%, 0 bis 1 mm

Nr. 4/S – rotbrennend
Brennbereich 1000° bis 1180°C
dicht ab etwa 1130°C
Schamotteanteil und Körnung: 20%, 0 bis 1 mm

Nr. 2/S –braunschwarzbrennend
Brennbereich 1000° bis 1100°C
dicht ab etwa 1080°C
Schamotteanteil und Körnung: 20%, 0 bis 1 mm

Grobschamottierte Massen für grobe Oberflächen und große Plastiken

Nr. 4/GS – rotbrennend
Brennbereich 1000° bis 1180°C
dicht ab etwa 1130°C
Schamotteanteil und Körnung: 30%, 0 bis 2 mm

Aufbewahrung
Der gebrauchsfertige Ton wird am besten in einem mit einem Deckel verschließbaren *Kunststoffbehälter* aufbewahrt. Solche Gefäße sind als »Tonkisten« erhältlich. Breitet man noch feuchte Tücher über den eingelegten Ton, so kann man diesen darin beliebig lange plastisch erhalten. Auch halbfertige Stücke, deren verfrühtes Trocknen der weiteren Bearbeitung hinderlich wäre, kann man in einer solchen Tonkiste feucht halten. Abdecktücher müssen selbstverständlich immer wieder einmal angefeuchtet werden, was auf die Dauer lästig fallen mag, aber unerläßlich ist, solange man dem Feuchtigkeitsverlust nicht auf andere Weise Einhalt gebieten kann. – Es hat übrigens keinen Sinn, sich auf die Plastikverpackung der frisch eingekauften Tonballen als Verdunstungsschutz zu verlassen. Das merkt man erst, wenn der Ton nach Wochen hart geworden ist!

Rechts: Das ist Maren, passionierte Jungtöpferin und Schlumpfhöhlenarchitektin (s. S. 215). In den großen Pakkungen vor ihr befindet sich der im Werkmittelgeschäft eingekaufte knetfeuchte Ton. Mit dem Bezug solcher gebrauchsfertig aufbereiteten Massen ist auch für den ernsthaft arbeitenden Hobby-Töpfer das leidige Materialproblem auf einfache Weise gelöst.
Tonabfälle und mißlungene Stücke können, solange sie nicht gebrannt worden sind, mit dem Hammer kleingeschlagen, eingesumpft, an der Luft vorgetrocknet und erneut zu einer formbaren Masse aufbereitet werden. Der vorgetrocknete Ton ist richtig, wenn er sich beim Kneten von der Handfläche löst.
Unten: Damit der Ton wieder durch und durch plastisch (geschmeidig) wird, muß man ihn noch kräftig durcharbeiten (»homogenisieren« – s. S. 209). Voraussetzung ist ein stabiler Arbeitstisch, der auch ein paar schwere Stöße aushält. Die Tischfläche kann man mit einem derben Nessel- oder Sacktuch bespannen, von dem sich der Ton immer wieder leicht ablöst.
Man formt aus der Tonmenge zunächst einen quaderförmigen Block, durchschneidet diesen mit Hilfe eines Drahtes und schlägt die Hälften kräftig übereinander. Das kann man bis zu einer halben Stunde lang fortsetzen. Wichtig ist, daß die Teile wirklich »mit Wucht« aufeinandergeschlagen werden. Dann beginnt man den Ton mit dem Handballen zu einem Fladen auszudrücken, zu einem Wulst aufzurollen, wieder auszudrücken und so fort – bis die Masse durch und durch gleichmäßig geworden ist. Beim Durchschneiden mit dem Draht spürt man, daß keine Ungleichmäßigkeiten mehr darin enthalten sind.

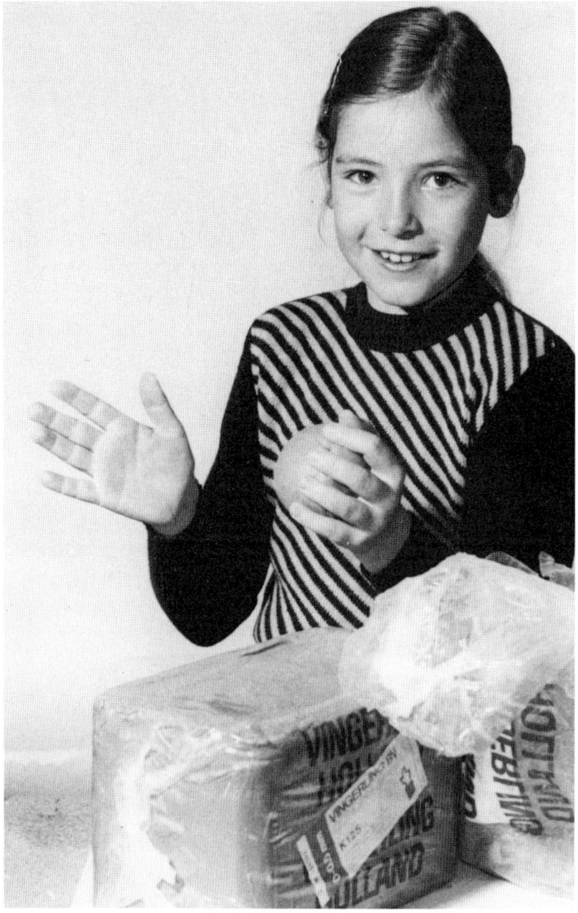

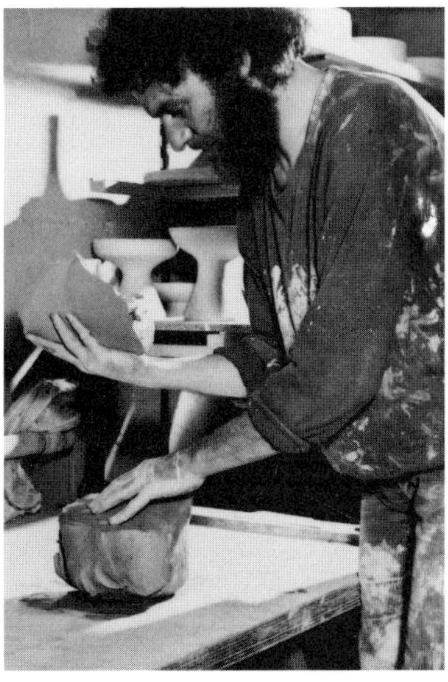

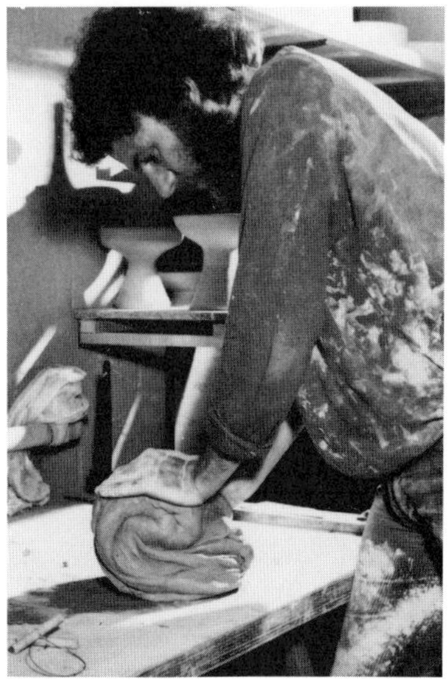

Frei gebaute Gefäße

Bauton

Noch ehe die Töpferscheibe erfunden war, haben die Menschen aus erdigem Material Gefäße und Gegenstände mit den Händen frei geformt. Die dabei entwickelten Verfahren sind noch immer aktuell. Sie kommen besonders dem behutsameren Formempfinden entgegen, das die Schönheit eines Gefäßes nicht mit der glatten Uniformität der Perfektion gleichsetzt.

Ton und Ränderscheibe

Wir brauchen den Ton in seiner Konsistenz als *Bauton* im Magerungsverhältnis etwa 5:1 (5 Raumteile Ton und 1 Raumteil Schamotte) bis 3:1 (für besonders große Gefäße), wobei zu beachten ist, daß mit der Magerung auch die Porosität des Scherbens zunimmt und bei zu starker Magerung in den unteren Brennbereichen selbst mit Glasur oft keine hundertprozentig wasserdichten Gefäße mehr erzielt werden können. Die entsprechenden Massen (mit 18 bis 30% Schamotte) werden im Handel angeboten (siehe Seite 212).

Zu feuchter Ton läßt sich nur mühsam mit der Hand ausrollen, weil er klebt. Zu trockener Ton reißt an den Außenflächen der Windungen (siehe unten!) und verbindet sich beim Auflegen nur schlecht mit den darunterliegenden Tonteilen. Da der Ton um so schneller trocknet, je mehr Außenfläche er hat, sollte man ungebrauchte Mengen auch während der Arbeit stets im geschlossenen Klumpen zusammenhalten und mit einem feuchten Tuch abdecken. Auch vorgefertigte Teile können so vor dem Trocknen geschützt werden. Im übrigen ist das schnelle Trocknen des Tons beim Bauen von Vorteil, weil sich dadurch die bereits fertige Gefäßwand stabilisiert und darübergesetzte Tonmassen besser trägt. Bei großen Gefäßen muß man ohnehin in Etappen arbeiten. Während die fertige Gefäßwand trocknet und tragfähiger wird, muß die Tonfeuchtigkeit für die Weiterarbeit am Baurand mit einem nassen Tuch festgehalten werden.

Außer den Händen wird Werkzeug kaum benötigt. Lediglich eine

Links: Richtig feuchter (formplastischer) Ton läßt sich gut verarbeiten, ohne daß er an den Händen klebt. Zu trockener Ton reißt beim Biegen oder Auseinanderdrücken.
Unten: Die Ränderscheibe – mit den in die drehbare Oberplatte eingravierten Zentrier-»Rand«rillen.

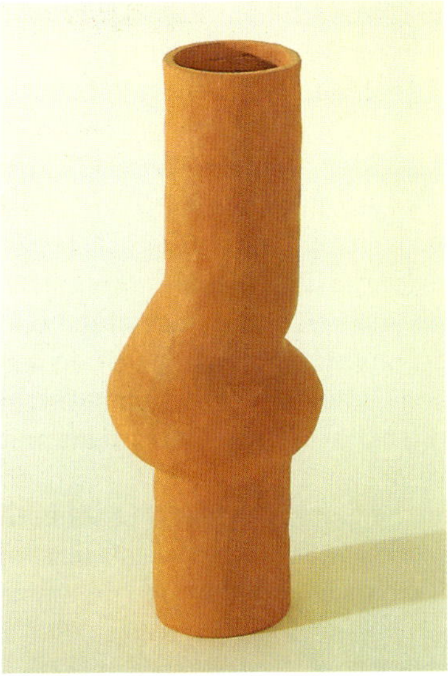

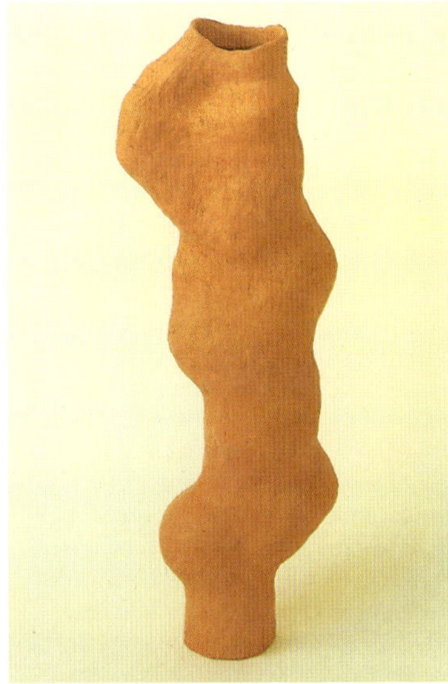

Oben: Handgebaute Gefäße. – Versuche, die geometrisch strenge Zylinderform der anfänglichen Gefäßwand mit Formelementen aus dem organisch-gewachsenen Lebensbereich zu verbinden.
Rechts: Der 40 cm hohe »Schlumpfhöhlenturm«. (Schlümpfe fühlen sich nur in Behausungen wohl, die ihrer Art entsprechen. So kann z. B. der Ohrenzieh- und Zungenheraussteckschlumpf auf keinen Fall mit dem Doktor- oder Harfenspielschlumpf zusammenziehen. Auch der Trompetenschlumpf braucht eine Höhle für sich – schon wegen des Lärms, den er verursacht. Der Fliegerschlumpf fühlt sich nur oben wohl, während Fußball-, Blumen- und Bierschlumpf besser ebenerdig wohnen. König und Gefolge beanspruchen eine ganze Etage für sich. Usw.)
Unten: Man kann auf diese Weise ein ganzes Schlumpfhöhlendorf in Angriff nehmen. Die Höhle für den Wächterschlumpf kommt an den Dorfeingang.
Aufbau der Höhlen aus breitgedrückten Tonfladen. Stützende und getragene Elemente müssen einander wirksam zugeordnet werden.

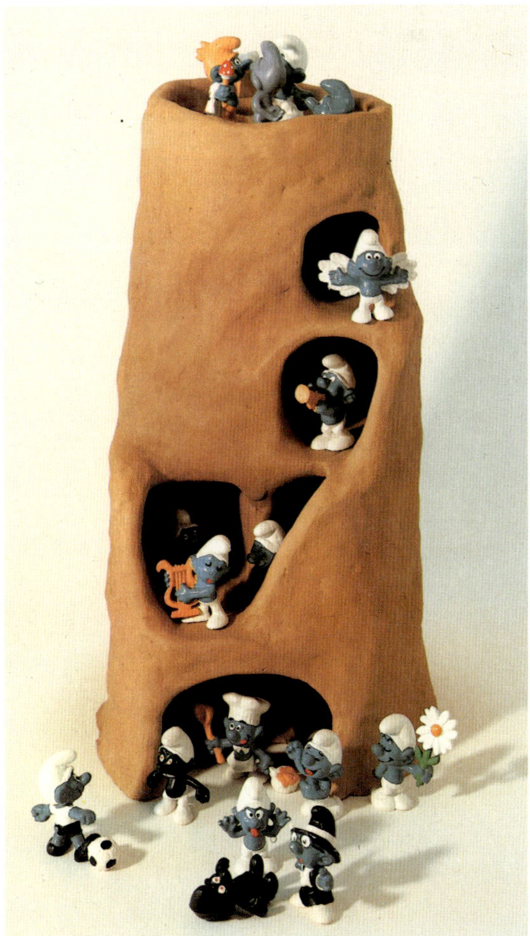

Ein Gefäß soll glatt und gespannt einen Hohlraum umschließen. Schalen von Früchten oder auch von bestimmten Tieren können zeigen, wie die Natur klare, einen Kern umgebende Formen schafft. Auch im weiteren wird die Form vom Verwendungszweck bestimmt: Die notwendige Standfestigkeit eines Kruges oder einer Vase bedingt den flachen Gefäßboden, das Fassungsvermögen den Bauch, die Nutzbarkeit eine möglichst enge oder weite Öffnung usw. Die Bedeutung der Funktion darf aber für das geschlossene, mit formalem Eigenleben erfüllte Gebilde auch nicht überschätzt werden. Der Eigenrhythmus des vollendeten Gefäßkörpers, seine formale Spannung und Gelöstheit, Klarheit und Strenge setzen Maßstäbe voraus, die aus der menschlichen Empfindungssphäre stammen und unserer persönlichen Gestaltungskraft anheimgegeben sind.

drehbare Unterlage, die *Ränderscheibe* (siehe Abb. S. 214), ist beim Aufbauen gleichmäßig runder Gefäße nützlich. Auf die mit Tuch bespannte *Arbeitsplatte* wurde bereits hingewiesen (siehe S. 213).

Wulstaufbau

Eine Tonkugel wird zur flachen Scheibe auseinandergedrückt. Sie bildet die Bodenplatte, deren Größe sich nach Umfang und Art des Gefäßes richtet.

Dann rollt man mit den Fingern einen langen Wulst, legt ihn spiralförmig auf den Rand der Bodenscheibe und verstreicht die Ansatzfuge außen und innen. Dabei ist zu beachten, daß zwischen den Fugen – an keiner Stelle! – geschlossene Luftkammern (Lufteinschlüsse) entstehen, die beim Brennen später Schäden verursachen (siehe die Abbildung auf der gegenüberliegenden Seite).

Vom Rand des Bodens führt man nun die Gefäßwand in die Höhe. Man kann dabei mit einem fortlaufend verlängerten Spiralwulst arbeiten – oder einzelne Wülste zu Ringen zusammenschließen und übereinandersetzen (siehe unten).

Nach jeweils zwei bis drei übereinandergelegten Ringen muß die Wand verstrichen werden. Man verfährt am besten so, daß man die Ringe schon beim Ansetzen gut andrückt, mit den Fingern etwas flachdrückt und dann den Ton von den Rundungen aus in die benachbarten Rillen schiebt. Die linke Hand stützt dabei die Wand von der

Links: Die Form des Gefäßes ergibt sich aus der Art des Aufbaus. Legt man Wulstringe mit gleicher Weite übereinander, dann entsteht ein zylindrisches Gefäß mit senkrechten Wänden. Die Gefäßform weitet sich, wenn man zunehmend weitere Ringe jeweils an der Außenkante ansetzt.
Unten: Die Wulstfugen müssen innen und außen sorgfältig verstrichen werden.

Links und oben: Handgebaute Gefäße. – In der gleichen Weise, in der man immer weitere Wulstringe übereinanderlegt, kann man sie später auch wieder zunehmend kleiner machen und mehr und mehr nach innen verlagern. Weite und Höhe des Gefäßes lassen sich durch die Größe und Zahl der übereinandergelegten Wulstringe bestimmen.

Rechts: Exemplarisch – die Folge von Lufteinschlüssen in der aus Tonfladen errichteten Gefäßwand! Verstärkungslagen waren nur nachlässig angelegt und an den Rändern angestrichen worden. Beim Brennen dehnte sich die zwischen den Lagen eingeschlossene Luft aus. Da das Zerspringen der Form »explosionsartig« erfolgt, kommen in der Regel auch andere im Brennraum befindliche Werkstücke zu Schaden.

keine Lufteinschlüsse!

Gegenseite. *Wieder ist zu beachten, daß in der Wand kein (noch so kleiner) Hohlraum entsteht, weil die darin eingeschlossene Luft infolge ihrer Ausdehnung beim Brennen die Form unweigerlich zerstören würde!* Aus eben diesem Grunde darf beim Verstreichen auch nicht mit Wasser gearbeitet werden (es dringt zwischen die Rillen, bringt dort den Ton zum Quellen, beim Trocknen entstehen Hohlräume, die sich mit Luft füllen, usw.).

Klümpchentechnik

Das ist eine ausgesprochene Schmucktechnik, wobei einzelne Tonstückchen in bestimmter Form (Kugel, Walze) gleichmäßig aneinander gesetzt werden. Die Ansätze werden nur innseitig verstrichen, während die Klümpchenform der Ansätze an der Außenseite des Gefäßes sichtbar bleibt (siehe die Abbildung unten). Der Ton muß zu diesem Zwecke sehr geschmeidig sein, da sonst die Gefahr besteht, daß er sich nicht gut verbindet. Ersatzweise kann man auch mit feuchtem Ton-»Mörtel« (Schlicker) arbeiten. – *Schlicker* ist ein »suppig« angerührter Tonbrei, das beste Tonbindemittel!

Gefäße im Streifenbauverfahren

Große, dickwandige Boden- oder Gartenvasen baut man besser und schneller mit rechtwinkelig-kantigen *Tonstreifen.* Soweit es seine Brauchbarkeit zuläßt, muß der verwendete Bauton mit einer Schamotte gröberer Körnung (2 bis 3 mm) versetzt werden.
Ein Klumpen Ton wird zwischen zwei *Kanthölzern* mit einem *Rundholz* zur Platte ausgewalzt (siehe die Abbildung unten) und mit einem

Links: Die Schwalben zeigen uns beim Nestbauen, wie durch das Aneinanderkleben vieler kleiner Klümpchen eine geschlossene Wand entstehen kann. Beim Aufbauen des abgebildeten Gefäßes wurden Tonkügelchen aneinandergesetzt. Die Ansatzstellen wurden innseitig verstrichen. Die geringe Deformierung an der Außenfläche durch das Umfassen der feuchten Gefäßform mit den Fingern geben der Wand noch einen besonderen Reiz und Ausdruck von Lebendigkeit. Größe und Anordnung der Klümpchen kann man variieren.

Gegenüberliegende Seite: Die Abbildungen zeigen, in welcher Weise sich farbigbrennende Tonsorten im Erscheinungsbild der fertigen Arbeiten auswirken. Oben links: Dunkelbrennender Manganton; – darunter: rotbrennender Eisenoxydton; – unten rechts: »lederfarben« brennender Ton. – Auch die Farbwirkung einer Glasur (oben rechts) kann von der darunterliegenden Tonfarbe beeinflußt werden.

Streifenbauweise

Sind die Arbeiten fertig, dann müssen sie trocknen. Man stellt sie aber nicht in die Nähe des Ofens oder in die Sonne, sondern in einen kühlen, gelüfteten Raum. Schnelles und einseitiges Trocknen bewirkt, daß der Ton reißt. Die Trockendauer ist sehr unterschiedlich und hängt von der Lufttemperatur und von der Größe und Dickwandigkeit der Arbeit ab. Mit zwei bis vier Wochen Zeit muß man schon rechnen. Trockener Ton hat eine helle Farbe und klingt, wenn man mit dem Fingerknöchel dagegenklopft. Siehe auch Seite 243!
Am besten läßt man große Gebilde in einer Töpferei brennen. Auch in den Werkmittelgeschäften erhält man Auskunft über Brennmöglichkeiten für große Stücke. Manche Geschäfte vermitteln so etwas.

Messer in die gewünschte Streifenform geschnitten. Die Plattendicke ergibt sich durch die Höhe der Kanthölzer und sollte je nach Gefäßgröße 1 bis 2 cm betragen. Mit 2 bis 4 cm breiten Streifen kann man ausgezeichnet bauen!
Die Stücke werden an den Ansatzflächen mit einer alten *Gabel* aufgekratzt, mit feuchtem Tonmörtel (Schlicker) bestrichen, in die erforderliche Form (Wölbung) gebogen und im Mauerverband (mit versetzten Stoßfugen) übereinandergelegt oder -gestellt. Die Streifen müssen in den Fugen fest zusammengedrückt werden. Das Aufkratzen mit der Gabel ergibt eine rauhe Verbindungsfläche.
Beim Aufbauen derart schwerer Gefäße muß man grundsätzlich in Etappen arbeiten (Trockenpausen einlegen). Das Eigengewicht des weichen Tons ist in solcher Masse schon so groß, daß untere Partien unter dem Lastdruck der oberen zusammensinken würden. Erst wenn ein Teilstück soweit trocken ist, daß es genügend trägt, kann weitergebaut werden. In der Zwischenzeit empfiehlt es sich, den Arbeitsrand mit einem feuchten Tuch abzudecken.
Beim Auswalzen der Tonplatten empfiehlt es sich wieder, das bereits auf Seite 213 genannte Leinen- oder Sacktuch über die Arbeitsplatte zu spannen, weil man anders den klebenden Ton nicht von der Fläche lösen kann. Zeitungspapier als Unterlage ist eine Notlösung! – In der Baumasse zurückbleibende Papierreste oder Sacktuchfusseln verschwinden später beim Brennen.

Links: Die Abbildungen zeigen, wie man mit Hilfe zweier Kanthölzer und einem Rollholz garantiert ebenmäßige Tonplatten (-streifen) bekommt. – Oben: Das Ausrollen des Tons. Die Höhe der Kantstäbe bestimmt die Plattendicke. – Unten: Das Herausschneiden der Streifen aus dem unregelmäßig umgrenzten Fladen mit einem Messer. Es empfiehlt sich, solche Arbeiten über einer mit einem Leinen- oder Sacktuch bespannten Arbeitsplatte auszuführen, von der sich der feuchte und sonst an der Unterlage festklebende Ton leicht abheben läßt.

Beim Aufführen der Gefäßwand im Streifenbauverfahren arbeitet man wie ein Maurer mit versetzten Fugen und einem geeigneten Verbindungsmittel (Tonschlicker – siehe Seite 218). Legt man die Streifen flach übereinander, so lassen sich sehr hohe (dickwandige) Gefäße bauen. Schmalseitig aufeinandergesetzte Streifen erlauben eine verhältnismäßig dünne Wandführung.

Rechts: Große, im Streifenbauverfahren aufgeführte Bodenvase. Höhe etwa 60 cm. Dekor durch unterschiedliche Behandlung der Tonoberfläche (im lederharten Trockenzustand): Wechsel von Rauhstruktur (Oberflächenbild des mit grobkörniger Schamotte gemagerten Bautons) und Verdichtung. Siehe dazu die Hinweise auf Seite 226.

Figürliches aus Ton

Hat man erst einmal erfahren, wie flexibel die aus Wulstringen oder Tonfladen errichtete Gefäßwand ist, dann mag es geradezu reizen, den Gefäßcharakter durch Verformen so zu verändern, daß das Figürliche in den Vordergrund tritt. Drückt man beispielsweise die einander gegenüberliegenden Randhälften einer frisch gebauten Schale über der Mitte zusammen, so schließt sie sich zu einem voluminösen Hohlkörper, der viele Möglichkeiten zum Anfügen und Ergänzen offen läßt. Dabei ist zu beachten, daß im Figureninnern keine geschlossenen Luftkammern entstehen. Wer das »Abzugsloch« vergißt, bezahlt seine Nachlässigkeit beim Brennen mit dem Verlust der Arbeit!

Tonfiguren

Brauchbare Werkzeuge sind *Modellierhölzer* und *Modellierschlingen* (siehe die untenstehenden Abbildungen).

Zur anfänglichen Tonerfahrung gehört, daß dünne Stützmassen unter der Last des Darübergebauten leicht zusammensinken, ausladende Teile nicht zu lang sein dürfen usw. Kompakte Massen trocknen selten gleichmäßig durch. Besondere Gefahr besteht, wenn infolge großer Dickenunterschiede beim Trocknen und Brennen Schwindungsdifferenzen auftreten, die das Material nicht mehr verkraften kann. Das *»Wulstige«* und *»Dickengleiche«* bestimmt den Charakter der keramischen Figur. Kinder scheinen für solche Voraussetzungen ein natürliches Gespür zu haben (siehe auch die Abbildungen auf der gegenüberliegenden Seite).

»Gefäß«ähnliche Hohlkörper

Das aus der Gefäßtechnik bekannte Formprinzip des Aufbauens einer körperhaften Wand aus *Wulstringen* oder gleichmäßig dicken *Tonfladen* ist auch beim »Figurenbauen« anwendbar. Rundlich voluminöse Formen eignen sich besonders für solche Aufgaben. Damit die beim Brennen entstehenden Verdunstungs- und Ausdehnungsgase eine Möglichkeit zum Abzug aus dem geschlossenen Inneren der Figur finden können, muß die Wand des Hohlkörpers an unsichtbarer Stelle (siehe die Abbildung – unten!) durchbohrt werden.

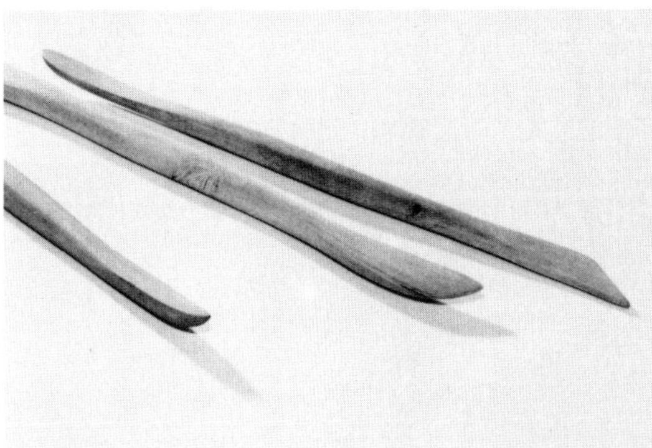

Links: Modellierhölzer und Modellierschlingen sind überall dort nützlich, wo man mit den Fingern nicht mehr hinkommt.
Unten: Luftlöcher auf der Bauchseite der hohlkörperhaft aufgebauten Tierfigur. Schildkröte – siehe auch die Abbildungen auf den Seiten 219 und 226!

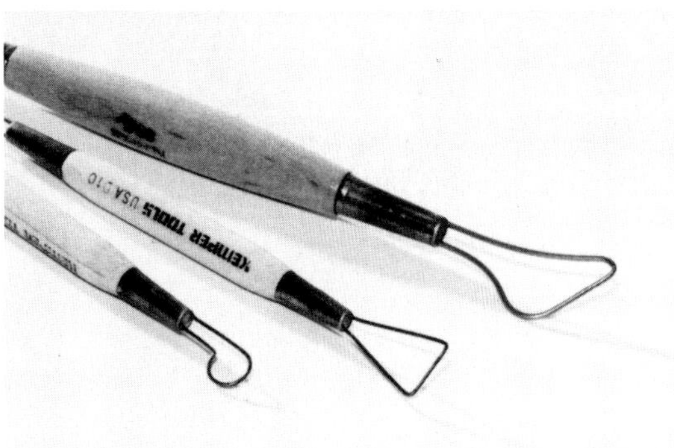

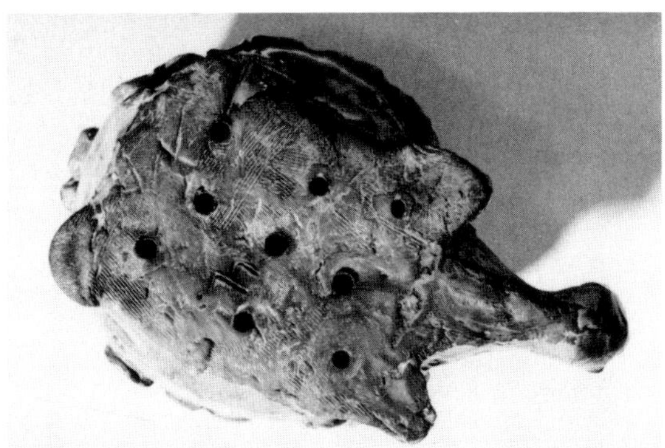

Oben: Mexikanische Exportkeramik als »Kressegarten«. Die hohlaufgebaute Tierfigur wird durch das »Abzugsloch« im Nacken mit Wasser gefüllt. Dieses dringt durch den niedriggebrannten porösen Scherben und bringt die in den scharfen Rillen der Gefäßoberfläche haftenden Kressesamen zum Keimen.
Rechts – oben: Aus Plattenzuschnitten zusammengesetztes Vasengefäß in Form eines Schiffes.
Darunter: Kinderarbeiten, in denen das Wulstige und Dickengleiche der Tonfigur zum Ausdruck kommt.

Schöne Wandplatten

Bei bestimmten Formatwünschen muß das Schwinden des Tons beim Trocknen und Brennen berechnet werden. Der Schwund wird »linear« gemessen. Man formt einen 15 cm langen plattenförmigen Tonkörper und legt auf diesem mit einem Messer im Abstand von genau 100 mm zwei Markierungen fest, die dann beim Trocknen der Masse, wie man durch einfaches Nachmessen feststellen kann, bis zu einem gewissen Grad aufeinander zurücken. Beim Brennen des Körpers verändert sich der Abstand abermals. Schließlich wird die Gesamtschwindung gemessen. Legt man eine feuchte Tonplatte zum Trocknen auf ein Stück Holz oder Pappe, so krümmt sie sich über kurz oder lang. Das ist leicht erklärlich: Durch das einseitige Abtrocknen auf der freiliegenden Oberfläche setzt eine nur einseitige Schwindung ein. Um das zu unterbinden, muß man dafür sorgen, daß die Platte auf beiden Seiten gleichmäßig trocknen kann.

Herstellen der Platten

Um die Schwindung des Tons in Grenzen zu halten, empfiehlt sich eine Magerung bis zu 30% mit mittelgrob gemahlener Schamotte. Die Firma *Carl Jäger KG* (siehe Seite 211) bietet speziell für Plattenarbeiten mit den Nummern *Nr. 9/P (weißbrennend)* und *Nr. 4/P (rotbrennend)* zwei gegen Verziehen und Krummwerden beim Trocknen und Brennen weitgehend sichere gebrauchsfertige Massen an. Der Schamotteanteil liegt bei 26%, die Körnung bei 0 bis 0,5 mm.
Zum *Auswalzen* der weichen Baumasse siehe die Hinweise auf Seite 220. Zentimetergenaues Zuschneiden ist allerdings erst im lederharten Trockenzustand möglich.

Flächengestaltung

– im entsprechenden Trockenzustand der Plattenoberfläche:
a) feucht (geschmeidig) – zum Bemustern durch Fingerspuren, Verschieben und Verdrücken des Oberflächentons; – b) feuchthart – zum Aufsetzen von Formen mit Schlicker, Eindrücken von Stempeln; – c) lederhart – zum Ritzen, Schneiden und Engobieren (S. 228). Zu a) und b) siehe die Abbildungen auf dieser und der gegenüberliegenden Seite.

Trocknen

– möglichst langsam und von innen heraus auf *Siebunterlagen, Gipsplatten* oder auch auf *Spanholzzuschnitten*, wenn man die Platten von Tag zu Tag immer wieder auf eine trockene Stelle umlegt. Man sollte allerdings die feuchte Platte niemals mit der Hand von einer Unterlage abheben. Zum Umdrehen wird ein *Wendebrett* auf die Oberseite gelegt (ein Stück Zeitungspapier dazwischen!), Arbeits- und Wendebrett werden zusammen umgedreht. Siehe auch Seite 243!

Links: Durch Eindrücken verschieden profilierter Leistenholzabschnitte in den feuchtharten Ton besonders schön ornamentierte Rundplatte.
Unten: Die Eindrücke der Fingerkuppen im weichen Ton lassen an die Ornamentierungstechnik vorzeitlicher Menschen denken.

Oben: Diese beiden reich gestalteten Platten gehören in ein größeres Plattenwerk, in dem verschiedene Möglichkeiten der Flächengestaltung (reliefplastische Auflagen, Engoben, Glasuren) Anwendung finden. Zum Aufsetzen der Tonkügelchen (oben – rechts) ist die vorlederhart getrocknete Oberfläche erneut anzufeuchten bzw. mit Schlicker zu versorgen.
Links: Dieses »werkhafte« Formstück ist ein Ergebnis verschiedener Probehandlungen, die zum Erkennen der dekorativen Möglichkeiten in Ton führen. Durch wechselndes Verschieben der oberflächigen Tonmasse entstand eine »Schlangenlinie«.
Unten: Tonrelief.

Gestaltung frei gebauter Gefäßwände

Beim Aufbauen des Gefäßkörpers geht es uns zunächst um die Form und den gleichmäßigen Verlauf der Umrißlinie. Das Oberflächenbild der Wand ist ebenso wichtig. Nicht ohne Grund werden im Handel verschiedenfarbig brennende Massen angeboten. Hinzu kommen die Texturen, die als »materiale Muster« bei der Arbeit entstehen. Als »schön« empfinden wir aber auch, was einen neutralen Werkbestand als »ornamentales Dekor« oder Muster für das Auge gliedert (siehe auch »Vorkurs«, S. 16). Hierbei kann nur an ein Ornamentieren gedacht sein, das sich direkt aus dem Wortsinn »ornare« (= »würdigmachen«) herleitet.

Möglichkeiten der direkten Oberflächenbearbeitung

Eine eindrucksvolle Belebung erhalten die mit der Hand gebauten Gefäße schon durch das Bemühen, sie auch oberflächig sauber zu gestalten. Dabei rufen die *Fingerspuren* auf der Oberfläche ein lebendiges Licht- und Schattenspiel hervor (s. Abb. Seite 217).

Kornstruktur: Bei manchen Gefäßen wird das ungestörte Erscheinungsbild des gemagerten Tons dem Gestaltungsganzen dienlicher sein als jede weitere – zusätzliche – »Verzierung« (Abb. S. 217, 219). Umreibt man die lederharte Gefäßwand (auf der Ränderscheibe) mit einer *Holzleiste*, so ziehen die aus ihrem Lager gerissenen Schamottekörner Rillen in die Oberfläche. Sie ändern ihre Richtung, je nachdem, wie man das Holz führt oder (kreisend) bewegt.

Verdichten: Wenn man die lederhart getrocknete Gefäßfläche mit der konvexen Seite eines flachen *Löffels* oder einer *Hartholzleiste* (dem »Klopfholz«) abklopft, werden die Schamottekörper in den Ton zurückgeschlagen. Die Oberfläche erscheint an den bearbeiteten Stellen nicht nur glatter, sie wird zugleich dichter und zeigt auch nach dem Brennen noch einen feinen Glanz.

Schwämmeln: Die trockene Gefäßoberfläche wird mit einem feuchten *Schwamm* oder *Lappen* leicht überrieben, wodurch sie ebenfalls Glanz bekommt (Abb. S. 219, 227). »Geschwämmelte« Flächen lassen sich später leichter glasieren, während die Glasur über rauhen Stellen schlechter fließt und unter Umständen matte Inseln zurückläßt.

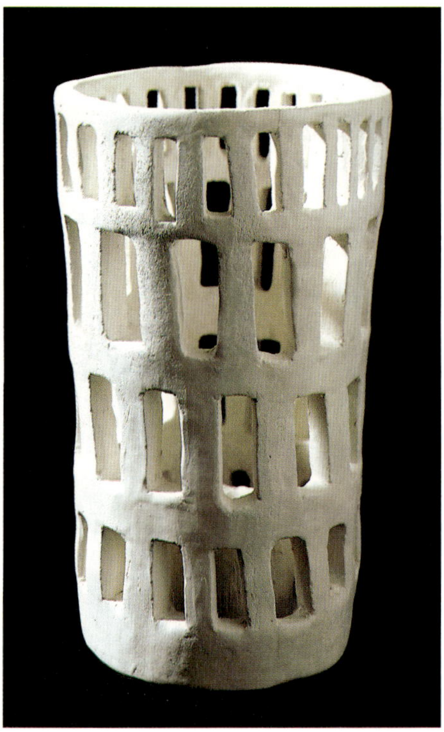

Links und unten: Zwei extreme Gegensätze, – die Gefäßwand für ein »Windlicht« durchbrochen (im lederharten Trockenzustand ausgeschnitten) und (unten) als tragende Fläche für andere materiale Auflagen (auf den feuchtharten Ton mit Schlicker aufgesetzt, das Ganze hinterher farbig glasiert). Zwei Beispiele für dekorhafte Musterungen, die sich aus dem formalen Zweck des Gegenstandes herleiten und nicht »zusätzlich aufgesetzt« erscheinen.

Oben: In die weiche Gefäßoberfläche eingedrückte Zahnradformen suggerieren einen »Blick in den Maschinenraum« (siehe Vasenschiff, Seite 223). Metalloxydfarben. – Daneben: Krugvase, Wand mit einer Drahtbürste partiell aufgerauht.

Unten – links: Das lebhafte Licht- und Schattenspiel der plastisch strukturierten Fläche läßt dieses Gefäß geradezu aufregend erscheinen. Stempeleindrücke mit einer Leistenholzkante im noch formweichen Ton. – Daneben: Mit einem feuchten Lappen glattgerieben!

Engoben und Glasuren

Ihrer Natur nach ist die Glasur eine Art Glas und hat auch eine ähnliche Zusammensetzung wie dieses. Sie hat den Zweck, den porösen Scherben wasserdicht zu machen und ihm eine glatte, glänzende, gegebenenfalls auch farbige Oberfläche zu geben. Die einfachste Töpferglasur besteht aus Quarzstaub (Kieselsäure), Bleioxyd und einer geringen Menge reiner Tonerde (Kaolin). Der Tonerdezusatz erhöht die Haftfestigkeit auf dem Scherben. Da der Schmelzpunkt des Quarzes sehr hoch liegt (bei 1600 °C), muß er mit leichter schmelzenden Substanzen (Bleiglätte, Mennige) versetzt werden. Beim Brennen verbinden sich dann das Bleioxyd und die Kieselsäure miteinander, und es entsteht Bleisilikat, das den Gegenstand als glasige Schicht überzieht.
Leider ist dieses Bleisilikat (wie alles Bleihaltige) giftig. Es ist zwar als Glasur in Wasser unlöslich, kann aber schon von einer schwachen Frucht- oder Essigsäure gelöst werden. Um die Giftigkeit der Bleiglasuren herabzusetzen, werden diese heute schon vor dem Gebrauch zu einem harten, schwer lösbaren Glas zusammengeschmolzen. Man nennt dieses Verfahren »fritten« und die vor Gebrauch geschmolzene Glasur »Fritte«. Durch das Fritten wird auch der Schmelzpunkt der Glasur herabgesetzt. Die so gewonnenen Glasur-»Glasstücke« werden anschließend wieder staubfein vermahlen und mit den erforderlichen anderen Zusätzen zusammen in Wasser zu einem gebrauchsfertigen Glasurbrei verrührt.
Gefrittete Glasuren sind so gut wie ungiftig. Wer ganz sicher gehen will, nehme bei Gefäßen für den Haushalt (z. B. Trinkbecher) alkalische Glasuren, die statt Bleifritten »Bor- und Alkalifritten« enthalten.

Rohpolieren: Lederharter Ton wird ohne vorherige Befeuchtung mit einem glatten *Löffelrücken* (man kann dazu auch ein *Falzbein* nehmen) kräftig gerieben. Die feinglänzende Oberfläche verändert sich auch beim Brennen nicht wesentlich.

Stempeldekor: Nur im feuchtharten Ton lassen sich kantenscharfe Eindrücke erzielen (s. Abb. S. 224), im geschmeidigen Ton ergeben sich weichere Eindrücke. Als Stempel dienen die Profile der Schnittflächen von *Leistenholz-, Rundholz-* oder *Pappabschnitten.*

Ritzdekor: Mit einem griffgefaßten *Nagel* kann man eine lineare Zeichnung in die fast lederhart getrocknete Tonwand einritzen. Füllt man die angefeuchteten Rillen mit schwarz- oder weißbrennender *Engobe*, so tritt die Zeichnung kräftiger hervor.

Aufbereitung der Engoben

Wir wissen, daß die natürliche Brandfarbe des Tons durch die in der Masse enthaltenen *Metalloxyde* (s. S. 208) hervorgerufen wird. Es gibt weiß-, gelb-, rot- und braun- bis braunschwarzbrennende Tone. Weißbrennenden Ton kann man noch zusätzlich mit anderen Metalloxyden vermischen. *Kobaltoxyd* färbt den weißen Ton blau, *Kupferoxyd* grün. *Engoben* sind also im Grunde nichts anderes als andersfarbig brennende Tonmischungen, die vor dem Brennen *auf den lederhart getrockneten Grundton* aufgetragen werden.
Man bekommt die Engoben vom Tonlieferanten gebrauchsfertig in einer auf einen bestimmten Masseton abgestimmten Form als trockenen Staub bzw. weißes Tonpulver mit den in Frage kommenden pulverisierten Farbkörpern (Metalloxyden). Die Mischung wird mit Wasser sahnig aufgeschlämmt und nach etwa 24 Stunden Quellzeit durch ein dünnmaschiges *Metallsieb* (Holzrandsieb zum Durchreiben von Glasuren) gerieben. Engobe sollte sahne- bis dickflüssige Konsistenz haben. Für einfachen Beguß (wobei die Engobe über den Gegenstand gegossen wird), stellt man sie etwas dünner (etwa dosenmilchflüssig) ein. Gleiches gilt für den flächigen Auftrag mit dem Pinsel.

Engobieren

Engobe vor dem Auftragen stets gut *aufrühren!*
Der Tongrund muß *feuchttrocken* (lederhart) sein. Dieser Zeitpunkt ist abzupassen. Ist nämlich der Trockenschwund des Tons schon weiter fortgeschritten als die noch zu erwartende Schwindung der Engobe (in so dünner Schicht), dann kommt es zu Schwindungsdifferenzen, die schließlich zum Abplatzen des Auftrags führen.
Auf Seite 248 wird dargestellt, wie ein Gegenstand durch *Begießen* und *Tauchen* mit dünnem Glasurschlamm überzogen wird. Ebenso kann beim Engobieren verfahren werden. Unmittelbar darauf kann man noch mit Malengobe dekorieren. Das kann mit einem *Malbällchen* (kleines Spritzbällchen aus Gummi) oder mit dem *Pinsel* geschehen. Während der Pinsel einen breitflächigen Auftrag erlaubt (siehe die »Vasenleute« auf Seite 231), kann man mit dem Malbällchen verhältnismäßig dünne Linien ziehen (Abb. darunter).
Die *Brenntemperaturen* für Engoben liegen zwischen 1000° und 1060 °C. In der Regel werden engobierte Gegenstände bei niedrigerer

Rechts: Frei gebaute Deckelvase aus dunkelgebranntem Manganton, mit hellroter Engobe bemalt. »Januskopf«-Deckel, zweigesichtig. (Janus = altröm. Gott der Tür und des Torbogens, Schützer des Hauses, daher mit einem Doppelantlitz, nach außen und nach innen schauend. – Der Gott des Eingangs entwickelte sich zum Gott des Anfangs. Die ersten Stunden des Tages, die ersten Tage des Monats, der erste Monat des Jahres – Januarius! – waren ihm heilig.)

Unten: »Sgraffito« ist eine Kratztechnik (siehe auch »Vorkurs«, Seite 20), eigentlich eine Art von Wandmalerei in unterschiedlich gefärbten Putzschichten. – Hier wurden Linien und Muster aus der dunkel engobierten Oberfläche bis auf den andersfarbig gebrannten Scherben herausgekratzt.

Metalloxydfarben

Unterglasurfarben (Metalloxydfarben) werden mit Wasser und einigen Tropfen Glyzerin angerührt, mit einem Pinsel dünn auf den möglichst weißen oder weiß engobierten Scherben aufgemalt und anschließend transparent glasiert (siehe unten). Man kann diese Farben aber auch auf die aufgetragene und noch ungebrannte Glasurschicht aufbringen (Majolika- oder Fayencetechnik) und mit dieser gemeinsam brennen. Unterglasurfarben gibt es im Handel als Pulver und in Näpfchen.
Die Brenntemperaturen liegen zwischen 980° und 1100°C.
Aufglasurfarben werden mit Terpentin- oder Dicköl angerieben und auf die schon gebrannte, glatte Glasur aufgetragen. Die Öle kann man mit den Farben zusammen beziehen.
Nach dem Auftragen werden die Farben (bei 720° bis 750°C) in die Glasur eingebrannt.

Temperatur (etwa 900°C) vorgebrannt (»geschrüht«), dann mit einer transparenten Glasur überzogen und zwischen 1000° und 1100°C (1060°C) glattgebrannt. Bei dieser Einstellung geht auch die Glasur eine innige Verbindung mit dem Scherben ein. Gegenstände, die unglasiert bleiben sollen, werden gleich »gargebrannt«. Über das Einstellen in den Ofen und Brennen – siehe Seite 246.

Glasurtechnik

Es gibt im Handel verschiedene *Glasuren*, glänzende und matte, durchsichtige (transparente) und deckende, weiße und farbige in reicher Palette, deren Brenntemperaturen zwischen 1000° und 1060°C liegen und auf eine durchschnittliche Gebrauchsmasse abgestimmt sind. Diese Glasuren gibt es auch, schon vom Hersteller zusammengemischt, als sogenannte *Fertigglasuren*.
Ansetzen der Glasur: Man erhält das Glasurgemisch in staubfein gemahlener Form. Es wird in einem Eimer (etwa im Verhältnis 1:1,5) mit Wasser aufgequirlt und nach zwei Tagen Quellzeit mit einem Pinsel durch das obengenannte *Metallsieb* gerieben. Dann verdünnt man die durchgeriebene Glasur soweit, bis sich eine sahnig-flüssige Suppe ergibt. Eimer mit der darin enthaltenen Glasur sofort etikettieren, damit später keine Verwechslungen auftreten! Weitere Hinweise zum Glasieren – siehe die Seiten 246 und 248.

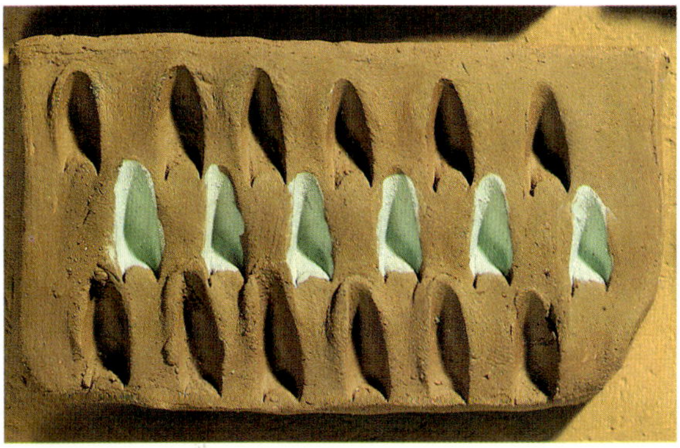

Oben: Das Arbeiten mit farbigen Engoben und Glasuren ist mit vielen Überraschungen verbunden. Es lohnt sich, zunächst ein bißchen zu experimentieren und kleine Probetäfelchen zu brennen, die man dann immer wieder zu Rate ziehen kann.
Rechts: »Vasenleute«, aus Wulstringen frei aufgebaut und mit dem Pinsel engobiert. Darunter: Volkstümliche »Schlickerware« (mit dem Malbällchen farbig engobiert).

Linke Seite: Maldekor mit Unterglasurfarben (Metalloxydfarben auf dem geschrühten Scherben aufgetragen und anschließend transparent glasiert).

Mit der Töpferscheibe

Arbeitsplatz

Im allgemeinen wird unter Töpfern das »Drehen von Gefäßen« auf der Töpferscheibe verstanden. Die Arbeit ist zunächst schwierig und erfordert einiges Üben. So mühevoll aber die ersten Versuche auch sein mögen, langfristig bereitet keinerlei Umgang mit Ton so viel Vergnügen wie das Drehen auf der Scheibe. – Ob Schwungradantrieb (mit dem Fuß) oder durch einen Motor (elektrisch) ist häufig mehr eine Frage der Ideologie als der Erfahrung. Entgegen anderen Prophezeiungen kommen Anfänger mit einer elektrisch angetriebenen Scheibe besser zurecht.

Töpferscheiben

Elektrisch angetriebene Scheiben werden in verschiedenen Preislagen angeboten. Die Drehgeschwindigkeit läßt sich über einen Fußschalter stufenlos regeln. Der Vorteil des Motorantriebs ist, daß die Scheibe beim Arbeiten nicht abgebremst wird. Der Arbeitende kann sich ganz auf das Drehen konzentrieren und ermüdet nicht so schnell, als wenn er zusätzlich das Schwungrad antreiben müßte. *Qualitätsmerkmale* einer guten Scheibe sind: Belastbarkeit, vibrationsfreier und leiser Lauf und die Möglichkeit, die Umlaufgeschwindigkeit zwischen 0 und 220 bis 250 Umdrehungen pro Minute stufenlos regeln zu können. Eine elektronische Regelung im Fußpedal ist dem bei leichteren Bauarten verwendeten »Reibradgetriebe« vorzuziehen. Der Sitz soll in Höhe und Abstand zur Scheibe verstellbar sein und eine bequeme Körperhaltung ermöglichen. Auf eine die Scheibe umfassende »Schlickerschutzwand« (auch als Zubehör) kann gut verzichtet werden, weil sie die Spiegelung des Werkstücks im Kontrollspiegel (siehe Abb. unten) behindert.

Arbeitsplatz und Werkzeuge

Die Scheibe wird am besten im Keller an einer Wand vibrationsfrei aufgestellt. Man kann sie selbst mit einer *Arbeitsplatte* so umbauen, daß man darauf die Werkzeuge griffbereit ablegen kann und dennoch genügend Sitzfreiheit hat (man muß sich beim Arbeiten auch ungehindert über das Werkstück beugen können). Die Scheibe soll grundsätzlich über der Arbeitsplatte laufen. Man kann sie aber mit einem vertieft angebrachten Kasten umbauen, in dem sich dann beim Arbeiten die Tonabfälle sammeln.

So sieht der Arbeitsplatz des Hobbytöpfers aus. Die Sesselhöhe entspricht der Körpergröße des Arbeitenden. Der Töpfer hat die Scheibe und das Werkstück direkt vor sich. Auf der Arbeitsplatte liegen die Werkzeuge. Wichtig ist der freie Blick in den Kontrollspiegel, was ein Beurteilen der Form auch von der Seite her erlaubt.

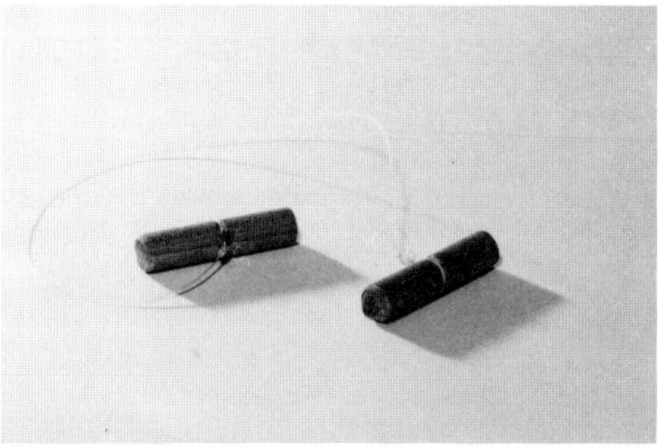

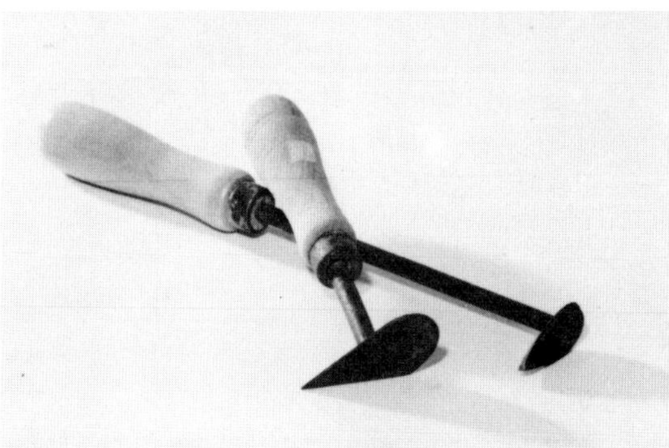

Töpferwerkzeuge! – Von oben nach unten: Naturschwämme jeder Art und Größe (der große Schwammlappen heißt bei den Töpfern »Elefantenohr«), – Schneidedraht, – Abdreheisen, – Ziehklingen (aus Metall) und eine Drehschiene (aus Hartholz), – schließlich zwei Tonnadeln (dicke Stopfnadeln in Griffkorken, selbst hergestellt; die Nadeln müssen in den Korken festsitzen), – zwei Taster.

Werkzeug

Der *Kontrollspiegel* lehnt so an der Wand, daß man bei normaler Sitzhaltung darin die Form jederzeit auch von der Seite her beurteilen kann. – Auf der Arbeitsplatte liegen die Werkzeuge: *Tonmesser, Schwämme, Schneidedraht, Schienen, Abdreheisen* und *Tonnadeln*. Die selten gebrauchten *Taster* hängen an der Wand. Wichtig sind ferner eine *Lampe* zur blendfreien Arbeitsplatzbeleuchtung und eine tiefe, steilrandige *Schüssel* mit Wasser, in der man die Hände immer

Leitsätze

wieder eintauchen beziehungsweise den Schlicker von den Fingern abstreichen kann. Abgedrehte Tonreste bleiben zunächst in der kastenartigen Vertiefung um die Scheibe herum liegen. Ein seitlich angeschlagenes Brett verhindert das Herausfallen.

Leitsätze beim Drehen

Vier Grundregeln gelten in jedem Fall. Praktisch kann man nur dann Erfolg haben, wenn einem diese vier Grundregeln in Fleisch und Blut eingegangen sind:

1. Nehmen Sie stets *nur gut geschlagenen und gekneteten Ton* (siehe Seite 213), – auch wenn dieser sozusagen »gebrauchsfertig« eingekauft worden sein sollte.
2. Arbeiten Sie immer *mit nassen Händen!* – Der Ton soll ja beim Drehen zwischen den Händen gleiten. Wird die Reibung zu groß, dann gleitet er nicht mehr, sondern dreht sich nur noch zusammen.

Unten: Der Töpfer arbeitet an der Scheibe immer mit beiden Händen! Die Bilder zeigen einige typische und immer wiederkehrende »Handgriffe« beim freien Drehen und (auf der gegenüberliegenden Seite) beim Führen von Werkzeugen (hier Abdreheisen in unterschiedlicher Anwendung, – die Drehschiene, – ein Schwammstückchen zur Feuchtigkeitsaufnahme, – die Tonnadel beim Abschneiden des unebenen Randes).

Nehmen Sie aber auch *nicht zuviel Wasser*, weil der Ton dieses begierig aufnimmt und dadurch zu weich wird. Mit einem an einen Stock gebundenen *Schwamm* können Sie überschüssiges Wasser auch aus dem Innern der Gefäßform herausholen.

3. Wenden Sie Ihre Aufmerksamkeit auch darauf, während der ganzen Arbeit den *ruhigen, zentrierten Lauf des Werkstücks* zu erhalten! Sobald Sie auch nur das geringste Anzeichen beginnender Schlagseitigkeit spüren, müssen Sie alle Mühe darauf verwenden, das Schleudern zu beseitigen. Umfassen Sie das rotierende Stück mit beiden Händen – so lange, bis es wieder ruhig läuft!
4. Arbeiten Sie immer *mit beiden Händen!* – indem Sie den Arbeitsdruck der einen Hand durch Gegendruck mit der anderen Hand unterstützen, vergrößern, steuern oder auch bremsen (siehe die Abbildungen auf der gegenüberliegenden Seite). Nur zwischen Ihren beiden Händen kann der Tonklumpen auf der Scheibe zur Form emporwachsen! – Gesagtes gilt auch für die Anwendung von Werkzeugen, die immer mit beiden Händen geführt und gelenkt werden (siehe die Abbildungen – oben).

Ein zylindrisches Gefäß

Zu den Abbildungen unten: Um sich das »selbstmörderische« direkte Abnehmen der noch drehnassen Arbeit von der Scheibe zu ersparen, hat sich der Töpfer eine Anzahl runder Spanholzplatten zuschneiden lassen. Jede Platte hat am Rande gegenüberliegend zwei Löcher, mit denen sie auf in der Scheibe sitzende Bolzen aufgesteckt werden kann. Ein wenig Schlicker zwischen Scheibe und Platte und gutes Andrücken garantiert festen Sitz. Wenn das Werkstück fertig ist, wird es einfach mit der Platte abgenommen und zum Trocknen beiseitegestellt. Hat man eine Töpferscheibe ohne Bolzenlöcher, dann läßt man sich diese von einem Metallhandwerker einbohren.

Grundform aller anderen Gefäße

Im folgenden wird das *Drehen eines zylindrischen Gefäßes* gezeigt. Es ist praktisch die Grundform auch aller anderen Gefäßformen, die sich auf der Scheibe durch den »Akt des Hochziehens« ergeben. Das Gefäß weitet sich zur Schale, wenn die zwischen den Händen emporwachsende Wand gleichzeitig nach außen gezogen wird. Umgekehrt schließt sich die Form, wenn man den Rand zusammendrückt. Im Verfolgen und Verändern dieser *drei Richtungen* – senkrecht, nach außen, nach innen – lassen sich alle nur denkbaren Zwischenformen (schalig, kugelig, flaschenartig und andere) erzielen. – Siehe nun die Abbildungen auf den nachfolgenden Seiten!

Abb. 1–4: Formen Sie aus einer kleineren Tonmenge eine Kugel, versetzen Sie die Scheibe in langsame Umdrehung – gegen den Uhrzeigersinn (!) – und werfen Sie den Ton möglichst genau auf die Scheibenmitte. Nun tauchen Sie beide Hände in Wasser, umfassen den auf der Scheibe rotierenden Ton und drücken ihn so lange zur Scheibenmitte hin, bis er ruhig – d. h. ohne Schlagseite! – läuft. Dann verstärken Sie den Druck auf den Ton gleichmäßig. Sie erleben, wie er zwischen Ihren Händen gleitend ausweicht, sich verformt und zu einer Art Kegel emporbildet.

Abb. 5–9: Dieser Kegel soll nun, indem Sie in einem zweiten »Zug« von der Basis her neue Tonmasse hochdrücken, noch etwas verlängert und schlanker gemacht werden. Dann ändern Sie die Handlage: Eine

Links: Die abnehmbare Drehplatte aus Spanholz, oben – mit den randseitigen Bolzenlöchern, darunter – beim festen Aufsetzen (mit etwas Schlicker). Es empfiehlt sich, mehrere solcher Scheiben zu besitzen.
Unten: Das Erlernen der »edlen Töpferkunst« beginnt mit der Herstellung eines solchen zylindrischen Gefäßes. Es stellt eine Grundform dar. Glasiert und mit einem passenden Deckel verschließbar, kann man es vielseitig verwenden.

1–3 4–6 7–9

»Aufsetzen«

Hand legt sich jetzt von der Seite her stützend um den Schaft, die andere drückt den Kegel wieder nach unten zusammen, etwa so weit, bis die Höhe des ursprünglichen Tonkloßes wieder erreicht ist. – Wiederholen Sie das Ganze noch einmal! Wenn Sie merken, daß der Ton zwischen den Händen nicht mehr gleitet, sondern zu »ziehen« beginnt, dann ist es an der Zeit, die Hände erneut anzufeuchten. Das bisher Gemachte dient dem Zweck, den auf der Scheibe rotierenden Ton noch einmal gründlich zu homogenisieren (verdichten) und dabei in eine drehgerechte Ausgangsform zu bringen. *Mit dieser Verrichtung beginnen alle Dreharbeiten auf der Scheibe!*

»Aufbrechen«

Abb. 10–13: Mit dem rechten Daumen wird die Form jetzt in der Mitte »aufgebrochen«. Drücken Sie zunächst ein Loch in den Ton, wobei Sie bereits mit Gefühl das Zentrum, um das herum die Masse rotiert, finden sollten. Nehmen Sie dann den Daumen der anderen Hand zu Hilfe und ziehen Sie beide Hände gleichmäßig ein wenig auseinander. Dabei sind die Ellenbogen am Körper abzustützen. Mit den Fingern formen Sie den Boden, der schon jetzt die Größe und Dicke bekommen kann, die das Gefäß einmal haben soll.

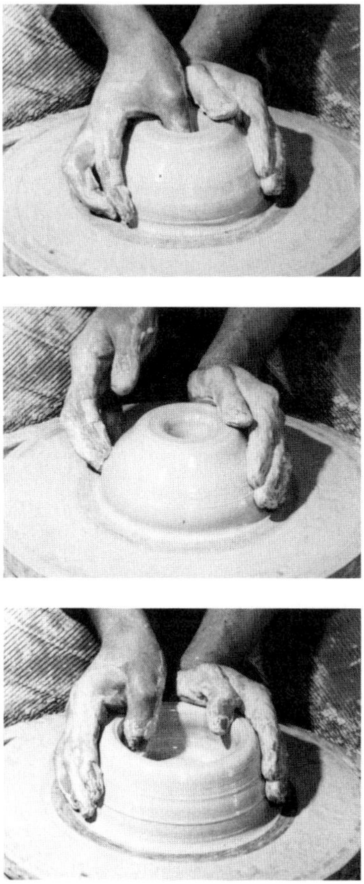

10–12

13–15

16–18

»Aufziehen«

Abb. 14–18: Das »Aufziehen« der Gefäßwand beginnt mit dem Aufnehmen und Zusammenführen des Tons, der sich um den Gefäßboden herum auf der Scheibe ausgebreitet hat. Drücken Sie diesen mit der schmalen Handkante gegen den Boden. Es bildet sich dort eine Rille und über dieser ein Wulst, unter den Sie die Kante des gewinkelten Zeigefingers wie eine Schiene ansetzen können. Die linke Hand hält von innen dagegen. Die Bilder zeigen, wie Sie während des Drehens die Fingerkante nach oben drücken und die Wand »hochziehen«.

Abb. 19–24: »Mit einem Zug« werden Sie noch nicht sehr weit kommen. Abermals muß an der Bodenkante Ton aufgenommen und nach oben geführt werden. Das hier gezeigte Gefäß erscheint »nach drei Zügen« fertig. Bemühen Sie sich nach jedem Zug auch immer sofort um die Ausformung des Randes.
Sie sehen in den bisherigen Bildern, daß beim Hochziehen des Tons zunächst noch eine mehr kegelig zulaufende Gefäßform angestrebt wird. Das ist sinnvoll, weil die zylindrische Form beim schnellen Drehen zentrifugal auseinanderschwingt und dann auch durch Umfassen von

19–21 22–24 25–27

außen nicht mehr verengt werden kann. Aus diesem Grunde sollte man jetzt auch die Scheibengeschwindigkeit reduzieren. Die senkrechte Wandstellung bekommt das Gefäß erst mit dem letzten Zug (Abb. 23) durch einen sanften Druck von innen.

Abb. 25–27: Noch einmal widmet der Töpfer seine Aufmerksamkeit dem Gefäßrand. Dieser darf nicht zu einer scharfen Kante ausgezogen werden! – Mit dem *Schwamm* wird der auf der Scheibe ausgebreitete Schlicker beseitigt. Dann schneidet er die Bodenkante sauber vor. Schließlich werden die Drehrillen an der Außenwand mit einer senkrecht angehaltenen *Schiene* abgetragen. Auch dabei arbeitet der Töpfer »mit beiden Händen«!

Rand glätten

Abb. 28–30: Anfangs werden Sie wohl kaum einen derart gleichmäßigen Rand erzielen, wie ihn die bisherigen Bilder zeigen. Ist der Rand schief, dann können Sie ihn mit der *Tonnadel* abschneiden und dabei korrigieren. Am einfachsten wird eine dicke Stopfnadel in einen Griffkorken eingesteckt (Abb. S. 233). Die Nadel muß im Korken festsitzen. Nun legen Sie die linke Hand leicht über den rotierenden Rand des

Herstellungstechnisch besteht zwischen einem zylindrischen Gefäß und einer flachen Schale kein Unterschied, aber das Drehen der weit ausladenden Form ist schwieriger, weil der weiter vom Mittelpunkt entfernte Schalenrand leichter ins Schleudern kommt. Sie sollten sich erst dann an die Herstellung eines solchen Flachkörpers wagen, wenn Sie im Aufziehen zylindrischer Formen schon einigermaßen sicher sind.

Oben: Das drehnasse Gefäß wird nun mit der Platte in den Trockenraum getragen und abgestellt.

Gefäßes und stützen die Nadel mit dem linken Daumen, während Sie sie gleichzeitig mit der rechten Hand (bei auf dem Oberschenkel aufliegendem Arm) knapp unterhalb des Randes in den weichen Ton drücken. Lassen Sie dabei die Scheibe langsamer laufen! Den sich lösenden Tonring können Sie leicht auffangen oder abheben. Die durch die Reibung beim Schneiden aufgerissene Wandkante muß wieder geglättet werden. Am besten eignet sich dazu ein nasser *Schwammlappen (ein Stückchen »Elefantenohr«)*. Mit einem nassen Lederstück bekommen Sie eine runde Rand»lippe«. Außer diesen sind noch andere Randformen möglich, die aber schon beim Hochziehen mit angeformt werden müssen.

Abb. 31–33: Beim Arbeiten haben Sie sich ständig die Hände befeuchtet und auch in das Innere der Gefäßform Wasser eingetragen. Es breitet sich jetzt als Pfütze auf dem Gefäßboden aus und droht die Masse aufzuweichen. Mit einem *»Stockschwamm«* (Abb. S. 233) kann es aufgenommen werden. Um nun das fertige Gefäß von der Scheibe abzuschneiden, eignet sich am besten ein *an zwei Dübelholzgriffe gebundenes Stückchen dünner Draht oder Kunststoffsehne* (S. 233). Dieser Schneide»faden« wird kurzgefaßt mit beiden Daumen gegen die Scheibenoberfläche gedrückt und über diese hinweg durch den festsitzenden Gefäßbodenton gezogen. Probieren Sie selbst, ob Sie beim Schneiden den Draht besser »auf sich zu« oder »von sich weg« führen. Das auf diese Weise abgeschnittene und noch drehfeuchte Gefäß kann nun mit großer Vorsicht aufgenommen und abgestellt werden. Dieses Abschneiden wurde hier nur demonstriert für den Fall, daß Sie auf Ihrer Scheibe keine abnehmbare Holzplatte befestigen können (siehe Seite 236).

Links: Der Durchschnitt zeigt die annähernd gleiche Wanddicke des aufgezogenen Gefäßes.
Unten: So weit muß die Randmasse beim Ausschneiden des Fußrings mit dem Abdreheisen abgetragen werden (siehe dazu Bild 35 – gegenüberliegende Seite).

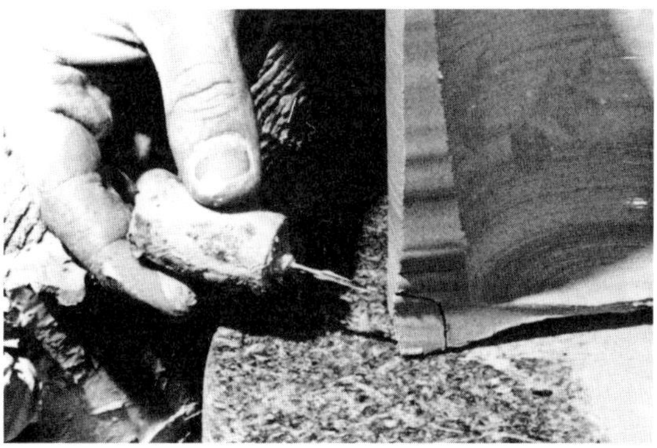

28–30

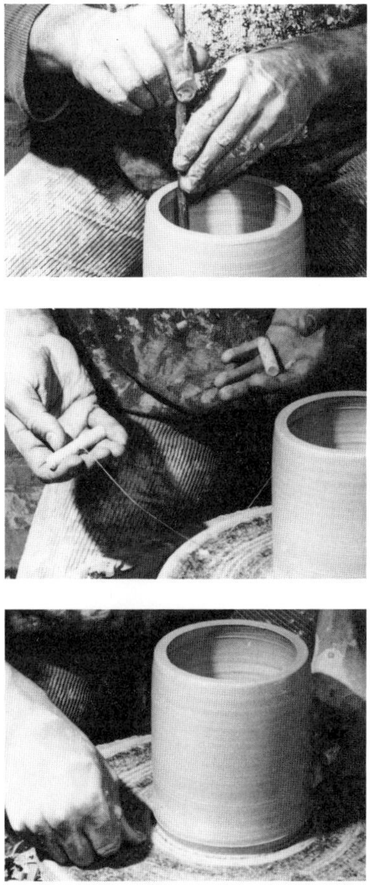

31–33

34–36

Abb. 34–36: Das »Abdrehen des Bodens« ist erst im lederharten Trockenzustand bzw. zu einem Zeitpunkt zu empfehlen, zu dem sich die Gefäßwand schon weitgehend gefestigt hat. Das Gefäß wird erneut – diesmal mit der Öffnung nach unten – auf die Scheibe gesetzt, bei langsamerem Umlauf zentriert und, sobald es schleuderfrei rotiert, mit einigen weichen Tonklumpen festgesetzt. Zum Ausschneiden des Fußrings (Standfläche) brauchen Sie ein *Abdreheisen* (Abb. S. 233), das Sie einmal mit abgestützter Hand an der Bodenkante und einmal von der Bodenfläche her ansetzen. Die scharfe Kante des Werkzeugs schneidet und schabt den Ton vom rotierenden Gefäßkörper ab. Der Arbeitsdruck des Werkzeugs kann mit dem aufliegenden Daumen der linken Hand reguliert werden (siehe die Abbildung 36 oben). Die Abbildung auf der gegenüberliegenden Seite zeigt, bis in welche Tiefe der Ton abzutragen ist.

Unten: Alle Deckel benötigen am Gefäßrand ein entsprechendes Gegenlager. Hier soll ein auf dem stumpfen Rand aufsitzender Deckel mit Deckelhals, einer auf dem Rand aufliegenden Randplatte und einem Deckelgriff gedreht werden.

Ausziehen einer Schnauze

Abb. 37–39: Die Schnauze wird mit dem nassen Zeigefinger aus dem noch drehfeuchten Gefäßrand herausgezogen. Zeigefinger und Dau-

37–39

40–42

43–45

Unten: Ein fertiges Gefäß – innen und außen matt glasiert. Zu beachten ist die materialgerechte Ausformung der Schnauze und der saubere Ansatz des Henkels.

men der anderen Hand stützen den Rand von außen. Versuchen Sie möglichst nicht, schon mit einem einzigen Zug zu einem guten Ergebnis zu kommen! Es sind mehrere Züge mit leichterem Druck zu empfehlen. Hinterher muß die ausgezogene Schnauze geglättet werden.

Ansetzen eines Henkels

Abb. 40–45: Der Henkel wird an das lederhart getrocknete Gefäß angesetzt und »gezogen«. – Formen Sie aus einem Stückchen Ton zunächst einen vierkantigen Streifen in der erforderlichen Länge und suchen Sie die richtige Stelle am Gefäß für den Ansatz (gegenüber der Schnauze). Ansatzstellen mit einer *Gabel* aufkratzen!

Nun drücken Sie das vorgeformte Tonstück mit einem Ende gegen die angefeuchtete oder mit Schlicker versorgte Ansatzstelle und streichen Sie die Fuge glatt. Dann ziehen Sie den Ton mit nassen Händen und »melkenden« Bewegungen in die gewünschte Dicke und Länge und drücken ihn auch unten an die dort aufgekratzte, angefeuchtete (oder mit Schlicker versorgte) Gefäßwand. Mit einem nassen Lederlappen oder Schwamm kann der Henkel geglättet werden.

Trocknen der gedrehten Gefäße

In der Regel dürfte sich im Keller ein allen Bedingungen entsprechender Raum zum Trocknen finden lassen. Ein Wandbord mit großen Zwischenräumen zwischen den Fachbrettern nimmt alle Arbeiten auf.

Auf Holzplatten gedrehte Gefäße (s. S. 236) werden zunächst noch auf diesen Platten festsitzend abgestellt. Nach wenigen Tagen, verursacht durch die einsetzende Trockenschrumpfung des Tons, löst sich das Gefäß von selbst von der Platte. Der Töpfer stellt diesen frühesten Zeitpunkt fest, indem er das Gefäß schon immer wieder einmal mit Vorsicht auf der Platte zu drehen versucht. Hat sich das Gefäß gelöst, dann muß es auf eine andere – trockene! – Stelle umgesetzt werden. Die Spanplatte entzieht dem Gefäßboden in annähernd dem gleichen Maße Feuchtigkeit, wie dieser auch im Inneren des Gefäßes an die Luft abgibt. Dieser Trockenprozeß stagniert, wenn die Gefäße nicht jeden Tag umgesetzt werden.

Ist das Gefäß »ledertrocken«, dann können – eventuell mit einem Messer – noch kleine Korrekturen vorgenommen werden. Der von der Drehplatte gelöste Standflächenrand ist auf jeden Fall zu putzen. Bei den meisten Gefäßen ist auch ein Abdrehen des Bodens (Fußring) erforderlich (siehe Seite 239). Auch das kann erst gemacht werden, wenn das Gefäß lederhart getrocknet ist. Dieser Zeitpunkt ist möglichst abzupassen. Im noch zu weichen Ton »zieht« das Abdreheisen und hinterläßt keinen klaren Schnitt. Im harten Ton hingegen kann es bestenfalls nur noch Staub abkratzen! Signaturen werden mit einem spitzen Werkzeug in den Gefäßboden eingeritzt.

Selbstverständlich kann man das verletzliche Tongebilde erst dann unwiderruflich in Stein verwandeln, wenn es vollkommen trocken ist. Trockener Ton ist hell, hart und verhältnismäßig leicht. Er klingt, wenn man mit dem Fingerknöchel gegen die Gefäßwand klopft.

Trocknen

Erst wenn der Ton vollkommen trocken ist, kann er gebrannt werden. Die Trockendauer hängt weitgehend von der Raumtemperatur und Luftfeuchtigkeit sowie von der Größe und Dicke der Arbeiten ab. Erfahrene Töpfer erkennen schon am Aussehen und Gewicht, ob ein Stück vollkommen trocken ist und gebrannt werden kann. Trockener Ton ist hell und relativ leicht. Zur Sicherheit prüft man die Trockenheit mit dem Fingernagel. Im Schnitt dauert das Trocknen zwei Wochen und länger.

Rechts: Die von der Scheibe abgenommenen drehfeuchten Gefäße werden am besten mitsamt der hölzernen »Drehplatte« – siehe Seite 236 – auf einem Bord im Keller zum Trocknen abgestellt. Nach einiger Zeit lösen sie sich von der Platte. Dann müssen sie von Tag zu Tag auf einen trockenen Platz umgesetzt werden.

Im Brennofen

Das Brennen ist beim Töpfern der Höhepunkt. Alles Sinnen und Trachten ist auf den festen Scherben gerichtet. Nun zeigt es sich, ob einwandfrei gearbeitet worden ist. Fehler machen sich unangenehm bemerkbar. Die ältesten Töpfe wurden in einem großen offenen Feuer gebrannt. Da sie aus grobem sandhaltigen Ton geformt waren, hielten sie das aus, ohne zu zerspringen. Später bauten sich die Töpfer geschlossene Öfen für Holz- und Kohlefeuerung. Wer einen großen Garten, viel Zeit und einen billigen Brennholzlieferanten hat, kann sich mit dem Nachbau eines Holzfeuerofens im Freien versuchen. Die traditionelle japanische Raku-Keramik wurde in Holzfeueröfen gebrannt. Zuverlässig ist nur der elektrische Brennofen.

Brennöfen

Kleinere Typen *elektrisch beheizbarer Brennöfen* mit guter Isolierung, geringem Wärmeverlust und verhältnismäßig großem Brennraum werden von verschiedenen Firmen angeboten. Die erreichbare Höchsttemperatur sollte nicht unter 1200 °C liegen. Der Brennraum sollte auch nicht zu niedrig sein, weil beim Einräumen oft schon viel Platz für Einsatzplatten und Stützen verlorengeht. Zu beachten sind ferner eine gleichmäßige Temperaturverteilung im Brennraum, lange Lebensdauer der Thermoelemente, automatische Temperaturkontrolle und -steuerung und leichte Beschickbarkeit. Geprüfte Sicherheit ist selbstverständlich! Zuverlässiger Service (Kundendienst) ist nicht uninteressant!

Die Größe des *Nutzraums* beziehungsweise der darin erreichbaren *Höchsttemperatur* steht in einem bestimmten Verhältnis zum elektrischen Anschlußwert (kW). Man wird bei Anschluß an das normale Lichtnetz (Anschlußspannung 220 V, Anschlußstrom 16 A) über eine Anschlußleistung von 3 kW und damit über eine Nutzraumgröße von 50 bis 60 Litern bei 1200 °C Höchsttemperatur nicht hinauskommen. Verschiedene Modelle sind auf dieses »benutzerfreundliche« Maß ausgelegt. Größere Öfen mit 100 bis 300 Litern Nutzraum (1260 °C Höchsttemperatur) benötigen bereits Anschlußleistungen von 8 bis 18 kW und dafür einen besonderen Netzanschluß mit eigener Zuleitung und eigenem Zählerkasten (für 380 V = »Drehstrom«). Die Neuanlage einer Drehstromleitung kann kostspielig sein.

Links: So vollgepackt kann der Ofen für den Schrühbrand »abgefahren« werden. – Für das Schrühen spielt es keine Rolle, wie dicht die Gegenstände im Ofen liegen. Sie können auch in- und übereinandergestapelt werden. Zu hohes Stapeln ist allerdings nicht zu empfehlen, da das unterste Brenngut unter der Belastung brechen kann.
Unten: Mit solchen Einbauelementen und den dazugehörigen Einbauplatten kann der Brennraum optimal unterteilt werden.

Oben: Überlegungen zur Form führen mitunter zu besonders eleganten Lösungen. Drei verschiedene Henkelansätze! Matt glasiert. – Rechts: Zum schönen Krug ein passender Bechersatz! Geschirr für den Frühstückstisch?

Eine einfache Schalt- und Regelanlage hat:
eine Anzeige zum Einstellen der Endtemperatur,
eine Zeituhr zum Einstellen der Aufheizzeit (Zeit, in der die Anlage mit verminderter Leistung gefahren wird),
einen Leistungsschalter zum Einstellen der verminderten Leistung in %,
eine zweite Zeituhr zum Einstellen der Haltezeit (wie lange die Endtemperatur gehalten werden soll).

Ein Hinweisblatt der Firma NABER-Industrieofenbau, 2804 Lilienthal, gibt für das Brennen von Keramik folgende Einstell-Richtwerte:

Einstellung der Regelanlage für den Schrühbrand:

Endtemperatur	900 °C
Zeit, in der mit verminderter Leistung gefahren wird	5 Std.
Teilleistung in dieser Zeit	30%
Haltezeit der erreichten Endtemperatur	20 Min.

Einstellung für den Glatt- oder Glasurbrand:

Endtemperatur	1000 °C
Zeit mit verminderter Leistung	2 Std.
Teilleistung	30%
Haltezeit	20 Min.

Anmerkungen: Der Schrühbrand dauert ca. 8 Stunden, das Abkühlen ca. 10 Stunden. Der Glasurbrand dauert ca. 7 Stunden, das Abkühlen ebenfalls 10 Stunden.

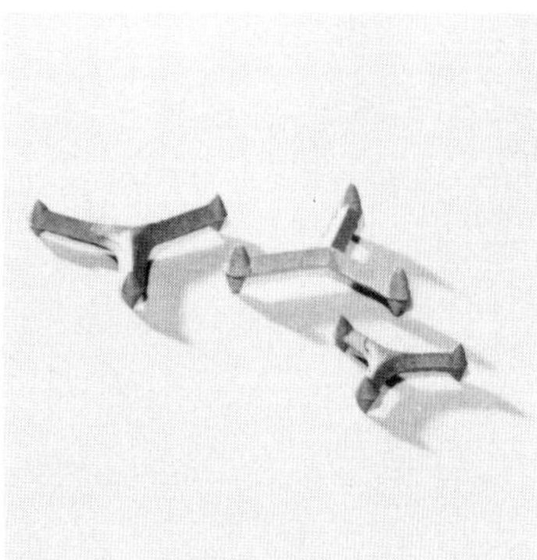

Dreifüße – zum Einsetzen glasierter Gegenstände in den Brennofen.

Brennkontrolle

Wo Erfahrung fehlt, ist eine *elektronische Schalt- und Regelanlage* (mit anzeigendem Regler und Thermoelement) wünschenswert. Sie steuert die Wärmebehandlung des in den Ofen eingesetzten Brennguts automatisch präzise und zuverlässig. Aufheizgeschwindigkeit, Brenntemperatur und Haltezeit können programmiert werden. Der Töpfer wendet sich dem Ofen erst dann wieder zu, wenn dieser ausreichend abgekühlt ist und ausgeräumt werden kann.

Der Schrühbrand

Um den Brennraum optimal ausnutzen zu können, benötigt man mehrere (2 cm dicke) *Einbauplatten* aus feuerfester Keramik und *Stützelemente* (sogenannte »Einbaustützen«).
Zum Schrühen dürfen die in den Ofen eingesetzten Gegenstände einander berühren (doch nicht die Heizdrähte an den Ofenwänden!). Sie können auch übereinander gestapelt werden (siehe Abb. S. 244). Zu hohes Stapeln ist allerdings nicht zu empfehlen, weil das unterste Brenngut unter der Belastung brechen kann. Das *Brennen* ist zunächst ein fortgesetzter Trockenvorgang. Auch im trockenen Ton sind (je nach Luftfeuchtigkeit im Keller) noch immer Reste des mechanisch gebundenen Wassers enthalten. Das Austreiben dieser Feuchtigkeit (bei 100° bis 400 °C) darf nicht zu schnell erfolgen; es darf nicht mehr Wasser verdampfen, als die Poren zur gleichen Zeit durchlassen können! – Bei 650 °C wird auch das chemisch gebundene Wasser (s. S. 208, 210) abgespalten. Damit setzt die chemische Umwandlung des Tons in den Scherben ein. Die *Aufheizzeit* (verzögert durch periodisches Abschalten der Stromzufuhr) dauert in der Regel vier Stunden. Ab 650 °C kann man den Ofen auf volle Leistung schalten und die *Schrühtemperatur* bis etwa 900 °C ansteigen lassen, was noch einmal vier Stunden dauert. Dann wird der Ofen abgeschaltet.
Das *Abkühlen* hängt von der Wärmehaltung durch die Isolation ab und dauert im allgemeinen noch einmal acht Stunden. *Erst wenn der Ofen ganz abgekühlt ist, darf er geöffnet werden!*

Der Glattbrand

Beim *Glattbrennen (Glasurbrennen)* schmilzt die auf den Gegenstand aufgetrocknete Glasur und wird klebrig. Die Gegenstände dürfen sich daher im Ofen *nicht berühren!* Auch die Standflächen müssen glasurfrei sein. Dennoch darf man die Gefäße beim Einräumen nicht einfach auf die Schamotteplatte stellen. Sie würden durch abfließende Glasur mit dieser verschmelzen und nach dem Abkühlen unter Verlust des Gegenstandes und der Platte (!) abgeschlagen werden müssen. Man setzt daher die glasierten Gefäße auf *Dreikantleisten* oder *Dreifüße* (siehe Abbildung!), die nur minimale Berührungspunkte haben. Zur Sicherheit sollte man auch die Einbauplatten mit einem *Trennmittel* schützen (z. B. Kaolinpulver aufstreuen).
Zum Glattbrennen der vorher geschrühten Arbeiten braucht man nur eine kurze *Aufheizzeit* von etwa einer Stunde (zum Austreiben des restlichen Glasurwassers aus dem gut getrockneten Glasurauftrag). Dann kann schon auf volle Leistung geschaltet werden. Die Richtwerte für Glattbrandtemperaturen liegen bei 1000° bis 1100 °C.

Gebrauchsgeschirr aus der Werkstatt des Freizeittöpfers. Oben – zwei Krüge und eine Vogeltränke (um den Scherben wasserdicht zu machen, innseitig glasiert). – Unten: Tee- und Saftgeschirr, Kanne, Windlicht und Stövchen.

Glasieren

Die Glasur soll den Scherben wasserdicht machen und ihm gegebenenfalls auch eine farbige Oberfläche geben. Oft werden Gefäße nur innseitig glasiert. Es ist wichtig, die Glasur in einem ausreichend großen Eimer anzusetzen und vor jedem einzelnen Arbeitsschritt erneut aufzurühren!

Eintauchen oder begießen!
Wesentliches über Charakter und Aufbereitung der Glasuren ist schon auf den Seiten 288 und 230 gesagt worden!
Es ist am einfachsten, das Gefäß in den frisch aufgerührten Glasurbrei *einzutauchen* (siehe die Abbildungen – unten). Das Anmachwasser wird vom porösen Scherben aufgesogen und das pulverige Glasurmaterial bleibt als geschlossene Schicht auf der Oberfläche haften. Je länger man das Gefäß eintaucht, um so dicker wird der Glasurauftrag. Größere Gefäße wird man mit Glasur *begießen*. Man kann den Gegenstand dazu auf zwei über einen Schüsselrand gelegte Holzleisten stellen. Wichtig ist, daß man beim Glasieren zügig arbeitet und den Glasurbrei immer wieder kräftig aufrührt.
Zu den Abbildungen unten: Ausgießen und Ausschwenken einer flachen Schale, – Begießen der Außenfläche. – Henkelgefäße werden am Henkel gefaßt, in den Glasurbrei eingetaucht und ausgegossen. Nach dem Einziehen der Feuchtigkeit in den Scherben (wonach das Gefäß heller erscheint) muß die Standfläche mit einem nassen Schwamm von Glasur gereinigt werden! Der Henkel wird »nach«getaucht.

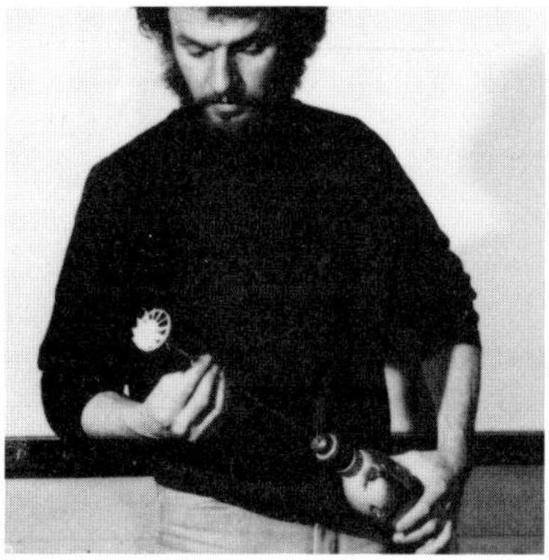

Oben: Ein Glasurquirl hilft beim Durcheinanderrühren und ständigen Aufrühren des Glasurbreis. Der lange Wellenzapfen wird in das Futter einer elektrischen Handbohrmaschine eingespannt. Im Eimer wird die Glasur tüchtig durcheinandergewirbelt.
Unten: Das inzwischen geschrühte zylindrische Gefäß (S. 236 bis 241) soll nun glasiert werden. Innen wird das Gefäß ausgegossen. Der geschrühte Scherben saugt das Anmachwasser begierig auf, die Glasur bleibt an der Fläche als helle, staubfeuchte Schicht haften. Zum Glasieren der Außenfläche wird das Gefäß in den Glasurschlamm eingetaucht. Schräghaltungen und doppelte Glasuraufträge ergeben nach dem Brennen reizvolle Wirkungen (siehe Abbildung – Seite 236).

Farbige Ostereier

Schmucktechniken

Voraussetzung sind weiße Eier. Sie werden vorsichtig in eine warme Waschmittellauge gelegt und mit einer kleinen Bürste von Schmutz und Fett befreit. – Wo es nur um die schmucke Schale geht, blasen wir die Eier vorher aus. Mit einer Stopfnadel drücken wir an beiden Enden kleine Löcher ein. Das Blasloch am spitzeren Ende kann eng bleiben. Das Austrittsloch muß man ein wenig erweitern. Eiweißreste müssen mit warmem Essigwasser herausgespült werden.

Einfaches Färben

Als Färbemittel dienen die käuflichen *Eierfarben,* farbige *Holzbeizen* und *Stoffarben.* Zartere Tönungen erhält man mit den *volkstümlichen Naturfarben* in einem Absud gekochter *Zwiebelschalen* (gelb bis rotbraun), *Eichenrinde* (dunkelbraun), *Roter Rüben* (rot), *Spinatblätter* (grün), *Erlenzapfen* und *Erlenrinde* (schwarzgrau). Je nach Dauer des Bades erzielt man hellere und dunklere Tönungen.

Bemalen mit Deckfarben, Plakatfarben, Filzstiften

An das Malen auf der gewölbten Fläche muß man sich erst gewöhnen. Am besten durchfährt man die ausgeblasene Schale mit einer *Stricknadel,* die man dann mit den freien Enden auf zwei ausreichend hohe Holzklötze auflegt. Das Ei wird so auf der Nadel drehbar über dem Tisch in der Schwebe gehalten. Es empfiehlt sich, beim Malen mit möglichst trockenem Pinsel zu arbeiten, damit die Farbe nicht an der Schale herunterläuft.

Links: Österlicher »Eierbaum« im Vorgarten. – Das Ei ist ein uraltes Symbol für die Entstehung der Welt und des Lebens. Alte Mythen berichten, wie sich am Anfang aus dem Urchaos ein Ei formte und aus beiden Hälften sich Himmel und Erde bildeten. Im Doppelsinne beherrscht das Ei unser Osterfest als ein Symbol des Erlösers und als Lebensträger, dessen geheimnisvolle Kraft auf Mensch, Tier und Pflanze übertragen werden kann. »Auf Ostern iss hart gesottene Eyer, dann bist du das gantze Jahr gesundt«, heißt es in einer alten Rheingauer Handschrift. Aus Kiew wurden bereits um das Jahr 1000 farbig geschmückte Toneier weithin nach Polen, Schweden und Dänemark exportiert. Um 1617 schreibt der flandrische Gelehrte Puteanus: »Das Ei ist weiß, und doch läßt es jede Farbe zu; man kann es beschreiben, bemalen, färben. Heimatlicher Brauch macht es bald gelb, bald rot, bald blau.« – Wir färben und bemalen die Eier zur Freude der Kinder und der Erwachsenen. Wir hängen sie an die knospenden Zweige im Garten, an farbigen Fäden ins geöffnete Fenster oder in einem Kranz unter die Wohnzimmerdecke. Die langen Blumenstäbe in den Hyazinthentöpfen lassen sich prächtig mit ausgeblasenen Eischalen schmücken. Die verschiedenen Eischmucktechniken finden noch heute – hauptsächlich in Osteuropa – lebhafte Anwendung.

Oben: Zwei Arbeitsbeispiele für Wachsdruckreservetechnik. – Heißes Bienenwachs wurde mit der Glaskopfstecknadel aufgetragen. Zwei Färbegänge: gelb-rot und gelb-orange. Auf der linken Schale wurde der gelbe Grund der Erstfärbung mit einem zweiten Wachsmuster abgedeckt (nach der Rotfärbung – gelbe Girlanden). Bei der rechten Schale erfolgte der Wachsaufdruck nicht auf Weiß, sondern auf den gelben Grund der Erstfärbung.
Rechts: Hyazinthenstäbe. Bemusterung der aufgesetzten Schalen im Ätzverfahren (verdünnte Salzsäure).

Rechts: Die hier zu Dekorationszwecken in Glasgefäße eingelegten Farbeier wurden mit handelsüblichen Plakatfarben angestrichen. Plakatfarbe trocknet wisch- und wasserfest auf. Die matte Oberfläche hat einen besonderen Reiz. Über den Umgang mit Plakatfarben siehe Seite 114.

Volleier zu Schmuckzwecken müssen eine halbe Stunde lang gekocht werden!
Etwas Essig im Färbebad dient der besseren Verbindung mit dem Schalenkalk und läßt die Farbe kräftiger erscheinen. Nach dem Färben reibt man die noch warmen Eier mit einem in Speiseöl getauchten Lappen blank.
Aufhängung: Ein Streichholzstück wird an den Hängefaden gebunden und durch das Ausblasloch in die Eischale eingeführt. Beim Anziehen des Fadens legt sich das Hölzchen quer und hält die Schale fest.

Eine der Wachsdruckreserve verwandte Technik ist das Aussparen von Mustern mit Hilfe feingliedriger Pflanzenteile, die mit einem Stück Strumpfseide an den Eikörper angepreßt werden. Nach dem Färben hinterlassen die Auflagen ihren hellen Abdruck (siehe Abb. S. 253).

Kratztechnik
Von dunkel gefärbten Eiern läßt sich die Farbe in Mustern herunterkratzen (siehe die Abbildungen auf Seite 255). Als Werkzeug dient irgendeine harte *Stahlspitze.* Man hält das Ei in der linken Hand und kratzt mit der rechten so viel Farbe ab, bis der Schalenkalk wieder weiß zum Vorschein kommt.

Ätztechnik
Man verdünnt in einem Eierbecher etwas *Salzsäure* mit der gleichen Menge Wasser und trägt sie mit einer *Schreibfeder* im Holzfederhalter auf das dunkelgefärbte Ei auf. Der Schalenkalk beginnt sofort zu schäumen und weiß aus der umgebenden Fläche hervorzutreten (Abbildung – gegenüberliegende Seite!). Es ist wichtig, jeden Strich sofort auf einem nassen Lappen abzudrücken, damit die Säure nicht erst in die Breite fressen kann. Abschließend wird das Ei unter dem Wasserhahn kräftig gespült.

Wachsdruckreserve
Bienenwachs eignet sich am besten. Außerdem braucht man eine Möglichkeit, das Wachs zu schmelzen und möglichst lange flüssig zu halten (z. B. eine *elektrische Kochplatte,* die sich auf niedrige Temperatur schalten läßt). Als Werkzeug dient ein *Holzstäbchen* mit einer normalen *Stecknadel* in dem einen – und einer *Glaskopfnadel* im

Links: So sieht das mit der Glaskopfstecknadel bedruckte und noch ungefärbte Ei aus. – Wachsaufdruck.

Links: Ätzmuster. Werkzeug: Schreibfeder, verdünnte Salzsäure.

Unten: »Batikeier« (Wachsdruckreserve) nach dem Färben. Die beiden Formelemente Punkt und Keil lassen sich zu allen möglichen Mustern – Sonnen, Punktketten, Girlanden – zusammensetzen. – Werkzeug: Stecknadelköpfe und Schreibfeder.

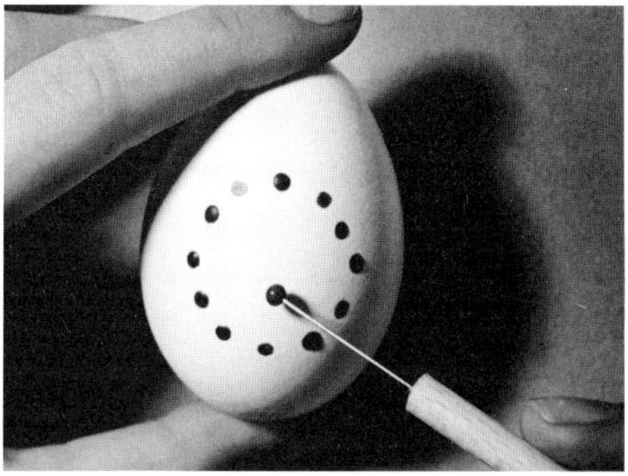

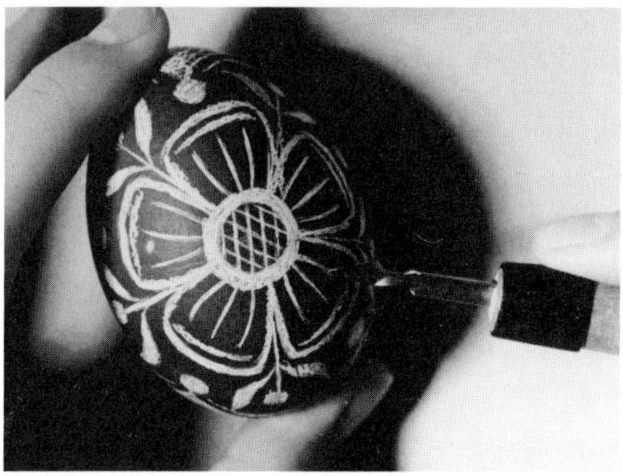

Linke Spalte, von oben nach unten: Wachsdruckreserve. Mit der in das heiße Wachs getauchten Glaskopfstecknadel werden Muster (hier Punkte) auf die weiße Schale aufgedruckt. Die Stellen mit dem Wachsauftrag nehmen die Farbe nicht an, sie bleiben weiß. – Ätztechnik. Mit verdünnter Salzsäure ätzt man weiße Muster in das zuvor dunkel gefärbte Ei. – Kratztechnik (Sgraffito). Mit einem spitzen Gegenstand lassen sich weiße Linien aus der gefärbten Schale herauskratzen.

Rechte Spalte: Abdeckreserve. Auch an die Schale angepreßte Pflanzenteile eignen sich zur Abdeckung. Nach dem Färben zeigen sich farbfreie Inseln in unter Umständen ebenfalls reizvoller Musterung. – Strohapplikation. Zuschnitte aus geschlitzten und flachgebügelten Strohhalmen werden in Mustern auf die zuvor gefärbte Schale geklebt (eine aus Böhmen importierte Schmucktechnik). – Bandapplikation. Die farbige Schale kann auch mit textilen Borten beklebt werden.

Um mehrfarbige Muster zu erzielen, trägt man nach der ersten Färbung weitere Wachsabdeckungen auf dafür vorgesehene Stellen auf. Dann muß ein zweites Mal mit einem dunkleren Farbton (z. B. Rot auf Gelb) gefärbt werden. Wie beim Batiken gilt die Reihenfolge »dunkel auf hell« in der entsprechenden Abstimmung. Nach der letzten Färbung werden alle Wachsauflagen gemeinsam entfernt. Eine weitere Farbe kann auch mit dem Pinsel aufgesetzt werden. Beispiele: »Prachteier« aus der Tschechoslowakei – siehe Abb. unten und auf der gegenüberliegenden Seite. Faden- und Bandapplikationen: Das langfädige Mark junger Binsenhalme und farbige Wolle lassen sich mit Weißleim oder weiß auftrocknendem Papierkleber zu Kreislinien und engen Mäanderwindungen kleben. – Siehe auch: goldene und silberne Brokatlitzen, Abbildung S. 253.

anderen Ende. Eine gewöhnliche *Schreibfeder im Holzfederhalter* eignet sich zum Malen und Schreiben.
Die Arbeit: Wir erhitzen das Wachs, bis es zu dampfen beginnt und halten die Nadel so lange hinein, bis sie die gleiche Temperatur angenommen hat. Dann tupfen wir damit schnell einen runden Wachspunkt auf das Ei. Ein andermal ziehen wir die Nadel nach dem Aufsetzen sofort nach einer Richtung weg. Mit diesen beiden Elementen – *Punkt* und *Keil* – lassen sich alle möglichen Muster gestalten (siehe die Abbildungen auf den Seiten 251/252). Auch die Schreibfeder *(zum Schreiben)* muß ausreichend lange vorgewärmt werden (andernfalls fließt das Wachs nicht!). – Abschließend werden die mit Wachs »bedruckten« Eier in einem nicht zu heißen, aber kräftigen Färbebad gefärbt. Wo das Wachs sitzt, dringt keine Farbe hin. Nach dem Trocknen entfernt man den Wachsaufdruck durch Abreiben mit einem angewärmten Lappen über der Heizplatte. Auf die gleiche Weise kann auch mehrfarbig »gebatikt« werden.

Bekleben mit Stroh

In Wasser vorgeweichte *Werkstrohhalme* mit dem Messer der Länge nach aufschlitzen und mit einem heißen Bügeleisen über Zeitungspapier zu breiten Bändern auseinanderbügeln. Muster aus einzelnen Zuschnitten (siehe Abbildung – Seite 253).

Links: In mehreren Färbegängen »gebatikte« Gänseeier aus der Tschechoslowakei (Wachsdruckreserve). – Unten: Mit traditionellen Mustern und Sprüchen »beschriebene« Eier aus Mardorf in Hessen (ebenfalls Wachsdruckreserve).

Oben: »Kratz-Eier« aus Polen. – Man sollte bei dieser Technik auf möglichst festschalige Eier achten (besser nur Volleier nehmen), da die Schalen viel und hart in der Hand bewegt werden müssen. Gründlich färben! Als Werkzeug eignet sich jeder harte, spitze Gegenstand (Messer, Nagelfeile, Bohrer, Nadel und Nägel in Kork- oder Holzgriffen). Die Kratzspur erscheint weiß. Das Verfahren ermöglicht es, relativ realistische und feine Motive zu verwirklichen, die mit Stiftzeichnungen Ähnlichkeit haben.

Unten: Aus der Tschechoslowakei kommen in der Regel mehrfach »gebatikte« Eier (sogenannte »Prachteier«), bei denen das österliche Rot vorherrscht. Wer solche Eier ausnahmsweise einmal kaufen will, sollte in der Osterwoche nach Prag reisen. Dort werden sie auf dem Wenzelsplatz an den Straßenecken von aus den böhmischen und mährischen Dörfern angereisten Landfrauen angeboten, die die ausgeblasenen Schalen der Hühner- und Gänseeier das ganze Jahr über gesammelt und in der traditionellen Weise kunstvoll bemustert haben.

Natur- und Kunststein

Skulpturen

Werkverfahren in festem Stein bedingen ein anderes Vorgehen als z. B. beim Modellieren in Ton. Beim Modellieren überwiegt ein »Antragen«, wobei sich die Form durch Hinzufügen immer neuer verformbarer Teilchen montagemäßig entwickelt. In der Bildhauerei hingegen wird das Material durch Wegschlagen, Wegschneiden und Schaben »abgetragen«. Während beim Arbeiten in Ton auch momentane Einfälle noch in einem späteren Arbeitszustand verwirklicht werden können, muß sich
(Fortsetzung S. 258)

Der Werkzeugbedarf ist gering!
Wer als Bildhauer seine Formvorstellung im harten Werkstein verwirklichen will, braucht praktisch nur einen *Hammer* und einige verschieden große *Meißel.* Die Griechen haben in frühester Zeit nur zwei Werkzeuge verwendet – Spitzhammer und Spitzmeißel, die sie der Struktur des Steines entsprechend ansetzten. An diesen Grundwerkzeugen hat sich im Prinzip nichts geändert, so daß wir noch heute mit einem Hammer und einem einfachen Meißel (der nicht einmal ein Zahnmeißel zu sein braucht) auskommen. Anderes *Werkzeug* – zum *Schaben und Ritzen* – finden wir im Hause, oder wir richten es uns selbst zu. Um das Werkstück festzuhalten, bedarf es keiner besonderen Vorrichtung; der Stein liegt schon durch sein eigenes Gewicht fest. Kopfgroße Stücke legt man auf die Erde oder in Sand, kleinere auf einen *Sandsack,* den man sich aus altem Zeltstoff, stramm mit feinem Sand gefüllt, selbst herstellt. Der runde Stein drückt sich darin eine Vertiefung und kann so bearbeitet werden.
Das Wohnzimmer ist nicht der rechte Ort für steinbildnerische Vorha-

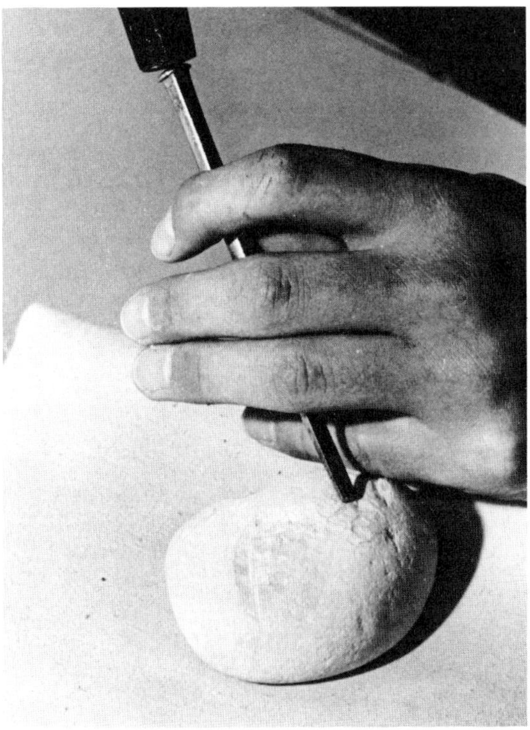

Links: So wird ein von der Natur vorgeformtes Geröllstück mit einem schmalen Meißel ausgearbeitet. Als Unterlage dient ein selbstgenähter Sandsack; er fängt die harten Stöße auf, mit denen der Meißel das blinde Material absprengt. – Unten: Feinere Ausarbeitung mit einem selbst zurechtgefeilten »Schabewerkzeug«.

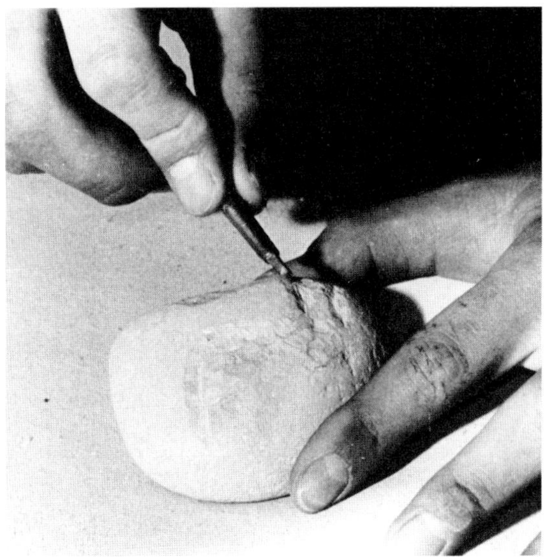

»Steinerne Physiognomien«. – Diese kleinformatigen Skulpturen sind durch geringes Bearbeiten ursprünglich vorgeformter Geröllrundlinge zustandegekommen (siehe den Text auf der nachfolgenden Seite!). Bei solchen Miniaturarbeiten lassen sich nahezu alle grundsätzlichen Erfahrungen zur Steinbildhauerei gewinnen.

der Steinbildhauer, schon bevor er die Figur in den Stein zu schlagen beginnt, eine klare Vorstellung ihrer körperlich-räumlichen Beziehungen verschafft haben. Zeichnerische Skizzen, Tonmodelle u. dgl. helfen nur teilweise, weil sie der Sprache des Steins nicht entsprechen. Der Bildner kommt nicht darum herum, die Form während der ganzen Arbeit in seiner Vorstellung zu behalten und in den Block »hineinzuprojizieren«. Es ist klar, daß diese Forderung jegliches momentane Improvisieren ausschließt.

Wer von Stein spricht, meint in der Regel »Gestein«. Dieses kann hart oder weich, dicht oder porös, fest oder brüchig sein. Zum Behauen eines Granitbrockens aus dem Harz oder Fichtelgebirge bedarf es schon gehöriger Kraft und Ausdauer, weshalb Granit nur für groß aufgefaßte Arbeiten verwendbar ist, bei denen

(Fortsetzung S. 260)

ben. Am besten setzt man sich in den Hof oder auf den Rasen und legt ein altes Sacktuch unter, das die in nächster Nähe umherspringenden Brocken auffängt.

Steinerne »Physiognomien«

Es liegt im Wesen der Steinbildnerei, daß sie mit kleinstem Materialverbrauch, geringem Abfall und geringstem Arbeitsaufwand ausgeführt wird. Der Widerstand des harten Steins zwingt den Arbeitenden dazu, sich auf möglichst geringe Veränderung der Ausgangsform zu beschränken. Ein erfahrener Bildhauer entwirft daher sein Werkstück entsprechend der Ausdehnung des vorhandenen Materials, oder er sucht einen Stein, in den die vorgestellte Figur ohne große Veränderung hineinpaßt. Die besten Werkideen gewinnt man daher schon beim aufmerksamen Betrachten der Steine im Steinbruch oder in der Kiesgrube. So zeigen Geröllhalden an Bächen und Flußufern häufig vom Wasser zugeschliffene Formen, die man mit Phantasie ergänzen kann. Oft fehlen nur kleine Korrekturen mit einem Werkzeug, um den Formlingen einen neuen Sinn zu geben. Wir haben es auf einen Versuch ankommen lassen und vom Ufersaum der Ostsee eine Tasche voll derart vorgeformter Steine mit nach Hause genommen. Die Bearbeitung erfolgte so wie auf Seite 256 dargestellt. Einige der auf diese Weise zustande gekommenen Ergebnisse zeigen die Abbildungen auf der vorhergehenden Seite.

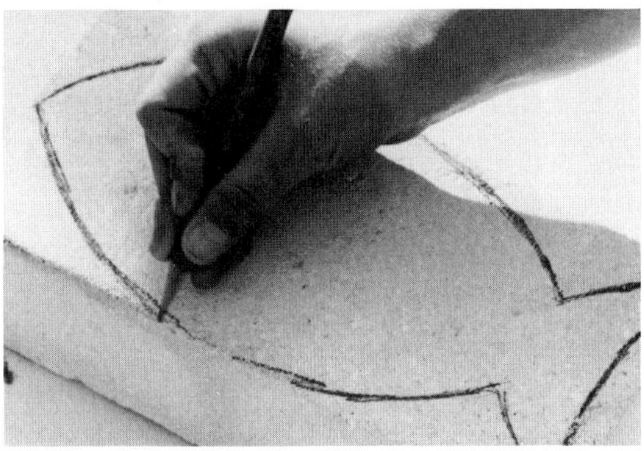

Links: Hammer, Meißel und ein paar weiße Kalksandsteine. Mit dem Bleistift wird die Umrißkante auf dem flachen Stein vorgezeichnet. – Unten: Wegen der geringen Festigkeit des Steins und des unberechenbaren Abspringens muß vorsichtig geschlagen werden. Ergebnisse – siehe gegenüberliegende Seite!

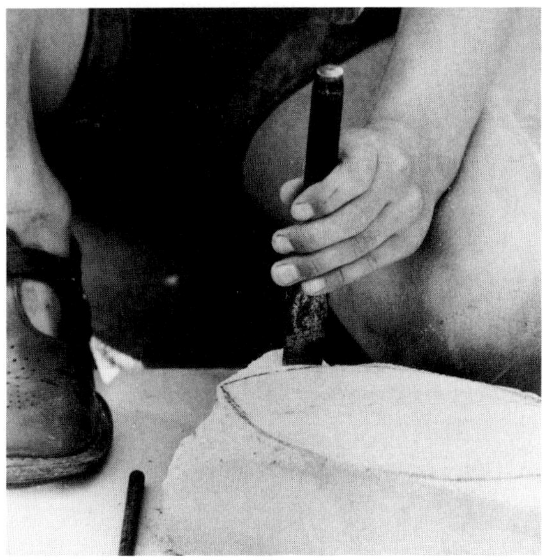

Oben: Zwei der im einzelnen unterschiedlichen Skulpturen aus Kalksandstein (Kinderarbeiten). Die lineare Körperzeichnung wurde mit der scharfen Meißelkante eingekratzt. Abschließend wurden die Flächen bis auf wenige Stellen, an denen die helle Steinfärbung sichtbar blieb, mit Schuldeckfarben bemalt.

Rechts: Gartenplastik aus Porenbeton. – Bei einer Gartenplastik spielt die Farbe des verwendeten Steinmaterials eine nicht zu unterschätzende Rolle. Der neutrale Grauton des Ytong harmonisiert nicht nur – er unterstreicht und hebt sogar die anderen (beliebigen) Farben des Gartens.

auf kleinförmige Durchbildung verzichtet werden kann. Wo urzeitlicher Meeresboden zutage tritt, und das ist in verschiedenen Gegenden Deutschlands der Fall, finden wir ein weicheres, bearbeitungsfreundlicheres Absatzgestein (Sedimentgestein), wobei Tonschiefer eine in Jahrmillionen unter starkem Druck verfestigte Tonablagerung und Sandstein mit Kalk verkitteter Sand ist.

Der Begriff »Kunststein« umfaßt alle Massen, deren Substanzen – in der Regel Sand oder Kies – durch ein Bindemittel (Zement, Kalk) zusammengehalten werden. – Kalksandstein ist ein weißer, bei hohem Druck und hoher Temperatur aus Sand und Kalk gepreßter Mauerstein, daher an das Ziegelformat gebunden, – der ideale Werkstein für das Grundschulalter. – Leichtbeton (Porenbeton) besteht aus Zuschlagstoffen, denen außer Zement oder Kalk als Bindemittel noch gas- oder schaumbildende Substanzen beigemengt sind.

Wie der Vater – so der Sohn

Kinder im Grundschulalter benötigen für ihre ersten bildhauerischen Versuche lediglich ein paar weißgebrannte *Kalksandsteine,* einen *Hammer* und einen flachen *Meißel.* Ein Vorteil des Mauersteins liegt auch in den glatten Flächen, auf denen sich der grobe Umriß der geplanten Figur gemäß der Ausdehnung des Materials gut mit Bleistift vorzeichnen läßt. Außerdem zwingt der Stein zum Arbeiten im »kleinen Format«, dem das Kind auch wirklich gewachsen ist. In einem ersten Arbeitsgang muß die Rohform in ihrem Umriß sauber herausgeschlagen werden. Anschließend werden die Kanten gerundet, lineare Details der Oberflächenzeichnung eingeritzt usw. Siehe die Abbildungen auf den Seite 258/259.

Skulpturen aus Leichtbeton

Porenbeton (Ytong, Siporex) ist im Baustoffhandel in Block- und Plattenformaten erhältlich. Er ist so weich, daß man ihn schon mit einer alten *Säge* teilen kann. – In den ersten Arbeitsgängen benutzt man ausschließlich das *Stecheisen,* mit dem auch größere Stücke abgesprengt werden können. Zum Herausarbeiten von Wölbungen (Höhlungen und Buckel) eignet sich das *Hohleisen.* Die *Raspel* dient dem Überarbeiten der gesamten Oberfläche, die auch mit *Feile* und *Sandpapier* »geglättet« werden kann. Auch schnurgerade Kanten bekommt man mit der Feile. Schleifstaub muß mit einer *Bürste* aus den Poren entfernt werden. Abbildungen unten und auf der gegenüberliegenden Seite!

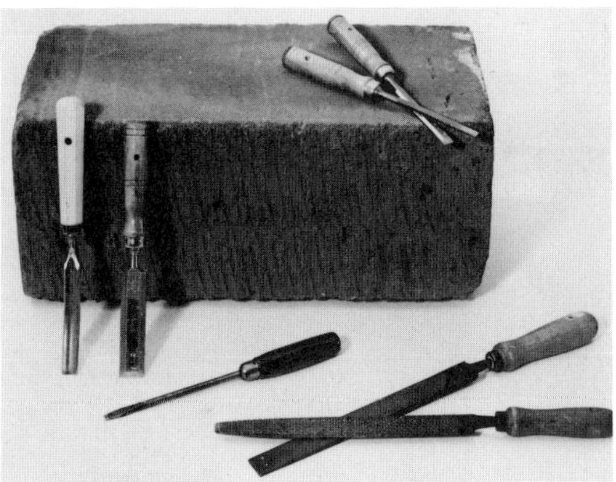

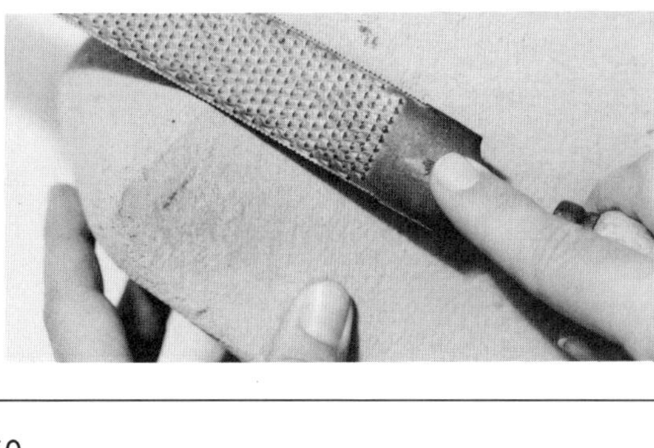

Links: Bearbeitung von Leichtbeton. Man braucht dazu alte Stecheisen, Hohleisen, Schraubendreher (zum Ritzen), Raspel und Feile. Das Material gibt es in unterschiedlichen Formaten. – Unten: Die fertige Skulptur.

Oben und rechts: Bildwerke aus Ytong (Porenbeton). – Zunächst wird der Umriß festgelegt, die Kontur der Form abgetragen. Wenn die Anlage als Ganzes klar zu erkennen ist, wendet man sich den Einzelheiten zu. Detailformen können immer erst dann bearbeitet werden, wenn die Gesamtform »steht«. Dieses überlegt langsame Vorgehen gibt die Sicherheit, daß man sich nicht verschlägt, und daß sich die Proportionen zwischen den Teilflächen nicht mehr verschieben können, wenn die Einzelheiten herausgearbeitet werden. Es ist selbstverständlich, daß dieser Formwandel langsam vonstatten geht. Es bleibt also zwischendurch ausreichend Zeit, sich das vorgestellte Gebilde immer wieder zu durchdenken und in seiner Anlage bildhaft zu ordnen. Nehmen Sie nur die alten Eisen aus dem Werkzeugkasten; die guten würden Sie sich verderben.

Mosaikwerkstoffe

Mosaiktechnik

Material

Das älteste bekannte Mosaik aus Uruk in Babylonien entstand etwa 5000 v. Chr. Später schenkten uns Ägypten, Byzanz, Rom, Ravenna u. a. Arbeiten in höchster technischer Vollkommenheit. Sie dienten als Schmuck von Fußböden, Wänden und Gewölben. Heute bringen wir ein Mosaik auch gern auf kleinen Flächen (z. B. auf Tischplatten) an, wobei es mehr um die reizvolle Bedeckung der Fläche als um das Bild geht. Ein gelungenes Einzelmosaik kann man auch gut an eine Wand versetzen.

Die »Steine«

Der Stein begegnet uns im Mosaik als ein stoffliches Bildelement im additiven Zueinander von *Reihung, Schichtung, Fügung.* Dabei ist die Materialbezeichnung »Stein« ein weitgespannter Begriff. Im Grunde ist es gleichgültig, ob wir das Mosaik aus Kieseln, Bruchsteinen, farbigem Glas, Fliesenabfällen, Topfscherben oder anderem zusammensetzen. Das »klassische« Mosaikmaterial ist der opake (lat. = undurchsichtige), in mehr als hundert verschiedenen Farbtönen erhältliche, etwa 8 mm dicke *Glasfluß (Glaskuchen)* – zum Selbstschneiden oder nach Wunsch bereits in Würfel aufgespalten. Dieses Material wird hauptsächlich von den Künstlern und großen Mosaikwerkstätten verwendet und kilogrammweise verkauft. Das dünnere *Flächenmosaikglas* (dünnes Mosaikglas – siehe Abb. S. 267) liegt preislich günstiger. Die Lieferung erfolgt nach Quadratmetern. Beide Glassorten sind unterseitig rauh und oberseitig glatt und lassen sich daher zweifach verwenden. – *Kunststein* kann man sich selbst herstellen z. B. als *farbigen Zementguß* in flachen Schalungen. Verwendet wird Dyckerhoff-Weiß-(zement) mit Farbzugaben, farbiger »Edelputz« oder »Color-Zement«. – *Natursteine* (s. Abb. unten und auf Seite 265) sammeln wir selbst – an den Geröllhalden und Schotterbänken der Flüsse, in Steinbrüchen und Kiesgruben. Wir sammeln auch die kleinen, linsenförmigen Rundlinge

Links und unten: Einen Tag lang sammelten wir an der Nordsee besonders schöne, farbige Geröllsteine. Daraus ist dieses Natursteinmosaik entstanden. Einbettung in Klebemörtel. Die Farbenfreudigkeit nasser Steine – trockene wirken meist stumpf und farblos! – kommt zurück, wenn man sie mit einem farblosen Lack überstreicht. Oft genügt schon ein kräftiges Überreiben mit weißem Bohnerwachs.

Oben: Beistelltisch- oder Servierplatten für den Garten. – Quadratisch gebrochene Mosaikglas»smalten« gleicher Dicke (hier ein italienisches Fabrikat) wurden im vereinfachten Setzverfahren (s. S. 266) mit Kontaktklebstoff auf die zuvor präparierten Spanplattenzuschnitte aufgeklebt. Es empfiehlt sich eine rasterartige Vorzeichnung auf der Unterlage.

Unten: Tischplatte. Die grauen Steine dieses Musters wurden aus keramischem Mosaikmaterial (Mosaikabfall des Fliesenlegers, Kleinmosaik für Küchen- und Badezimmerfußböden u. ä.), die farbigen aus Glasmosaikmaterial gebrochen. Steinformat ca. 2 × 2 cm. Man teilt solche Steine mit einer langarmigen Kantenzange (s. S. 264/268), indem man den Stein vom Rand her bis zu etwa einem Drittel in die Zange nimmt und kräftig zudrückt. – Um eine garantiert ebene Tischoberfläche zu bekommen, wurden die Steine über einer ebenen Unterlage – Gesicht nach unten! – mit wasserlöslichem Leim auf dickes Packpapier geklebt und rückseitig mit Klebemörtel übergossen. Dem Klebemörtel wurde etwas Grauzement beigemischt, um ihn fester zu machen. Auf diese Lage wurde eine grundierte Holzspanplatte aufgedrückt. Nach dem Abbinden läßt sich das Packpapier vorderseitig mit Wasser ablösen. Verfugung dunkelgrau. Randabdeckung durch eine Messingleiste.

(vom Wasser abgeschliffene Granite, Porphyre, Basalte, Kalke und Buntsandsteinlinsen), die sich leicht halbieren lassen. Andere Natursteine (z. B. Marmorbruch) beschafft man sich im Steinsägewerk, bei Steinmetzen und in Bildhauerwerkstätten.

Sehr gut eignet sich zum Steinspalten auch ein Dengeleisen, wie es der Bauer im Hof in seinem Dengelblock hat. Die flache Kante wird oben meißelförmig zugeschliffen. Das Eisen schlagen wir mit seiner Angel in die Hirnholzmitte eines dicken Hauklotzes.

Spalten

Spalten des Materials

Zum Zerteilen benötigt man im Prinzip *zwei Keile,* einen senkrecht eingespannten *Unterkeil* und einen von oben Schneide auf Schneide wirkenden *Gegenkeil,* der auch ein *Schlagkeil* sein kann, praktisch also einen mit der Schneide nach oben in einen Schraubstock eingespannten *Meißel* und einen *schmalfinnigen Hammer.* Das Ganze läuft auf eine kräftige *Kneifzangenwirkung* hinaus, wobei der Druck der beiden entgegengesetzt wirkenden Schneiden den Stein in seinem Gefüge lockert und zum Spalten bringt. Vom dicken Glasfluß bis zum harten Kiesel kann so jedes Material zuerst in Streifen, dann in Würfel usw. bis zur kleinsten Gebrauchsgröße aufgeschlagen werden. – Das *Schlagspalten* mit Hammer und Keil findet seine Fortsetzung im *Klemmspalten* mit der *»Kantenzange« (Mosaikzange).* – siehe Abb. S. 268, die einer langarmigen Kneifzange ähnelt und auch durch eine solche ersetzt werden kann. Beim Spalten fassen wir nur etwa 3 bis 4 mm über die Kante der Stücke, nicht über die ganze Breite! Die Steine springen so besser und ohne besonderen Kraftaufwand. Flächenglas, Wandfliesen u. dgl. werden mit dem *Glasschneider* vorgeschnitten (s. Abb. S. 268) und über einer harten Tischkante oder im *Nutholz* abgebrochen. Ein *Nutholz* stellen wir uns selbst her: ein Hartholzklotz mit zwei ca. 3 cm tiefen Einschnitten (etwas breiter als die Dicken von Glas und Wandfliesen). Das mit dem Glasschneider vorgeritzte Material wird senkrecht in die Nute eingesteckt und über die obere Holzkante hinweg abgebrochen.

Entwerfen und Setzen

Am klarsten erkennen wir die formalen Bindungsgesetze eines Mosaiks beim Betrachten einer Mauer. Ihre bildhafte Struktur wird durch die Ordnung des gefestigten Gefüges bestimmt. Andere Prinzipien lassen sich entdecken, wenn man quadratische Würfel zu langen parallellaufenden Bahnen, linear oder kurvig aneinanderreiht (die Pflasterleger in den Städten machen uns so etwas im Großen vor) – oder runde, unregelmäßig geformte Kiesel nach Art von Feldsteinmauern fügt, wobei das ausgleichende Nebeneinander kleinerer und größerer Formen Gelöstheit und Lebendigkeit in die Fläche bringen kann. Der lineare, kurvige oder unregelmäßige Verlauf der Fugen wirkt bildbestimmend. Das Fugennetz erscheint als eine zeichnerische Struktur, die jeden einzelnen Stein umschließt und in das Ganze einbindet.

Entwurfstechnik

Dem handwerklichen Charakter des Mosaiks entspricht ein Verfahren, das die Schwierigkeiten der Umsetzung in Stein bereits berücksichtigt. Zu beachten ist, daß Grenzen, die durch unterschiedliche Steinlagen entstehen, linearen Wert haben und den Linien einer Innenzeichnung entsprechen. *Probelegen* ist am einfachsten, aber nur mit einer beschränkten Materialmenge möglich. Man kann den Entwurf auch mit einem flachen *Borstenpinsel* und *Deckfarben* auf das Papier zeichnen oder *Zeichenpapier* direkt einfärben, in Stücke schneiden und mit Kleister auf Papier kleben *(Papiermosaik).* – Als *Karton* bezeichnet man den bis ins Detail ausgearbeiteten Entwurf im Maßstab 1:1, der beim Legen umfangreicher Arbeiten als Vorlage dient (Abbildungen auf den Seiten 266/267). Sämtliche Linienverläufe und Farben werden darauf eindeutig festgelegt.

Setzen auf einer Unterlage

Wir brauchen eine *Unterlage,* die sich beim Feuchtwerden nicht verzieht und so rauh ist, daß der Setzmörtel gut daran haftet. Am besten eignet sich eine 1 cm dicke *Zementplatte (Eternit)* oder eine *Isolierplatte aus Holzzement* (mit Zement verklebte Holzspäne). Als Setzmörtel für größere Steine kann man normalen *Kalkzementmörtel* im Mischungs-

Mosaikarbeiten aus hellem und dunklem Marmorbruch, auf einer Isolierplatte aus Holzzement und in der auf Seite 266 beschriebenen Weise in Kalkzementmörtel gesetzt. Die Platten werden mit starken Mauerhaken und Bankeisen vor der Wand gehalten.

Man kennt auch ein vereinfachtes Setzen von Glasmosaikmaterial im Aufklebeverfahren mit einem Kontaktkleber auf eine zuvor (gegen das Eindringen von Feuchtigkeit) mit Einlaßgrund behandelte Holzspanplatte. Unterschiedliche Materialdicken müssen mit untergelegten Kartonstückchen ausgeglichen werden. Ein Nivellieren erübrigt sich. Hinterher wird Fugenzement auf die geklebte Fläche gegossen und mit einem flachen Borstenpinsel in die Fugen eingestrichen. Nach dem Festwerden der Fugenfüllung müssen die Steine gereinigt werden – siehe »Verfugen«, Seite 268!

verhältnis 1:3:6 (1 Teil Zement, 3 Teile Kalk, 6 Teile feinstgesiebter Sand) nehmen. Da sich die Arbeit in Etappen hinzieht, mischt man zunächst Kalk und Sand und verrührt das Gemenge mit Wasser zu einem dickflüssigen *Kalkmörtel,* der sich lange hält, wenn man das Gefäß mit einem feuchten Tuch abdeckt. Den Zement fügt man erst vor Arbeitsbeginn der gebrauchten Menge zu. Damit das Mosaik saubere Kanten bekommt, wird an der Unterlage eine Art *Leistenschalung* (Rahmen) montiert. Bei Eternit müssen Nagellöcher vorgebohrt werden! Der Rahmen begrenzt den Mörtelauftrag. Er soll die Unterlage etwa 1,5 cm (Höhe für Mörtel und Steinbettung, bei dickeren Steinen mehr) überragen. Die Steine setzen wir so, daß sie zunächst etwas überstehen. Massiveres Material drücken wir tiefer ein, dünneres weniger. Noch bevor der Mörtel hart zu werden beginnt, muß *nivelliert* werden. Wir legen ein *Brett* quer über den Rahmen und drücken damit die (bei richtiger Verlegung etwas überstehende) Steinlage gleichmäßig tiefer. Dabei wird sich nicht vermeiden lassen, daß der Mörtel zum Teil über die Fugen quillt. Überschüssigen Mörtel tragen wir ab, leere Fugen müssen nachträglich gefüllt werden.

Nivellieren

Für das Verlegen dünneren Materials (z. B. Glasmosaik) empfiehlt sich die Verwendung eines handelsüblichen Klebemörtels (z. B. *Dispon*), der durch seine kombinierte Mörtel- und Leimwirkung auch auf Holz

Unten: Ausschnitt aus einer Entwurfszeichnung für ein großes Wandmosaik. Siehe auch die nachfolgenden Seiten! – In einem solchen bis in die letzte Einzelheit ausgearbeiteten »Karton« (Maßstab 1:1) werden alle Details der geplanten Arbeit genau festgelegt. Er dient als Arbeitsvorlage und zeigt die genauen Konturen, die gewünschte Farbabstufung und in einem gewissen Maße auch die Fugenlage. Nach dieser Vorlage wird das Material zugeschnitten und auf einer Kopie bereitgelegt, so daß beim Setzen nichts mehr fehlgehen kann.

Oben links: Opake Mosaikglasstücke (sog. Glaskuchen) in der Form, wie man sie vom Hersteller bezieht.
Oben rechts: Karton mit einer Detailzeichnung (»Eva») für das gleiche Wandmosaik wie auf der gegenüberliegenden Seite.
Darunter drei Werkzustände der Ausführung »Fisch«: oben die auf einer Kartonkopie bereitgelegten Materialzuschnitte; – in der Mitte die in den Setzmörtel übertragene Figur; – unten das Bild im geschwärzten Fugengitter.

Klebemörtel bekommt man in den Geschäften, in denen auch die Fliesenleger einkaufen, in Dosen oder Eimern. Er wird mit einem Spachtel oder Pappstreifen partienweise aufgetragen (je nach Gleichmäßigkeit des Setzmaterials 5–10 mm dick). Nach ein bis zwei Tagen Trockendauer kann verfugt werden, entweder ebenfalls mit Klebemörtel oder mit einem anderen Fugenzement.

Am günstigsten ist eine Verfugung, die etwa der Farbe des Setzmörtels entspricht. Weiße Fugen wirken sauber (solange sie neu sind), drängen sich aber optisch stark in den Vordergrund, so daß die Darstellung dadurch ihre Geschlossenheit verlieren kann. Man sollte die Fugen auch nie bis zur obersten Steingrenze ausfüllen. Das Mosaik bekommt seinen eigentlichen Werkcharakter erst durch eine »pflasterartige« Oberfläche, in der die Schatten lebendig mitsprechen können.

haftet. Allerdings muß dieses vorher gegen das Eindringen der Feuchtigkeit mit Einlaßgrund geschützt werden.

Verfugen

Verfugen kann man erst nach zwei bis vier Tagen, wenn der Setzmörtel vollständig abgebunden hat. Man überstreicht das Mosaik partienweise mit dem angerührten Mörtel und reibt ihn mit einem Lappen in die Fugen ein. Danach wischt man die Oberflächen der Steine sofort wieder trocken. Hat der Fugenmörtel leicht abgebunden, dann überwäscht man noch einmal das ganze Mosaik, wobei sich die Fugen wieder leicht vertiefen. Hinterher wird jeder Stein einzeln mit dem Lappen abgerieben. Anhaftende Mörtelspuren werden entfernt, unter Umständen mit einer leichten Säure (verdünnte Salzsäure 1:10). In diesem Fall muß nachgespült werden.
Das Verfugen kann mit dem gleichen Binde- oder Klebemörtel geschehen, der schon zum Setzen diente. In der Regel verwendet man aber einen widerstandsfähigeren Ansatz aus Grauzement, Farbzement oder Dyckerhoff-Weiß, das ebenfalls gefärbt werden kann.

Nachbehandlung

Nach dem Abbinden des Fugenmörtels geht es darum, den Steinen ihre farbige Frische wiederzugeben. Am einfachsten ist die Behandlung mit farblosem Bohnerwachs. Die Fläche wird zwei- bis dreimal eingerieben. Nach dem Trocknen poliert man sie mit einem weichen Lappen über.

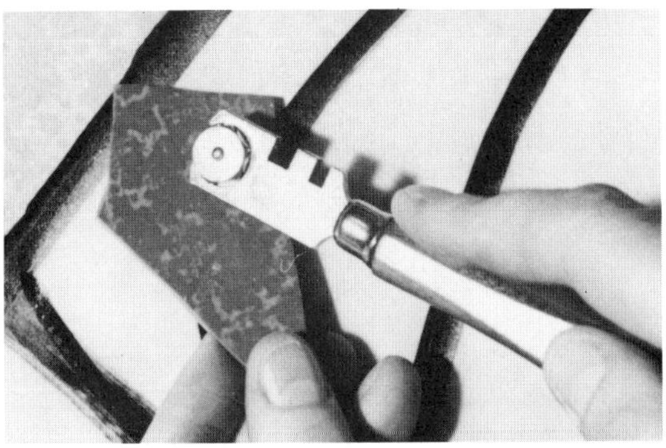

Links: Die »Steine« werden mit dem Glasschneider angeritzt und im Nutholz oder mit der Kantenzange gebrochen. Unten: Zur Sicherung, und damit nichts durcheinander gerät, legt man die zugerichteten Stücke sofort auf den entsprechenden Platz auf die als Arbeitsvorlage dienende Entwurfszeichnung (Karton). Hier hat man auch einen ersten wirklichen Eindruck vom Zusammenwirken der Farben, besonders wenn man sich die Lage aus einiger Entfernung (Standhöhe) betrachtet (siehe auch »Fisch« – Seite 267).

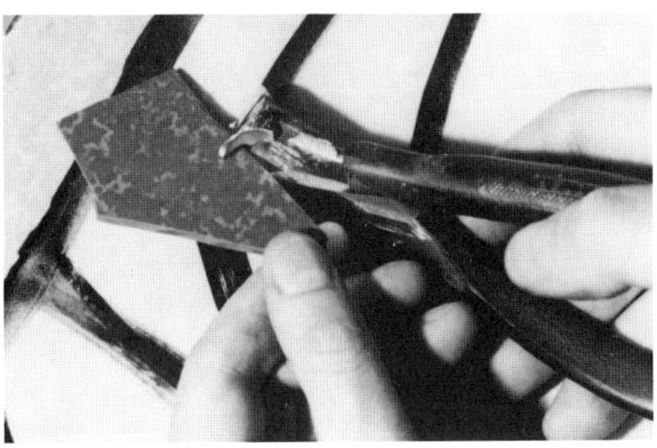

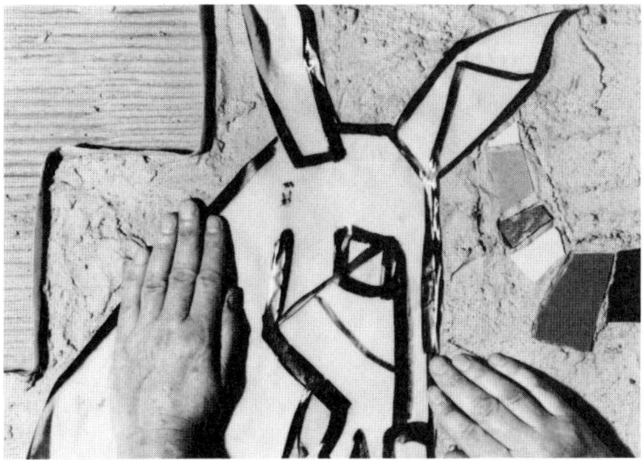

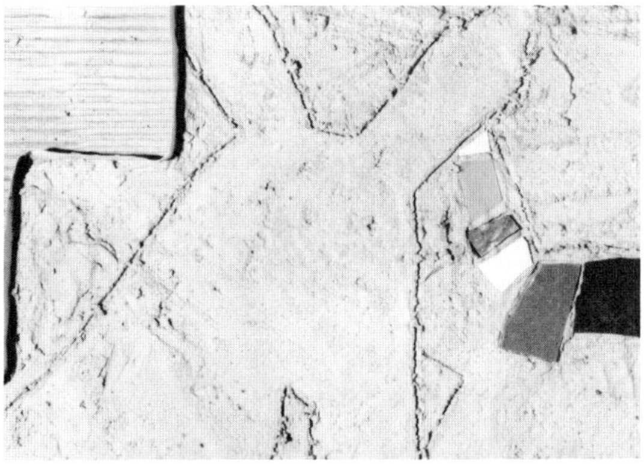

Das Übertragen des bereits zugeschnittenen Materials in den Setzgrund. Als Unterlage dient eine in Form geschnittene Platte (Eternit, Holzzement, ggf. auch Spanholz – siehe S. 268). Klebemörtel wird mit einem Spachtel aufgetragen und mit den Fingern ausgebreitet. Zur besseren Verfestigung kann man dem Mörtel teelöffelweise auch ein wenig Grauzement zusetzen. Man versorge immer nur ein überschaubares Feld mit Mörtel, das man in vorgesehener Zeit auch wirklich mit Steinen belegen kann. Unbearbeitete Flächen sollte man bis dahin (gegen vorzeitiges Trocknen) mit feuchten Tüchern abdecken. – Linke Spalte, von oben nach unten: Eine Schablone (Ausschnitt aus einer Entwurfspause) wird auf den Setzgrund aufgelegt und mit einem spitzen Werkzeug umfahren. Die mittlere Abbildung zeigt einen solchen Umriß. Einzelheiten können frei nachgetragen werden. – Rechte Spalte: Nun drückt man Stück für Stück des zugeschnittenen Materials in den Setzgrund ein. In den nachfolgenden Bildern ist ein Detail aus dem auf Seite 266 abgebildeten Entwurf vollständig übertragen worden. Es empfiehlt sich, den durch das Eindrücken der Glasstücke in den Fugen aufgetriebenen Setzmörtel wieder einzuebnen. Die Umgebung bleibt weiterhin feucht abgedeckt.

Draht, Blech, Metallfolie

Spaß an Drahtmaschinen

Kinetische Objekte

Objekte, die sich bewegen lassen!
Das Wort *Technik* bezeichnet ganz allgemein das Gebiet des Machens. Fragen nach grundsätzlichen Gegebenheiten müssen immer wieder gestellt und beantwortet werden. Womit können wir rechnen? – Wie läßt sich eine Sache in Gang bringen? Usw. – Ohne bewußt »technisch« zu denken, d. h. ohne ernsthafte Versuche, uns im Bereiche der Möglichkeiten des Machens geistig zurechtzufinden, kommen wir nicht weiter. Und bitte: Unsere gesamte dingliche Umwelt ist ein Ergebnis dieses Denkens und seiner Schlüsse. Beim spielenden wie beim praktisch tätigen Menschen werden dieselben Kräfte beansprucht, nur jeweils in anderer Richtung. So betrachtet, ist es mit Vergnügen hinzunehmen, wenn wir aus billigem Draht Apparate konstruieren, die niemand braucht, wobei aber physikalische Gesetze und das Spiel der Intuition zueinanderstehen. Im übrigen bewegen wir uns mit unseren Vorstellungen schon tief im Bereich der *kinetischen Kunst,* einer – schon längst nicht mehr – modernen Kunstrichtung, die sich

Draht »drillen«: Der bei der Herstellung geglühte, verzinkte Eisendraht (sog. Bindedraht) ist relativ weich, biegsam und der Vertriebsform entsprechend gekrümmt. Durch das Drillen werden die Kristallite in der Kristallstruktur des Metalls verschoben und in eine Art von Zwangslage mit größeren molekularen Spannungen gebracht. Gedrillte Drähte sind im allgemeinen härter (elastischer), nicht mehr so biegsam, in der Form gerade. – Unten: Eine Ösenschraube in eine Handbohrmaschine (man kann auch eine regelbare elektr. Handbohrmaschine nehmen) einspannen, Draht einhängen und fest zusammendrehen, das andere Ende irgendwo im Raum befestigen. Der Draht kann bis 4 m lang sein. Maschine unter Zug (!) langsam anlaufen lassen. Der Draht ist dann »fertig«, wenn er beim Nachlassen der Zugspannung und nach einem kurzen Rückdrehen der Maschine (Elastizität!) schnurartig durchhängt. Sofort mit dem Seitenschneider in handliche Längen schneiden und verbiegungssicher aufbewahren.

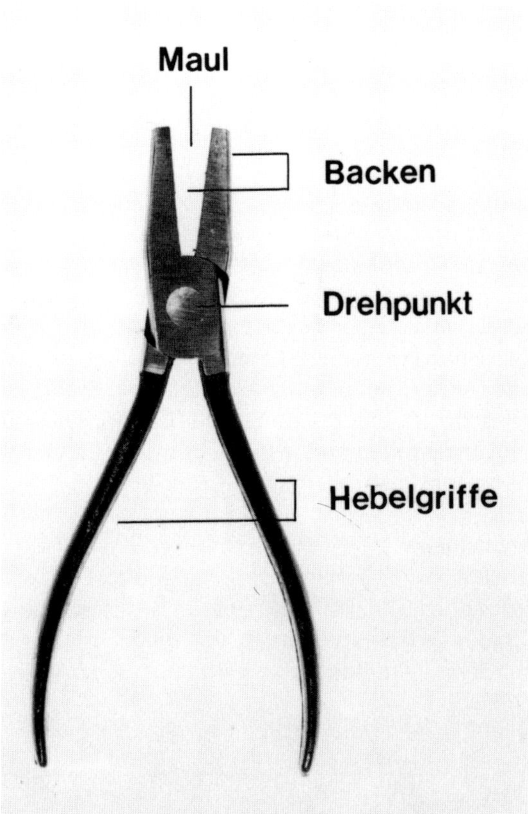

Oben: Grunsätzlich ist die Zange ein Werkzeug zum Greifen, Festhalten, Ziehen, Verformen oder Schneiden. Sie besteht aus zwei Backen, die durch Hebelgriffe um einen Drehpunkt gegeneinander bewegt werden. Die Backenform kennzeichnet ihre Brauchbarkeit für bestimmte Verrichtungen (siehe auch – rechts).

Unten: Zwei Anwendungen der mit der Rundzange gebogenen Öse als Lageröse und Gelenkverbindung.

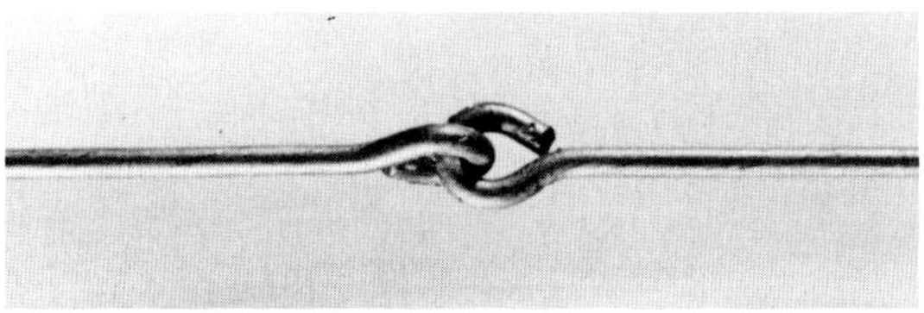

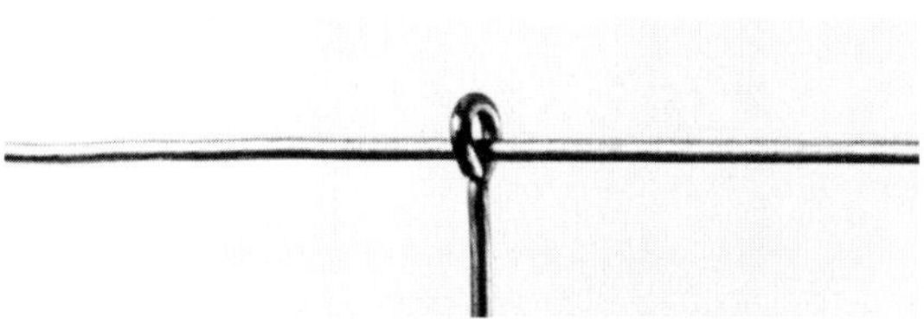

Unten: Der Gebrauch des Seitenschneiders beim »Ablängen« eines Drahtstücks. Man sehe sich vor, daß der abspringende Teil nicht etwa einem interessiert Zuschauenden das Auge verletzt! – Mitte: Draht wird mit der Flachzange »abgewinkelt« (nicht gebogen!). Den Draht mit dem Daumen um die Zangenkante drücken! – Unten: Die Rundzange hat kegelförmige Backen. Diese werden dem gewünschten Biegedurchmesser entsprechend vorn oder weiter hinten angesetzt.

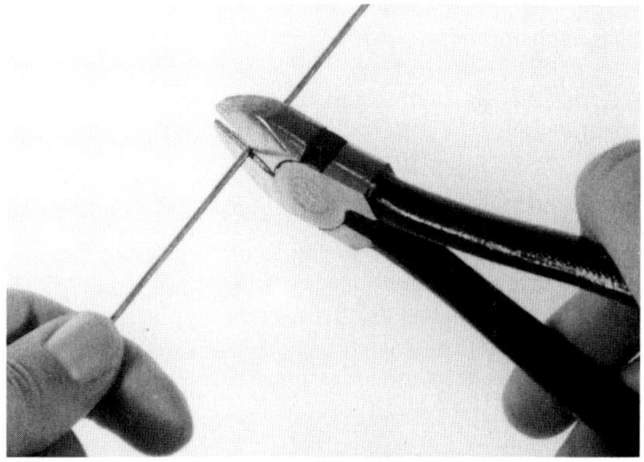

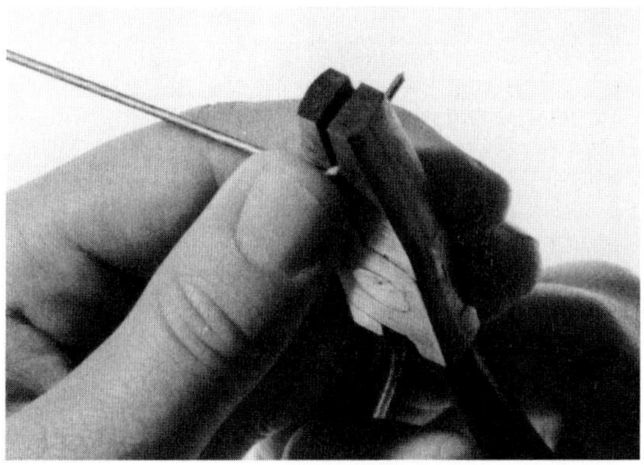

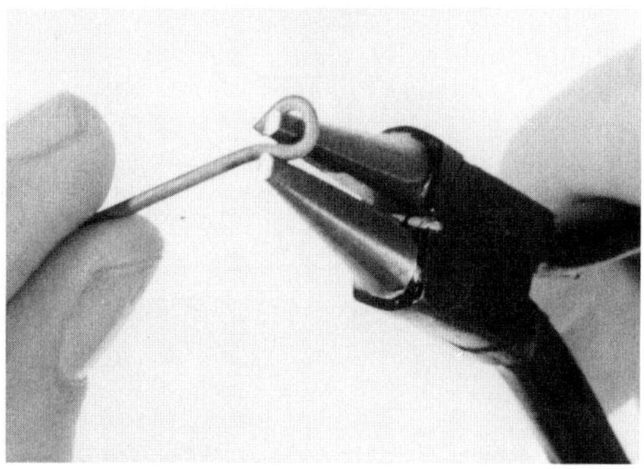

die Maschine

Eine Maschine wird definiert (d. h. bestimmt) als ein Mechanismus, dessen bewegliche Teile in einem Gestell gelagert sind – der an einem Ende angetrieben wird und am anderen Ende eine Arbeit verrichtet. Antriebsteil und Arbeitsteil sind für eine Maschine charakteristisch. Demnach ist jede Maschine ein Mittel, um Antriebsenergie in Arbeit umzusetzen, »gespeicherte Arbeit« als »geleistete Arbeit« zurückzubekommen. – Unterschiedlich lang kann der dazwischenliegende Abtriebsweg (Getriebeteil) sein, in dem Bewegung weitergeleitet (von da nach dort), umgelenkt (z. B. um die Ecke), geändert (z. B. Drehung in Schub) oder übersetzt wird (vom Schnellen ins Langsame oder umgekehrt).

gleichfalls mit dem Machen *beweglicher Objekte* befaßt, – ein Gebiet, das, wenn man es erst einmal in den Griff bekommen hat, manchen ebenso packen kann wie andere das Spielen mit der Modelleisenbahn. Und dabei denken wir durchaus auch an erwachsene Leute, keineswegs nur an Kinder!

Material und Werkzeug

Brauchbar ist *verzinkter Eisendraht* in den Dicken 1,2 und 1,5 mm. Dieser Draht ist billig und als sogenannter »Bindedraht« in Werkzeuggeschäften und Eisenwarenhandlungen zu bekommen.

Ferner brauchen wir unbedingt: eine *Flachzange* (zum Abwinkeln der Drahtstücke), – eine *Rundzange* (zum Ösenbiegen, z. B. als Gelenkösen oder Lager für Schubstangen), – einen *Seitenschneider* (zum Ablängen der Drähte) – und eine kleine *Handbohrmaschine* (zum Drillen und Vorbohren der Einstecklöcher in die Grundplatte). Die Abbildungen auf den vorhergehenden Seiten geben über die Anwendung dieser Werkzeuge Auskunft.

Zum Bau der Drahtmaschine

Keine Maschine läuft glatt, wenn sie nicht *sorgfältig* gebaut worden ist. Alle Stäbe wollen gerade, alle Winkel exakt geformt werden. Es empfiehlt sich, die benötigten Rollendrahtlängen vor dem Gebrauch zu richten, was auch mit dem Ziel erhöhter Stabilität durch *Drillen* (siehe Bildtext – S. 270) geschieht.

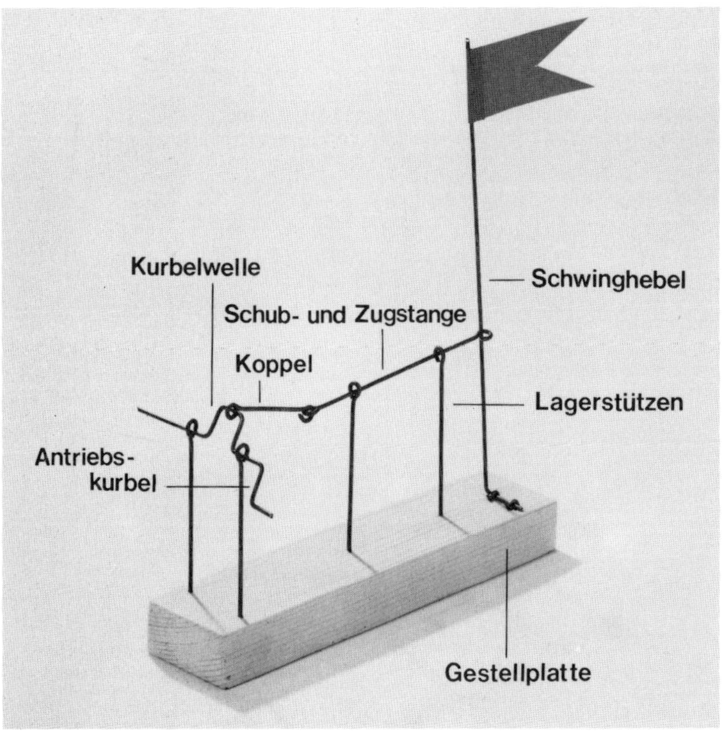

Links: Anatomie der Drahtmaschine. Bezeichnungen der Gestell- und Getriebeteile.

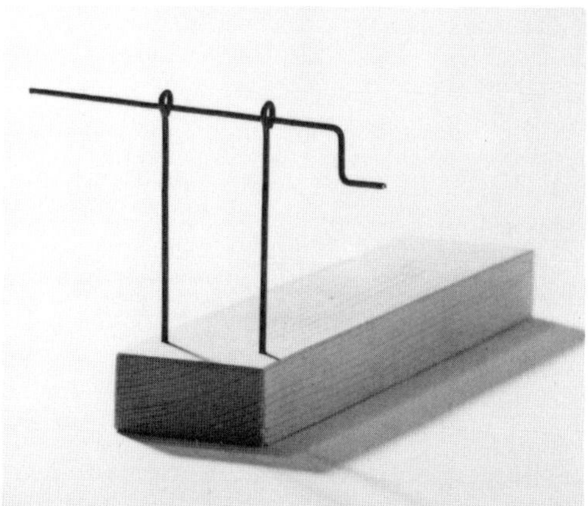

Erste Problemlösungsschritte beim Bau der Drahtmaschine. – Links, von oben nach unten: Zwei Lagerstützen im Gestellholz ermöglichen die Halterung des Getriebes in gewünschter Höhe (Bohren der Einstecklöcher im Holz mit einem gleichdicken Drahtstück). – Lagerösen mit eingelegter Welle. – Eine Antriebskurbel ermöglicht leichteren Antrieb.

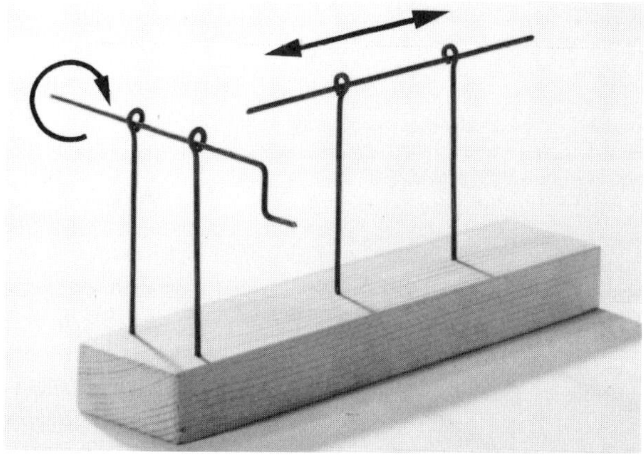

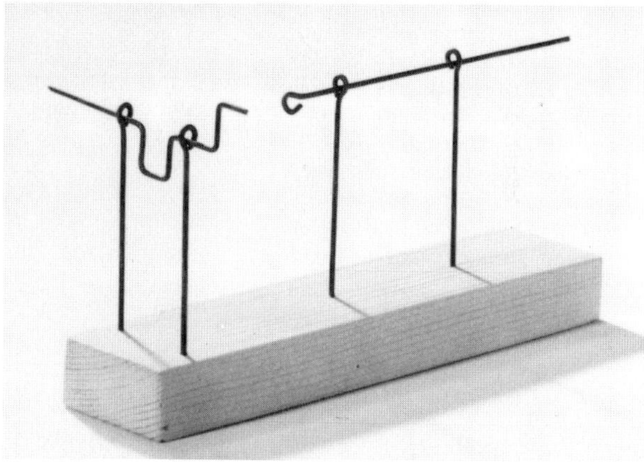

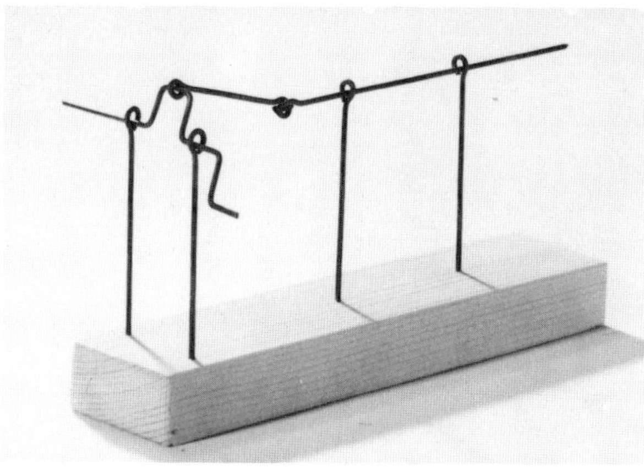

Rechts: Nun soll die Bewegung der Welle auf eine Schubstange übertragen werden (Umformen der Drehbewegung in eine Hinundherbewegung). – Durch das Anbringen einer zweiten Kurbel zwichen den Lagerösen wird die Welle zur »Kurbelwelle«. – Nur eine ausreichend lange Koppel vermag den kreisförmigen Hub der Kurbelwelle auf das Ende der Schubstange zu übertragen. – Noch handelt es sich um einen Mechanismus – und keine Maschine, weil der Arbeitsteil fehlt.

Im allgemeinen sind wir es gewohnt, alles, was nicht umsetzbare Verrichtung ist, als überflüssiges, nutzloses Spiel zu betrachten. Wie steht es damit? – Haben die hier »produzierten« Machwerke nicht ebenfalls einen nur flüchtigen Charakter? – Wenn jemand ein paar kurze Drahtstücke in die Hand nimmt, nachdenksam suchend durch einfaches Verdrehen – und ohne einen einzigen Löttropfen! – zu einem tragfähigen Gestell verbindet, herumprobiert, konstruiert, überlegt – und schließlich ein ganz eigenartiges Phantasiegebilde vor sich auf den Tisch stellt, dann ist bei ihm eine Aktivität am Werk, die – obgleich spielerisch motiviert – weit über den Erfahrungsbereich des Spiels hinausgeht. Wir wollen nicht vergessen, daß viele positive Kräfte im geistig-seelischen Kontinuum des Menschen hinter der Maske der Spielerei arbeiten, und daß die besten Früchte unserer Gestaltungsfreude in dem Bereiche zwischen Spiel und Bewußtheit reifen.

Beim Bau der Maschine treten *Einzelprobleme* auf – wie z. B. die Lagerung der Wellen, der Koppel- und Schubstangen. Auch die Wirkungsweisen und Führungen dieser Funktionsteile müssen gefunden werden. Man beginnt daher am besten mit einer einfachen Problemstellung, z. B. dem »Umändern einer Drehbewegung in eine Hinundherbewegung« (siehe – vorhergehende Seite!) – oder dem Versuch, »die Hinundherbewegung einer horizontal gleitenden Schubstange zum Drehen einer vertikal gestellten Welle« zu nutzen u. ä. – Sofort treten auch immer Probleme besonderer Lagerungen, Rutschsperren und Führungen auf, die nebenbei bedacht und gelöst werden wollen *(Teilprobleme)*. Hilfreich ist ein *Grundbestand einfacher Möglichkeiten:* In den Gestelldraht eingebogene Ösen können sowohl der Lagerung von Wellen als auch der Führung gleitender Funktionsteile (Schubstangen) dienen. Zwei an den Stangenenden angebogene und ineinandergehängte Ösen ergeben eine bewegliche Verbindung nach Art eines »Kreuzgelenks«. Kurze Drahtenden werden am besten durch Muffen (Spiralen, siehe unten) verbunden. Solche Spiralabschnitte eignen sich auch als Lager und Rutschsperren.
Wir bauen Maschinen, die irgendwelche Stangen drehen oder kippen, Schübe verursachen, Signale schwenken, auch Lärm erzeugen (Lärmmaschinen), – aber keine bestimmten Maschinen (keine Modelle)! Unser Prinzip ist es, *Spaß am Erfinden* zu haben und Objekte zu erstellen, an denen auch die Gäste des Hauses heimlich zu spielen versuchen.

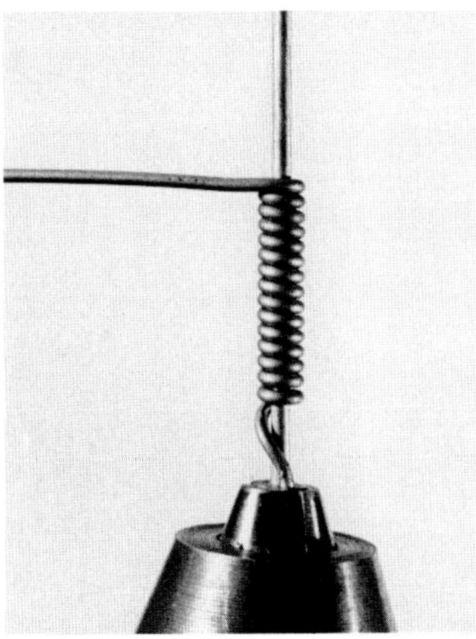

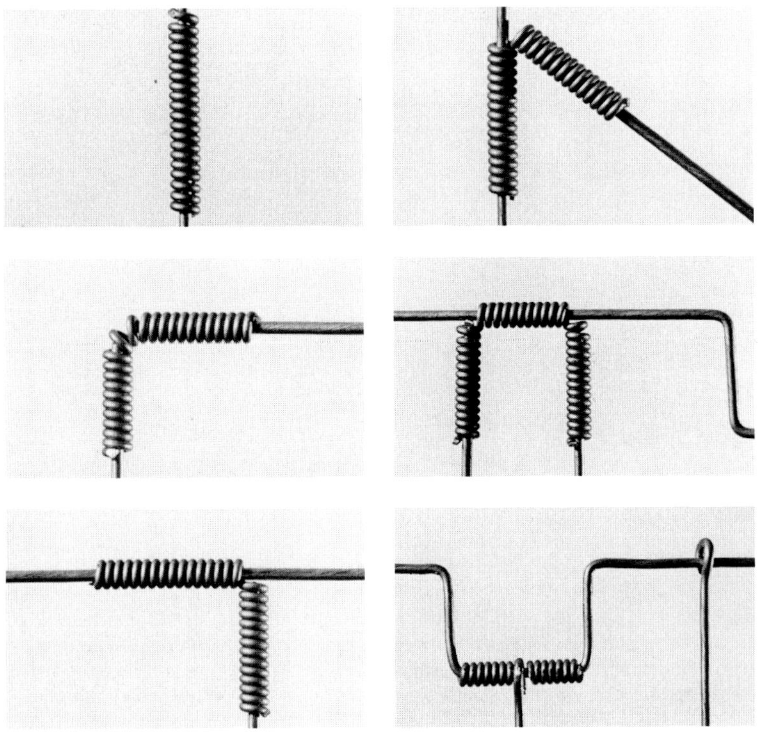

Oben: Herstellen von Spiralmuffen. – In das Futter einer senkrecht eingespannten Handbohrmaschine kommt ein Stück des zu verbindenden Drahtes, auf das man durch langsames Kurbeldrehen ein durch die Hand geführtes Drahtstück geringerer Dicke stramm aufwickelt. – Rechts: Verschiedene Anwendungen der Spiralmuffe.

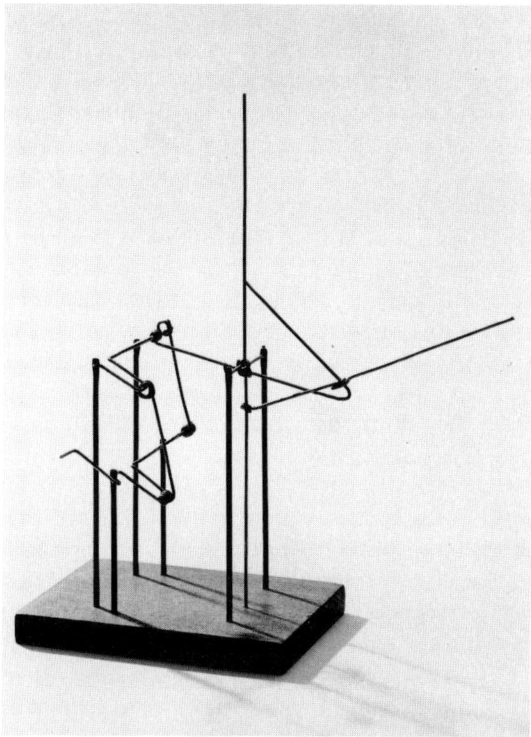

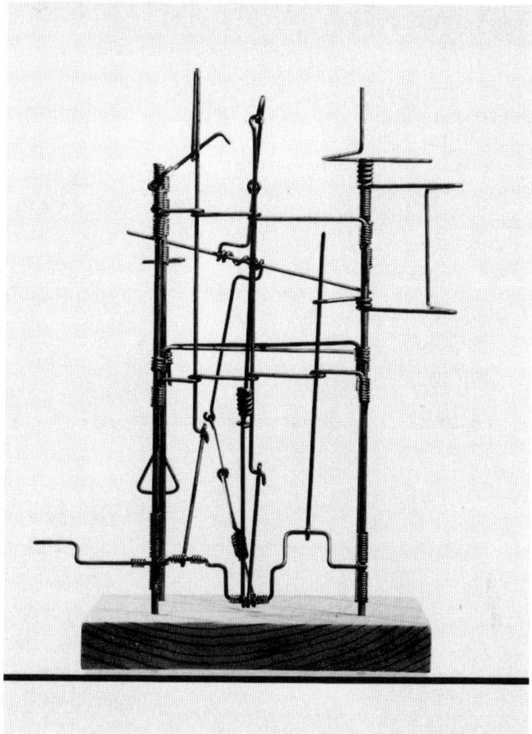

Drahtmaschinen unterschiedlicher Konstruktion und Komplexität.

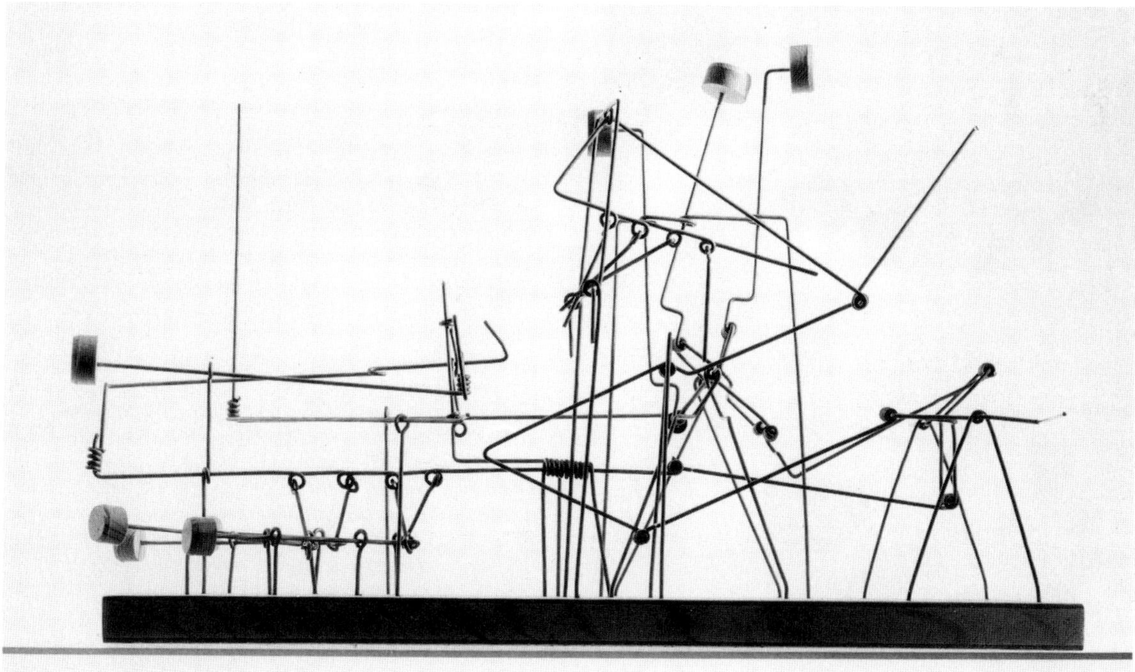

Ein Mobile

Den Begriff »Mobile« prägte im Jahre 1932 Marcel Duchamp angesichts der plastischen Arbeiten des amerikanischen Bildhauers und Ingenieurs Alexander Calder. »Mobil« bedeutet »beweglich«. Man denke an »Automobil«, – das Fahrzeug, das sich »selbst bewegt«. Aus der Geschichte der Technik kennen wir das »Perpetuum mobile«, – eine Maschine, die ohne sichtbare Antriebskraft unaufhörlich laufen sollte. Natürlich ist diese Maschine nie erfunden worden, aber im Mittelalter haben viele Menschen so einen Apparat zu bauen versucht. Mobiles sind also Gebilde, die sich auf eine besondere Weise, ohne ihren Zusammenhang zu verlieren, bewegen.
Calders Mobiles sind vielformige, aus Draht und Blechscheiben bestehende Gebilde von aufregender Leichtigkeit, – am schönsten anzuschauen, wenn –

– fast wie von Alexander Calder
Machen wir uns nichts vor, – der geistige Vater des Gedankens, farbige *Blechscheiben* und *Drähte* zu einem solcherart beweglichen Formgebilde zu verbinden, ist nun einmal *Alexander Calder.* Und wenn wir die Drähte und Scheiben dann auch noch mit den überkommenen *Signalfarben* Schwarz, Rot und Weiß streichen (Buntfarben wirken nicht!), dann kommen wir der Calder'schen Idee noch näher. – Aber was soll's! Mobiles sind keine Drucke, die man in gehöriger Stückzahl auflegen kann. Und Calder selbst war nicht so produktiv, alle Welt mit seinen Arbeiten versorgen zu können. Originale sind unbezahlbar! Wenn wir also ein *Calder-Mobile* haben wollen, dann müssen wir es uns schon selbst basteln. Übrigens hat Calder die mögliche Entfaltbarkeit seines Prinzips gar nicht ausgeschöpft. Es bleibt uns also ausreichend Spielraum, noch *eigene Formvorstellungen* zu verwirklichen (und das Spiel auch größenmäßig dem gedachten Hängeplatz entsprechend auszulegen).

Worauf es ankommt!
Hier geht es wesentlich um die wechselnde Zuordnung verschieden gestellter Flächen zu dunklen Raumlinien. Das lineare Element bilden die Träger. Die Flächen werden je nach Größe aus dünnerem bis dickem *Blech* geschnitten, auf eine geeignete Weise mit den Trägern verbunden und wie diese farbig gestrichen. Ein gut geeignetes Material ist das noch mit der gewöhnlichen Haushaltsschere schneidbare

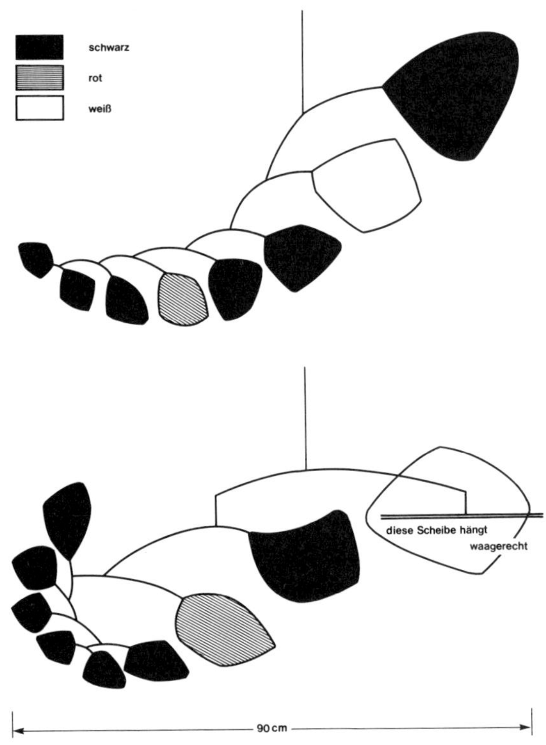

Links: Die gezeichneten Entwürfe der beiden auf Seite 279 abgebildeten Arbeiten. – Mobiles findet man in jedem Kunstgewerbeladen. Meist sind es Trägermobiles, die in der Regel aus drei bis fünf miteinander verknüpften Drähten oder Stäben bestehen, an denen – je nach Motiv verschieden – die Behangfiguren hängen. Nicht jeder kann sich mit diesen kunstgewerblichen Massenerzeugnissen anfreunden. Die hier vorgeschlagenen »Calder«-Mobiles haben einen ausgesprochen grafischen Charakter (flächige und lineare Elemente werden kombiniert). Man braucht dazu ein wenig Formsinn und Experimentierfreude. Die Arbeit beginnt mit dem im Maßstab 1 : 1 gezeichneten Entwurf, der aber der späteren Ausführung immer nur annähernd entsprechen kann, weil die Verknüpfungspunkte jeweils durch das Ausbalancieren des bis dahin fertiggestellten Spielteils gefunden werden müssen und dann mit Sicherheit ein wenig anders liegen als in der Zeichnung. Trotz alledem kommt man ohne einen Entwurf nicht weiter, denn auch die Formumrisse der Flächen müssen zeichnerisch gesucht und festgelegt werden. Nach ihnen werden Schablonen hergestellt, die sich dann problemlos auf das Aluminiumblech übertragen lassen. Beim Zusammenhängen immer von unten beginnen! – also erst den untersten Spielteil fertigstellen, diesen mit dem nächsten Träger verbinden usw.

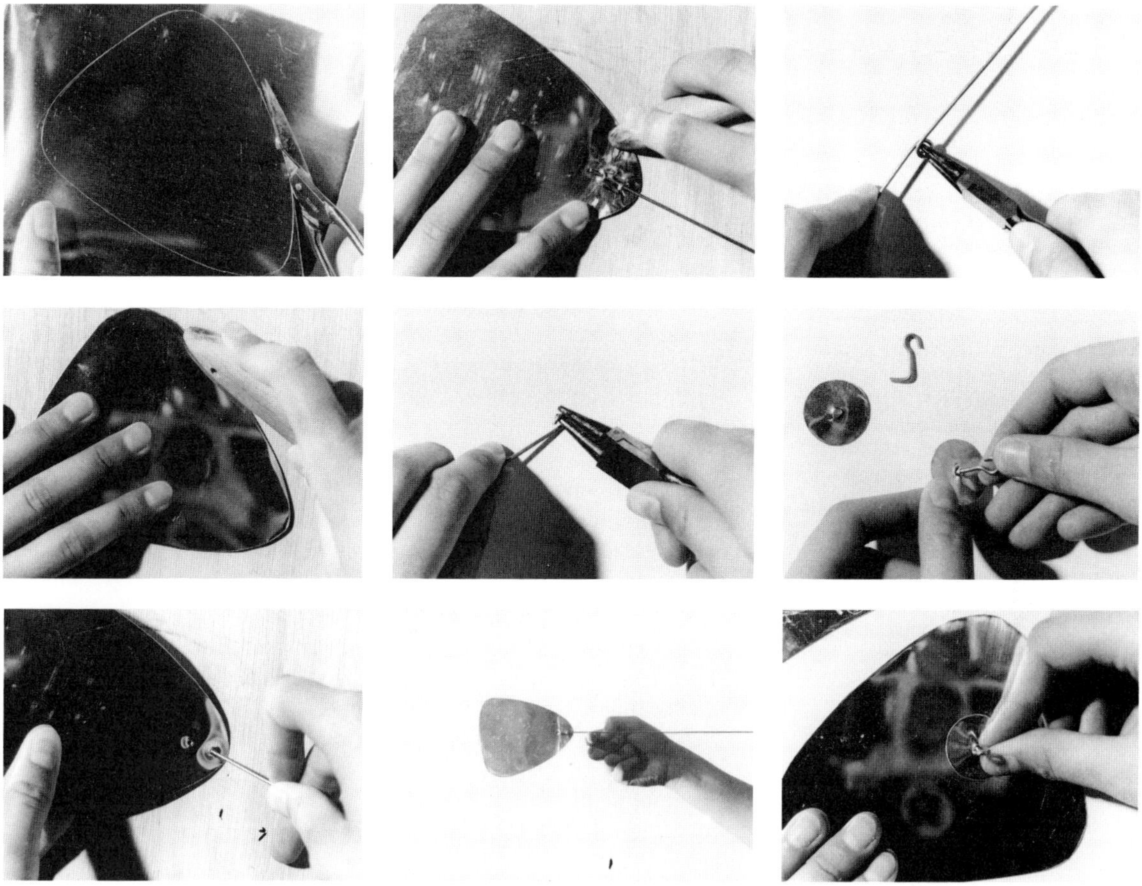

Linke Spalte, von oben nach unten: Ausschneiden der Umrißzeichnung; – Niederreiben des vom Schneiden aufgetriebenen Blechs mit einem Holzgriffel; – der Träger wird durch zwei mit dem Spitzbohrer vorgestochene Löcher eingefädelt. – Mittlere Spalte: Ausreiben der groben Verbiegungen; anschließend sind die Winkel zwischen Träger und Scheibe mit einem Metallklebstoff auszufüllen. Abbindezeit beachten! – Anbiegen eines Hakens an ein Trägerende. Beim Zurichten der Trägerlänge muß auch das in die Öse einlaufende Material beachtet werden. – Einbalancieren der nächsten Verknüpfungsstelle (Öse). – Rechte Spalte: Einlegen der Öse am Verknüpfungspunkt. – Aufhängen einer Scheibe in horizontaler Lage. Die mit zähem Klebstoff versorgte Befestigung ist so lange zu verschieben, bis die richtige Aufhängung gefunden ist. – Unten: Träger in den untersten Spielteil einhängen, Haltepunkt bei gewünschter Drahtlage feststellen usw.

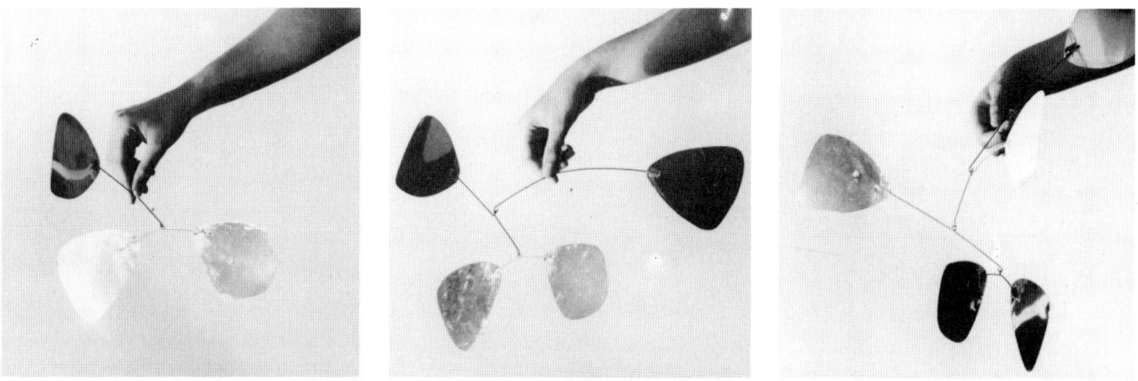

im Freien – der Wind mit ihnen spielt, oder wenn man ihnen durch leichtes Anblasen oder Anstoßen mit der Hand immer neue räumliche Beziehungen gibt. In den Ausmaßen war Calder nicht kleinlich. Sein 1953 entstandenes »Zehn Scheiben ruhelos« ist über 5 m hoch und in einem Garten oder Park aufzustellen. Andere Mobiles hat Calder für Wohnräume und große Empfangshallen erdacht.
Die seelische Wurzel dieser Formspiele liegt in ihrer »mobilitas«, der Behendigkeit, Flüchtigkeit, Unbeständigkeit, was auch in der deutschen Bezeichnung »Unruhe« zum Ausdruck kommt. Das Mobile erscheint als ein Gegenüber des modernen Menschen, dessen Lebensgefühl sich ebenfalls ständig wandelt, der ständig neue Ordnungen suchen und finden muß und sich ebenfalls in jeder Minute genötigt sieht, zwischen den ihn bedrängenden Mächten hindurchzubalancieren, ohne dabei seine innere Geschlossenheit zu verlieren.

Aluminiumblech, 0,3 mm/halbhart, kombiniert mit *Messingdrähten* in der Dicke 1,5 mm (für größere Mobiles 2–2,5 mm) für die Träger. Es empfiehlt sich, den Messingdraht in der handelsüblichen Stangenform (gerade) und nicht etwa von der Rolle gewickelt einzukaufen. Die auf der vorhergehenden Seite vorgeschlagene *Verbindungsweise* (Lochfädelung und Verstrich mit einem *Metallkleber*) ist nur eine Möglichkeit. Man kann die Träger auch direkt auf die Scheiben aufkleben oder einem gerillten Blechstreifen überdecken. Aluminium läßt sich nicht löten! Stahl- und Buntmetallbleche können hingegen auch an die Träger angelötet werden, wofür allerdings der Flächengröße entsprechend ein ausreichend leistungsstarker Lötkolben nötig ist.
Für Zimmermobiles genügt ein Anstrich mit *Plakatfarben.* Sie haften auch auf zuvor mit einem wirksamen *Haushaltsscheuermittel* gründlich entfetteten Metallflächen. Geeignete *Farbgebung:* Schwarz, mit Effektfarben Weiß und Rot. Träger schwarz! Mit den Effektfarben sollte man jeweils nur eine Scheibe streichen. Es ist auch eine Umkehrung möglich, wenn man Schwarz zur Effektfarbe erklärt. – Ferner kommt es beim Entwerfen eines solchen Mobiles wesentlich darauf an, daß wir schön gekurvte Flächenumrisse zu zeichnen verstehen und – da die Träger linearen und die dazu kontrastierenden Scheiben punkt- oder fleckhaften Charakter haben – auch schon einmal über die bildhafte Wirkung dieser *formalen Elemente* nachgedacht haben (siehe Vorkurs, Seite 12 und 18). – Über das *Ausbalancieren* der Träger und den *Zusammenbau* informieren die Abbildungen auf Seite 277.

Links: »Der Drache« (auf Grund seiner raumgreifenden Bewegungen)

– und dann gebe man seinem Mobile einen schönen Namen! Oben: »Buntes Laub und weiße Wolke« (die weiße Kontrastscheibe wurde zur vertikalen Zweigfigur horizontal gehängt).
Rechts: »Schwingender Zweig.«

aus Aluminium-folie

Stärkste Reflexion (und stärksten Glanz) liefert ein oberflächenversilberter Spiegel oder eine perfekt geschliffene Metalloberfläche (Reflexion bis 95%). Der Winkel, in dem das Licht zurückgeworfen wird, ist gleich dem Winkel, in dem es in die Fläche einfällt (Einfallwinkel und Ausfallwinkel sind gleich groß). Das heißt, daß wir Glanz immer nur in einem bestimmten Blickwinkel wahrnehmen können. Wir erleben das, wenn sich eine metallisch glänzende Behangform im warmen Luftstrom brennender Kerzen zu drehen beginnt. Dann treffen die gerichteten Reflexe zeitweilig unser Auge.

Gold und Silber – die »königlichen« Metalle

Die materialen Qualitäten der besonders dünnen (auch farbigen) *Aluminiumfolien* (siehe Seite 164) liegen zwischen Papier und Blech. Härtere Folien, die keine tragende Papierunterlage (Kaschierung) mehr benötigen, werden ebenfalls in Rollenform (meterweise) gehandelt. Sie sind sehr elastisch (hart) und brechen bei mehrfacher Beanspruchung leicht an engen Biegestellen. Eine besonders weiche Aluminiumfolie ist als sogenannte *Folie für Metalldrückearbeiten* in DIN-A4-großen Zuschnitten in den Werkmittelgeschäften zu bekommen. Am stabilsten ist wieder das schon auf Seite 278 vorgestellte *Aluminiumblech, 0,3 mm, halbhart.*

Gold- und Silberfolien haben ihren Wert durch die metallisch reflektierenden Oberflächen. Selbst das schwache Licht eines grauen Wintertages wird noch in voller Stärke zurückgeworfen. Reflexe entstehen auch bei veränderten Raumlagen (Winkelstellungen zur Lichtquelle) – durch Biegen, Abkanten, Schrägstellen, Punzieren. Man nehme das Material in die Hand, probiere und spiele damit! Vom gefalteten Stern bis zur objekthaften Darstellung ist alles möglich. Als Bindemittel dient *Alleskleber.* Die hauptsächliche Verwendung in der Weihnachtszeit ist durch die symbolische Nähe des Materials zum »Gold der Könige« vorgegeben. Lassen Sie sich von den Abbildungen unten und auf den nachfolgenden Seiten zu eigenen gestalterischen Experimenten anregen!

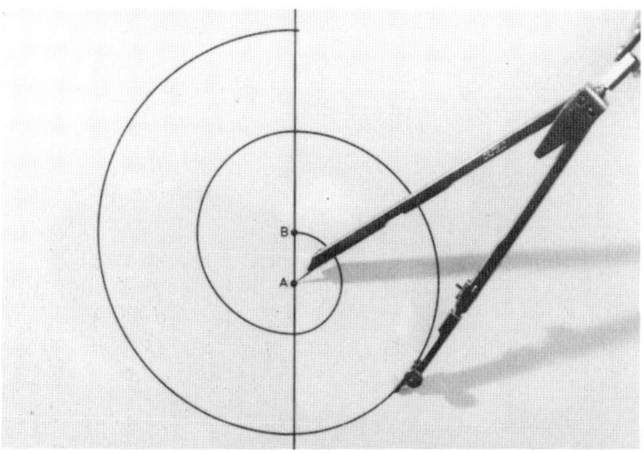

Links: Zeichnen einer Spirale durch wechselndes Einstechen des Zirkels an zwei »Mittelpunkten«. Darunter – Übertragen der Schablone auf das Werkmaterial. – Unten: Die fertige »Warmluftspirale«. Aufhängung mit einem Perlonfaden an der Zimmerdecke. Die thermische Luftbewegung im Raum drückt gegen die schrägen Flächen und versetzt das Objekt in Drehung.

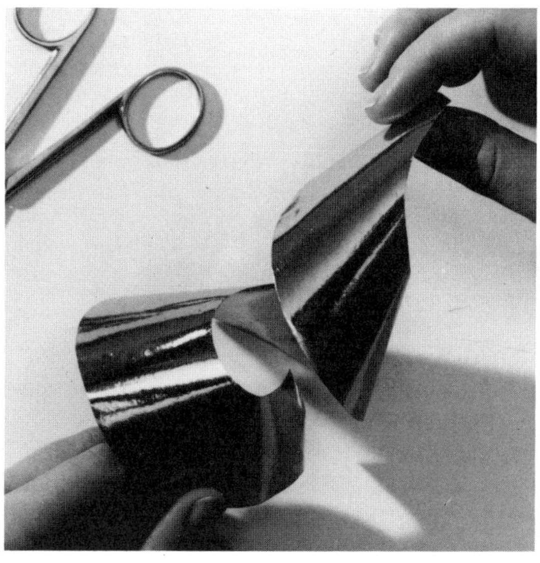

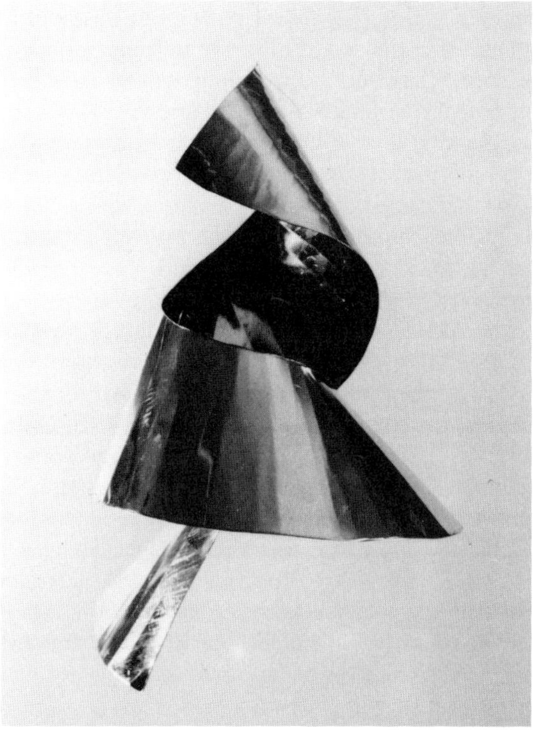

Oben: Warmluftspirale aus dickerem Blech. Die Flächenwölbung wurde durch mehrfaches partielles Ansetzen über einer Holzleiste »eingekantet«. Daneben: Leuchter aus der Unterteilung kreisförmiger Zuschnitte. Härtere Aluminiumfolie. – Unten, links: Durch mehrfaches Wölben der Fläche entstehen Schräglagen, in die das Licht in immer anderen Winkeln einfällt und entsprechend den wechselnden Blickwinkeln eines vorbeigehenden Betrachters andere Reflexionsorte findet: Bewegung optisch hervorgerufen als »fließender« Reflex. – Unten, rechts: Legendäre Überlieferung erklärt den Stern zum bedeutendsten Zeichen des Weihnachtsfestes. Seine Form ist wandelbar. Ebenso unerschöpflich sind die Möglichkeiten der Wiedergabe in Material und Herstellungsverfahren. Hier die Idee eines »Blechhandwerkers«. Harte Alu-Folie.

Unserer Wahrnehmungserfahrung ist es geläufig, nicht so sehr die elementaren Zusammenhänge als gleich den ganzen Bedeutungszusammenhang einer Mitteilung zu erfassen. Wir empfinden Kälte – aber wir denken »Winter«. Wir schauen auf den Kalender und nehmen statt eines zahlenmäßigen Zusammenhangs wahr, daß es sich um »Festtage« handelt. Dies schließt ein, daß unser wahrnehmendes Bewußtsein schon von sich aus aktiv ist, Übergeordnetes schon in geringen Andeutungen erkennt, Fehlendes zu ergänzen vermag. Darauf ist auch zurückzuführen, daß Kinder schon bei der ersten fallenden Schneeflocke oder beim vorzeitigen Anblick eines silbernen Fadens an »Weihnachten« denken – ja, daß Zeichen überhaupt als »hinweisende« Elemente verstanden werden können. Uns stört es daher auch nicht, daß das »Gold der Könige«, das wir in den Tannenbaum hängen, in Wahrheit nur ein mit Bronzefarben bedrucktes Stück Allerweltsmetall ist.

Drückarbeiten

Für kleinere Arbeiten kann man die schon auf Seite 280 genannte, besonders weiche *Drückefolie* (im DIN-A4-Format) nehmen, – für größere empfiehlt sich die dort ebenfalls genannte *härtere Aluminiumfolie* (von der Rolle), die sich ebenfalls – wenn auch nicht so leicht – drücken läßt, der Werkform aber im Ganzen mehr Stabilität verleiht.

Die *Arbeitsunterlage* muß fest, aber zugleich nachgiebig sein (Linoleum, eine dicke Lage Zeitungspapier auf der Werktischplatte). Als *Werkzeug* eignet sich z. B. das rundlich-spitze *Ende eines Pinselstiels.* Es muß rundlich-glatt sein und darf keine scharfen Kanten haben. In den Zeichenwarengeschäften gibt es sogenannte »Runer«, d. s. federartige *Punzen* in verschiedenen Formen, die man in einen Griffel einstecken kann. Auch *Locheisen* mit verschiedenen Durchmessern lassen sich gut für kreisförmige Eindrücke verwenden.

Die Folie wird mit leichtem Druck »ziehend« überfahren. Die eingedrückten Linien erscheinen vorderseitig als Erhöhung. Man kann von hier aus entgegenarbeiten, zum Beispiel an beiden Seiten der erhöhten Linie mit dem Werkzeug entlangfahren und das dort breit aufgetriebene Blech wieder in die ebene Lage zurücktreiben. Die Linie hebt sich dann klarer hervor, die Zeichnung wird deutlicher. Kleine Flächen können auch in voller Breite von der Rückseite her ausgetrieben werden. Für größere nimmt man ein an der Schnittkante rundlich zugeschliffenes Rundholz oder ein Falzbein. Siehe dazu die Abbildungen auf den Seiten 284/285.

Links: Weihnachtliches Objekt. Doppelseitige Silberfolie. Ausgangsmöglichkeiten bieten kreisförmige und halbkreisförmige Zuschnitte, die durch Einschneiden, Biegen, Falten zu verändern sind. Es entstehen montierbare Elemente, die sich zu komplexeren Gebilden verkleben lassen. Unten: Schmuckform. Harte Blechfolie. Siehe dazu Seite 285, oben.

Oben: Ein gedrückter Wandstern (härtere Aluminiumfolie). Die Linien wurden mit einem »Runer«, die kreisförmigen Eindrücke mit einem engen Locheisen eingedrückt. Daneben: Der »goldene Fisch«.
Unten: Die Kegel- oder Pyramidenform ist ein altes Weltsymbol, das schon früh in das christliche Symbolzeichenrepertoire Eingang gefunden hat – siehe die kegelförmige Gestalt der Mariengnadenbilder (sog. »Kegelmadonnen«), die Kegelform des Weihnachtsbaumes und der Weihnachtspyramide. Hier – frei gestaltete Objekte aus doppelseitiger Silberfolie.

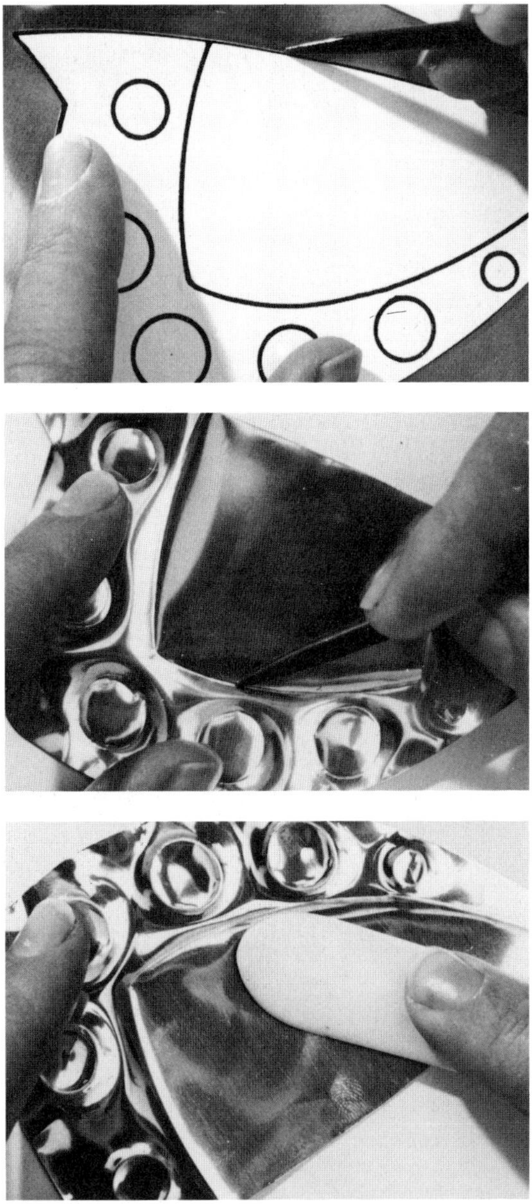

a–c

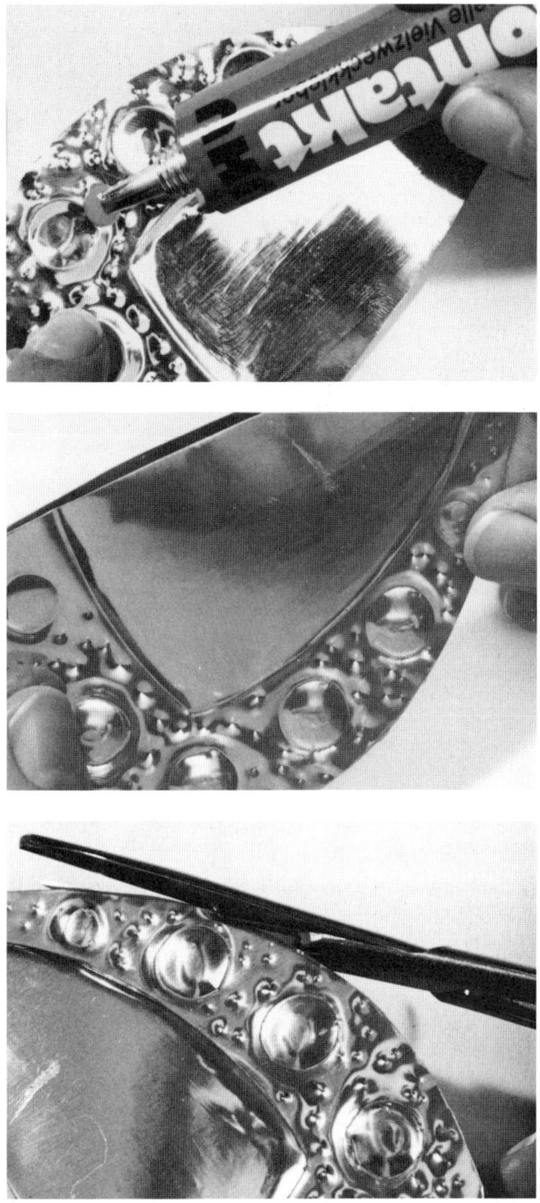

d–f

Oben: Der Arbeitsvorgang beim Metalldrücken. Es entsteht eine »Weihnachtsnachtigall« als festliche Dekor- oder Baumbehangform. Material – goldfarbige Aluminium-Hartfolie.
Umfahren der Formschablone mit dem Pinselstiel (a). – Den Umriß ausschneiden. Bei einer derartig geschlossenen Figur besteht die Möglichkeit, zwei gleichartige Formstücke herzustellen, diese gegensätzlich zu bearbeiten und hinterher zu einem doppelseitigen Gebilde gegeneinanderzukleben. – Eindrücken der linearen Musterzeichnung (b), Linien mit dem Pinselstiel, Kreise mit dem Locheisen, Punkte mit einer Kugelpunze. – Mit dem Falzbein werden flächige Partien (hier die Flügeldecke) von der Innenseite her konkav ausgetrieben (c). Nun können die beiden Teilstücke (rechte und linke Seite) mit einem Kontaktkleber aneinandergeklebt werden (d–e). – Eventuelle Überstände am Rand sind mit der Schere abzuschneiden (f). Siehe die Abbildung des fertigen Werkstücks auf der gegenüberliegenden Seite.

Einfache und montierte Drückarbeiten. – Oben: Die Montage einer Blütenform aus drei geschliffenen und verformten Teilstücken (rechts – das fertige Gebilde). – Unten: Weihnachtsnachtigall und Fisch (Baumbehangfiguren). – Rechts: Zwei Wandsterne.
Material für alle Arbeiten: Goldfarbige Aluminium-Hartfolie.

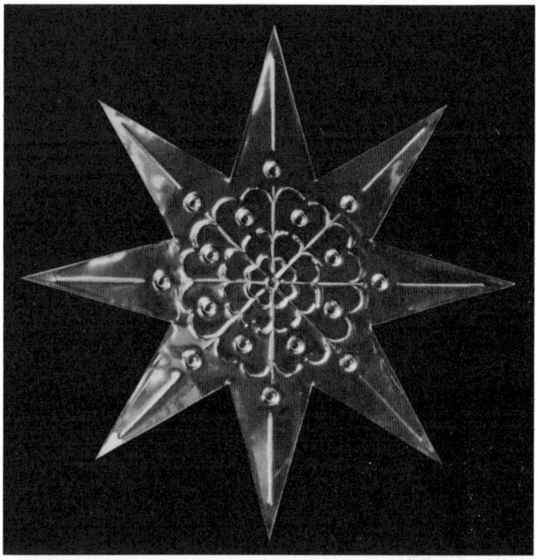

Stroh, Hobelspan u.a.

Weihnachtliche Symbolfiguren aus Werkstroh

Bandstroh

Vorbehandlung der Strohhalme
Stroh kauft man am besten gereinigt und nach Stärken geordnet als sogenanntes *Werkstroh* in einem Werkmittelgeschäft.
Trockene Halme sind zunächst sehr spröde. Beim geringsten Versuch, sie zu biegen, splittern oder brechen sie. Will man Stroh verarbeiten, muß man es zuvor geschmeidig machen. Zu diesem Zweck wirft man die benötigten Halme in *heißes Wasser,* taucht sie unter und läßt sie eine Zeitlang darin liegen.
Stroh kann man als *runden Halm* oder geschlitzt und als *Band* verarbeiten (siehe die Abbildungen auf der gegenüberliegenden Seite). Man schlitzt die zuvor gut eingeweichten Halme mit einem Messer der Länge nach auf und bügelt sie auf einer Zeitungsunterlage mit dem nicht zu heißen *Bügeleisen* auseinander. Je nach Dauer und Hitze erzielt man unterschiedliche Flächigkeit und unterschiedliche Tönungen. Durch längeres Heißbügeln kann man das Stroh auch bräunen (Kontrastmaterial für Sternbindungen).

Links und unten: Für das auf der gegenüberliegenden Seite (oben) abgebildete Körbchen braucht man elf halmlange und gleichmäßig breite Bandstrohstreifen. Fünf Halme werden nebeneinandergelegt und mit weiteren fünf Streifen durchflochten. Die Enden an gegenüberliegenden Seiten des Geflechts werden gebündelt und zusammengebunden. Beim Bündeln der dritten und vierten Geflechtseite wird der Bügelhalm eingelegt. Er verbindet die eine Korbseite mit der anderen und gibt der Form durch seinen schönen Bogen zusätzlich Spannung.

Oben: Geflochtene Körbchen aus Bandstroh. – Unten: Kugelsterne. Die flachgebügelten Strohbänder werden mit Lineal und Papiermesser auf gleiche Breite geschnitten. Dann werden zwei oder mehr Streifen kreuzweise übereinandergelegt und wie ein Strohstern mit einem Faden gebunden. Die Streifenhälften zieht man rückseitig mit gleichem Druck über eine Messerschneide, wobei sie sich krümmen. Dann klebt man jeweils zwei gegenüberliegende Enden mit Alleskleber übereinander. Abschließend kann auch der zweite Kugelpol mit einem Faden umflochten werden.

Strohsterne

Aus flachen Strohbändern gebundene Formen lassen sich vielfältiger und reicher beschneiden als Rundhalmsterne. Zu beachten ist, daß Strohbandarbeiten eine Schauseite haben (die beim Auseinanderbügeln freigelegte Halminnenseite ist unansehnlich und rauh). – Während die flachen Strohbänder trocken verarbeitet werden, müssen runde Halme durch gutes Einweichen biegsam und geschmeidig gemacht werden. Rundhalmarbeiten wirken beiderseitig (sie haben zwei Schauseiten).

Flache Sterne aus Bandstroh
Man schneidet das Stroh in gleiche Längen, legt diese zwischen Daumen und Zeigefinger zur Form und bindet sie mit einem dünnen Faden fest ab. Die Werkfotos auf der gegenüberliegenden Seite zeigen, wie bei verschiedenen Kreuzlagen der Faden zu führen ist.

Knotensterne
Diese in den nordischen Ländern beheimatete Bindeform beruht auf der Beobachtung, daß sich ein Bündel gut durchweichter Strohhalme beim festen Zusammenbinden strahlenartig auseinanderspreizt. Die Halme werden auf dem Tisch nebeneinandergelegt, in der Mitte mit einem festen *Leinengarn* umschlungen und beim Zusammenziehen des Knotens mit den Fingern oder zwei übergelegten *Holzleisten* niedergehalten. Die Abbildungen unten zeigen, wie das gemacht wird. Der Stern wird dann in den Spreizwinkeln um die Knotenstelle herum mit dem gleichen Leinengarnfaden durchflochten, wobei sich auch die Halme gleichmäßig verteilen lassen. Schon der einfache Stern hat ein schönes (werkgemäßes) Aussehen. Man kann aber auch mehrere (größere und kleinere) Sterne übereinanderbinden.

Sterne aus runden Halmen
Die Werkfotos auf der gegenüberliegenden Seite (Mitte) zeigen die Montage eines großen Weihnachtssterns durch *Kombination mehrerer*

Links: Herstellung eines »Knotensterns«. – Unten: Eine aus drei verschieden großen Knotensternen montierte Werkform. Für eine solche Arbeit sollten die Sterndurchmesser überlegt aufeinander abgestimmt werden. Gleicher Beschnitt aller Halmenden!

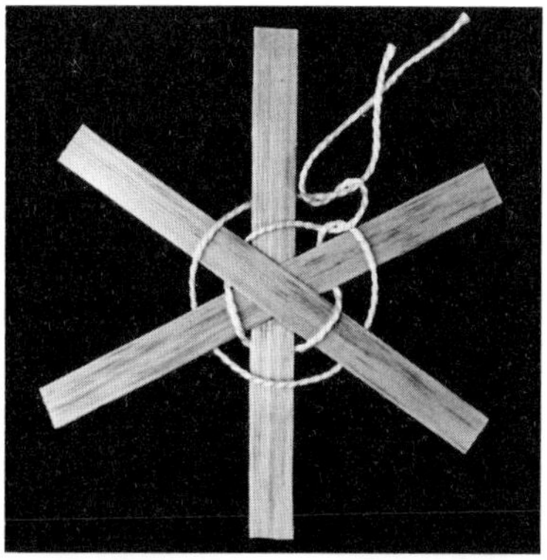
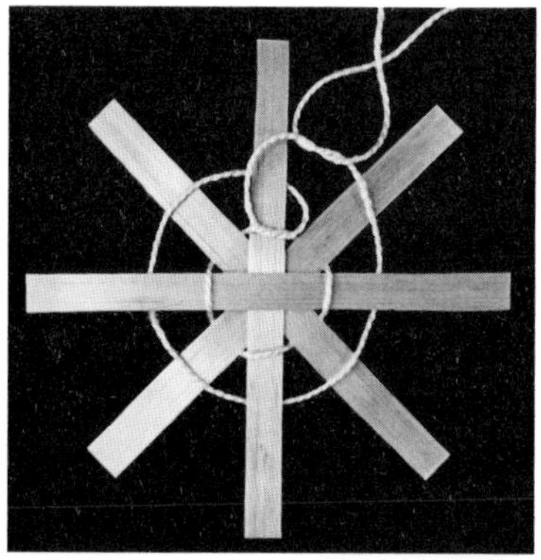
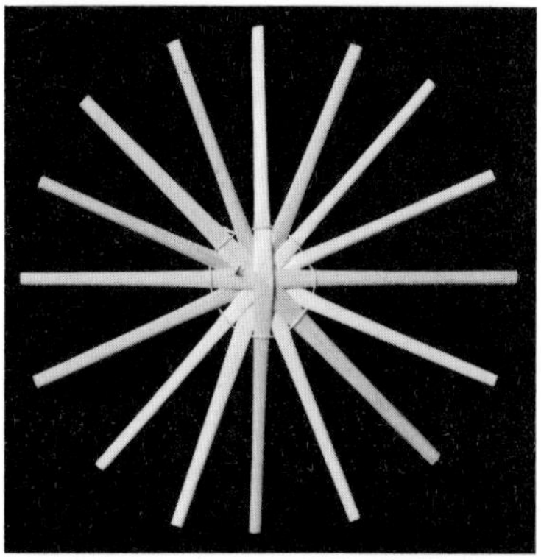
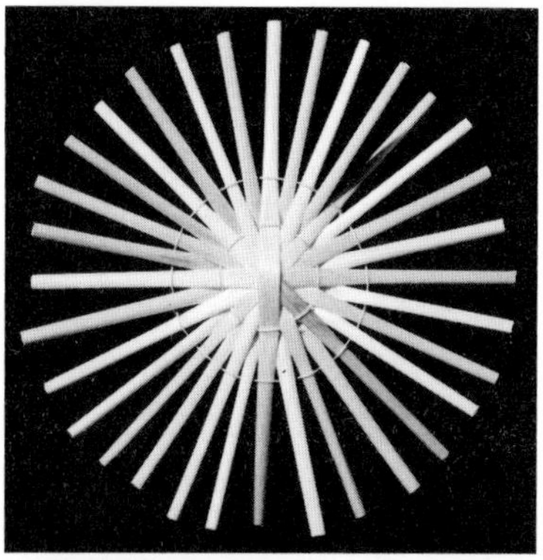

Oben: Sternbindungen aus Bandstroh. Der Verlauf des Bindefadens bei zwei-, drei- und vierfacher Halmlage. – Mitte: Die Montage einer kompakten Sternform aus vier gleichartig gebundenen Rundhalmsternen (einfache, doppelte und vierfache Sternlage –, siehe Arbeitsbeschreibung auf Seite 290). – Rechts: Die fertige Werkform. Unten: Strohbandstern – achtfache Halmlage.

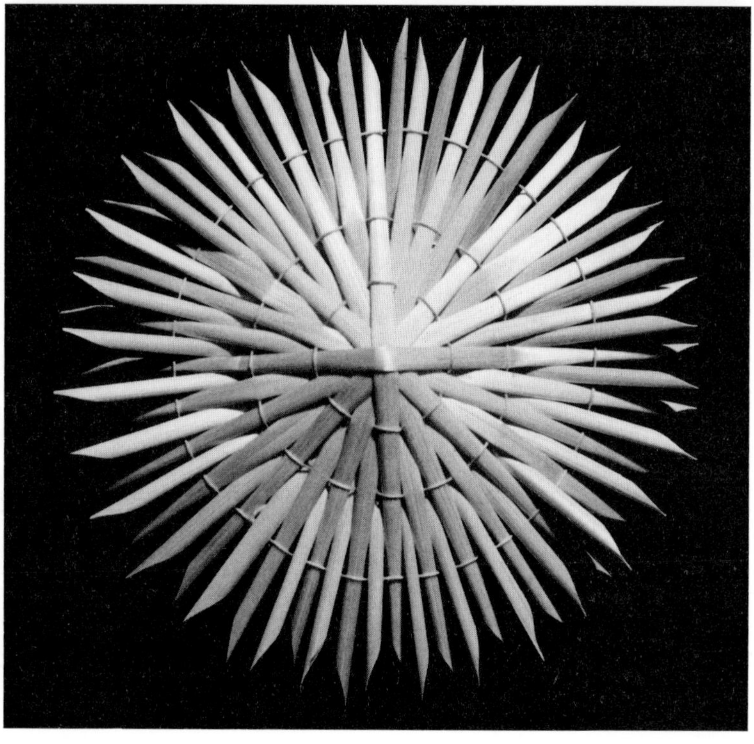

Peddigrohr ist das Mark der malayischen Rotangpalme (Calamus rotang), einer lianenartigen Kletterpflanze, die aus einem buschigen Grund bis zu 200 m lange dornige Kletterranken aussendet. Die kieselsäurehaltige Außenlage wird abgeschält, das Mark in 3–4 m lange Fäden geschnitten und maschinell in Dicken von 1–3 mm (Numerierung 1–8) gehobelt. Infolge seiner gleichmäßigen Dicke und Biegsamkeit ist Peddigrohr sehr leicht zu verarbeiten. Für enge Biegungen muß der Faden, damit er nicht bricht, eine Zeitlang in warmes Wasser gelegt werden.

einfacher Sternbindungen, die hintereinander mit ihren Strahlen auf Lücke gelegt und mit weiteren Fäden – jeweils in den Strahlenwinkeln – durchflochten werden.
Beispiel: Acht gleichlange Halmstücke, zum Stern gebunden, ergeben den ersten »Montageteil«. Zwei solche »Einfachsterne«, auf Lücke übereinandergelegt und mit einem zweiten Faden durchflochten, geben bereits eine dichtere Strahlenlage. Eine letzte Verdichtung ist möglich durch das Verflechten zweier solcher »Doppelsterne«. Sind die Sterne so groß, daß man sie nicht mehr zwischen den Fingern halten kann, so legt man sie flach auf den Tisch, drückt ihre Mitte mit dem Finger nieder und zieht den Faden vom Rand her zwischen die Strahlen ein. – Der *Beschnitt* ganzhalmiger Sterne beschränkt sich auf die Strahlenspitzen (s. Abb. Seite 289).

»Es kommt ein Schiff . . .«
Advent heißt Ankunft. Die bildhafte Umschreibung ist das beladene Schiff, das den Gottessohn bringt. Vom einfachen Nußschalenschiffchen bis zum königlichen Dreimaster gibt es viele Möglichkeiten, weihnachtliche Symbolformen dieser Art zu basteln. Dem körperhaft linearen Charakter des langen Peddigfadens entspricht die Beschränkung auf Umriß und Begrenzung (siehe unten). Peddigrohrabschnitte werden an den Enden zusammengebunden. Die Biegespannung im Material bewirkt klare Kurvenverläufe.

Links: Doppelte Sternbindung (siehe die vorhergehende Seite). – Daneben: »Schiff« als weihnachtliche Symbolfigur. Peddigrohr.

Oben: »Weihnachtsnachtigall« und Sternträger. – Unten: Den Kern einer Krippendarstellung bildet die bekannte Figurengruppe Maria, Joseph und das »in Windeln gewickelte« Kind. Hinzu kommen einige Hirten mit Schafen. Alle Figuren können auf die nachfolgend beschriebene Weise gebunden werden.

Strohfiguren

Nur nasse und gut durchweichte Halme lassen sich anstandslos knikken. Das besagt aber nicht, daß man das Stroh tagelang im Wasser liegen lassen soll. Zu lange genäßtes Stroh wird stockig und nimmt eine unschöne Färbung an.

Eine Arbeitstechnik aus Schweden

Auch diese Verwendung des naturfarbenen Halmstrohs hat ihre Heimat in den nordischen Ländern.

Die Halme müssen gut eingeweicht werden. Solange sie naß sind, kann man sie in jede Richtung biegen und knicken. Das gilt auch für die Stellung der Gliedmaßen, die eine lebendige Haltung bekommen sollen. An die Knickwinkel knieender Figuren Wäscheklammern ansetzen! Nach dem Trocknen bleiben die Halme in der gewünschten Lage. Der Arbeitsgang – siehe die Abbildungen auf der gegenüberliegenden Seite: Sechs bis acht gut vorgeweichte Halme werden zu einem runden Bündel zusammengelegt und am Ende stramm abgebunden (a). – Daraufhin die langen Halmenden vorsichtig (über einem Messer) in die andere Richtung knicken (b). – Kopfhöhe etwa 2 cm. Die Halme noch einmal fest abbinden (c). – Für die Arme bindet man zwei weitere Halme fest zusammen. Ein Halm bleibt gerade, den anderen wickelt man spiralig darum (d). Ende zusammenbinden! – Nun steckt man den Armstock zwischen die Körperhalme und schiebt ihn so weit wie möglich nach oben (e). – Darunter die Körperhalme noch einmal zusammenbinden (f). – Für einen »Rock« verteilt man mehrere Halme rund um die obere Körperhälfte (g), bricht sie ebenfalls nach unten und bindet sie unterhalb der Knickgrenze (in Taillenhöhe) zusammen (h). Die »Brust« muß durch kreuzweises Umwinden mit einem weiteren Halm verstärkt werden (i). Enden in die Wicklung hineinstecken. – Als »Schulterumhang« legt man vier flachgedrückte Halme so über die

Links: Joseph auf der Herbergssuche. – Mit etwas gestalterischer Geschicklichkeit lassen sich in dem überkommenen Figurenbindeverfahren sehr »lebendig« erscheinende Haltungen darstellen.

a–d e–h i–m

Oben: Arbeitsschritte beim Binden einer Strohfigur.

Figur, daß sie sich vor der Brust kreuzen (k). Vorn verdecken sie mit ihren Enden die Taille, hinten können sie bis zur vollen Rocklänge abwärtslaufen und die spätere Stehkante verstärken. In Taillenhöhe provisorisch binden. Der Gürtel wird angepaßt und rückseitig zusammengeklebt (l). – Das Rockende rundum auf gleiche Länge schneiden (m). Es entsteht die Stehfläche der Figur.

Sterne aus Hobelspänen

In den Gegenden, in denen die Holzschnitzerei beheimatet ist – in Oberammergau, im Grödnertal, aber vor allem im Erzgebirge – sind Hobelspäne schon seit Jahrhunderten als reizvolles Werkmittel bekannt. Die zierliche Kringelform, die das mit dem Hobel abgetragene Holz annimmt, mag formsinnigen Menschen zunächst aufgefallen sein. Beim Herumprobieren später entdeckte man, daß sich auch aus genügend langen, gleichmäßigen Spänen reizvolle Gebilde schaffen ließen. So ist die Urform des auf der gegenüberliegenden Seite (unten) abgebildeten Schlingensterns entstanden, die man noch gelegentlich in einem volkskundlichen Museum finden kann.

Holzspan als Arbeitsmaterial

Dünne *Holzspanstreifen* von etwa 2 cm Breite und einem halben Meter Länge sind in jedem Werkmittel- und Bastelbedarfsgeschäft erhältlich. Wieder ist zu beachten, daß nur das gut genäßte Holz ausreichend geschmeidig und biegsam wird. Am besten legt man das Material kurz vor Gebrauch in Wasser. – Für größere Arbeiten müssen mehrere Späne nach und nach mit *Alleskleber* aneinandergeklebt werden. – Jeder Span hat herstellungsbedingt eine glatte Vorder- und eine rauhere Rückseite. Verwindet man den Span so, daß die glatte Seite außen und die rauhe innen liegt, dann zeigt das Werkstück auch nach dem trocknen eine geschlossene Oberfläche.

So wird ein Schlingenstern gewunden

Ein gut vorgeweichter Spanstreifen wird in kegelförmige Schlingen gelegt, die sich jeweils mit ihrer Basis berühren und mit den Spitzen auseinanderweisen. Die Abbildungen unten zeigen den Anfang des Sterns durchgehend in der gleichen Lage. Daran ist leicht ersichtlich, wie der Span bei jeder neuen Windung geführt werden muß. Nach dem Legen der ersten drei Schlingen kann der Streifen (durch Ankleben eines neuen Stücks) verlängert werden. Weitere Kegel werden über die flachen Winkel an den Seiten des ersten Kegeldreiecks gesetzt, so daß schließlich ein Kern aus sechs Kegelspitzen entsteht, die von nun an mit

den nachfolgenden Kegelschlingen pantoffelartig ineinanderstecken. Beim Legen der Schlingen ist zu beachten, daß diese mit ihrer Basis immer nach oben offen sind (am besten übt man das zuvor einmal mit einem Streifen aus Aktendeckelkarton). Man sollte mindestens drei, besser vier solche Kegelkränze ineinanderfügen, wie es die Abbildung unten zeigt. Außer dieser volkstümlichen Kompaktform sind auch einfachere »Schlingensterne« möglich (siehe die Abbildungen). Die Formen können durch Applikation mit anderen Materialien bereichert werden.

Oben: Reizvolle Verwendungen des Hobelspanstreifens, wie man sie beim Herumprobieren mit dem Material selbst entdecken kann.
Rechts: Kegelstrahliger Stern aus Holzspanschlingen.

Gegenüberliegende Seite: Der Arbeitsverlauf beim Legen der ersten sechs Kegelschlingen für den beschriebenen Schlingenstern.

Sternunruhen aus Kunststoff-Trinkhalmen

Nach dem gleichen Prinzip, nach dem wir schon die papierenen Raumsterne (siehe Seite 172) gebastelt haben, lassen sich aus weißen Kunststoff-Trinkhalmen sehr schöne Sternformen binden. Die Arbeit ist einfacher, als es auf den ersten Blick erscheinen mag, und setzt nur ein bißchen Sorgfalt und Einfühlung in die geometrischen Grundverhältnisse voraus.

Sternförmige »Unruhen«

Die Verbindungsfäden – *Maschinennähgarn, Stärke 60* – werden mit einer langen *Drahtnadel* durch die Halme gezogen. Die Nadel macht man sich selbst, indem man ein entsprechend langes Stück dünnen Bindedraht an einem Ende zurückbiegt und mit der Zange verdreht. Die Ösenschlinge muß so eng sein, daß sie den Halm auch bei mehreren Fadendurchzügen durchlaufen kann.

Ein *Achtzackenstern:* 6 Halme werden halbiert, 4 Hälften zu einem Quadrat verbunden (siehe die Abbildungen unten, obere Reihe). Nun baut man von diesem Quadrat ausgehend nach oben und unten je eine Pyramide aus den restlichen Halmhälften. Dieser aus 8 Dreiecken bestehende Kern bildet ein *Oktaeder* (siehe Vorkurs, Seite 26). Über jedes Dreieck kommt eine Pyramidenzacke aus jeweils 3 ganzen Halmen (die Kernhalme müssen dabei mehrfach durchfahren werden).

Ein *Zwanzigzackenstern:*Der Kern besteht aus 20 gleichseitigen Dreiecken *(Ikosaeder).* Zwei Fünfecke werden durch zwischengesetzte Halmhälften miteinander verbunden (siehe unten, untere Reihe – links). Über diesem trommelähnlichen Mittelstück errichtet man nach beiden Seiten fünfeckige Pyramiden (unten, Mitte und rechts). Die 20 Pyramidenzacken werden wiederum aus ganzen Halmen aufgesetzt, wobei die Basishalme der Dreiecke mehrfach durchfahren werden müssen. – Es eignen sich nur *weiße Kunststoff-Trinkhalme.*

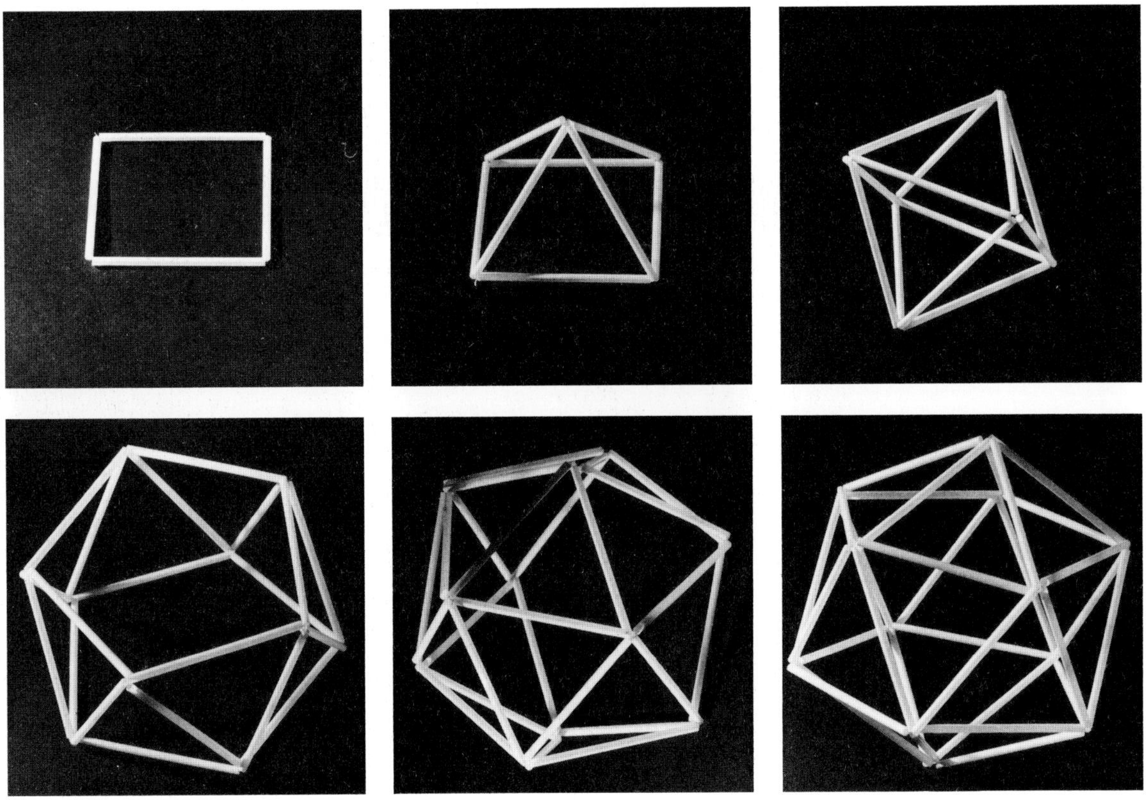

Links und unten: Weiße Kunststoff-Trinkhalme in halber und ganzer Länge werden zu geometrischen Raumkörpern und von diesen ausgehend zu linear umgrenzten Sterngebilden verbunden. Die Abbildungen zeigen einen Acht- und einen Zwanzigstrahler. Hängt man diese Objekte mit einem dünnen Perlonfaden an die Wohnzimmerdecke, so werden sie von der umströmenden Raumluft in langsames Drehen versetzt.

Gegenüberliegende Seite: Der Arbeitsverlauf beim Binden der achtflächigen und der zwanzigflächigen Kernform.

Eine Stofffärbetechnik

Stoffmuster in Plangi und Tritik

Abbinden oder zusammennähen!
Plangi und *Tritik* heißen zwei in Westafrika und Indien beheimatete Reservierungsverfahren beim Stoffärben, die bei uns noch wenig bekannt sind. Das Wort *Plangi* kommt aus dem Malaiischen und bedeutet »ausgesparter Fleck«. Ein Stück Gewebe wird an einer Stelle durch strammes Umwickeln mit Bindegarn so fest zusammengepreßt, daß die Farbflüssigkeit dort nicht mehr eindringen kann. – Von *Tritik* spricht man, wenn man die zu reservierenden Stoffstellen (statt sie abzubinden) fest zusammennäht.

Hinweise zum Färben
Man besorge sich *Gummihandschuhe* und alte *Zeitungen,* um damit den Arbeitsplatz abzudecken. Für die verschiedenen Farbbäder benötigt man *Schalen* aus Glas, Emaille oder Steingut. Metall darf nicht verwendet werden! *Plastikschüsseln* müssen hitzefest sein, damit man auch heiß färben kann. – Es eignen sich alle leichteren, glatten, dichtfä-

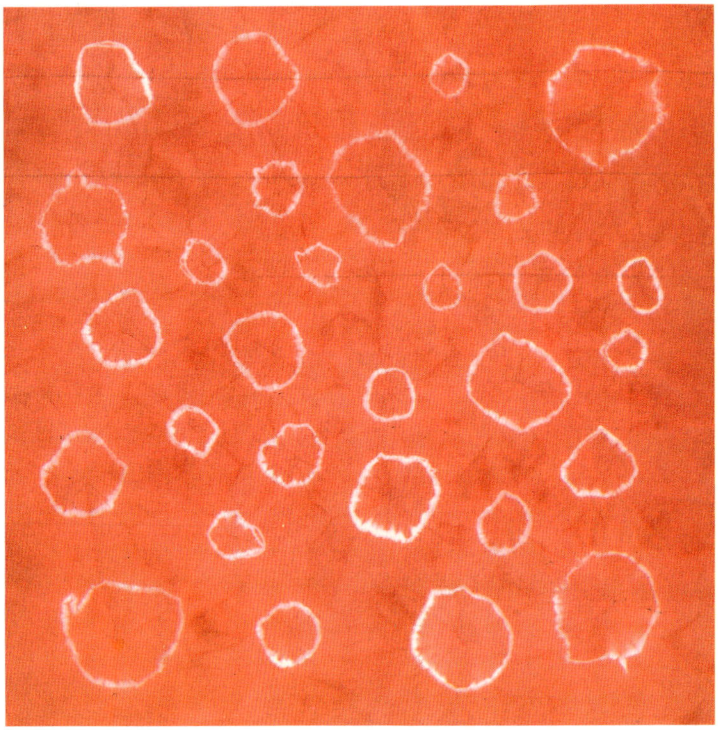

Links: An bestimmten, zuvor genau festgelegten Stellen im Stoff wurden Zipfel hochgezogen und an der Basis fest umknotet. Die unterschiedliche Größe der hellen Kreise ergibt sich aus der unterschiedlichen Zipfellänge. – Unten: Die Abbildung zeigt einen Teil der zum Färben vorbereiteten Stofffläche.

Oben, links: Arbeitsprobe. Das Muster ergab sich durch regelmäßig in den Stoff eingeknotete Glasmarmeln. Daneben: Eine typische Plangi-»Sonne«. Zentralbindung. In die Stoffmitte wurde eine dicke Glaskugel eingebunden. In Abstand davon eine zweite Wicklung. Drei Farbgänge mit dem vorgenäßten Stoff: Grundfarbe Gelb. Dann wurden zwei zusätzliche Wickel angebracht (siehe die gelben Kreise!). Zweite Färbung: vom Rand her Blau (Mischfarbe Grün!). Dritte Färbung (in der Stoffmitte) – Rot. Rechts: Ähnliche Arbeit. Die Stoffmitte wurde als Zipfel hochgebunden. Zwei Farbgänge: Rot und Blau (nur am Rand).

Man sollte keine zu dichten Stoffe nehmen, da die Farbe durch mehrere Lagen nur noch schwer hindurchdringt. Falten sollten immer exakt gelegt und in den Stoff eingebügelt werden. Zum Abbinden nehme man festes Leinengarn, es eignen sich auch dicke Baumwolle, schmales und breites Wäscheband u. a. Die nötige Festigkeit beim Wickeln erreicht man dadurch, daß man die Garnrolle mit dem Fuß auf dem Boden festhält und den Stoff bei straffer Fadenspannung der Rolle entgegendreht. Jede Umwicklung hinterläßt nach dem Färben einen weißen Strich oder Kreis. Man überlege vorher, in welchen Abständen und in welcher Breite solche Aussparungen entstehen sollen. Beim Einbinden rundlicher Gegenstände hinterlassen die Bindefalten sternartige Zeichnungen.

digen *Stoffe* wie feine Baumwollstoffe, Leinen, Nessel, Linon, Batist usw. Weiße Stoffe sind natürlich am besten, weil die Farben nur auf einem hellen Stoffgrund richtig zur Geltung kommen. Neue Stoffe müssen erst von der Appretur befreit werden, weil diese das Eindringen der Farbe in das Gewebe verhindert.
In der Drogerie bekommt man *Textilfarben* in Pulverform. Beim Anrühren beachte man die Gebrauchsanweisung der Herstellerfirma. Die Farben werden in kochendem Wasser aufgelöst. Dann fügt man so viel warmes Wasser hinzu, daß der Stoff untergetaucht liegen kann. Das Färbegut wird zunächst in klarem Wasser *vorgenäßt* (nur angefeuchteter Stoff setzt dem Eindringen der Farbflotte in die abgepreßten Partien ausreichenden Widerstand entgegen) und je nach Stoffart und Wärme des Bades 2–10 Minuten *getaucht.* Warm färbt es sich schneller und intensiver. Durch kurzes Eintauchen erzielt man blassere, durch längeres dunklere Töne. Man kann den Stoff einfach und mehrfach färben. Mehrfachfärbungen führt man grundsätzlich vom helleren Farbton zum dunkleren hin aus. Beispiel: erst gelb – dann blau. Ergebnis: Reserven weiß, Gelb abgestuft, Grün abgestuft mit Spuren von Blau. Zwischen jedem Farbwechsel ist es möglich, bestehende Wickel zu entfernen oder neue hinzuzufügen. Besonders schöne Farbmischungen ergeben sich, wenn man mit jeweils zwei aufeinander abgestimmten Grundfarben (z. B. Gelb + Blau = Grün) arbeitet. Es ist aber unerläßlich, daß man sich in jedem Fall zuvor durch eine Probefärbung von der endgültigen Wirkung überzeugt.

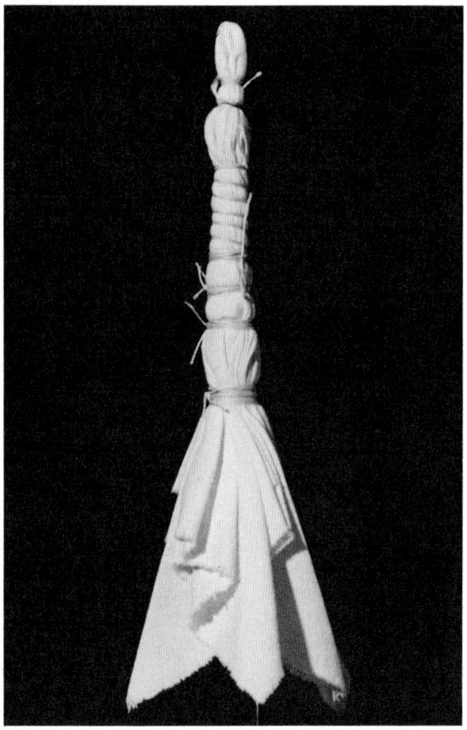

Links: Zentralgefalteter Stoff mit mehreren Wicklungen. Die Falten sollte man nach einer Winkelteilung sehr exakt legen (in den Stoff einbügeln). – Unten: Das Arbeitsergebnis.

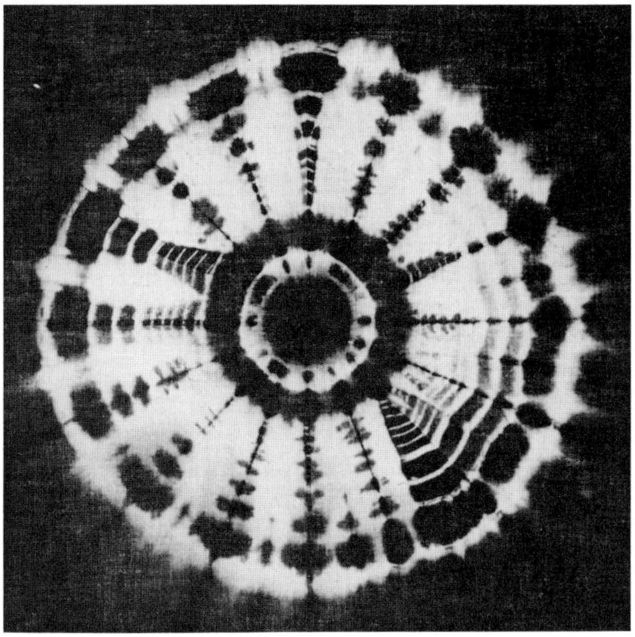

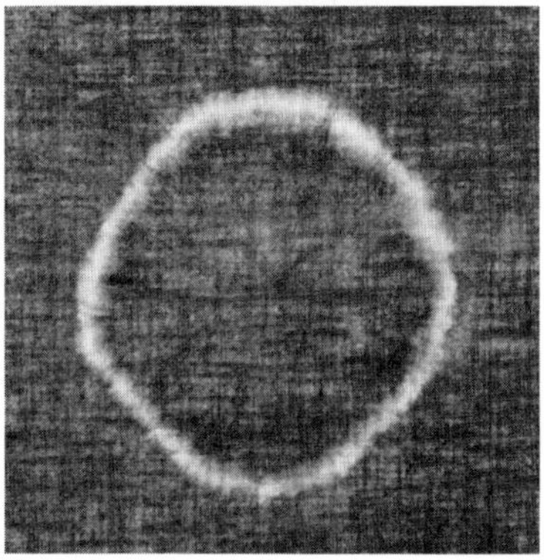
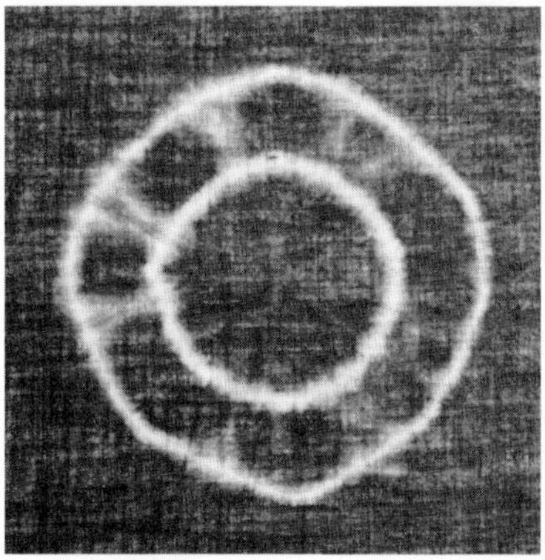

Oben: Die Stoffmitte wird als Zipfel – mit einer Wicklung (links), mit zwei Wicklungen (Mitte), und mit einer eingelegten Glasmarmel (rechts) hochgebunden. Darunter: Ergebnisse sind – ein weißer Kreis, zwei konzentrische Kreise und eine scharf abgesetzte Sternfigur in der eingefärbten Fläche. Rechts: Für ein breitgestreutes Muster kann man Glasmarmeln, Kieselsteine – die Eingeborenen nehmen auch Palmkerne – u. a. in den Stoff einbinden. Die Verteilung der Einlagen sollte zuvor überlegt, evtl. mit einem Bleistift markiert werden. Siehe die Arbeitsprobe auf Seite 299, oben.

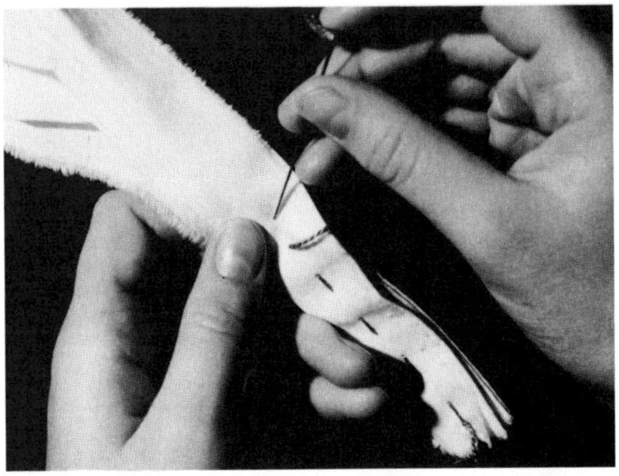

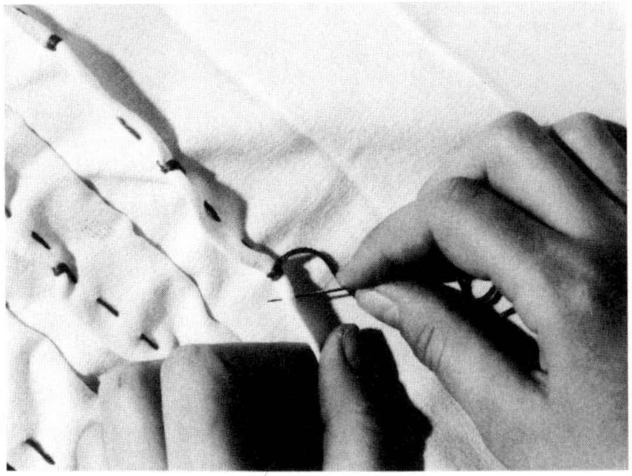

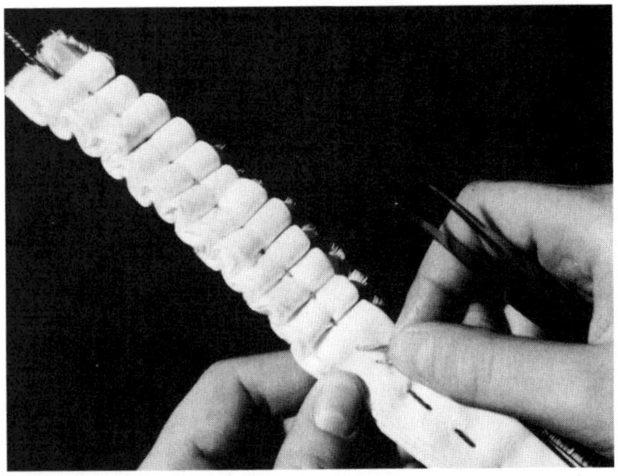

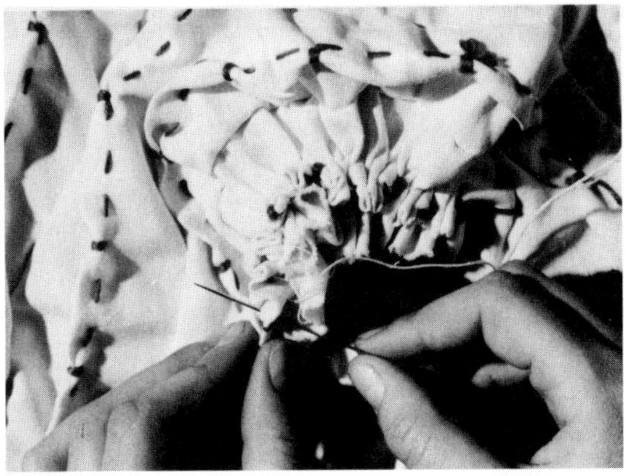

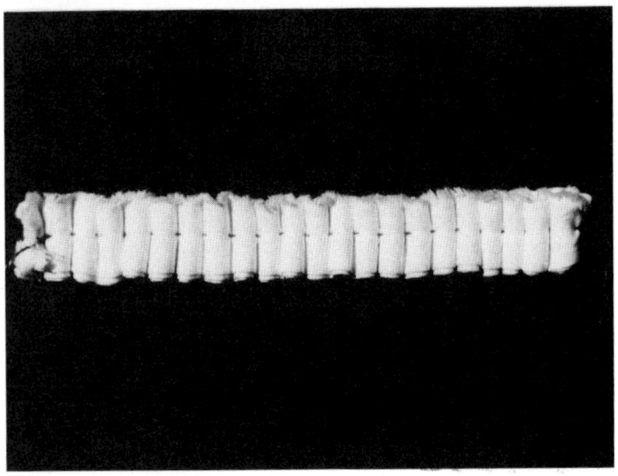

Die Abbildungen auf dieser Seite zeigen vorbereitende Arbeiten zum Färben in dem als »Tritik« bezeichneten Verfahren.
Linke Spalte, von oben nach unten: In den regelmäßig zickzackgefalteten Stoff wird entlang der Mittellinie mit einem festen Faden eine Reihnaht gelegt. Der Faden wird, Stich für Stich, fest angezogen (man beachte die dadurch entstehende regelmäßige Wellenbandlage). – So, wie es die untere Abbildung zeigt, sollte das vorbereitete Stoffbündel aussehen, ehe es ins Farbbad gelegt wird.

Rechte Spalte: Beispiel für eine andere Möglichkeit in Tritik. – Die Falten des zickzackgelegten Stoffes werden in weiten Abständen fest umnäht (Pressung!) – und knapp unterhalb des Randes in der Längsrichtung wiederum mit einem festen Reihfaden durchfahren. Der Faden wird straff angezogen, wodurch auch hier wieder jede Falte in der Stoffbahn zu einer Wellenlage gezwungen wird. Den Spannfaden am Ende verknoten! – Das untere Bild zeigt wieder das für die Färbung bereite Stoffstück.

Rechts: Arbeitsergebnis des auf der gegenüberliegenden Seite (Spalte rechts) vorbereiteten Stoffes. Stoff vorgenäßt! Ein Farbgang: Dunkelgrün.
Unten, links: Arbeitsergebnis des in der linken Spalte (gegenüberliegende Seite) vorbereiteten Stoffes. Ein Farbgang: Blau (Lila als Sickererscheinung der schwach in den genäßten Stoff eindringenden Farbflotte).
Unten, Mitte und rechts: Zur Unterscheidung davon zwei Plangi-Arbeiten. Zickzackgefalteter Stoff, mehrfach (in großen Abständen) fest abgebunden. Farbgänge: Karminrot, kurz Blau; Gelb, kurz Braun.

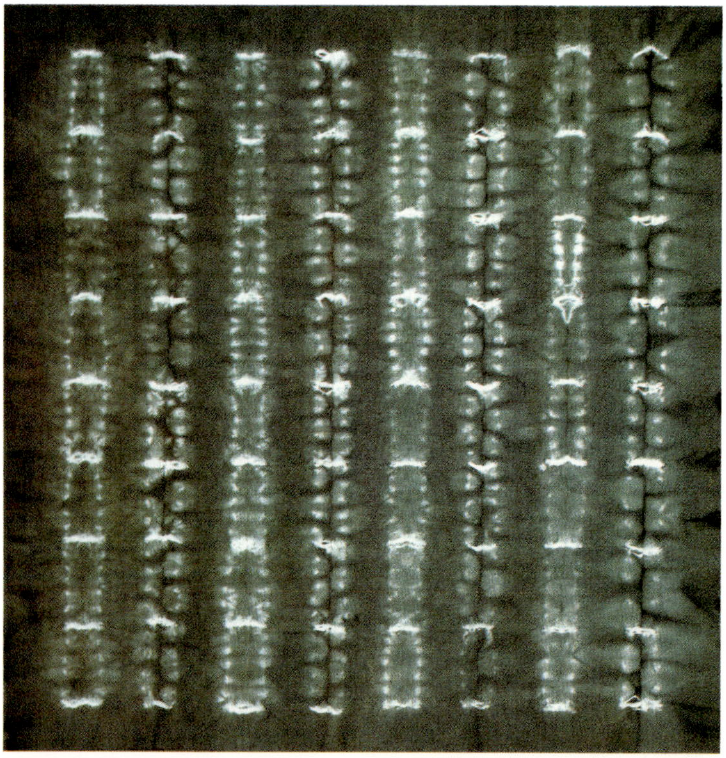

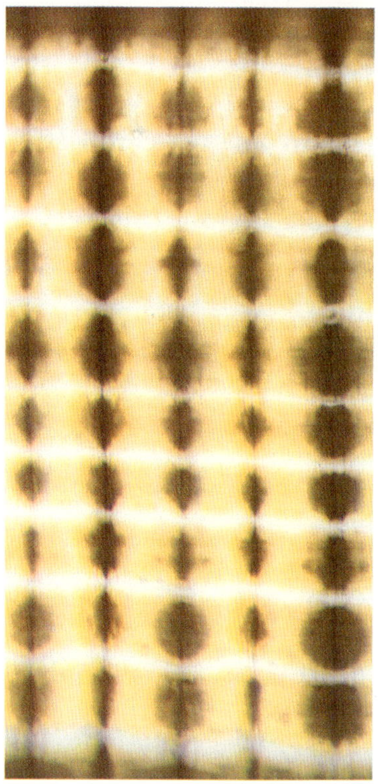

Applizieren

Flicken ordnen sich zum Bild

Aus Stoffresten Bilder machen – ist mehr als eine liebenswerte Art weiblicher Handarbeit. Die Ansprüche richten sich nicht so sehr an das technische Können als an die Phantasie. Darum sollte man im Applizieren auch grundsätzlich mehr sehen als das rein mechanische Aufnähen vorgeschnittener Motivteile. Ziel ist das freie Spiel mit Farben und Strukturen in Stoff und anderem Material.

Das Material

Man braucht ein *Grundgewebe* und eine Vielzahl unterschiedlicher *Stoffreste,* dazu auch stoff-fremdes Material wie *Leder, Wachstuch, Filz, Zelluloid,* außerdem kleine und große *Perlen aus Glas, Kunststoff oder Holz,* gold- und silberfarbene *Drähte* in verschiedenen Dicken, *Flitter, Pailletten* und jegliches *Posamentenmaterial, Fäden* und *Garne* für die Näharbeit.

Das *Grundgewebe* soll keine besondere Struktur haben. Am besten eignen sich einfarbige *Popeline,* matte *Wollgewebe,* auch *Samt, Rupfen* und *Jute* in neutralen Farben, d. h. solchen, die zu anderen Farben nicht in irgendeine farbliche Konkurrenz treten. *Neutrale Farben* sind in erster Linie Weiß, Schwarz und Grau. Sie sind nicht nur für die Hell-Dunkel-Kontrastierung wichtig, sondern haben auch farbsteigernde Wirkungen. So wirken z. B. alle Buntfarben auf einem schwarzen oder grauen Grund heller und leuchtender (auch der Regenbogen leuchtet ja am schönsten vor einer dunklen Wolkenwand). Grau hat dazu die

Rechts: Umfangreiche Applikationen, z. B. für Wandbehänge, lassen sich in einem einfachen Stickrahmen nicht mehr bewältigen. Vor allem gewinnt man in einem solchen Rahmen, der immer nur ein Teilstück der Arbeit vor Augen hält, keinen Überblick. Der Stoff muß immer in ganzer Fläche überschaubar sein. Am besten spannt man das Grundgewebe auf einen vierekkigen Rahmen (leerer Bilderrahmen, Fensterflügel u. dgl.). Wer öfter appliziert, sollte sich besser einen verstellbaren Rahmen anfertigen, wie ihn die Abbildung zeigt. Die beiden Langhölzer können auf den Querleisten verschoben werden. Diese haben Löcher, in die man Nägel oder Dübelholzzapfen einstecken kann. Wenn dieser Rahmen mit Stoff bespannt ist, wirkt sich der Zug stabilisierend aus. Die Länge der Applikation ist durch die Schnurfädelung (länger oder kürzer) bestimmbar. Das Gewebe wird zuerst der Länge nach in Spannung gesetzt, dann seitlich angebunden und durch Verschieben der Hölzer auf den Querleisten auch in der Schußrichtung gespannt. In der Abbildung wurde der Stoff zur Schonung an einen umlaufenden Leinenstreifen angenäht, der ein Bestandteil des Rahmens ist und den Zug beim Spannen aufnimmt und ausgleicht.

Gegenüberliegende Seite: Zur Arbeit wird der Rahmen horizontal über zwei gleichhohe Möbelstücke oder Böcke gelegt. Es ist wichtig, daß das aufgespannte Gewebe der arbeitenden Hand gleichermaßen von oben wie von unten zugänglich ist. Beim Applizieren wird die Nadel von oben durch den Stoff gestochen und von unten mit der anderen Hand entgegengenommen. Der Rückstich erfolgt umgekehrt. Anfängliche Schwierigkeiten, mit der unter dem Stoff verdeckt arbeitenden Hand die richtige Stichstelle zu finden, lassen sich erfahrungsgemäß durch Übung beheben.

Eigenschaft, neben jeder kräftigen Buntfarbe den Schimmer der Gegenfarbe anzunehmen. So wirkt Grau neben einem leuchtenden Rot grünlich, neben hellem Gelb violett getönt usw. Die neutralen Farben können auch von sich aus farbig getönt sein und in eine bestimmte Farbrichtung weisen (siehe Vorkurs, Seite 34). Ist die geplante Arbeit als Wandbehang gedacht, dann sollte das Grundgewebe auch nicht zu leicht sein, damit es gut hängt.

Applizieren heißt »aufnähen«. In einfachster Weise werden dabei andersartige, aus verschiedenen Stoffresten geschnittene Teilformen auf einen geeigneten Stoffgrund gelegt und am Rand mit einfachen oder »zierenden« Nadelstichen festgehalten. Uns aber kommt es darauf an, außer Umrissen und Farben auch unterschiedliche Stoffstrukturen und -qualitäten mit ins Spiel zu bringen. Die Frage ist, wie weit sich ein Gewebe durch seinen Farb- und Materialcharakter jeweils einer besonderen Erscheinungsform des Darzustellenden zuordnen läßt.

Die *Flicken!* – Mit einer zufällig im Haus vorhandenen Stoffmenge ist es nicht getan. Auch nach Plan kaufen kann man später das benötigte Material nicht. Nur was einem ein Vorrat wirklich vor Augen hält an Farbe und Struktur, empfiehlt uns seine Verwendung, regt an, macht Überlegungen frei, zu denen man aus der bloßen Vorstellung oder vom papierenen Plan her nie kommen würde. Die Begegnung mit dem Material beflügelt unsere Phantasie. Also beginnen wir zunächst zu *sammeln,* alles zusammenzutragen, was die textile Welt uns bietet an Stoffresten in allen Farben, Nuancen und Arten – Wollgewebe, Samt, Seide, Gewebe mit dicken Rippen und mit eingestickten Tupfen, bedruckte und bemusterte Reste, Spitzen, Tüll, Filz, Teile lose gewebten Sacktuchs, farbigen Rupfen usw. usw. Dazu das schon oben genannte Posamentenmaterial. Was man später wirklich verwendet, ist eine andere Frage. Grundsätzlich gilt, daß man immer nur *gleichbehandelte Stoffstücke* – entweder nur gewaschene, d. h. von der Appretur befreite, oder nur ungewaschene (neue) – in einer Arbeit nebeneinander verwenden sollte, und daß die Stoffe weitgehend *farb-* und *lichtecht* sind.

Der Entwurf

Es geht beim Entwerfen einer Applikation nicht so sehr darum, die Arbeit bis in das kleinste Detail vorzuzeichnen (so wie man zeichnet, kann man den Stoff später doch nicht schneiden!), als mehr um die Möglichkeit, mit Stoff und Schere bildwirksam zu gestalten. Das indi-

Ein Vogel

Applikationen aus einem 3. Schuljahr. – Die Kinder holten aus ihrer Flickensammlung die unterschiedlichsten Stoffreste heraus. Die Flicken wurden gebügelt. Grundgewebe aus dunklem und farbigem Rupfen wurde zugeteilt. Dann überlegten die Kinder, was für ein »Bild« sie wohl applizieren wollten. Eines entschied sich für eine Blume, ein anderes für einen bunten Vogel, ein drittes für einen schönen Fisch. Ein Junge applizierte das »Indianermädchen«. Die Formteile wurden direkt aus dem Stoff herausgeschnitten und mit einfachen Reihstichen auf das Grundgewebe aufgenäht.

Den Entwurf für die geplante Arbeit schaffen wir uns selbst. Nach fertigen Vorlagen oder einem »Aufplättmuster für Applikationsnäherei« zu arbeiten, ist abzulehnen. Am einfachsten verfährt man, wenn man dem gewählten Grundgewebe irgendwelche einfachen, ornamentalen oder gegenständlichen Formen dekorativ zuordnet. Ein Wandbehang für ein Kinderzimmer läßt sich auf diese Weise sehr leicht mit den der kindlichen Bilderwelt entnommenen, großformig, flächig und übersichtlich angeordneten Einzelwiedergaben füllen. Für den Wohnraum erwachsener Menschen eignen sich phantasievoll gebundene oder frei gestaltete Themen. Man muß aber nicht immer in erster Linie an riesenhafte Wandbehänge denken. Eine gute Bildarbeit beispielsweise in Zeichenblattgröße läßt sich auch unter Glas bringen und an die Wand hängen (von der praktischen Anwendung der Applikationstechnik für Kissenbezüge, Tischdecken, Rocksäume usw. abgesehen).

rekte Darstellen mit dem Mittel eines an sich schon durchgestalteten Materials, wie es der textile Stoff nun einmal ist, erübrigt auch den Versuch naturalistischer Wiedergabe. Man arbeitet mit farbigen Flächen, Formen und Flächenaufteilungen, Zugaben und Kontrasten. Bei solcher Arbeit bleiben Einzelheiten der Gesamtwirkung des Dargestellten untergeordnet.

Man beginnt zunächst damit, die zu applizierenden Teile aus Papier zu *reißen* oder zu *schneiden,* wobei zu beachten ist, daß kleinere Formen, die sich im Stoff nicht wiederholen lassen, vermieden werden. Das Papier braucht noch nicht farbig zu sein. Es genügt, wenn man die gewünschten Formen zunächst nur *umrißhaft* auf einer größeren Fläche (etwa aus Packpapier) anzuordnen versucht. Dabei werden die Teile so lange hin- und hergeschoben, bis sie zueinander im rechten Gleichgewicht liegen. Wichtig ist auch, daß man *nicht zu viele Einzelheiten* auf das Bild bringt, was die Großzügigkeit der Anlage beeinträchtigen würde. Hat man die gewünschte Zuordnung gefunden, dann werden die Teile auf der Grundfläche mit einem Bleistift umfahren und *lokalisiert.* Die Teilschnitte selbst braucht man weiterhin als *Schnittschablonen.*

Das Applizieren

Jetzt suchen wir aus dem vorhandenen Flickenbestand das heraus, was unter den bestimmten Gesichtspunkten benötigt wird. Wir *bügeln* die Stoffe aus und *verteilen* sie (ungeschnitten) zunächst einmal so auf

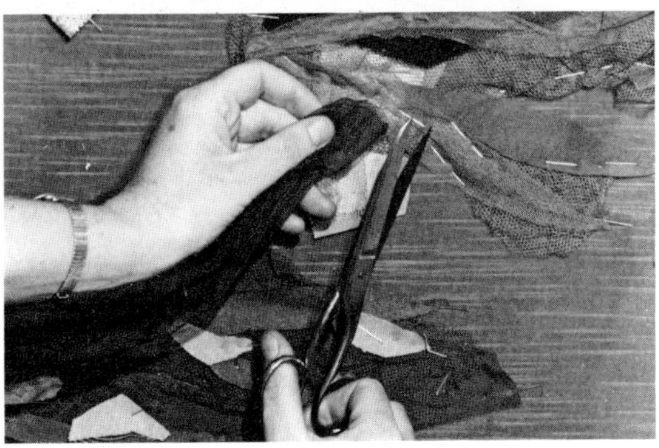

Links: Beim Entwerfen nicht die Arbeit bis ins kleinste Detail vorzeichnen – sondern mit Stoff und Schere bildwirksam gestalten! Am einfachsten werden die zu applizierenden Teile zuvor aus Papier geschnitten. Es genügt, diese zunächst nur umrißhaft auf dem Grundgewebe anzuordnen und so lange hin- und herzuschieben, bis sie in der richtigen Beziehung zueinander liegen. Dann markieren wir ihre Lage auf dem Gewebe mit einem weichen Bleistift oder mit Schneiderkreide. Die Teile selbst benötigen wir noch als Schnittschablone.
Dann suchen wir aus unserem Flickenbestand das heraus, was uns geeignet erscheint. Wir bügeln die Stoffe aus und legen sie zunächst einmal nebeneinander. Dabei prüfen wir, wie sie mit ihren Farben und Oberflächen nebeneinander wirken.

Unten: Beim endgültigen Nähen müssen sich die Stiche sinnvoll in die Gestaltung einfügen. Auch der Faden kann dabei bildwirksam werden, mitspielen, Fehlendes ersetzen, Hervorzuhebendes betonen, Übergänge schaffen. Zu leer wirkende Flächen können durch enge Fadenlagen rhythmisch übergangen, gefüllt oder durchgemustert werden.
Die fertige Arbeit sollte man vorsichtig von der Vorderseite her durch ein übergelegtes Tuch bügeln.

Oben: Haben wir uns für eine bestimmte Materialzusammenstellung entschieden, dann werden die Formen ohne Nahtzugabe nach den vorliegenden Papierschablonen zugeschnitten und mit Stecknadeln auf das Grundgewebe aufgesteckt. Diese zunächst noch lösbare Befestigung ist wichtig, weil man die Arbeit so auch einmal senkrecht stellen und aus der richtigen Entfernung betrachten kann. Manches läßt sich jetzt noch korrigieren. Schließlich werden die Teile mit einem Reihfaden vorgeheftet.

Die meisten Hinweise zum Applizieren ergehen sich in langen Erklärungen über die verschiedenen Sticharten – wie »Reihenstiche«, »Stielstiche«, »Kreuzstiche«, »Hexenstiche«, »Kettenstiche«, »Schlingenstiche«, »Gitterstiche«, »Blattstiche«, »Langettenstiche« usw. Wir begeben uns dieser festgelegten Kunstformen und legen die Fäden immer so, wie das Motiv es verlangt. Jeder angebrachte Stich kann gut oder schlecht sein, es kommt immer darauf an, ob er am richtigen oder falschen Platz sitzt, im Zusammenhang des Darzustellenden sinnvoll oder sinnlos ist. Praktisch haben wir gar nicht die Wahl zwischen dieser oder jener Stichart, zumal wir frei gestalten wollen, »Stiche« aber etwas von vornherein Festgelegtes sind. Die Führung eines Nähfadens ist beim Applizieren immer motivbedingt und nur von seiner bildhaften Wirkung abhängig. Am besten »erfindet« man nach entsprechendem Probieren seine Stiche selbst.

dem Grundgewebe, wie es der Anordnung der daraus zu schneidenden Teile im Papierentwurf entspricht. Dabei *prüft* man, ob die gewählten Stoffe überhaupt zueinander passen, wie sie mit ihren Farben und ihrer unterschiedlichen Oberfläche nebeneinander wirken. Hat man eine gewisse Harmonie im Material festgestellt, dann werden die Teile – ohne Nahtzugabe! – nach den papierenen Schablonen *zugeschnitten* und auf das Grundgewebe *aufgesteckt.* Diese zunächst noch wieder lösbare Befestigung ist ungemein wichtig, weil man die Arbeit so auch einmal senkrecht hängen und aus richtiger Entfernung und Perspektive betrachten kann. Es ist erstaunlich, wie verändert so das Ganze wirkt. Man nutzt diese letzte Möglichkeit, die Zuordnung der Teile, Farb- und Stoffwahl zu korrigieren. Auch kann man nun noch hinzuplanen, was im Papierentwurf fehlte und vielleicht durch eine Fadenmontage oder Überfangstickerei zu ergänzen ist. Die Abbildung auf Seite 305 zeigt eine solche »aufgesteckte« Arbeit. Ist man mit der gefundenen Lösung einverstanden, dann werden die Teile mit einem Reihfaden *vorgeheftet.*

Die Art eines Stiches sowie die Farbe und Stärke des Fadens sind immer motivbedingt. Sie richten sich z. B. danach, ob eine Figur vom umgebenden Grund abgesetzt oder mit diesem verbunden werden soll. Wir merken auch, daß sich das Bild verändert, wenn wir das Stickgarn in der Farbe des Stoffes oder davon abweichend wählen. Durch abwechselnd enge und weite Stichführung werden Umrisse aufgelockert usw. Im wesentlichen geht es darum, mit Nadel und Faden frei zu gestalten.

Links und auf der gegenüberliegenden Seite: »Blankenese« – ein farblich harmonisch abgestimmter Wandbehang der Hamburger Bildstickerin Tatjana Ahlers-Hestermann. An diesem Lehrbeispiel lassen sich alle Einzelheiten einer guten Applikationstechnik ablesen. Originalgröße des Grundgewebes: 120 × 50 cm.

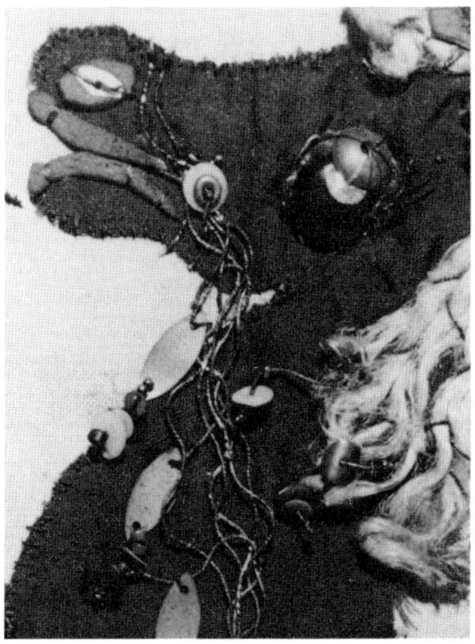

Links: St. Georg – der Drachentöter. Dieses Beispiel zeigt die sinnvolle Verwendung unterschiedlichen Materials im Bildganzen. – Gesicht und Hände des Reiters sind aus Leder, ebenso Maul, Nüstern und Ohren des Pferdes. Das Wams bzw. Kettenhemd aus einem sehr lockeren, dunkelfarbigen Gewebe liegt lose über der hell schimmernden Seide der Unterkleidung, die auch in der Beinkleidung zum Vorschein kommt und durch ihre Materialwirkung und den sonnigen Glanz Vornehmheit und Herkunft ausdrückt. Für den Panzer wurde ein metallisch schimmerndes, schwarz und gelb gestreiftes Brokatgewebe mit waagerechter Musterung verwendet, für Helm und Nackenschutz ein grober, golddurchwebter Brokat. Als Lanze eignete sich starke, gedrehte Paketschnur. Pailletten kennzeichnen den Kettenschmuck und die Sporen des Reiters. – Das Auge des Pferdes besteht aus einer großen Glasperle, Schweif und Mähne sind aufgedröselte mit Goldfaden durchwirkte Hanfschnurabschnitte usw.

Gegenüberliegende Seite: Die Abbildungen in der oberen Reihe zeigen, wie jeweils gleiche Parallelstiche unterschiedliche bildnerische Zwecke erfüllen. Über den Rand hinausgreifend sollen sie die harte Kontur des applizierten Teilstücks mildern bzw. auflösen. Frei über die applizierte Form gesetzt, wirken sie detailbereichernd. Im Bild rechts außen liegen die Stiche wie eine vorgelagerte Strandlandschaft vor der scharfbegrenzten weißen Fleckeninsel. – Die Abbildungen in der mittleren Reihe zeigen Möglichkeiten, mit Hilfe eines besonderen Stichs leere Stoffflächen bildwirksam zu durchmustern. – Unten: Montagen aus Glasperlen und rundlichen Tüllzuschnitten, mit strahligen Stichen gehaltene Pailletten sollen Sterne am Himmel darstellen. Daneben Pailletten in linearer Heftung und eine Knüpfnetzmontage (um das Einholenetz einer groß dargestellten Figur zu kennzeichnen). Weitere Beispiele für montiertes Zusatzmaterial siehe links und oben (strähnige Fäden als Mähne, Perlen und Blechpailletten am Sattelzeug eines ritterlichen Pferdes).

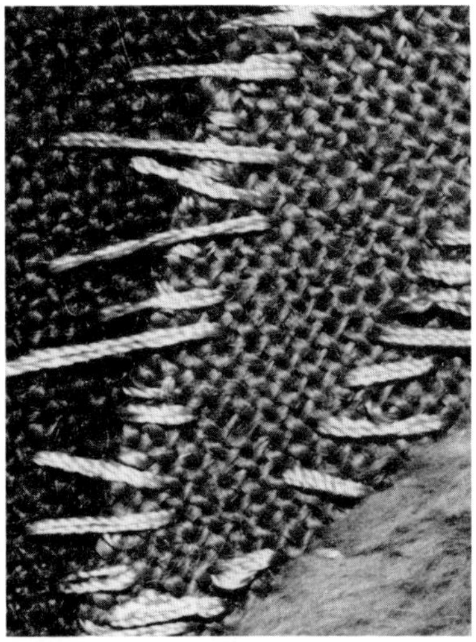
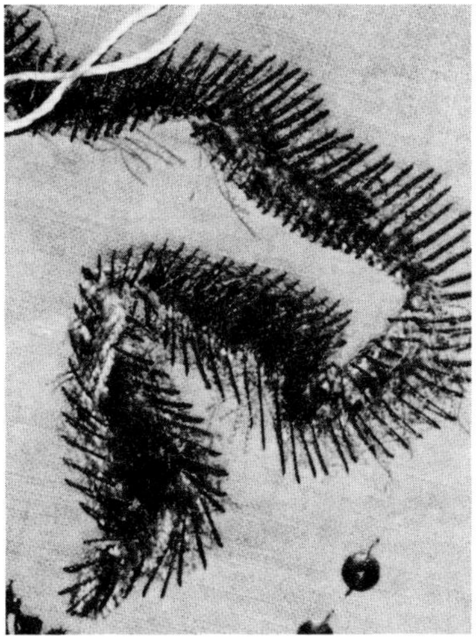
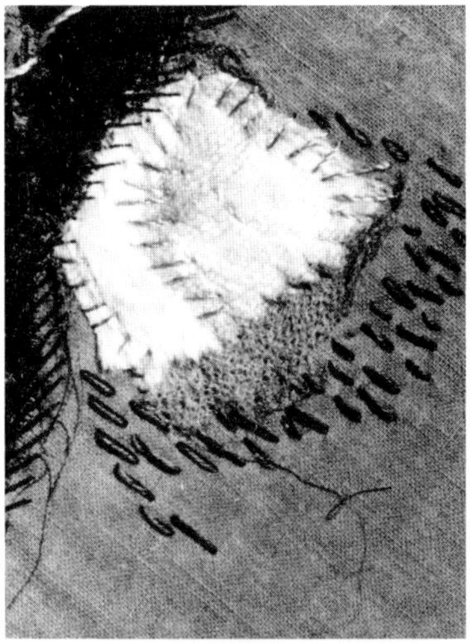
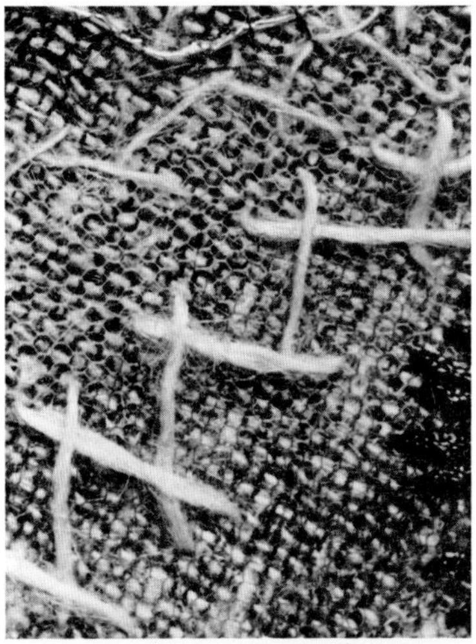
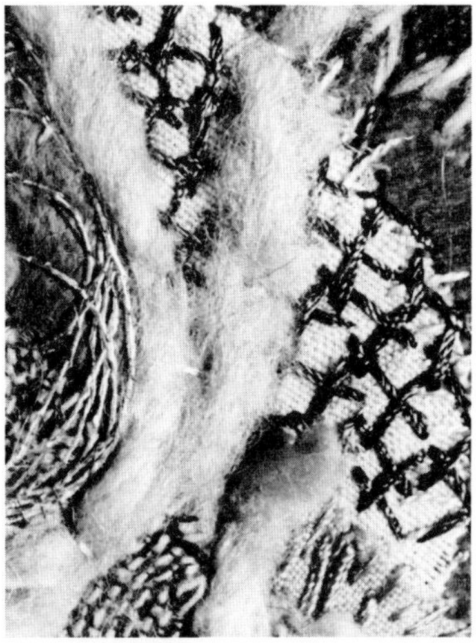

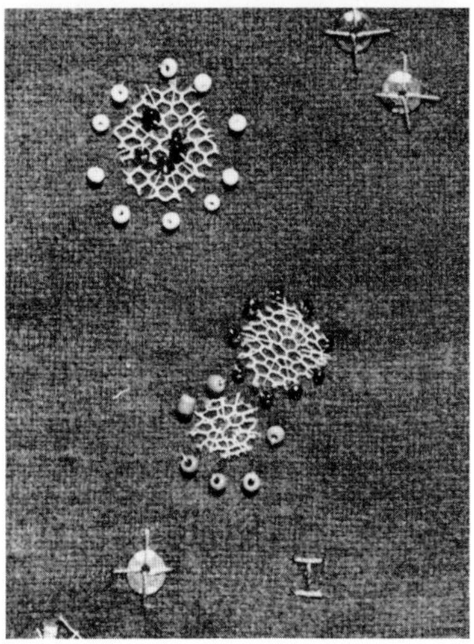

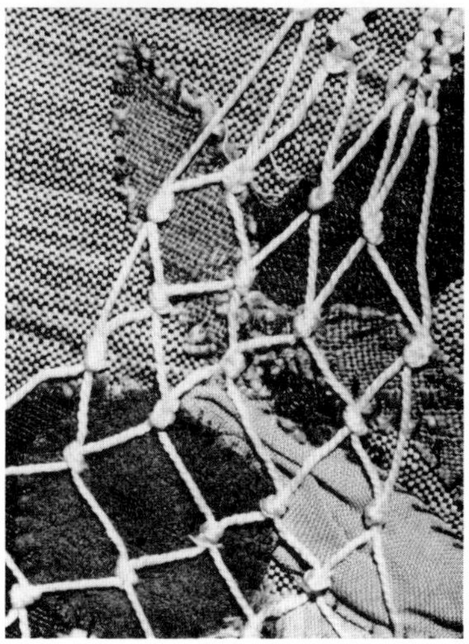

Übrigens ist »farbig« nicht ohne weiteres dasselbe wie »bunt«, worunter wir ein nicht-durchgeistigtes, nicht-einheitliches Durcheinander verschiedener Farben, ein »Kunterbunt« verstehen würden. Eine Applikation mit starken reinen Farben muß nicht bunt sein, wenn die Farbzusammenstellung den angedeuteten Gesetzen folgt und entsprechend geordnet ist.

Beispiel »Der Maskentänzer«

– eine zweite Arbeit der Hamburger Bildstickerin Tatjana Ahlers-Hestermann. Das Motiv ist klar umrissen. Die Bewegtheit der tänzerischen Figur ist in der einer Zickzacklinie angeglichenen Körperhaltung des Tänzers festgelegt. Die Masken dienen dem Tänzer, um seine Verwandlungsfähigkeit darstellerisch zu unterstreichen.

Obwohl es sich um die Abbildung einer körperhaften Form handelt, ist die Wiedergabe flächig geblieben. Der Körper des Tänzers, aus einem Stoffstück geschnitten, weist keinerlei Schattenzeichnung auf. Das »Bild« wurde ohne jede Verbindung (Verzicht auf Bodenlinie und Hintergrundzeichnung) frei in die farbige Fläche des Grundgewebes hineingesetzt.

Bestimmte Gewebesorten fanden ihre Zuordnung zu einer bestimmten Erscheinungsform des Darzustellenden nach ihrem Farb- und Materialwert (siehe die Detailaufnahmen auf der gegenüberliegenden Seite). Ein schönes Beispiel dafür bildet der Kopf des Tänzers. Aber auch die Schulterpartie, die Maske, der Fuß zeigen, wie man Bildwesentliches durch geschickte Materialwahl und -lage zum Ausdruck bringen kann. Man betrachte die materielle Einfachheit des Schulterumhangs, die die Kontur des Körpers erkennen läßt, die »Kostbarkeit« des brokatenen Lendengebindes, der Fußschleife, des Maskenschmucks. Die Flächigkeit der Formen wurde durch auszeichnendes Linienspiel ergänzt. Auch in dieser Arbeit kann das freie Spiel mit Nadel und Faden studiert werden. Originalgröße des Grundgewebes: 120 × 75 cm.

Links: Das Haupt des Tänzers, dessen Kopfhaar mit schon nahezu realistischer Deutlichkeit gekennzeichnet ist, wird von einem schleierartigen Netzgewebe umweht. Dieser rote Schleier schafft eine Verbindung von der blauen Stabmaske (links oben) zu den beiden an Schnüren hängenden Masken (rechts unten). Über die Schultern des Tänzers wurde ein schwarzer Gewebeumhang geworfen. Beispielhaft ist, wie durch die Doppellage und Faltung des Materials dieser dunkle Umhang zum »Hängen« und »Wehen« gebracht worden ist. Durch das bloße Aufnähen flächiger Teilstücke wäre das Bild unvollständig geblieben. Die Flächigkeit der Formen mußte durch auszeichnendes Linienspiel ergänzt werden. Beispiele dafür finden sich überall, in der Maske, im Gesicht des Tänzers, in den Händen usw.

Die Farbigkeit kontrastiert gegensätzlich (Orange-Blau, Blaugrün). Eine harmonische Abstufung erkennt man in der Kette mehr oder weniger gleicher Farbnuancen sowohl in der Warmtonskala wie in der Kalttonskala. Warme Töne: Rot – Orange – Warmgrau – Gold. Kalte Töne: Hellblau – Dunkelblau – Blaugrün, doch auch diese nach der warmen Seite nuanciert. Im durchschnittlichen Gleichmaß hauptsächlich warmer Töne leuchten die Kontrastextreme Blau und Gold punkt- und fleckenhaft auf.

Register

Die in **Fettdruck** erscheinenden Stichwörter und Seitenzahlen verweisen auf die Hauptkapitel.